U0450364

攻击性紧急避险的正当化依据及其运用

The Justification and Its Application of
Offensive Emergency Aversion of Risks

魏 超 著

中国社会科学出版社

图书在版编目（CIP）数据

攻击性紧急避险的正当化依据及其运用 / 魏超著 . —北京：中国社会科学出版社，2023.4
ISBN 978 – 7 – 5227 – 1790 – 6

Ⅰ.①攻…　Ⅱ.①魏…　Ⅲ.①刑法—攻击—紧急避难—法律适用—中国　Ⅳ.①D924.05

中国国家版本馆 CIP 数据核字（2023）第 065422 号

出 版 人	赵剑英
责任编辑	孔继萍　姜雅雯
责任校对	王佳玉
责任印制	郝美娜

出　　版	中国社会科学出版社
社　　址	北京鼓楼西大街甲 158 号
邮　　编	100720
网　　址	http://www.csspw.cn
发 行 部	010 – 84083685
门 市 部	010 – 84029450
经　　销	新华书店及其他书店
印　　刷	北京君升印刷有限公司
装　　订	廊坊市广阳区广增装订厂
版　　次	2023 年 4 月第 1 版
印　　次	2023 年 4 月第 1 次印刷
开　　本	710×1000　1/16
印　　张	26.5
插　　页	2
字　　数	368 千字
定　　价	158.00 元

凡购买中国社会科学出版社图书，如有质量问题请与本社营销中心联系调换
电话：010 – 84083683
版权所有　侵权必究

出 版 说 明

为进一步加大对哲学社会科学领域青年人才扶持力度，促进优秀青年学者更快更好成长，国家社科基金 2019 年起设立博士论文出版项目，重点资助学术基础扎实、具有创新意识和发展潜力的青年学者。每年评选一次。2021 年经组织申报、专家评审、社会公示，评选出第三批博士论文项目。按照"统一标识、统一封面、统一版式、统一标准"的总体要求，现予出版，以飨读者。

全国哲学社会科学工作办公室
2022 年

洒脱不羁爱自由，学术如诗亦如酒

欣闻魏超的博士论文终于要以《攻击性紧急避险的正当化依据及其运用》为名出版了，他邀请我为他的新书作序，作为他的导师，我欣然应允。

囿于中国国家主义的法制传统，国家本位是中国刑法很多问题的基本立场，刑法的机能、犯罪的本质、罪刑法定的立法表述、主客观相一致的定罪原则等，莫不如此。就紧急避险的正当化依据而言，一直以来也是秉承国家本位，为此难免存在对紧急避险人个人权利的保护不周全的缺陷。这样的缺陷，在正当防卫的适用中也同样存在。如何将紧急避险（包括正当防卫）的正当化依据及其适用从传统的国家本位调整至个人本位，并进一步促进中国刑法的知识转型，这是以往我国刑法正当化事由的研究比较欠缺的一环。对此问题，魏超博士以其敏锐的学术眼光，及时捕捉到了，同时，他对紧急避险的正当化研究进行了限缩，只聚焦于讨论攻击性紧急避险的正当化问题，从而成功地为其博士论文找到了"题眼"，并赋予了其博士论文强烈的问题意识。

在我看来，魏超的博士论文题目"攻击性紧急避险的正当化依据及其运用"，是一个非常新颖的选题。说这个题目新颖有两方面的理由，一是宽度，二是深度。在宽度上，这个选题是在法秩序统一原理视野下展开研究的，超脱了刑法单一学科的视野，具有民刑一体化的思考特色，从而扩展了紧急避险的研究视野。在深度上，这个选题的研究是建立在法哲学基础之上展开的，超越了部门法规范到规范的限制，具有深厚的刑法哲学意蕴。毫无疑问，选择这样的宽度和深度进行研究，对于研究者而言，无疑是极大的挑战。为了完成这样艰巨的任务，魏超博士苦学德语，远赴德国留学，孜孜矻矻，终至完成。全书27万字，洋洋洒洒，浑然天成，真可谓可喜可贺。

充分发挥刑法的人权保障机能，以赋予公民更多自由与权利，这一直是我的刑法立场，魏超博士作为我的学生，也深受我的影响。不过，如果说这影响是后天的，那么，对于魏超博士而言，其实他先天就崇尚自由，"原谅我这一生不羁放纵爱自由"是他传递给周围人的对他的认知。自由主义的人生观必然主张自由主义刑事法治国思想，魏超博士一直坚定地认为，法治国应当以尊重自我决定权、维护自由不受侵犯为核心价值，故对个人自由的限制只能来自公民自身的同意，基于此种哲学根基，他对为实现社会最大价值的功利主义紧急避险进行了较为深入的反思，并借助去德国马克斯·普朗克外国刑法与国际刑法研究所访学的机会，阅读了大量第一手文献，以社会连带义务理论作为攻击性紧急避险的正当化依据进行了重构，历经近三年的艰苦打磨，终于完成其博士论文。

本书从法秩序统一原理视野下攻击性紧急避险在刑法中的体系定位问题展开讨论，通过自然法学派的自由主义和功利主义的相互抵牾和辩证性的分析，认为功利主义过于重视社会整体利益因而难以成为攻击性紧急避险的正当化依据。在法治国语境中，只能立足于个人自由的维护立场，从被避险人的角度出发，论证其自愿承担该容忍义务。为此，从根植于自由主义的人的自我决定权，可以推导出社会连带义务理论，社会成员彼此之间参与社会共同生活时，应当履行承诺牺牲自己少许利益来拯救陷入危难的其他社会成员的连带义务，才是攻击性紧急避险的正当化依据。根据权责一致性原理，履行社会连带义务的被避险人应当享有全额补偿的民事权利，从而使得对攻击性紧急避险的讨论由正当化依据的理论探讨，衍生到了司法适用及其救助机制，以及从刑法到民法的真正意义的民刑一体化的讨论。至于社会连带思想在我国的贯彻，该书也提出了建设性的建议，即通过完善我国紧急避险民事责任制度、设立民事见危救助奖励机制和惩治故意讹人等破坏社会连带义务的行为，为社会连带义务提供刑法上的依据。

本书最大的创新在于，作者不仅重新证立了紧急避险的正当化依据，诠释了紧急避险的成立条件及各项概念如何理解，更是以小见大，借助紧急避险重新分析了我国目前法学理论乃至立法中的弊端，并以之为切入点，试图通过教义学的解释促进我国法律思想实现从社会本位向个人本位转型。全书从选题到框架，从社会连带性义务的提出到其中国化的实现，从对德国法的借鉴，到对中国本土实践问题的关照，都具有突出的创新性。全书问题意识突出，逻辑清晰，论证有力，资料丰富，说理有据。

在具体问题的论述上，作者也时有创新之论，例如，针对现实中屡次发生的消防队员为救火而牺牲的事件，认为特殊职业者在极端情况下不再承担责任，将其排除在"职务上、业务上负有特定责任的人"之外，赋予其紧急避险的权利，以保护他们的生命安全；又如，其认为《民法典》中自然原因引起的攻击性紧急避险适当补偿的规定会让被避险人遭受无辜损失，应将其类推解释为全额补偿，让他们免受无妄之灾，等等。当然，凡此种种，均体现了一个热爱自由的刑法学者的良知与其悲天悯人的家国情怀。全书虽是选取了德国法的角度切入，但不忘与我国法律体系相融合，穿行在宪法民法刑法等之间，具有一定的理论自觉与创新意识，书中许多观点虽与既有观点存在诸多不同，但论证充分且能自圆其说，具有重要的理论价值与实践意义。

2021年10月，全国哲学社会科学工作办公室公布了2021年国家社科基金后期资助暨优秀博士论文出版项目立项名单，魏超的这本博士论文顺利入选"2021年度国家社科基金优秀博士论文出版项目"，这从一个侧面充分证明了魏超这本博士论文选题的新颖性和内容的创新性，同时也证明了魏超的科研实力。读博迄今，魏超博士在《清华法学》《环球法律评论》《比较法研究》《华东政法大学学报》等法学核心期刊发表论文，其中多篇论文还被人大复印报刊资料《刑事法学》全文转载。作为魏超博士的导师，看到他今日的成就，心中无疑是欣慰的。然而，青年才俊的成长之路其实是曲折的，魏超博士一路走来，倒没有多少坎坎坷坷，但跌跌撞撞还是不少的。

2015年10月23日晚7时，中国人民大学法学院冯军教授在东南大学人文学院报告厅作了题为《行为无价值论与结果无价值论》的讲座，讲座由我主持。彼时，魏超同学刚从南京师范大学毕业，他和很多其他从南京大学、南京师范大学等校外同学一样，因为仰慕冯军教授学识，纷纷从校外慕名而来东南大学听冯老师的讲座。那时没有疫情，岁月安好，师生自由，来去随意，无须登记。讲座结束后，魏超主动过来和我打招呼，简单地自我介绍了两句，并表示了要考我的博士，我表示了欢迎，并鼓励他好好复习。第二年，魏超同学如愿来到了九龙湖畔，来到了东南大学法学院，成为我的博士生。自他入学以后，我发现，魏超和其他同学都不同，他特别贪玩，说话没个正形，总是嬉皮笑脸，似乎不知学术为何。记得他入学后第一次去我办公室时，我就批评了他。他留着比一般男生的头发都要长一些的短发，看人时喜欢眼皮朝上翻着看人，坐着的时候从来没个正形。这让我想起鲁迅先生在《朝花夕拾》里描写的范爱农，"这是一个高大身材，长头发，眼球白多黑少的人，看人总像在渺视"。联系他未来可能当教师这样一件极其重要的事情，我从教姿教态入手，苦口婆心地要他注意表情管理坐姿站姿等。但我很快发现，这完全是徒然，下次见面时他还这样。不过，慢慢地我发现，他对学术很上心，他想好好做学术，而不是仅仅混个博士文凭。入学后不久，他不仅主动把硕士毕业论文拿到办公室给我看了，而且在两三个月之后又写了一篇全新的文章请我指导，这倒是让我非常惊喜，因为一年级的博士能够这么快写出一篇新论文并拿来给我看的，还是为数不多的。犹记那篇文章的题目是《排他互斥的犯罪构成要件之研究——以诈骗罪与盗窃罪为例》，我认为选题尚可，但是逻辑结构比较凌乱，我看了后提了不少意见，他很认真地听了，回去也认真地改了，文章慢慢被改得有点像模像样了。后来他陆陆续续又拿新写的文章给我看，我发现了他的学术特点，那就是有问题意识有想法，但是不会写，对于如何掌控行文逻辑如何确立大纲非常欠缺经验。但是他很有悟性，指导几次之后，进步很大。

我一向倡导我的博士们能够走出去的就尽量走出去看看，能出国留学的就尽量多出去学学。但是倡导归倡导，在彼时的东南大学法学院，学生们能做到主动考托福雅思或者"德福"或者日语 N1 出国留学的还是为数不多。现在的年轻人生活在一个物质富足的好时代，万千宠爱于一身，谁还愿意为了学术的理想或心念而吃那个苦哩。但是，我断定魏超是一个可塑之才，建议他排除万难趁年轻去德国或日本留学。他第一次听到我这样的建议，很不开心。因为我总在批评他，所以他认为我是想把他甩到远远的德国眼不见心不烦；他既不懂德语也不懂日语，觉得留学这样的事情和他简直没有任何关系；而且，魏超同学是个超级吃货，"到了德国吃什么"成为他觉得不可能解决的问题。好在，魏超同学最终禁不住我的反复劝说，他开始学习德语，并在饯行宴牺牲了无数盆盱眙小龙虾之后，于 2018 年 6 月去德国马普所留学。人一定要独自品尝生活的艰辛才会成长。在德国留学的魏超博士仿佛突然理解了我这位导师的一片苦心。他从被动学习变为主动出击，为了撰写博士论文，查阅大量的德文资料，沉迷于攻击性紧急避险的正当性问题的研究以及深厚的德国刑法理论不能自拔，对于德语、德国刑法乃至中国刑法都有了完全不同的看法。从德国回来后，魏超博士仿佛突然长大，懂事了很多，成熟了不少，青年才俊的学者范慢慢有了，礼仪姿态等各方面都提升了不少，学术也如同开挂一般，文章一篇篇地发表，而且大部分发的都是 CLSCI 期刊。他一下子有了学术自信，并对未来的学术之路有了预期和认识。2020 年 6 月，魏超博士毕业去了苏州大学法学院任教。看着他毕业远航，我心里有不舍但更多的是欣慰。

从魏超博士毕业到今天，时光又过去了两年多。刚离开九龙湖畔的时候，魏超博士经常回到校内看师弟师妹，一是讲论文写作，二是请大家吃饭。同学们都超级喜欢他。也是，谁不喜欢一个自带小马达给大家传授写作秘籍而且还自掏腰包请大家吃饭的师兄。越来越多的师弟师妹认识到这位师兄不仅学术超赞而且仁义爽直，不计较得失，不在乎金钱，虽然刚毕业那会他挣得并不多，但每次吃饭抢着买单的那种豪气，让大家都以为来了一位苏州的马云。俗话说，金要火试，人要钱试。从魏超对金钱的态度，可以看出他大方洒脱的人生态度。当然，也可能和魏超博士自己是个吃货有关，将金钱花在吃上面，包括请别人吃饭，他都是一掷千金毫不心疼。魏超博士的食量惊人胃口超好。在魏超博士那里，没有什么苦恼是一顿饭解决不了的，一顿不行那就两顿，铁定化苦恼于无形。食物带给他的简单直白的快乐，也经常传染给周围其他人。除了渴望魏超师兄给他们带好吃的，低年级的学生平时在写论文时遇到的难题总喜欢私下请教他这位师兄，不敢给我看的论文初稿他们则不厌其烦地骚扰魏超帮他们看，他们之间形成了非常良性的互动，以至于我这边对学生的指导任务顿时轻松了很多。时光真是锻造人，彼时还需要他人指导的学术菜鸟终于成长为可以指导他人的学术青年。作为导师的我，看到这一切，心中除了高兴还是高兴。《大逃脱3》里有句话说得特别好："思考太少，人生就会失误。但是顾虑太多，人生就会失败。"魏超在学术上思考非常多，所以他目前已有了一些小小收获。同时，他身上有股二愣子劲，不太顾虑繁文缛节或者条条框框，想吃就吃、想玩就玩、想学就学，全然不顾什么场合或者限制，是之谓洒脱不羁吧。做教师的岁月并没有改变他的心性性格，他说话仍然是率性直接，价值判断永远是自由至上，对他人有情有义，对自己宠爱有加，对食物永不言弃，对金钱视如粪土。这样的性格，注定了他的人生是幸福而独特的。

走在学术长征路上，需要恒久的毅力，还有一些天分，而所谓毅力，往往是以勤奋付出为内容的，所以，学术路上所需要的，也可以简单称为"两fen"：勤奋和天分。魏超博士就是一个有学术天分的人，同时他也是一个勤奋的人，他既爱玩，但更爱学。如果说，对于绝大多数学者而言，可能是天分不够勤奋凑，对于魏超博士而言，则是天分满满又勤奋多多。聪慧又兼功夫多，后生可畏今奈何。对于这样的魏超，无疑应该悬置更高的学术期许。尤其是，魏超博士个性洒脱不羁，为人侠肝义胆，富有少年侠义之风，颇有几分令狐冲的味道。有这样的性格助力，相信魏超博士未来的学术事业一定是不可限量的。

　　洒脱不羁爱自由，学术如诗亦如酒。

　　祝魏超博士学术之路顺利！

　　是为序。

刘艳红

摘　　要

攻击性紧急避险侵犯了无辜第三人的合法权益，在我国刑法并未明文规定其能够阻却违法的情况下，不应直接得出其属于违法阻却事由之结论，但从相关民法条文对避险人民事责任的否定、我国整体法秩序中"赔偿"与"补偿"的差异可知，紧急避险在民法中属合法行为，根据法秩序统一性便可以得出其在刑法上也应当属于违法阻却事由。

将功利主义视为紧急避险正当化依据的做法，过于重视社会整体利益而抹杀了个人权益的特性，因而并不妥当。为了避免像功利主义式论证一样遭受忽视个人权益的责难，在法治国语境中，我们只能立足于维护个人自由的立场，从被避险人的角度出发，论证其自愿承担该容忍义务。根据罗尔斯的正义理论，生活在社会中的每个成员，均会承诺牺牲自己少许利益来拯救陷入危难的其他社会成员。紧急避险的正当化依据便在于社会成员参与社会共同生活时应当履行的社会连带义务。每一个理性人都会同意在他人重要法益遭遇危险时忍受自身轻微的法益损失，以换取当自己重要法益遭受危难时，他人也将忍受轻微的利益损失来保全自身的重要法益。积极的社会连带义务虽然未在刑法中加以体现，但能够得到我国社会观念及法律体系的认可，故将消极的连带义务作为紧急避险之依据，并不有违刑法理念，也并非"道德义务法律化"。

无知之幕后的理性人定然会选择尽可能保护自身法益，基于其自我决定权，被避险人唯有在他人重大法益遭受危难时，才会同意履行社会连带义务，让渡出自身部分轻微法益，允许他人实施紧急避险，故危及被避险人的生命，或者严重损害其身体的避险行为则不能成立阻却违法的紧急避险。

"人性尊严至高无上"与我国法律制度不符，难以成为否认"强制献血"成立紧急避险之理由。"适当性"是从被避险人视角出发，对避险手段提出的要求，即避险人不得采取可能给被避险人造成重大损害的手段，避险手段不满足"适当性"要求的，即便未造成损害结果，也应当成立相应犯罪。特殊职业者只包括对全体公民均承担特殊义务的从业者，其不得紧急避险的原因在于从业时便基于自我决定权做出了忍受职业行为必将伴随的风险之承诺。忍受风险不等于接受实害，当某种风险已经迫在眉睫，再不躲避可能对其身体造成不可逆转的重大损害，以致严重影响其日后正常生活之时，特殊职业者便不再负有特定义务，因而不属于"职务上、业务上负有特定责任的人"，能够成立紧急避险。

根据"权利与义务一致"原理，履行"社会连带义务"的被避险人应当享有"全额补偿"的权利，仅给予其"适当补偿"的规定与我国其他法规范不符且会引起条文在司法适用中的混乱，更有违宪法的平等原则，因而难以实现法律的公平正义。基于紧急避险与无因管理在价值基础和制度构成上的一致性，可以将后者作为其请求权基础，同时将"适当补偿"类推解释为"全额补偿"。被避险人应当先向受益人请求补偿，但在受益人不明或难以提供补偿等求偿难度增加的情况下，可以直接向避险人请求补偿，避险人先行提供补偿后，有权向受益人追偿，二者承担不真正连带责任。

生命不可衡量原理在世界各国的刑法理论与司法实践中均未得到贯彻，法外空间理论不适用于已经符合构成要件的"生命对生命"型紧急避险中，因此二者均难以解决"对生命的紧急避险"之难题。唯有在不具有生还可能性的"非对称危险共同体"中，理性人才可能为了换取未来同样境遇下的生还机会而同意自我牺牲，但由于国家对生命的强制保护，此时杀害的行为仍将因为侵害其残存的生命权而难以成立紧急避险，但能因履行了更为优位的保护义务成立阻却违法的义务冲突。

社会连带思想在我国的贯彻应当至少分为三步：第一步，完善我国紧急避险民事责任制度，确保公民因紧急避险遭受损害的合法权益得到保障，让民众不再逃避社会连带义务；第二步，设立民事见危救助奖励机制，鼓励公民在他人陷入危难时伸出援助之手，促使其积极履行社会连带义务；第三步，惩治故意讹人等破坏社会连带义务的行为，同时设立见危不救罪，为社会连带义务提供刑法上的依据。将紧急避险的正当化依据从传统的"国家本位"调整至"个人本位"，有利于促进中国刑法的知识转型。

关键词：攻击性紧急避险；无知之幕；社会连带义务；被避险人；危险共同体

Zusammenfassung

Because this part contains many professional terms, I have to write it in German: Der Strafgesetzbuch schreibt nicht ausdrücklich vor, dass der Aggressivnotstand eine Rechtfertigungsgrund ist, aus der es schwierig ist, eine solche Schlussfolgerung direkt zu ziehen. Aber aus der Relevante Bestimmungen des Zivilrechts, zum Beispiel der Verweigerung der Verantwortung der Eingriffer, dem Unterschied zwischen "Entschädigung" und "Kompensation" und der Einheit der Rechtsordnung kann jedoch bewiesen werden, dass der Aggressivnotstand eine Rechtfertigungsgrund ist.

Die allgemein anerkannte Grundlegung zum rechtfertigenden Notstand ist der Utilitarismus. Aber diese Auffassung hat scharfe Kritik nach sich gezogen und ist bereits ins Wanken geraten. Der Utilitarismus unterstreicht die Interessen der insgesamten Gesellschaft mit allem Nachdruck. Individuelle Rechte sind vergleichsweis außer Acht lassen werden. Weil die Gesellschaft keine Interessen wahrzunehmen hat und sie hat keine Güter zu retten oder zu vernichten. Um die an dem Utilitarismus angesetzte Kritik zu vermeiden, bleibt nur ein Weg, sich die Duldungspflicht auf der Freiheit zu fußen. Nach der Lehre von Gerechtigkeit des Rawls, dass man als Mitglied einer Gemeinschaft die Solidaritätspflicht gegenseitig übernehmen muss. Heißt also, jedes Mitglied der Gesellschaft sind verpflichtet, um anderes Mitglied aus der Gefahr zu retten, sein eigenen Interessen aufzugeben. Die Berechtigung des Notstands im Strafrecht wurzelt darin. Die Verpflichteten müssen für die Sicherheit und Gefahr der anderen Menschen die Schaden von anderen Menschen erleiden, weil sie vielleicht im gesellschaftlichen Leben selbst einem Unglücksfall zum Opfer fallen. Um die Gefahr zu vermeiden, ist es notwendig, die Schaden von anderen Menschen zu akzeptieren, damit können sie die Gelegenheit von Selbstschutz haben. Das lässt sich auf der Forderung der gegenseitigen notwendigen Hilfe in der menschlichen Gesellschaft begründet. Obwohl sich die positiven Solidaritätspflicht nicht im Strafrecht widerspiegeln, können sie durch das soziale Konzept und das Rechtssystem unseres Landes anerkannt werden. Daher ist es nicht gegen das Strafrecht oder die "Legalisierung moralischer Verpflichtungen" die negativen Solidaritätspflicht als Grundlage für die Notstand zu nehmen.

Wenn der erlaubte rechtsfertigende Notstand sich erweitertet, obgleich wir im Gefahr das Notstandsrecht gegen anderer Menschen in Anspruch nehmen können, gibt die Erweiterung zugleich der Anlass zu Besorgnis, dass anderen dagegen dasselbe in Gebrauch haben. Das entspricht nicht unseren Interessen. Deshalb soll der Bereich von Notstand auf die schreckliche und unumkehrbare Gefahr von den Interessen beschränken. Unter gesellschaftlicher Solidaritätspflicht sich ergibt, dass Duldungspflichtigen sollen im Rahmen von Notstandsmaßnahmen den Zugriff auf die Güter dulden. Die risikoscheue Handlung, die das Leben der Verpflichtete schädigt, oder die Körper schwere schädigen, wird nicht durch den Notstand legalisiert. Der Verlust muss so gewichtig sein, dass er den Betroffenen zu einer nachhaltigen Umstellung seiner Lebensführung nötigt. Deshalb fehlt es jedenfalls so lange an der Gefahr eines notstandsrelevanten Schadens, wie ein objektiver Dritter davon ausgehen darf, der Inhaber des gefährdeten Gegenstands kann diesen ohne Größere Mühe aus seinem laufenden Einkommen bzw. aus den üblicherweise für unvorhersehbare Ereignisse des Alltags vorgehaltenen Rücklagen ersetzen.

Gemäß dem Grundsatz der „konsistenten Rechte und Pflichten" hat das Opfer, das Solidaritätspflicht ausführt, das Anspruch auf „vollständige Kompensation", nur die Bereitstellung von „angemessener Entschädigung" für das Opfer ist im Widerspruch zu anderen Gesetzen und Vorschriften unseres Landes, die Verwirrung bei der gerichtlichen Anwendung der Bestimmungen verursachen und noch mehr dem Grundsatz der Gleichheit des Verfassungsrechts widerzulaufen, so dass es schwierig ist, die Gerechtigkeit des Gesetzes zu verwirklichen. Aufgrund der Konsistenz der Wertgrundlagen und der Systemzusammensetzung zwischen Aggressivnotstand und Geschäftsführung ohne Auftrag können wir die letztere als Grundlage ihres Anspruchs angesehen werden, und die „angemessene Kompensation" als „vollständige Kompensation" analoge anwendet werden. Das Opfer hat zunächst eine Ausgleichsanspruch vom Begünstigte, wenn der Begünstigte unbekannt ist oder es schwierig ist, eine Kompensation zu gewähren und andere Schwierigkeiten zu vergrößern, kann das Opfer direkt die Kompensation vom Angreifer verlangen. Nach vorheriger Kompensation hat die Angreifer das Recht, vom Begünstigten einen Ausgleich zu verlangen, und sie trägt gemeinsame unechte Gesamtschuld.

Nach der herrschenden Meinung, das Menschenwürde jedes einzelnen Menschen wird als ein nicht mehr quantifizierbarer Höchstwert angesehen. Aber esentspricht unsere Rechtssystem nickt, daher ist es schwierig, die Grundlage für "obligatorische Blutspende" zu werden, um keine Notstand zu schaffen. Wenn die Mittel zur Notstand nicht den Anforderungen der "Angemessenheit" entsprechen, selbst wenn kein Schadensergebnis verursacht wird, wird das entsprechende Verbrechen festgestellt. Die spezielle Fachkräfte umfassen nur die Praktizierenden, die berufliche Schutzpflichten gegenüber der Allgemeinheit haben. Der Grund, warum sie Risiken nicht vermeiden können, ist, dass sie sich verpflichten, die Risiken zu tragen, die ihre beruflichen Verhaltensweisen auf der Grundlage ihres Selbstbestimmungsrechts begleiten. Das Tragen von Risiken bedeutet nicht, den tatsächlichen Schaden zu akzeptieren. Wenn solche Risiken unmittelbar bevorstehen und nicht länger die Möglichkeit vermeiden können, ihren Körper irreversibel großen Schaden zuzufügen, um die Möglichkeit ihres normalen Lebens in der Zukunft ernsthaft zu beeinflussen, werden spezielle Fachkräfte keine besonderen Verpflichtungen mehr haben, so gehören sie nicht mehr zu den "Personen mit spezifischen Verantwortlichkeiten in ihren Positionen und Unternehmen" und können Notfstand etablieren.

In der Theorie des Strafrechts und der Rechtspraxis wurde das Prinzip "Leben darf weder in qualitativer noch in quantitativer Hinsicht abwägen" nicht umgesetzt. Die Theorie des rechtsfreien Raum gilt nicht für die "Leben gegen Leben" Notstand, die den tatbestand entspricht. Nur in der "asymmetrischen Gefahrengemeinschaft" ohne Überlebensmöglichkeit können sich rationale menschen auf Selbstaufopferung im Austausch für die Überlebenschance unter den gleichen Umständen in der Zukunft einigen. Da der Staat nur die übergeordnete Schutzpflicht erfüllt hat, kann er die Handlung durch den Pflichtenkollision rechtfertigen.

Die gesellschaftliche Solidaritätspflicht wird dabei Schrift für Schrift ins chinesische Rechtssystem eingeführt. Der Prozeß wird sich in drei Teile gegliedert. Erstens: das Haftpflichtsystem in unserem Land wird verbessert, damit können die berechtigte Interessen der Staatsbürger wegen des Notstands garantiert werden. Deshalb weichen die Staatsbürger den sozialen Verpflichtungen nicht aus; Zweitens: Ein Zivilhilfesystem soll eingerichtet werden, um die Staatsbürger zu ermutigen, die soziale Verpflichtung in Kraft zu setzen, wenn die andere Menschen in Not sind; Drittens: Unterlassens Hilfleistung soll eingerichtet werden, damit können die Handlung, dass die Staatsbürger in der Gefahr die andere nicht retten, bestraft werden. Außerdem hat die soziale Verpflichtung eine strafrechtliche Grundlage. Die Argumentationsform verwandelt sich von der Staatsorientierung in die Bürgers-orientierung. Für die Entwicklung der chinesischen Strafrechtswissenschaft bedeutet diese Wendung viel sehr.

Schlüsselwort: Aggressivnotstand; Schleier des Nichtwissens; der Angegreifer Solidaritätspflicht; Gefahrengemeinschaft

目　　录

第一章　攻击性紧急避险在刑法中的体系性定位 ……………（1）
　第一节　法无明文规定引发的争论 ……………………………（3）
　第二节　攻击性紧急避险属违法之观点 ………………………（11）
　　一　消极自由观的哲学根基 …………………………………（11）
　　二　消极自由观的法律思想 …………………………………（13）
　第三节　由法秩序统一性看攻击性紧急避险的
　　　　　体系性地位 ………………………………………………（23）
　本章小结 …………………………………………………………（31）

第二章　功利主义不应成为攻击性紧急避险之依据 …………（32）
　第一节　功利主义哲学简介 ……………………………………（33）
　第二节　功利主义紧急避险思想简述 …………………………（37）
　第三节　功利主义紧急避险之否定 ……………………………（44）
　　一　功利主义之前提：利益可以衡量 ………………………（45）
　　二　功利主义哲学之弊端 ……………………………………（48）
　　三　功利主义难以推导出攻击性紧急避险之构成要件 ……（52）
　本章小结 …………………………………………………………（68）

第三章　攻击性紧急避险的正当化依据：
　　　　　社会连带义务的提出与证立 …………………………（70）
　第一节　黑格尔紧急避险思想及其解读 ………………………（71）

一　黑格尔紧急避险思想简介……………………………(71)
　　二　帕夫利克教授对于黑格尔思想之解读……………(78)
　　三　黑格尔及帕夫利克教授避险思想之质疑与启发…(80)
　第二节　社会连带义务的合理性与其规范效力…………(85)
　　一　前提：虚拟的无知之幕之合理性…………………(89)
　　二　"无知之幕"难以直接证立积极权力 ……………(107)
　第三节　社会连带义务在我国法律体系中的证立………(121)
　　一　我国法律体系提倡"社会连带义务"……………(122)
　　二　"道德义务法律化"及"异化的功利主义"
　　　　之驳斥…………………………………………………(132)
　本章小结……………………………………………………(139)

第四章　攻击性紧急避险的范围与运用 ……………(140)
　第一节　攻击性紧急避险之范围——重大法益与
　　　　　轻微法益 ……………………………………………(140)
　第二节　攻击性紧急避险中"适当性"原则之重构……(155)
　　一　"人性尊严"至高无上的理论困境 ………………(160)
　　二　攻击性紧急避险"适当性"原则之理解与运用 …(170)
　第三节　特殊职业者的义务界限与避险范围……………(185)
　　一　问题的提出——没有边界的特殊义务？…………(185)
　　二　既有特殊职业者避险处理方案之质疑……………(188)
　　三　刑法视域中特殊职业者紧急避险权之证立………(197)
　　四　特殊职业者的避险范围及运用……………………(216)
　本章小结……………………………………………………(223)

第五章　从"适当补偿"到"全额补偿"
　　　　　——攻击性紧急避险正当化依据在民法中的运用……(224)
　第一节　"适当补偿"在实务中的弊端……………………(224)
　第二节　"适当补偿"说及其成因之批判 ………………(229)

一　攻击性紧急避险不符合公平责任之前提 …………………（230）
　二　"共同海损"不适用于攻击性紧急避险 …………………（234）
　三　"适当补偿"与我国其他相关条文相悖 …………………（237）
　四　"适当补偿"的社会基础——功利主义与
　　　实用主义之批判 …………………………………………（241）
第三节　被避险人视角下攻击性紧急避险的民事责任 ……（245）
　一　被避险人"补偿"请求权之基础
　　　——无因管理之债 ………………………………………（245）
　二　补偿的数额："全额补偿" ………………………………（249）
　三　补偿的请求对象与顺序：从责任人到受益人
　　　再到避险人 ………………………………………………（251）
　四　"全额补偿"与"先行赔付"之优势 ……………………（261）
本章小结 …………………………………………………………（264）

第六章　千古难题：对生命攻击性紧急避险的法律性质 ……（267）
第一节　生命不可衡量原理之否定 ………………………………（269）
第二节　"双重效应理论"之否定 ………………………………（277）
第三节　法外空间说及其否定 ……………………………………（285）
　一　法外空间的缘起——豁免理论 ……………………………（286）
　二　法外空间的发展壮大——考夫曼教授的
　　　"第三途径" ………………………………………………（288）
　三　既有法外空间批判之反驳 …………………………………（292）
　四　我国法律体系中不存在法外空间 …………………………（297）
第四节　本书观点：非对称危险共同体方能够
　　　　　阻却违法 ……………………………………………（317）
　一　"对称危险共同体"中放弃生命承诺之否定 ……………（318）
　二　"非对称危险共同体"中紧急避险之否定 ………………（322）
　三　本书观点：阻却违法义务冲突之证成 ……………………（332）
　四　域外突发公共卫生事件情形之分析 ………………………（338）

本章小结 …………………………………………………（341）

结语
　　——社会连带义务引入我国之步骤 ……………………（343）

参考文献 ……………………………………………………（351）

索　引 ………………………………………………………（383）

致　谢 ………………………………………………………（387）

Contents

Chapter 1 The Systematic Positioning of Aggressive Emergency Avoidance in Criminal Law ············ (1)

  Section 1 The Controversy Arising from the Absence of Explicit Provisions in the Law ································ (3)

  Section 2 The View that Aggressive Emergency Evasion is Illegal ·· (11)

    I. The Philosophical Roots of the Negative Liberty View ······ (11)

    II. The Legal Ideology of the Negative Liberty View ············ (13)

  Section 3 The Systematic Status of Aggressive Emergency Avoidance from the Perspective of the Unity of Legal Order ·· (23)

  Summary ·· (31)

Chapter 2 Utilitarianism Should Not Be the Basis of Offensive Emergency Avoidance ····················· (32)

  Section 1 Introduction to the Philosophy of Utilitarianism ······ (33)

  Section 2 A Brief Overview of Utilitarian Emergency Avoidance Thought ·· (37)

  Section 3 The Negation of Utilitarianism ································ (44)

    I. The Premise of Utilitarianism: Measurable Benefits ·········· (45)

II. Disadvantages of Utilitarianism ……………………………… (48)

III. Utilitarianism is Difficult to Derive the Elements of
   Aggressive Emergency Risk Avoidance ………………… (52)

Summary ………………………………………………………………… (68)

Chapter 3 The Justification of Aggressive Emergency Avoidance: The Proposal and Evidence of the Social Lien ……………………………………………… (70)

Section 1 Hegel's Idea of Emergency Avoidance and its
   Interpretation ……………………………………………… (71)

  I. Introduction to Hegel's Idea of Emergency Avoidance …… (71)

  II. Professor Pavlik's Interpretation of Hegel's Ideas ………… (78)

  III. Challenges and Inspirations of Hegel's and
   Professor Pavlik's Risk Aversion Ideas …………………… (80)

Section 2 The Reasonableness and Normative Effect of the Social
   Joint and Several Obligations ……………………………… (85)

  I. Premise: The Reasonableness of the Virtual Curtain of
   Ignorance …………………………………………………… (89)

  II. The "Curtain of Ignorance" is Difficult to Directly
   Prove Positive Power ……………………………………… (107)

Section 3 The Establishment of Social Joint and Several
   Obligations in our Legal System ………………………… (121)

  I. Our Legal System Promotes "Social Joint and Several
   Obligations" ………………………………………………… (122)

  II. Refutation of the "Legalization of Moral Obligations"
   and "Alienated Utilitarianism" …………………………… (132)

Summary ………………………………………………………………… (139)

Chapter 4 The Scope and Application of Offensive Emergency Avoidance ········ (140)

Section 1 The Scope of Offensive Emergency Avoidance-Significant Legal Interest and Minor Legal Interest ········ (140)

Section 2 Reconstruction of the Principle of "Appropriateness" in Offensive Emergency Avoidance ········ (155)

I. The Theoretical Dilemma of the Supremacy of "Human Dignity" ········ (160)

II. Understanding and Application of the Principle of "Appropriateness" in Assault and Emergency Avoidance ········ (170)

Section 3 The Limits of Special Occupational Duty and the Scope of Risk Avoidance ········ (185)

I. The Question: Special Obligations without Boundaries? ········ (185)

II. Challenges to the Existing Solutions for Special Occupational Hazards ········ (188)

III. The Right of Special Occupational Specialists to Emergency Avoidance in the CriminalLaw Perspective ········ (197)

IV. The Scope and Application of Risk Avoidance for Special Occupational ········ (216)

Summary ········ (223)

Chapter 5 From "Adequate Compensation" to "Full Compensation" —The Application of the Justification of Offensive Emergency Avoidance in Civil Law ········ (224)

Section 1 The Disadvantages of "Appropriate Compensation" in Practice ········ (224)

Section 2 Criticism of "Appropriate Compensation"
          and its Causes ………………………………… (229)
  I. Offensive Emergency Avoidance Does Not Meet the
     Premise of Equitable Liability ……………………… (230)
  II. "Common Loss" is not Applicable to Offensive
      Emergency Avoidance ……………………………… (234)
  III. "Appropriate Compensation" is Contrary to Other
       Relevant Provisions in China ……………………… (237)
  IV. The Social Basis of "Appropriate Compensation" —A Critique
      of Utilitarianism and Pragmatism ………………… (241)
Section 3 Civil Liability for Aggressive Emergency Avoidance
           from the Perspective of the Hedged Person ……… (245)
  I. The Basis of the "Compensation" Claim of the Hedged
     Person-the Debt of Uncaused Management ……………… (245)
  II. The Amount of Compensation: "Full Compensation" … (249)
  III. The Request Object and Order of Compensation: From
       the Responsible Person to the Beneficiary to the
       Hedge ……………………………………………… (251)
  IV. The Advantages of "Full Compensation" and
      "First Payment" ………………………………… (261)
Summary ……………………………………………………… (264)

Chapter 6 The Legal Nature of Life Assault Emergency Avoidance ……………………………………… (267)
Section 1 The Negation of the Principle of Immeasurability
           of Life ……………………………………… (269)
Section 2 The Rejection of the "Double Effect Theory" …… (277)
Section 3 The Rejection of the Extra-legal Space Theory …… (285)

    I. The Origin of Extra-legal Space-Immunity Theory ········· (286)
    II. The Development and Growth of Extra-legal
        Space-Professor Kaufman's "Third Way" ················ (288)
    III. The Refutation of the Criticism of the Established
        Extra-legal Space ··· (292)
    IV. There is no Extra-legal Space in our Legalsystem ········· (297)
Section 4   The Asymmetrical Community of Danger Can
           Deter Violation of the Law ····························· (317)
    I. The Negation of the Commitment to Give Up Life in the
       "Symmetrical Community of Danger" ······················ (318)
    II. The Negation of Emergency Avoidance in the Asymmetrical
        Dangerous Community ·· (322)
    III. The Conflict of Obligations to Deter Violations ············ (332)
    IV. Analysis of Public Health Emergencies in Foreign
        Countries ·· (338)
Summary ·· (341)

**Conclusion   Steps for the Introduction of Social
               Liability in China** ································ (343)

Bibliography ··· (351)

Index ·· (383)

Acknowledgement ··· (387)

第 一 章

攻击性紧急避险在刑法中的体系性定位

根据学界的分类，紧急避险可以分为攻击性紧急避险与防御性紧急避险两种。如德国通说认为，根据避险对象的不同，紧急避险能够分为攻击性与防御性两种，前者是指为避免自己或他人遭受较大的法益损害，侵害无辜第三人法益之行为；而后者则是指为避免自己或他人的法益损害，向危险源进行反击的行为。① 我国台湾地区也有学者指出：所谓"防御性紧急避险"，又称为物之防卫，指对发生危险之物本身加以损毁；所谓"攻击性紧急避险"，是指对与危险没有关系之物加以损毁。例如为了援救落入冰窟窿的人，拆下他人篱笆上的木条做梯子。② 我国大陆地区的理论界尚未完全采纳此种分类标准，甚至有民法学者指出，我国民法规则设计的着眼点在于引发险情的原因，与避险方法并无关联，难以得出区分了不同避险类型之结论。③

---

① Vgl. Freund, Rostalski, Strafrecht Allgemeiner Teil, 3. Aufl., 2019, §3, Rn. 82ff.
② 参见史尚宽《民法总论》，中国政法大学出版社 2000 年版，第 746 页。
③ 参见王轶《作为债之独立类型的法定补偿义务》，《法学研究》2014 年第 2 期；陈甦主编《民法总则评注》（下），法律出版社 2017 年版，第 1301 页。张明楷教授也指出：按照通行词典的解释，"避"的基本含义是躲开、回避，"避难"是指躲避灾难或迫害，"避险"便是躲避危险。那么，对物防卫以及对正在实施侵害的无责任能力者的攻击行为，是否为一种"躲避"行为？如果不是，那么就难以认为这种行为属于我国刑法中的"避险"行为。参见张明楷《受虐妇女反杀案的出罪事由》，《法学评论》2022 年第 2 期。

但是，无论从自身概念、正当化依据抑或法律后果分析，攻击性紧急避险与防御性紧急避险间均存在明显的差异，故二者仍有区分的必要。① 退一步而言，即便如部分学者所指出的，我们应当对紧急避险的概念进行"文义解释"，将对物防卫以及对正在实施侵害的无责任能力者的攻击行为排除在"避险"行为之外，其否认的也是防御性紧急避险而已②，因此，攻击性紧急避险作为最为典型的避险形态，完全能够得到条文与理论的认可。基于上述理论与我国《刑法》第二十条第一款之规定，本书将攻击性紧急避险定义为：为了使国家、公共利益、本人或者他人的人身、财产和其他权利免受正在发生的危险，不得已采取紧急避险，从而造成与该危险完全无关的无辜第三人法益损害之行为。

从本定义中不难看出，攻击性与防御性紧急避险的主要区别在于避险对象的不同，前者的避险对象是与危险产生完全无关的第三人，而后者的避险对象则是无责任地制造了危险或尚未给自身造成具体危险之人。这种避险对象的差异，也使得二者的成立条件大相径庭，至为明显的是，学界无争议地认为，在攻击性紧急避险中，对生命的紧急避险绝不可能阻却违法，而在极端情况下，剥夺他人性命的防御性紧急避险仍然能够阻却违法。③ 而一如学界在研究正当防卫理论中所指出的：正如罪刑规范背后的实质保护目的是指引构成要件解释的向导一般，所有关于正当防卫的具体解释问题，其最终解决都离不开正当防卫

---

① 参见陈璇《紧急权：体系建构、竞合适用与层级划分》，《中外法学》2021年第1期；民法上也有学者认为，紧急避险的立法中蕴含着"显隐互现的二元分类"标准，故可以推导出立法者根据避险对象的不同将之分为防御型与攻击型紧急避险。参见张谷《论〈侵权责任法〉上的非真正侵权责任》，《暨南学报》（哲学社会科学版）2010年第3期。

② 参见张明楷《刑法学中的概念使用与创制》，《法商研究》2021年第1期。

③ Vgl. Rosenau, in Satzger/Schluckebier/Widmaier（Hrsg.），Kommentar zum Strafgesetzbuch, 4. Aufl, Berlin: Carl Heymanns, 2018, §34 StGB, Rn. 24.

本质论的指引。① 攻击性与防御性紧急避险成立条件的差异，当然也与紧急避险的正当化依据，以及该依据背后暗含的哲学思想密切相关，因此有必要予以区分。② 有感于此，本书拟对攻击性紧急避险的正当化依据进行研究，如未特别说明，书中的紧急避险仅指代攻击性紧急避险。而欲探寻紧急避险的正当化依据，一个必要的前提便是其在我国法律体系中也属于违法阻却事由，因为若其属违法行为，那么本书的论述便是"无的放矢"。对此问题，我国学界可谓是"众口一词"地将其置于正当化事由之下，几乎从来没有学者对其提出怀疑，也没有学者分析此种做法的依据何在。然而，紧急避险侵犯的终究是无辜第三人之法益，且并不如正当防卫一般直接以"正当"为名，故其体系性定位并不若正当防卫一般容易得出，因此，有必要先确定其在阶层论中的位置，再对后续问题加以探讨。

第一节　法无明文规定引发的争论

通说认为，紧急避险与正当防卫一样，是我国刑法明文规定的正当行为之一。③ 但是，这样的论述并不准确。我国《刑法》第二十一条第一、第二款规定：为了使国家、公共利益、本人或者他人的人身、财产和其他权利免受正在发生的危险，不得已采取的紧急避险行为，造成损害的，不负刑事责任。紧急避险超过必要限度造成不应有的损害的，应当负刑事责任，但是应当减轻或者免除处罚。

---

① Vgl. Bockelmann, Notwehr gegen verschuldete Angriffe, FS-Honig, Göttingen: Schwartz, 1970, S. 30; Kühl, Notwehr und Nothiefe, JuS 1993, S. 179.

② 防御性紧急避险的正当化依据参见 Pawlik, Der rechtfertigende Defensivnotstand im System der Notrechte, GA 2003, S. 16f.

③ 参见高铭暄、马克昌主编《刑法学》，北京大学出版社、高等教育出版社2019年第9版，第133页。

可见刑法条文只是规定紧急避险无须承担刑事责任，并未"明文"将其规定为正当行为。而在三阶层的语境中，不负刑事责任的行为既可能成立违法阻却事由，也可能成立责任阻却事由，例如我国《刑法》第十八条规定：精神病人在不能辨认或者不能控制自己行为的时候造成危害结果，经法定程序鉴定确认的，不负刑事责任。学界无争议地认为，该条只是免责条款，并不能够阻却违法。因此，"不负刑事责任"并不能成为立法者认为紧急避险是违法阻却事由的佐证。①

其实，学界之所以将紧急避险直接认定为违法阻却事由，是受到德日刑法理论的影响，但需要注意的是，德日刑法理论之所以如此认为，是因为他们的法典中明文规定或者可以推导出紧急避险属于违法阻却事由。《德国刑法典》第34条的名称便是阻却违法的紧急避险（Rechtfertigender Notstand），其条款中也明确指出：该紧急避险行为不违法（nicht rechtswidrig）。因此德国学界才无争议地认为，攻击性紧急避险只要保护了显著优越利益且手段适当，就可以成立阻却违法的紧急避险。②《日本刑法典》第37条规定：对于因避免自己或他人生命、身体、自由或财产之现在危难而出于不得已之行为，以依其行为所产生之危害不超过其所欲避免之危害限度为限，不罚。但超过限度之行为，依其情状，得减轻或免除其刑。虽然该条并未明确规定避险行为保护的法益超过受损法益便能够阻却违法，但是根据条文可以推断，在保护的法益超过受损法益与保护法益小于受损法益之时，其不罚（免除其刑也属于不罚的一种）的依据应当有所不同，故为了保护自己价值100万元的财物损毁他人20万元的财物与为了保护自己价值10万元的财物损毁他人价值20万元的财物，最终的结果可能都是不罚，但不罚的理

---

① 同样观点，参见张开骏《刑法中生命处分与利益冲突》，上海大学出版社2020年版，第244页。

② Vgl. Bernd Heinrich, Strafrecht Allgemeiner Teil, 6. Aufl., Stuttgart: W. Kohlhammer GmbH, 2019, Rn. 393.

由应当有所区别，否则无异于违背了立法者设立法益衡量的初衷。因此，日本通说才采取二分说，即认为其《刑法》第37条第一句指代的是阻却违法的紧急避险，第二句指代的是阻却责任的紧急避险。饶是如此，因为日本刑法典并未明确规定紧急避险属于违法阻却事由，时至今日，其在犯罪论体系中的位置仍然存在一定的争议。[1]

由于我国刑法条文与德日不同，我们不能采取"拿来主义"，直接将外国理论运用于我国法条之中，而应当立足于本土资源，正确判断紧急避险在犯罪论体系中的位置。事实上，已经有学者指出：假如我国《刑法》第二十一条像《德国刑法典》第34条、《日本刑法典》第37条那样，明确规定紧急避险的成立以行为造成的损害小于或者不超过其所欲避免的损害为前提，那么该条规定的紧急避险自然没有争议地属于正当化事由。[2] 其言下之意便是，《刑法》第二十一条并未明确规定紧急避险属于正当化依据。此问题虽然尚未使学界产生重视，但也引起了部分学者的注意。有学者根据体系解释对此问题做出了详尽的分析，论者认为：联系第三款规定就会发现，第一款仅限于阻却违法的紧急避险。因为职务上、业务上负有特定责任的人，在生命面临紧迫危险时采取紧急避险行为（如持枪歹徒射杀没有持枪的警察时，警察闯入民宅躲避），虽然不阻却违法（不能适用《刑法》第二十一条第一款），但因为没有期待可能性而能够阻却责任，对此只能理解为超法规的责任阻却事由。[3] 换言之，论者认为，警察为避免被枪杀闯入民宅躲避的行为，不符合第三款规定的紧急避险的主体，又不满足第二款的超过必要限度造成不必要的损害，但是若将其定罪，似乎又过于残酷，只能将这种行为解释为超法规的责任阻却事由。据此，第二十一条第二、第三款分别为责任减轻事由（避险过当）、超法规的责任阻却事由，第一款的规定只能被理解为阻却违法的紧急避险。

---

[1] 日本学界争论参见［日］西田典之、山口厚、佐伯仁志编集《注释刑法》（第1卷），东京：有斐阁2010年版，第473—474页。
[2] 参见陈璇《生命冲突、紧急避险与责任阻却》，《法学研究》2016年第5期。
[3] 参见张明楷《刑法学》（上），法律出版社2021年第6版，第288页。

显然，论者做此推论的前提在于，特殊义务者在面对生命危险时亦负有作为义务，因而一律不得实施避险行为，但这样的前提值得商榷。一方面，我国法规范并未强迫特殊义务者以生命为代价去履行职责。例如《公安消防部队执勤战斗条令》第四条虽然规定"救人第一"，但是在其他实施细则中均表明，若在营救过程中，消防队员的生命已经面临直接危险，其仍然应当迅速撤离。《条令》第五十七条第六款规定：当发现可能发生突发重大险情而又不能及时控制，直接威胁参战官兵生命安全时，应当果断迅速下达撤离命令，组织指挥参战力量安全撤出灭火和应急救援现场；第五十九条第三款规定：遇有直接威胁参战官兵生命安全的重大突发险情而又不能及时控制时，根据现场作战指挥部命令和现场情况立即组织指挥现场力量安全撤离；第七十九条第五款、第八十六条第四款也做出了相同的规定。① 据此，即便是在职业性风险的范围内，职业性的营救者也不能被要求实施必然或者具有极高概然性导致其死亡的救援行为，法规范只要求职业性的营救者承担生命危险，而不要求其刻意放弃自己生命②。另一方面，从教义学的角度条析，此时特殊义务者并不负有作为义务。如盖德（Gaede）教授指出：法规范不得强求行为人以严重损害自身法益的方式履行作为义务，而只能在社会共同体可以期待行为人实施合法行为的范围内要求其恪守自身义务。③ 施

---

① 《公安消防部队执勤战斗条令》第七十九条第五款规定：当火场出现爆炸、轰燃、倒塌、沸溢、喷溅等险情征兆，而又无法及时控制或者消除，直接威胁参战人员的生命安全时，现场指挥员应当果断迅速组织参战人员撤离到安全地带并立即清点人数，视机再组织实施灭火救援行动。第八十六条第四款规定：当现场出现爆炸、倒塌，易燃可燃气体、液体，毒害物质大量扩散等险情征兆，而又不能及时控制或者消除，直接威胁参战人员的生命安全时，指挥部或者现场指挥员应当果断下达撤离命令，发出撤离信号，组织参战人员撤离到安全地带并立即清点人数，待具备基本安全条件时，再组织实施抢险救援。
② 参见王钢《营救者的损害与自我答责原则》，《法学研究》2010年第3期。
③ Vgl. Gaede, in Nomos Kommentar, StGB, Band 1, 5. Aufl., Baden-Baden: Nomos, 2017, §13, Rn. 17.

莱（Schlee）教授则认为，即使行为人具有保证人地位，也不应当被要求实施一切客观上可以避免危害结果发生的行为。① 德国通说也指出：在不作为犯中，期待可能性有限制作为义务范围的功能：只有在能够期待行为人履行义务时，才应当肯定其负有作为义务。② 据此，在面临重大危难之时，特殊义务者并不具有期待可能性，故能够直接以不具有作为义务而不符合构成要件予以出罪，在学界目前对期待可能性适用范围日趋缩限甚至倾向于否定的情况下③，这样的解释路径对于出罪具有重要意义。退一步而言，即便将第二十一条第三款理解为超法规的责任阻却事由，也并不能够当然地推断出第二十一条第一款便属于违法阻却事由，而是如后所述，完全可以将其理解为法定的责任阻却事由。综上，论者推论的前提及逻辑均值得商榷，其结论也难言妥当。

还有学者从历史沿革的角度论证紧急避险的合法性，论者认为，在刑法典草案的历次稿本中均明确规定了紧急避险行为造成之损害应轻于所避免之损害，只是从1963年的《刑法草案（修正稿）》（第33次稿）开始，才形成了与现行刑法基本相同的表述。④ 至少到目前为止，没有任何资料能够证明，这种条文措辞上的调整意味着立法者对紧急避险的定性发生了根本变化。此外，有关回顾和总结刑法典制定过程的权威文献指出，现行刑法中的"紧急避险和正

---

① Vgl. Schlee, Zumutbarkeit bei Vorsatz－, Fahrlässigkeits-und Unterlassungsdelikten, Hamburg: Dr. Kovač, 2009, S. 286f.

② Vgl. Wessels/Beulke/Satzger, Strafrecht Allgemeiner Teil, 50. Aufl., Heidelberg: C. F. Müller, 2020, Rn. 1233; Bosch, in Sehönke/Sehröder, Strafgesetzbuch Kommentar, 30. Aufl., München: C. H. Beck, 2019, Vorb. §§13ff, Rn. 155; Thomas Fischer, Strafgesetzbuch mit Nebengesetzen, 65. Aufl., München: C. H. Beck, 2018, §13, Rn. 80f.

③ 如我国有学者认为，应将期待可能性定位于调节性的刑罚恕免事由，只允许在"极其稀有的特殊案例中"以不可期待性为由宣判行为人无罪，参见刘艳红《调节性刑罚恕免事由：期待可能性理论的功能定位》，《中国法学》2009年第4期；刘艳红《实质犯罪论》，中国人民大学出版社2014年版，第218页。

④ 参见高铭暄、赵秉志编《中国刑法规范与立法资料精选》，法律出版社2013年版，第267、287、302、332页。

当防卫一样是公民的一项合法权利，正确行使这项权利，对社会也是有益无害的"；紧急避险的"必要限度通常是指引起的损害比所避免的损害较轻的情况，因为只有在这种情况下，才能说紧急避险行为客观上对社会是有益的"。①

但是，这样的论述显然不具有说服力。一方面，"没有任何资料能够证明，这种条文措辞上的调整意味着立法者对紧急避险的定性发生了根本变化"显然是论者个人的价值判断，笔者也完全可以认为"这种条文措辞上的调整意味着立法者对紧急避险的定性发生了变化"。且一般而言，立法者对条文用语的修改，往往意味着条文寓意的改变，否则立法者又何须多此一举，画蛇添足。既然立法者在草案中规定"行为造成之损害应轻于所避免之损害"，但是在正式的法典中并未做此规定，我们当然也可以理解为立法者是有意删去了相关段落，因为他们认为造成的损害与避免的损害的衡量结果对于紧急避险性质的认定并没有实质意义，因此该学者对立法者修改措辞的辩护并不具有说服力。另一方面，学者对于立法过程的解读并不能代替立法者的意见，更无法代替立法文本的客观存在。② 文献指出：紧急避险是公民的合法权利，正确行使对社会有益无害。但是，紧急避险明明损害了无辜第三人的法益，又从何得出它是公民的"合法"权利？对此问题，文献却只字未提，合理的猜测是因为其认为紧急避险保护了更大的法益，创造了更多的社会价值。然而，既然紧急避险权是公民的合法权利，我们便应当立足于公民自身之角度去论证权利来源的合法性，而文献的观点却又是建立在"紧急避险是社会的调控手段"的基础之上，认为其正当化依据在于避险人为社会保全了更大的利益，将受益主体与权利主体分离，明显与论者所言的"紧急避险是公民合法权利"存在逻辑上的自相矛盾。

---

① 高铭暄：《中华人民共和国刑法的孕育诞生和发展完善》，北京大学出版社2012年版，第25页。

② 方军：《紧急避险的体系再定位研究》，《现代法学》2018年第2期。

另有学者认为：尽管《刑法》第二十一条未明确包含有关法益衡量的字眼，但其第二款规定紧急避险不能"超过必要限度造成不应有的损害"。这种对行为限度的强调实际上已表明，该条文至少是倾向于根据行为本身造成的法益损害是否值得法秩序予以肯定这一点，来确定能否排除避险行为的犯罪性。另外，倘若本条的紧急避险包含责任阻却事由，那么避险行为是否成立犯罪就不完全取决于法益损害是否超过了必要限度，而是取决于行为人是否具有值得宽恕和原谅的特殊情状；既然如此，客观的损益界限要求就显得多余。①

然而，这样的论证也并不当然能够推导出紧急避险为违法阻却事由。一方面，立法者确实根据行为限度区分了紧急避险与避险过当，但这并不能够推导出紧急避险能够排除犯罪性的结论。《刑法》第二十一条关于紧急避险的规定是"造成损害"，关于避险过当的规定是"超过必要限度造成不应有的损害"，根据体系解释，当然应当将第一款中的"损害"解释为"没有超过必要限度的损害"。而且如前所述，不负刑事责任并不等于阻却违法，从法条的字面含义加以分析，我们只能够得出，立法者认为对"超过必要限度造成不应有的损害"的避险过当的处罚程度要重于造成"没有超过必要限度的损害"的紧急避险，却并不能够得出排除了避险行为犯罪性的结论。另一方面，该学者自己都认为，"避险行为是否成立犯罪不完全取决于法益损害是否超过了必要限度，而是取决于行为人是否具有值得宽恕和原谅的特殊情状"，便说明紧急避险是否成立需要同时考虑这两个方面的要素，既然如此，客观的损益界限又怎会显得多余？

由此可见，在我国刑法条文没有明文规定紧急避险为正当行为的情况下，既有观点并不能够有效论证其属于违法阻却事由，随着"以人为本"的自由主义刑法观在我国学界的逐步蔓延，自我决定权在我国越来越受到重视，不少学者出于尊重自我决定权之缘故，开

---

① 参见陈璇《生命冲突、紧急避险与责任阻却》，《法学研究》2016年第5期。

始质疑紧急避险在犯罪论体系中的位置，即紧急避险是未得到他人现实承诺的"损人利己"之行为，在法无明文规定的情况下，只能够阻却责任。① 还有学者在详细论述了紧急避险不属于违法阻却事由后，对条文做出了全新的诠释，论者指出：既然从《刑法》第二十一条第二款关于避险过当的规定中难以推论出立法者将利益权衡作为紧急避险的成立要件和阻却违法的正当性基础，因此将其定位于宽恕罪责事由与我国实定法的规定也并无矛盾。我国的紧急避险分为两种，一种是造成损害但阻却责任，因而不负刑事责任的紧急避险，另一种是因避险手段不具有适合性或选择的避险行为并非最小损害手段而使得避险手段超过必要限度，或者不满足利益权衡（即造成不应有的损害）要求而只能够减轻或者免除处罚的紧急避险。根据论者的描述，笔者认为对于我国紧急避险的刑法条文完全可以做出这样的理解：

第二十一条第一款：手段适宜且未超过必要限度造成不应有的损害——行为无价值/结果无价值程度均较低——不具有期待可能性——违法但不负刑事责任。

第二十一条第二款：手段超过必要限度（不具有适合性或选择的避险行为并非最小损害手段）或不符合利益权衡要求（造成的损害大于保护的损害）——行为无价值/结果无价值程度较高或二者均高——期待可能性降低——负刑事责任但减轻或者免除处罚。②

这样的解释也回应了上文中"若紧急避险条款包含责任阻却事由，则客观的损益界限要求就显得多余"的质疑。根据这种观点，手段的适宜与否决定了避险人是否具有行为非价，客观的损益界限决定着避险人是否具有结果非价，行为与结果共同决定了紧急避险

---

① 参见周漾沂《论攻击性紧急避险之定位》，《台大法学论丛》2012年第1期；郝赟《紧急避险责任阻却一元论之提倡》，《研究生法学》2018年第2期。王效文教授也倾向于将紧急避险视为减免罪责事由，参见王效文《刑法中阻却违法紧急避险的哲学基础》，《政治与社会哲学评论》2008年第3期。

② 参见方军《紧急避险的体系再定位研究》，《现代法学》2018年第2期。

到底是完全不负刑事责任，还是只能被减轻或者免除处罚，二者同样重要，其并非完全多余的要素。这样的解释虽然与通说不符，但也确实具有一定道理。因为造成不应有的损害应当减轻或者免除处罚并不能够推导出未造成不应有的损害便可以阻却违法——也可以推导出未造成不应有的损害违法但阻却责任。而且立法者已经对未造成不应有损害的紧急避险给予了较造成不应有的损害更为宽大的处理——从应当减轻或者免除处罚上升至不负刑事责任即免于处罚，故该学者的理论也能够自圆其说，且并不与条文相悖。因此，有必要重新论证紧急避险在犯罪论体系中的位置。在此之前，本书拟对紧急避险在犯罪论体系中位置之流变做一个简单的梳理，以便正本清源，更好地认识其变化之原因。

第二节　攻击性紧急避险属违法之观点

早期的学者一般都认为紧急避险属于违法行为，做出这样判断的原因在于，他们大多恪守严格的个人主义立场，重视并保护人的基本权利，尤其是公民的自我决定权。他们认为，人是生而自由的，有权根据自己的想法和判断组织自己的生活。无论是国家还是他人都不能对之加以干涉。在这种思想脉络中，个人是相对于外界绝对的存在，其在自己权利领域之内是自身行为的唯一主宰。[①] 从政治哲学角度来看，这种观点正是公民消极自由的体现，为了更好地分析紧急避险在犯罪论体系中位置的流变，有必要对其加以介绍。

一　消极自由观的哲学根基

关于积极自由与消极自由的区分最早来源于贡斯当（Benjamin

---

① Vgl. Gerhardt, Selbstbestimmung: Das Prinzip der Individualität, 2. Aufl., Stuttgart: Philipp Reclam jun. GmbH & Co. KG, 2018, S. 427.

Constant），他在 1819 年发表了关于古代自由与现代自由比较的著名演讲，其中虽然并未直接指出"消极自由"的概念，但"现代人的自由"的概念却成为后世"消极自由"概念的直接来源。贡斯当指出：

  现代人追求的自由是不受政府强制的私人活动空间，真正的现代自由是个人自由，这主要体现在两方面，第一，现代人越来越注重个人生活的领域，或者说，强调维持一个不受政治权力干预的私人空间，强调个人权利的不可侵犯性。"个人独立是现代人的第一需求：因此，任何人决不能要求现代人作出任何牺牲，以实现政治自由。"第二，现代人越来越难以直接参与政治事务的讨论与决策，因而越来越多地诉诸代议制作为既保障个人对政治的影响力，又维持个人生活空间的手段。因此，现代人的自由首先表现为享有一系列受法律保障的、不受政府干预的个人权利。① 因此贡斯当认为，对现代人而言，自由意味着："只受法律制约，而不因某一个人或若干个人的专断意志而受到某种方式的逮捕、拘禁、处死或虐待的权利。它是每个人表达意见、选择并从事某一职业、支配甚至滥用财产的权利，是不必经过许可、不必说明动机或事由而迁徙的权利。"②

  贡斯当关于两种自由的区分对后世自由主义的理念产生了重大影响，以赛亚·伯林（Isaiah Berlin）更是在其基础上区分出了积极自由与消极自由，并赋予其更深刻、更广泛的含义。他认为：消极自由③"就是一个人能够不被别人阻碍地行动的领域。如果别人阻止我做我本来能够做的事，那么我就是不自由的；如果我的不

---

① 参见［法］贡斯当《古代人的自由与现代人的自由》，阎克文等译，上海人民出版社 2017 年版，第 83、87、90 页。
② ［法］贡斯当：《古代人的自由与现代人的自由》，阎克文等译，上海人民出版社 2017 年版，第 71 页。
③ 伯林笔下的消极自由大致相当于贡斯当的现代自由，参见李强《自由主义》，东方出版社 2015 年第 3 版，第 174 页。

被干涉的行动的领域被别人挤压至某种最小的限度，我便可以说是被强制的，或者说，是处于被奴役状态的"。① 由此可见，所谓的消极自由就是免受他人干涉和强制的自由，其核心在于，公民在一定空间范围内能够不受他人干涉、完全按照自己的意愿做出决定和安排，故它本质上保护的是公民个人的自我决定权。这种决定权具有内在的价值，并非实现其他价值的手段；其所关注的核心是保障个人权利、个人的活动空间，而不是维护集体或者社会的利益。这种消极自由固然赋予了公民高度的自决权，但同时也使得他们必须对自己权利领域内的事务高度地自负其责：详言之，在消极自由观的语境下，公民拥有一个不容他人干涉的自由领域，在此领域内其享有极高的自主、自决和自治的权利，任何人不得对其进行干涉；但相对地，公民对于发生在自己负责领域内之事件，也不应该借由干涉他人之自由权利来处理，因为"自我决定权的反面就是自我答责，这不仅意味着他们需要承担所做出的决定的后果，也需要承担不幸的意外或者自然事件"②，因此在公民自身利益受到威胁时，其也理应自负其责，不得将损害转嫁给无辜的第三人，否则就不法地干涉了他人同样享有的不可侵犯的消极自由。③ 如果我们一方面要求他人尊重我们自主的权利，但另一方面又拒绝承担此种自主性的代价，这本身便是一种自我矛盾。

二 消极自由观的法律思想

从上文对于消极自由观的梳理中可以看出，消极自由观以维

---

① ［英］以赛亚·伯林：《自由论》，胡传胜译，译林出版社 2011 年版，第 170 页。
② Vgl. Renzikowski, Notstand und Notwehr, Berlin: Duncker&Humblot, 1994, S. 179.
③ Vgl. Haas, Notwehr und Nothilfe. Zum Prinzip der Abwehr rechtswidriger Angriffe. Geschichtliche Entwicklung und heutige Problematik, Frankfurt am Main［u. a.］: Lang, 1978, S. 207.

护个人权利为首要目的，而法律作为维护个人权利的最后一道屏障，其本身便包含保护现代人不受政府及他人非法干预或侵犯之目的，因此可以说，法律天然便包含了消极自由之思想，正因为如此，我国有学者指出：法律意义上的自由首要地被理解为一种消极的自由，也即公民使自己权利免受国家或他人侵犯的自由。① 若将此种观点衍生至紧急避险中，则避险人的行为也将因未经他人同意侵入了无辜第三人的私人空间，侵犯了现代人的自由观念而被认定为违法行为。

这样的思想在部分学者的法哲学思想中也有体现，康德（Kant）便是其中的代表人物之一。② 虽然康德从未明确表示自己更支持何种自由理念，但是从其对自由概念的三个层次的划分中可以看出，其总体上仍然属于消极自由的范畴。③ 这一点在康德对其法哲学的阐述中体现得尤为明显。④ 在《法的形而上学原理》中，康德明确表示通过牺牲他人生命保全自己生命的行为不合法，而只是出于主观因素免予刑罚。在他看来，"所谓紧急避险权是一种误想的法权（vermeinte Recht）"，是一种"没有权利的强制（Zwang ohne Recht）"，如果肯定这种权利，就将使得权利学说自身陷入矛盾。⑤ 有学者可能

---

① 王钢：《紧急避险中无辜第三人的容忍义务及其限度——兼论紧急避险的正当化根据》，《中外法学》2011 年第 3 期。

② 需要注意的是，虽然康德也区分了消极自由与积极自由，但是其与伯林的两种自由概念完全不同，康德意义上的自由本质上是道德概念，而伯林意义上的自由本质上属于政治概念。参见郭昭君、吕敬美《康德与伯林的两种自由观比较及其当代启示》，《广西大学学报》（哲学社会科学版）2013 年第 4 期；谭杰《论康德的消极自由与积极自由——兼与伯林两种自由概念的比较》，《道德与文明》2011 年第 4 期。本书在伯林的意义上使用消极自由之概念。

③ 参见邓晓芒《康德自由概念的三个层次》，《复旦学报》2004 年第 2 期；邓晓芒《康德和黑格尔的自由观比较》，《社会科学战线》2005 年第 3 期。

④ Vgl. Kühnbach, Solidaritätspflichten Unbeteiligter, Baden-Baden: Nomos, Baden-Baden: Nomos, 2007, S. 31.

⑤ Vgl. Kant, Die Metaphysik der Sitten, Tugendlehre, in Weischedel (Hrsg.), Schriften zur Ethik und Religions-philosophie, 2. Teil, Band 7, 1968, S. 341.

认为，康德只是以生命的紧急状态为例来拒绝紧急权，却没有提及其他的紧急状态情况（例如对于"饥寒交迫的人为了活命而盗窃他人的财产迫不得已的盗窃"这个在古代自然法学说中讨论颇多的纯粹侵财案例，康德并没有作特别的说明），因此我们仍然能够尝试着指出，康德在《法的形而上学原理》的相关章节中否定的只是生命紧急状态中的紧急权，而不是对紧急权的一般否定。但实际上，在康德法哲学的体系中，紧急避险在任何情况下都没有被正当化的可能，因为按照康德的法权概念，法权规制的并不是"一个人对另一个人的愿望或纯粹需求的关系，比如善意的行为"，而"仅仅是他人的任意"，因此在康德的语境中，个人的需求根本无法构建起一种法权，使人可以侵犯他人的自由领域。① 详言之，康德认为，法律是那些使任何人的自由意志按照一条普遍的自由法则可以和其他人自由意志相协调的条件的总和，而所谓的自由意志，其实是指个体随意选择为或不为一定行为的外在的行为自由。因此，对法律的定言命令和基本原则表现为："外在地要这样去行动：你的意志的自由行使，根据一条普遍法则，能够和所有其他人的自由并存。"是以任何一种行为，只有当其根据一条普遍法则能够使个人意志选择的自由与任何人的自由同时并存时，才是正当的合法行为。其他任何干涉他人合法行为或者自由权利的举动，则都是不法的体现。不同于道德（德性），法律具有"外在性"特征，它仅涉及个人和他人之间外在和实践的关系，只关注不同个体之间自由意志的相互协调，而并不考虑个人对于他人的具体愿望或者需求。② 道德的立法是内在的，要求将义务自身作为行为的动机，道德义务也以人们应当具有特定的目的为前提；而法律却只关乎外在自由的形式条件，无涉于

---

① Vgl. Kensting, Kant über Recht, Paderborn: Mentis, 2004, S. 14 f; Wilfried Küper, Immanuel Kant und das Brett des Karneades, Heidelberg: C. F. Müller, 1999, S. 11.

② 参见［德］康德《法的形而上学原理》，沈叔平译，商务印书馆1991年版，第39—41页。

行为动机，而且也与目的相剥离。① 在紧急避险的场合，行为人虽然是出于保护自己或者他人更大权益的需要而损害第三人权利，但是，这种保护更大权益的需求只不过是行为人个人的"具体愿望或者需求"而已。基于法律的外在性，这种个人的愿望或需求不能构成对第三人自由意志的合法限制，因而第三人也并不因此负有法律义务积极地救助他人权益或者消极地忍受行为人对自己权利的侵害。② 事实上，在康德法哲学体系中，只有针对侵犯自由之不法行为的反击才是合法的强制行为。因为此时行为人妄图通过损害他人合法自由空间的方式扩张自己的权利领域，而相应的反击则清楚地向行为人表明了其合法权利的界限。这种反击维护了法律对个体之间自由意志的界分，其甚至属于人所享有的最神圣的权利。③ 而在紧急避险中，无辜第三人并没有侵犯他人的自由，其在自身权利范围之内的利益应当受到法律的绝对保护。倘若避险人为了保护个人利益而侵害他人的合法利益，则是侵入了他人合法的自由领域，当然属于违法行为。上述理由在其对"卡尼德斯木板案"的论述中得到了完整的体现，康德指出："这样一种为了自我保存而发生的暴力侵犯行为，不能视为完全不该受到谴责，它只是免于惩罚而已……不能由于紧急避险而把错误的事情变成合法。"④ 因此，如果以个人本位的康德主义违法观为法哲学基础是"不能推导出紧急避险为合法事由"的。⑤

但需要注意的是，在部分著作中，康德却给出了不同的论述。

---

① Vgl. Wildt, Zum Verhältnis von Recht und Moral bei Kant, ARSP 83, S. 162ff; Kühnbach, Solidaritätspflichten Unbeteiligter, Baden-Baden: Nomos, 2007, S. 23f.

② 参见王钢《紧急避险中无辜第三人的容忍义务及其限度》，《中外法学》2011年第3期。

③ Vgl. Küper, "Es kann keine Not geben, welche, was unrecht ist, gesetzmäßig machte"-Immanuel Kants Kritik des Notrechts, in Festschrift für E. A. Wolff zum 70. Geburtstag, Berlin; Heidelberg [u. a.]: Springer1998, S. 293.

④ [德]康德:《法的形而上学原理》，沈叔平译，商务印书馆1991年版，第47页。

⑤ 参见周漾沂《论攻击性紧急避险之定位》，《台大法学论丛》2012年第1期；郝赟《紧急避险责任阻却一元论之提倡》，《研究生法学》2018年第2期。

如在《道德形而上学的奠基》一书中，他便以实践的自私主义者为例指出：为了自己的利益，明明可以对他人提供协助却不伸出援手的自私行为，不可能作为一个自然法则而到处生效。一个决定这样做的意志会与自己抵触，因为可能发生不少这样的情况：他需要别人的爱和同情，而由于这样一个出于他自己的意志的自然法则，他会剥夺自己得到他所期望的协助的一切希望。① 此外，他还在《道德形而上学》一书中对此进行了较为详尽的解释：他首先将爱的义务划分为行善的义务（Pflichten der Wohltätigkeit）、感激的义务及同情的义务，并将见危救助归入第一种之中。进而指出：在别人陷入紧急危难的时候，为了别人的福祉而尽其所能地帮助他人，而不冀望能够从中获得什么好处，这是所有人的义务。理由在于，因为每个处于危难中的人，都会希望得到其他人的帮助。反之，如果某人将他的准则，即在别人陷入危难时不提供援助当作一个可以普遍适用之法则，则当他自己陷入危难之时，别人也同样可以拒绝帮助他，或者至少有权拒绝帮助他。所以，自私自利会成为普遍的法则本身就是自相矛盾的，也是违反义务的，而善待需要帮助之人的准则是一个对大家都有益的准则，应该成为人类的一般性义务。② 德国学者卡罗（Kahlo）教授据此认为，康德在一定程度上承认了紧急避险的合法性，并试图以此来证立刑法上的连带义务，他在文中引用了康德《道德形而上学的奠基》一书中"实践的自私主义者"的原话，并更加深入地指出：一个拒绝协助他人的准则不可能成为一个实践的法则，因为每个人都活在一个随时可能遭遇困境的世界里，且这种困境会威胁到其之独立存在，但由于人作为一种自然生物，他的

---

① 参见［德］康德《道德形而上学的奠基》（注释本），李秋零译注，中国人民大学出版社 2013 年版，第 43 页。

② Vgl. Kant, Die Metaphysik der Sitten, Tugendlehre, in Weischedel (Hrsg.), Schriften zur Ethik und Religions-philosophie, 2. Teil, Band 7, 1968, S588f. 中文版见李秋零主编《康德著作全集（第 6 卷）纯然理性界限内的宗教、道德形而上学》，中国人民大学出版社 2007 年版，第 463—464 页。

能力无法让其每次都能够预见或克服此种困境，因此如果肯定一个容许对他人冷漠的准则，那么就会落入局限性的不可控制的偶然结果（unkontrollierbaren Zufallswirkungen）之中。① 此外，Kahlo 教授为了避免传统功利主义"将他人视为实现自身价值之手段"的诟病及遵循康德"每一个理性存在者，都作为目的自身而实存，不仅仅作为这个或者那个意志随意使用的手段而实存"的诫命②专门指出：这种协助他人的道德诫命，是一种建立于主体间相互存在的自决权的行为准则（Handlungsgesetz wechselbezüglicher Autonomie des Daseins von Subjekten），与实现此一诫命是否能够对自己或者对人类整体带来什么益处无关。③ 同时，Kahlo 教授也认识到，如果将康德的观点直接引入法律，必然导致连带义务的范围过大，混淆道德与法律的界限，招致"道德义务法律化"之批判，因而对连带义务做出了三种限制。首先，连带义务中的紧急危难情况，必须限于自主的法律主体（eine autonome Rechtsperson）虽然能够有意识的、自主的防备或者预见，但依靠其自身力量却仍无法处理之情形，换言之，它必须限于一种有限的偶然的（endlichzufälligen）、必然发生（unhintergehbaren）且对于实践主体的独立存在（das selbständige Dasein praktischer Subjektivität）具有重大影响的情形。④ 其次，一般市民连带义务只限于在国家机构事实上无法提供现时的协助，或不能给予充分的协助的时候才会产生。因为国家在法律状态之中已经提供了一种保障，使得人们不仅不需要随时准备和他人对抗并担忧自己的安全，而且透过建立例如医疗和消防机构等，在某程度上承担了市民自己为了生存所必

---

① Vgl. Kahlo, Die Handlungsform der Unterlassung als Kriminaldelikt, Frankfurt am Main: Klostermann, 2001, S. 286.
② ［德］康德：《道德形而上学的奠基》（注释本），李秋零译注，中国人民大学出版社 2013 年版，第 48 页。
③ Vgl. Kahlo, Die Handlungsform der Unterlassung als Kriminaldelikt, Frankfurt am Main: Klostermann, 2001, S. 288f.
④ Vgl. Kahlo, Die Handlungsform der Unterlassung als Kriminaldelikt, Frankfurt am Main: Klostermann, 2001, S. 293.

须担负的任务，所以必须排除一个一般性的对他人的协助照护义务①。最后，要保全的法益，必须与实践主体客观存在的元素——法益——相联系（auf die objektiven Daseinslemente selbständiger Subjekti-vität, also auf Rechtsgüter, bezogen sein），对于每个人的独立存在来说都是必需的、核心的基础。在此，Kahlo教授还特别强调，应当将财产的保护排除在外，因为财产在人与人之间的归属关系经常由于受到偶然因素支配而造成不同主体持有的质与量上的差异，这种差异造成了人的实际行动自由上的不平等，假如又肯定维护他人财产的义务，会形成不同主体相互间实际义务在原则上不对等（einer prinzipiellen Asymmetrie der praktischen Leistung gegenseitiger Anerkennung），持有较少财产的人只能对于他人享有较小的连带请求，而这与法律上救助义务的基本思想——最小限度的社会连带性相悖，且加深了不平等的情况，所以必须将财产法益从社会连带性的范围之内排除。②

但是，本书认为，纵然Kahlo教授的结论正确，其论证过程却值得商榷，其中的根本原因便在于其立论根基存在问题，因为康德是在《道德形而上学》而非《法的形而上学》一书中陈述这种积极协助他人义务的，换言之，这种义务在康德的哲学体系中属于道德理论而非法权理论。虽然Kahlo教授已经认识到了这一点，且采取了限制连带义务之做法，却仍然有将道德与法律混为一谈之嫌。因为采取限制的连带义务只是一种形式上的做法，而将道德义务上升为法律规范，需要实质上的理由以及正当程序③，绝非仅仅通过形式上的缩限所能够达成。此外，从康德在其文集中对紧急避险权的描

---

① Vgl. Kahlo, Die Handlungsform der Unterlassung als Kriminaldelikt, Frankfurt am Main: Klostermann, 2001, S. 298ff.

② Vgl. Kahlo, Die Handlungsform der Unterlassung als Kriminaldelikt, Frankfurt am Main: Klostermann, 2001, S. 302ff.

③ 道德与法律在康德哲学中的实质差异参见邓晓芒《康德论道德与法的关系》，《江苏社会科学》2009年第4期；认为需要正当程序方能够将道德转化为法律规范的观点参见Kühnbach, Solidaritätspflichten Unbeteiligter, Baden-Baden: Nomos, 2007, S. 70f。

述也不难看出，其并不认为紧急避险权是一种法权。一方面，从形式上看，康德并不是在权利科学导言（Einleitung in die Rechtslehre）中对紧急避险权进行阐述，而是在阐释了严格意义下的（Recht in enger Bedeutung），与强制权限结合（die Befugnis zu zwingen verbunden）的法权之后，才在下一节"权利科学序言附录：论不确定（zweideutig）的权利"中对其与衡平权进行讨论，而且康德在论述这两种权利时，使用的语言非常严谨，他所用的并非"还存在"两种不确定的权利，而是用的"设想"（denken）一种广义的权利（ein Recht im weitern Sinne），将这些用语与康德在论述其他真正法权中的用语相比较可以看出，康德对于紧急避险权其实是持一种质疑甚至是否定态度的；另一方面，从实质上分析，在康德的论述中，紧急避险是一种没有权利的强制，其所具有的强制权限不能由任何法律来决定，因此其违反法律的强制状态无法使不法之行为成为合法行为，紧急避险权并不属于真正的法权，而只是误想的法权。① 还值得特别注意的是，康德在后文强调：如果这样一种思维方式（没有兴趣对他的福祉或者对在困境中赞助他有所贡献）成为一个普遍的自然法则，人类当然能够好好地存在，而且按照那个标准（即康德的定言命令式），一种普遍的自然法则还有可能很好地存在②，可见在康德的观念中，紧急避险权并不具有存在的现实意义。综上，在康德消极自由观的理念中，紧急避险不可能是正当的权利，避险人也没有权限强求第三人容忍自身的法益损害。即使是在通过损害他人财产保护自身生命时也同样如此。③

---

① Vgl. Kant, Die Metaphysik der Sitten, Tugendlehre, in Weischedel（Hrsg.）, Schriften zur Ethik und Religions-philosophie, 2. Teil, Band 7, 1968, S. 341ff. 中文版见［德］康德《法的形而上学原理》，沈叔平译，商务印书馆1991年版，第44—45页。

② 参见［德］康德《道德形而上学的奠基》（注释本），李秋零译注，中国人民大学出版社2013年版，第43页。

③ Vgl. Morgenstern, Unterlassene Hilfeleistung, Frankfurt am Main［u. a.］: Lang, 1997, S. 60. 其认为可以从康德的法学理论中推导出紧急避险权，Vgl. Küper, Immanuel Kant und das Brett des Karneades, Heidelberg: C. F. Müller, 1999, S. 12f。

与康德类似，费尔巴哈（Feuerbach）也认为，只有特殊的法律根据、被害人承诺、正当防卫能够阻却违法①，紧急避险只是排除了可罚性，而非违法性。在费尔巴哈的刑法理论中，科处刑罚的根据包括客观与主观两部分。前者的根据在于存在受到刑法规定的刑罚威慑的犯罪事实②，后者的根据则在于责任③，如果一个人具备对犯罪行为进行归责的（外在和内在的）状况，则其就是有"责任能力"（Zurechnungsfähigkeit）④。由于紧急避险直接侵害了无辜公民的合法权益，又缺乏违法阻却事由，其完全符合客观的处罚根据，但却因为缺少责任而能够免于处罚。详言之，在费尔巴哈的刑法理论中，刑罚存在是为了产生刑罚效果，科处刑罚是为了证明法律规定的刑罚威慑的效果，即对所有潜在违法者的威慑，警告其不要违法，在刑罚威慑无效的情况下，科处刑罚将难以达到目的，刑罚也就无须存在。⑤根据其所提倡的心理强制说，所有的违法行为在感性上都有其心理学上的起因，人的贪欲在一定程度上会因对行为的乐趣或者产生于行为的乐趣得到强化。这种内心的动机通过下列方式加以消除：让每个人知道，在其行为之后必然有一个恶在等待着自己，且这种恶要大于源自未满足的行为动机的恶。⑥可见在费尔巴哈眼

---

① Vgl. Feuerbach, Lehrbuch des gemeinen in Deutschland gültigen peinlichen Rechts, 14. Aufl., Giessen: Heyer, 1847, §34ff.

② Vgl. Feuerbach, Lehrbuch des gemeinen in Deutschland gültigen peinlichen Rechts, 14. Aufl., Giessen: Heyer, 1847, §80.

③ Vgl. Feuerbach, Lehrbuch des gemeinen in Deutschland gültigen peinlichen Rechts, 14. Aufl., Giessen: Heyer, 1847, §84.

④ 按照字面意思及学界惯例，此单词被翻译为"归责能力"，但按照其在原文中的表述（如果一个人具备对犯罪进行归责的状况，则其就具有……），笔者认为在此理解为"被归责的可能"即"归责可能性"更加合适。Vgl. Feuerbach, Lehrbuch des gemeinen in Deutschland gültigen peinlichen Rechts, 14. Aufl., Giessen: Heyer, 1847, §84.

⑤ Vgl. Feuerbach, Lehrbuch des gemeinen in Deutschland gültigen peinlichen Rechts, 14. Aufl., Giessen: Heyer, 1847, §16.

⑥ Vgl. Feuerbach, Lehrbuch des gemeinen in Deutschland gültigen peinlichen Rechts, 14. Aufl., Giessen: Heyer, 1847, §13ff.

中，只有更大的恶才能够阻止较小的恶，但是正如康德所指出的：法律惩罚的威吓不可能比此时此刻害怕丧失生命的危险具有更大的力量。这样一条刑法，在此时完全失去了它所意图达到的效力。因为一个尚未确定的威胁——例如法庭判决死刑——不能超过对那种灾祸的恐惧（例如在上述情况下，肯定会淹死）。① 所以费尔巴哈认为：因他人的纯粹的事故而面临正在发生的危及生命或者其他不可替代的人身利益之危险，且实施违反刑罚法规的行为是挽救上述利益的唯一方法，则其处于一种无责的状态，在该无责状态下，行为人即使了解刑罚法规，经其要求，也可以废除该刑罚法规的效力。② 换言之，在面临生命危险之时，并不存在一个比剥夺生命更大的恶，此时的心理强制对于行为人违反刑罚法规的意思决定并不能起到任何影响作用，刑罚的威慑是无效的，其效果也难以实现，故行为人缺乏责任，因而不具备主观的可罚性，也就不需要存在刑罚。在后文中，费尔巴哈也明确指出，即便偷盗他人财物是维持偷盗者自己、其妻子或者其孩子生命的唯一条件，也只能够排除可处罚性，而不能阻却违法性。③ 由于康德及费尔巴哈对于德国刑法学界的巨大影响力，后期的不少学者也着眼于避险行为人自我保护的本能，强调在紧急避险的情况下，由于行为人自身法益受到紧迫的威胁，不能再强求行为人以超乎常人的意志力放弃将危险转嫁给他人，选择自己承受损害，但因为其毕竟侵犯了他人的合法权益，因而能够阻却责任。④ 因此，直至20世纪初，紧急避险都

---

① ［德］康德：《法的形而上学原理》，沈叔平译，商务印书馆1991年版，第47页。

② Vgl. Feuerbach, Lehrbuch des gemeinen in Deutschland gültigen peinlichen Rechts, 14. Aufl., Giessen: Heyer, 1847, §91.

③ Vgl. Feuerbach, Lehrbuch des gemeinen in Deutschland gültigen peinlichen Rechts, 14. Aufl., Giessen: Heyer, 1847, §321.

④ Vgl. Henkel, Der Notstand nach gegenwartigem und künftigem Recht, München: C. H. Beck, 1932, S. 37.

并不被承认为一种阻却违法事由。①

总之，消极自由的法律观念认为，在以自由为核心理念的法治国中，人与人之间自由与权利的界限是以一般、抽象的法律来划分。在个人自由与权利的领域内，只要自己的行为不干涉到依一般性法律所界定之他人的自由、不侵害到他人的权利，任何人应该都可以任意地追求自己的幸福。因此，倘若一行为并未侵害到他人权利，便应该是合法行为；相反地，行为若侵害到他人权利，便应该被认定为违法行为。一如科勒（Köhler）教授指出的，（外在）自由的概念隐含着以下意义：每个人都必须对自己负责，并且需要自行承担偶然发生的行动可能性的扩张或者限缩。② 任何人都不应该去干涉他人合法的自由领域，此种干涉禁止（Eingriffsvorbot）事实上已经隐含了转嫁禁止（Abwälzungsverbot）的概念。③ 据此，行为人在法律上并不拥有为了避免紧急状态去干涉无辜第三人的权利，当他尝试这样做时，其他人可以以暴力阻止他。④

第三节　由法秩序统一性看攻击性紧急避险的体系性地位

从上文的梳理中可以看出，域外刑法学界对于紧急避险在犯罪论体系中的位置产生过旷日持久的争论，若非法条的明文规定，此争论恐怕还会继续维持下去，日本学界即为其例。我国刑法的条文

---

① Vgl. Küper, Notstand I（strafrechtlich）, in Erler/Kaufmann/Werkmüller（Hrsg.）, Handwörterbuch zur Rechts-geschichte, Band 3, 1984, Berlin：Schmidt, S. 1067.

② Michael Köhler, Strafrecht Allgemeiner Teil, Berlin [u. a.]：Springer, 1997, S. 282.

③ Vgl. Frister, Die Notwehr im System der Notrechte, GA 1988, S. 291；Stratenwerth, "Größtmögliche Freiheit"? in：Festschrift für Werner Maihofer, Frankfurt am Main：Klostermann, 1988, S. 571.

④ Vgl. Pawlik, Der rechtfertigende Notstand, Berlin [u. a.]：de Gruyter, 2002, S. 15.

规定比日本更为含糊，学界却众口一词地认为紧急避险为违法阻却事由，实在是过于草率。更为重要的是，如果不能证立紧急避险属于合法行为，依我国法律规定，其更有成为违法行为之可能。我国《宪法》第五十一条规定：中华人民共和国公民在行使自由和权利的时候，不得损害……其他公民的合法的自由和权利。第十三条规定：公民的合法的私有财产不受侵犯。第三十九条规定：中华人民共和国公民的住宅不受侵犯。禁止非法搜查或者非法侵入公民的住宅。根据上述法条，在没有法律允许的情况下，任何人都无权损害他人的合法权益；如一公民为了避免被人追杀而闯入他人住宅，或者为了避免被动物咬伤而使用他人的物品进行还击，在没有法律授权且未得被害人同意之情况下，原则上均属违法，如果仅仅为了有益于社会统治便允许他人为了维护较大权益而随意侵害他人较小的权益，更有违宪之嫌疑。因此，有必要先从法条中——而不仅仅是法理上——推导出紧急避险在刑法中的体系性地位。

我国有学者已经认识到从刑法中难以直接论证出紧急避险之合法性，转而将目光投向了民法，并指出：我国民事法律没有对紧急避险进行具体定义，要把握民法中"紧急避险"的含义，必须求助于刑法之规定。这就说明民刑两大部门法中的紧急避险概念是枹鼓相应的；我们在界定紧急避险的性质时，不能不考虑两者的衔接关系。依我国《民法通则》第一百二十九条和《侵权责任法》第三十一条之规定，避险行为人在没有过错的情况下，无须承担任何侵权损害赔偿责任（在危险是由自然原因引起，避险人又无过错的情况下，行为人承担的只是基于受益人身份的公平责任）。由此可见，紧急避险连民事违法性都没有，它是完全而彻底的违法阻却事由。在这种情况下，如果认为《刑法》第二十一条包含了责任阻却事由，则势必破坏民法和刑法中紧急避险概念的统一性。[①] 笔者赞同该学者的结论，但认为其论证过程尚需充实，而且，2020 年我国已重新制

---

① 参见陈璇《生命冲突、紧急避险与责任阻却》，《法学研究》2016 年第 5 期。

定《民法典》，并对其中的紧急避险条款进行了修改，故有必要对其合法性进行重新论证。

首先，根据体系解释，能够从相关民法条文关于责任承担的用语中看出紧急避险属民法上的合法行为。我国《侵权责任法》第二条规定：侵害民事权益，应当依照本法承担侵权责任。第十五条规定：承担侵权责任的方式主要有：……（六）赔偿损失。据此，若一行为需要承担民事赔偿责任，则说明其侵害了他人的民事权益，即属于民事违法，相应地，若一行为无须承担民事赔偿责任，则说明该行为并未侵害他人的民事权益，属民法中的合法行为。以正当防卫为例，《侵权责任法》第三十条规定：因正当防卫造成损害的，不承担责任。正当防卫超过必要的限度，造成不应有的损害的，正当防卫人应当承担适当的责任。这与我国《刑法》第二十条正当防卫及防卫过当正好是对应关系。由此我们可以发现，刑法中的违法阻却事由——正当防卫，在侵权责任法中亦不属于侵权行为，不需要承担民事责任；而刑法中的违法行为——防卫过当，在民法上也需要承担民事责任，因而属于侵权行为。在此需要特别指出的是，与刑法中的免责事由不同，民法中的免责事由又被称为阻却违法事由或者正当理由[①]，能够直接判断出行为人的行为不具有违法性。这样的结论也可以延续至紧急避险中，我国《侵权责任法》第三十一条规定：如果危险是由自然原因引起的，紧急避险人不承担责任或者给予适当补偿。紧急避险采取措施不当或者超过必要的限度，造成不应有的损害的，紧急避险者应当承担适当的责任。《民法典》第一百八十二条也规定：危险由自然原因引起的，紧急避险人不承担民事责任，可以给予适当补偿。紧急避险采取措施不当或者超过必要的限度，造成不应有的损害的，紧急避险人应当承担适当的民事责任。从法条中可以看出，避险人在并未引发险情的情

[①] 参见王利明《侵权行为法研究》（上册），中国人民大学出版社2004年版，第550页；张新宝《侵权责任法原理》，中国人民大学出版社2005年，第112页。

况下，并不需要承担民事责任，而只是"可以给予适当补偿"，故其行为具有民事合法性。①

我国有学者认为："紧急避险在原则上具有民事违法性，因为它损害了他人的合法权益，这也是避险者或受益者通常要承担民事赔偿责任的理由所在。如果说紧急避险都是合法行为，哪有实施了合法行为还要承担民事赔偿责任的道理"，因此，"紧急避险虽然不具有刑事违法性，但也并非均为合法行为"。② 类似地，在《德国民法典》未明文规定紧急避险的合法性以前，该国学者哈施纳（Hälschner）也认为，任何侵犯合法权益的行为都属于不法，因此避险行为也并不合法。然而，由于紧急避险同时也保存了另一方更大或者等值的合法权益，出于公平正义的考虑，应当认为紧急避险只能构成民事不法，并导致赔偿责任，却不能被认定为刑事不法。③

本书并不赞成这种观点。一方面，我国学者对于民法的用语存在误读，避险人需要承担的是民事补偿责任，而非民事赔偿责任，如后所述，在我国法律体系中，二者具有完全不同的含义，不能将之混为一谈；另一方面，上述学者认为紧急避险为民事不法的原因在于，避险人需要承担一定的法律后果，但是，承担法律后果（主要为经济补偿）并不能够推导出行为的违法性，在世界各国的民法体系中，实施合法行为而需要承担民事责任的现象并不罕见。例如荷兰法就曾经认为："虽然紧急避险行为本身不是法不容许的行为，但如果不补偿由此所带来的损害则可能构成侵权。"④《俄罗斯联邦

---

① 相同观点，参见陈璇《紧急权：体系构建与基本原理》，北京大学出版社2021年版，第184—185页。

② 刘明祥：《论紧急避险的性质》，《法学研究》1997年第4期。

③ Vgl. Hälschner, Das Preußische Strafrecht, Zweiter Teil, Bonn: Marcus, 1858. S. 276f.

④ Vgl. Anm. 137, in Christian v. Bar, Gemeineuropäisches Deliktsrecht, Band 2, München: C. H. Beck, 1999, S. 530.

民法典》第 1064 条第 3 款明文规定："合法行为致人损害，在法律规定的情形下负责任"；苏联也有《合法行为所造成的损害的赔偿》这样的文章来专门讨论这个问题。① 法国学界的大多数学者基于公共负担平等性原则认为，虽然紧急避险会排除过错，但是受害人仍然应当得到赔偿。②《德国民法典》虽然在紧急避险的条文中承认了受避险行为损害的人有损害赔偿请求权，但其民法理论仍认为紧急避险中对所有权人的物采取的措施是合法的，损害赔偿请求权的基础不是行为人的"侵权行为"，而是基于一种对所有参与利益用来加以平衡的"牺牲请求权"（Aufopferungsanspruch），即某人为了他人更大的利益而牺牲自己的财产，那么他也就有权要求他人对他的损失进行赔偿③，其通说与判例都毫无争议地认为该条意义上的紧急避险是合法行为。④ 总之，合法行为并不意味着其行为可以以他人的损失为代价⑤，一个行为即使是合法的，如果其行为所导致的利益状态不平衡时，也并不排除通过民法的调节来消除这一情况，这是近现代民法随着社会经济文化的发展，为了最大限度地降低现代社会各种风险所带来的损失和成本，协调各种利益间日益复杂和频繁的冲突以及维护社会的公平、和谐与稳定，而对过错责任原则和无过错责任原则所做的补充。因此，即便是合法行为，在民法上也可能会承担民事责任，试图以民法上

---

① 参见［苏］B. п. 格里巴诺夫、C. M. 科尔涅耶夫主编《苏联民法》（下册），中国社会科学院法学研究所民法经济法研究室译，法律出版社 1986 年版，第 396 页。

② Gerven, P. Larouche, J. Lever, *Cases, Materials anjitd Text on National, Supra-national and International Tort Law*, Oxford: Hart Publishing, 2000, pp. 352/26.

③ Vgl. Karl Larenz, Allgemeiner Teil des deutschen bürgerlichen Rechts, 5. neubearb. Aufl., München: C. H. Beck, 1980, S. 245; Wolf/Neuner, Allgemeiner Teil des Bürgerlichen Rechts, 11. Aufl., München: C. H. Beck, 2019, §21 Rn. 69.

④ Vgl. Christoph Althammer, in Staudinger BGB, 15. Aufl., Berlin: Sellier-de Gruyter, 2016, §904, Rn. 2; Herrler, in Palandt Bürgerliches Gesetzbuch, 77. Aufl., München: C. H. Beck, 2018, §904, Rn. 4.

⑤ Nils Jansen, "The State of the Art of European Tort Law", in Mauro Bussani (eds) *European Tort Law: Eastern and Western Perspective*, Berne: Stämpfli, 2007, p. 28.

关于损害赔偿的规定来说明紧急避险行为的法律性质，这只能是徒劳的。①

除了根据《侵权责任法》中不需要承担侵权赔偿责任之规定能够得出此种结论，从《民法典》关于紧急避险人仅需要"适当补偿"的规定中也可以分析出，紧急避险属于民法上的合法行为，因为承担补偿责任②的前提便是行为人的合法行为给他人造成了损害。详言之，一般民事责任构成须同时具备行为的违法性、损害事实、因果关系、主观过错四个要件，在满足此四个构成要件的情况下，行为人承担的是侵权责任；而民事补偿责任的构成往往只以有客观存在的损害事实和有因果关系为要件，补偿责任的构成主要从损害事实及结果、因果关系、社会公益原则或公平原则等方面考虑，不要求责任人行为违法和主观上有过错。③ 正是因为存在这种差异，对他人"给予适当补偿"的责任与"应当承担的适当责任"属于两种不同性质的责任，前者属于合法行为，其请求权基础为公平责任，后者属于违法行为，其请求权基础为过错责任。④ 既然避险人需要承担的是"适当补充"责任，其行为当然应属合法。这样的结论并非只有理论上的依据，也能够得到条文的证成。如《民法典》第一百八十三条规定：因保护他人民事权益使自己受到损害的，由侵权人承担民事责任，受益人可以给予适当补偿。没有侵权人、侵权人逃

---

① 参见谢雄伟《紧急避险本质的新界定》，《学术界》2007年第5期。在刑法理论中，也存在对正当行为予以补偿的理论，参见［日］松宫孝明《刑法总论讲义》，东京：成文堂2018年第5版补正版，第116—117页。

② 严格意义上讲，"补偿"并不属于民法上的责任承担方式，但因补偿责任之说法已为学界惯例，为便于理解，本书亦使用补偿责任一词。

③ 参见黄龙《民事补偿责任研究》，《厦门大学法律评论》第7辑，厦门大学出版社2007年版，第12—13页。

④ 参见王利明《侵权责任法研究》（上卷），中国人民大学出版社2016年第2版，第460页。当然如后所述，本书并不赞成"适当补偿"的请求权基础为公平责任，在此处引用学者之观点只是为了说明，无论"适当补偿"的请求权基础为何，"适当补偿"只能由合法行为产生。

逸或者无力承担民事责任，受害人请求补偿的，受益人应当给予适当补偿。由侵权人承担民事责任的含义有二：其一，侵权责任人才是给见危救助者造成损害之人，因而需要承担《侵权责任法》中规定的赔偿责任；其二，受益人不需要承担民事赔偿责任，而是只需要承担适当的补偿。两相对比可以明确，立法者有意区分了赔偿与补偿，且只在侵害他人民事权利的情况下才使用赔偿，只要行为人没有主动侵害他人民事权利，即便从他人的民事损害中获利，如无因管理或紧急救助，也无须承担侵权责任，即无须"赔偿"，而是根据法律规定"给予（适当）补偿"。而且，这样的区分不仅仅存在于民法之中，更可以说是我国整体法秩序中合法与违法的分界要素，如我国有诉讼法学者指出：司法机关及其工作人员违法行使职权侵犯公民、法人和其他组织合法权益，造成损害的，国家承担刑事赔偿责任；刑事诉讼过程中采取的合法的刑事强制措施，其后决定撤销案件、不起诉或者判决宣告无罪终止追究刑事责任的，或者依照审判监督程序再审改判无罪，原判刑罚已经执行的，国家承担补偿责任。① 类似地，也有行政法学者认为：只有违法行使职权的行为才能构成行政赔偿，而合法行使职权的行为即使造成相对人的损失，国家也不负赔偿责任，只在特定情形下予以适当补偿，如土地征用补偿、财产国有化补偿等，在行政法学上称为"行政补偿"。可见，行为的违法性是行政赔偿区别于行政补偿的重要标志。违法原则也是我国行政赔偿的归责原则。② 据此，行政赔偿与行政补偿发生的区别在于，行政赔偿是由国家行政机关及其工作人员的违法行为所引起的、国家对其违法行为承担的一种法律责任，其以违法为前提，目的是恢复到合法行为所应有的状态；而行政补偿则是由行政机关的合法行为所引起的一种非违法责任，它不以违法为前提，目的是

---

① 张红：《国家责任的变迁：刑事赔偿与刑事补偿之区分》，《学习与探索》2015年第11期。

② 周佑勇：《行政法原论》，北京大学出版社2018年第3版，第400页。

为因国家、社会或公共利益而遭受特别损失的相对人提供补救，以体现出公平负担的精神。① 综上，从紧急避险的责任承担方式及立法者有意区分补偿与赔偿的做法中也可以看出，其认为紧急避险并非违法行为。

除体系解释外，这样的理解还可以根据历史解释之原理，从立法者在民事条款制定过程中对于紧急避险人责任承担的变动中得出。例如，《中华人民共和国侵权责任法（草案）》二次审议稿中曾规定："如果危险是由自然原因引起的，紧急避险人不承担赔偿责任或者承担部分赔偿责任。"但是在其第三次审议稿中，立法者却将其后半段修改为"紧急避险人不承担责任或者给予适当补偿"，并且该改变在最终通过的《侵权责任法》中得以维持；又如，《民法通则》第一百二十九条认为，如果危险是由自然原因引起的，紧急避险人不承担民事责任或者承担适当的民事责任。虽然彼时的通说认为，这种民事责任是公平责任，而非赔偿责任②，但因条文使用的是"责任"二字，故将其解释为公平责任仅具有学理上的依据而缺乏实体法上的支持，理由不免单薄，而且如后文所述，即便将其解释为公平责任，也存在诸多弊端。而在 2020 年修订的《民法典》中，立法者将该条款修改为"危险由自然原因引起的，紧急避险人不承担民事责任，可以给予适当补偿"，据此，紧急避险人不需要再承担民事责任，而仅需要给予被避险人适当的补偿。如此反复的修改绝非偶然，立法机关有意采取"补偿"这种没有争议的词语，其目的就在于区分"补偿"与"责任"③，以避免"民事责任"在学理上带

---

① 参见姜明安主编《行政法与行政诉讼法》，北京大学出版社、高等教育出版社 2019 年第 7 版，第 557 页。

② 参见王利明《侵权行为法归责原则研究》，中国政法大学出版社 2003 年版，第 128 页；杨立新《侵权法论》，人民法院出版社 2004 年版，第 530 页；张新宝《侵权责任构成要件研究》，法律出版社 2007 年版，第 65 页。

③ 参见王轶《作为债之独立类型的法定补偿义务》，《法学研究》2014 年第 2 期。

来的争议，进而明示紧急避险在民法上的合法性。

本章小结

诚然，根据建立在消极自由主义基础上的康德哲学及费尔巴哈的刑法思想，紧急避险难以阻却违法，只能够阻却责任，在法无明文规定的我国大陆及台湾地区，这样的质疑更是屡见不鲜。但是，传统哲学及刑法思想对于法律仅具有参考作用，并不能够直接替代法律，我们仍然应当依据法律规范，通过各种解释来认定紧急避险在犯罪论体系中的地位。而如前所述，从《民法典》对紧急避险人民事责任的修改、《侵权责任法》对紧急避险人民事责任的否定及我国整体法秩序对于"赔偿"和"补偿"差异的阐述中，都可以得出紧急避险在民事上属于合法行为，根据法秩序统一性原理①，其在刑法上当然应属于违法阻却事由。

---

① 参见刘艳红《法定犯与罪刑法定原则的坚守》，《中国刑事法杂志》2018年第6期。

第 二 章

功利主义不应成为攻击性紧急避险之依据

我国《刑法》第二十一条规定：为了使国家、公共利益、本人或者他人的人身、财产和其他权利免受正在发生的危险，不得已采取的紧急避险行为，造成损害的，不负刑事责任。紧急避险超过必要限度造成不应有的损害的，应当负刑事责任，但是应当减轻或者免除处罚。虽然条文中并未明确将所保护的法益与损害的法益相比较，但是理论界和司法实务界对紧急避险的必要限度的认识是一致的，即"紧急避险造成的损害必须小于所避免的损害。换言之，为了保护一个合法权益而损害的另一合法权益，既不能等于更不能大于所保护的权益"[①]。《德国刑法典》第34条规定：为使自己或他人的生命、身体、自由、名誉、财产或其他法益免受正在发生的危险，不得已而采取的紧急避险行为不违法，但所要保护的法益应明显大于所造成危害的法益。《日本刑法典》第37条规定：对于因避免自己或他人生命、身体、自由或财产之现在危难而出于不得已之行为，以依其行为所产生之危害不超过其所欲避免之危害限度为限，不罚。由此可见，世界各国的紧急避险都必须满足"保护的法益大于牺牲

---

① 高铭暄、马克昌主编：《刑法学》，北京大学出版社、高等教育出版社2019年第9版，第135—136页。

的法益"之要求，但是如前所述，紧急避险是在未经他人同意的情况下损害了他人之合法利益，故即便法条做出了明文规定，我们仍然可以质疑：为何为了保护更大的利益，就可以未经他人同意便损害他人利益？如果仅以法条如此规定为由对其进行论证，一则陷入"紧急避险条款的正当化依据在于其条文规定"循环论证之中，二则难以避免"恶法亦法"之诟病。因此，有必要深入探究立法者规定保护的法益必须大于牺牲的法益之原因，如此才能够更好地分析紧急避险的正当化依据。

第一节　功利主义哲学简介

从前述关于紧急避险的条文中不难看出，立法者设立条款的目的是保全更大的利益，而这种保护更大利益的观点又与后果论（consequentialism）的基本观点——对于价值的恰当回应就是去提升它，如果你认为 X 是善的，那么你就应该努力去增加 X 在这个世界上的总量；如果幸福是善的，你就应该去最大化幸福[①]——不谋而合，故诸多学者认为，紧急避险的正当化依据在于结果论伦理学中的一种——功利主义。

所谓后果论，也就是一个行为的善恶好坏，主要看这个行为所产生的后果的好与坏或善与恶。从边沁的古典功利主义[②]的经典论述看，一个行为的好与坏，是由其所产生的快乐的总量减去痛苦的总量的净余额所决定。如果这个净余额为正值，那么就是善或好，如果这个净余额是负值，那么就是恶或坏。某种行为之所以是值得欲

---

① Tim Mulgan, *Understanding Utilitarianism*, Stocksfield: Acumen, 2007, pp. 131-132.

② 如无特别说明，本书中的"功利主义"仅指代"行为功利主义"（act utilitarianism），而不包括"规则功利主义"，因为前者才是正统的功利主义，边沁和密尔所持的正是这种"行为功利主义"。参见姚大志《当代功利主义哲学》，《世界哲学》2012年第2期。

求的，那是因为它所带来的快乐的量超过了痛苦的量。① 依边沁（Jeremy Bentham）所见，功利主义不仅是一种关于个人行为的理论，同时也是一种社会正义的理论。这种社会正义论的基础也就是这种功利总量的计算。功利主义把这个理论运用在社会正义问题上，就是把社会总量意义上的善或好的增长与否看成衡量一个社会公正与否的标准。它的依据主要在于个人对自我幸福的考虑。在功利主义看来，每个人都有自己的利益，如此利益与彼利益、长远利益与短暂利益，为了一个较大的利益，我们可能会自动地放弃一些较小的利益，为了一些长远的利益，我们可能会在目前作出某种牺牲，而这些判断对于个人而言，都是正确且合理的。在个人基础上，功利主义进一步将其衍生至社会规制之中，即既然一个人能够非常恰当地行动以达到他自己的最大利益，为什么一个社会不能按照同样的原则去行动，并因此而把那种对于一个人是合理的行动看作对一个社会来说也是合理的呢？既然个人的原则是要尽可能地推进他自己的福利，满足自己的欲望，同样，社会的原则也是尽可能地推进社会群体的福利，最大限度地实现社会全体成员的总的欲望体系。②"通过这些思考，一个人就以一种自然的方式达到了功利原则：一个社会，当它的制度最大限度地增加满足的净余额（net balance）时，这个社会就是安排恰当的。这样一个人类社会的选择原则就被解释为是个人的选择原则的扩大。社会正义则是应用于集体福利的一个集合观念的合理慎思的原则。"③

尽管功利主义在边沁与密尔（John Stuart Mill）处并非一种完善的道德学说，但其较当时的其他学说相比，却仍然具有较为显著的优势。首先，功利主义的权利来源更具有说服力。在功利主义未出

---

① 参见［英］边沁《道德与立法原理导论》，时殷弘译，商务印书馆2002年版，第58页。

② 参见龚群《罗尔斯政治哲学》，商务印书馆2006年版，第50页。

③ John Rawls, *A Theory of Justice*, Cambridge, MA: Harvard University Press, 1971, p. 24.

现前，18世纪的英国道德哲学主流观点认为，应当参考我们的"情感"或是"道德感"来发现道德真理。但功利主义认为，我们并不应当通过"情感"来发现道德真理，因为其无法为道德规范提供一种可靠的普遍基础，每个人的情感都遵循于他们自己的利益，而不是全体的利益，将情感作为道德规范的基础就是将道德准则建立在了"臆想"（caprice）的基础上，这样的一种道德准则要么是"专横的"（despotic）（一个人的感觉被强加在了每个人身上），要么是"混乱的"（chaotic）（每个人都将他们自己的感觉作为一种道德指引）。① 功利主义同时认为，不应当道德上正确的答案诉求于道德权威或者固守似是而非的传统信念，也不应依赖于上帝的存在或灵魂的不朽及其他可疑的形而上学实体②——因为这些自然权利是原始且未得到证明的，然而权利这个概念只能依照一种已经实际存在的法律体系进行分析，那种先于法律或是超越法律的自然权利概念没有任何意义，是经过修饰的"高跷上的胡话"（nonsense upon stilts）③。而功利主义则不然，它是通过批判自然权利观确立自己的地位，这样的方法论显然比自然权利观的权利来源更加有说服力，因为从认识论角度来看，权利只能来自现实的人类社会生活，而不可能来自先验的不证自明的事实。④ 其次，功利主义的结果容易经受检验。后果论要求我们检查相应的行为或政策，以判断它们是否的确能够产生某些明确无误的好处。在日常生活中，我们经常会遭遇一些我们认为不道德的现象，但问题在于，我们凭什么认为某一行为是道德的，某一行为是不道德的。例如，某人称两相情愿的同性性行为在

---

① See Tim Mulgan, *Understanding Utilitarianism*, Stocksfield: Acumen, 2007, p. 12.

② See Will Kymlicka, *Contemporary Political Philosophy: An Introduction*, Oxford: Oxford University Press, 2002, pp. 10 – 11.

③ John Bowring, *The Works of Jeremy Bentham*: Vol. Ⅱ, 1962, p. 501.

④ 参见张伟涛《从功利到道义：当代中国权利观念道德基础的构建》，《法制与社会发展》2012年第1期。

道德上是错误的,理由是这样的行为"不恰当",但问题在于,在所有参与人均同意参与的行为中,并没有任何人受到伤害,因此这里所谓的"不恰当"根本就不是一个道德观念。这种针对行为恰当与否的判断更像是审美判断,或者,这种判断最多是在诉求陈规或习俗。① 但这便犯了实然与应然相混淆的"自然主义谬误",因为"要从任何通常被称为描述性的陈述推演出任何通常被称为评价性的陈述,在逻辑上是不可能的"②。具体到本部分的语境中,"现实中仅存在少量的两相情愿的同性性行为"是一个描述性的陈述(即实然),而"某些类型的两相情愿的性行为是否恰当"是一个评价性的陈述(即应然),我们无法从实然去推导出应然,恰恰相反,应当以应然去指导实然。然而,功利主义的后果论能够避免此类诟病,它反对这种没有依据的道德义务,不以我们习惯性的主观好恶或哲学家绝对性的理论教条来评判人们的行为与政府的政策,而是给出了一个明确的判断标准:一个行为的善恶好坏,主要看这个行为所产生的后果的好与坏或善与恶,根据这些行为或政策的利弊来进行正当性的考量。在功利主义者看来,如果一项行为(如前述的同性恋)或政策没有使任何人受到伤害,那么它在道德上就是正当的或被允许的。它坚持最大幸福原则是评判行为正当的唯一的根本标准,避免了道德义务的主观任意性及其存在的争议,更加有利于人们在实践中的把握,也有助于解决各种道德冲突问题。最后,也是最重要的是,功利主义要求一切习俗、权威和制度都必须接受"最大多数人的最大幸福"这一最高标准的检验,这就使得它成了反对偏见、迷信与特权的强有力的武器,从而大大促进了社会的进步。因此,功利主义在密尔之后经过西季威克等人的发展,自 19 世纪后期以来就一直是占据统治地位的道

---

① See Will Kymlicka, *Contemporary Political Philosophy*: *An Introduction*, Oxford: Oxford University Press, 2002, p. 10.

② John R. Searle, *Speech Acts. An Essay in the Philosophy of Language*, Cambridge [u. a.]: Cambridge Univ. Press, 2012, p. 132.

德哲学和政策主张。①

第二节　功利主义紧急避险思想简述

　　功利主义的第二个特征，成了诸多学者选择其作为紧急避险正当化依据的理由。一方面，在以往的法益价值判断过程中，经常出现无辜第三人高估自己被损坏的法益、低估对方保护的法益，从而影响法益衡量之情况，但功利主义并不考虑个人对其自身法益的认可度，而是"根据社会的一般观念进行客观的、合理的判断"②，不会因为个人原因而高估其法益价值，如此就使得法益的价值判断具有一定的明确性；另一方面，虽然在部分情况下（如为了避免轻伤而损坏了他人价值巨大的财物或客观价值不大但对被避险人具有特定意义的物品），保护的法益与受损法益之间的价值仍然难以确定，但至少二者的价值在社会一般观念中是被固定的，不会因偏见、迷信、特权、个人感情等有所增减，这就给法益衡量提供了一个良好的基础，较纯粹的主观道德判断更加容易让人预测，在实践中也更加有利于操作。而且，彼时的法律条文已经明确将紧急避险作为违法阻却事由，故人们必须为其寻找一个正当化依据，在此情况下，功利主义因与紧急避险目的相同及在实务中操作便利，成为当时的不二之选。事实上，除紧急避险以外，功利主义的利益衡量思想也被公认为许多违法阻却事由的正当化依据。③

　　从紧急避险的学术史来看，1871 年的《德意志帝国刑法典》便

---

　　① 参见邓肆《罗尔斯政治哲学解读》，中国政法大学出版社 2014 年版，第 38 页。
　　② 张明楷：《刑法学》（上），法律出版社 2021 年第 6 版，第 263 页。
　　③ Vgl. Lenckner, Der Grundsatz der Güterabwägung als Grundlage der Rechtfertigung, GA 1985, S. 302ff; Rudolphi, Rechtfertigungsgründe im Strafrecht, GS-Armin Kaufmann, 1989, Köln [u. a.]: Heymanns, S. 392ff.

已经在第 52 条与第 54 条 a 中规定了紧急避险，其内容与现行《德国刑法典》的第 35 条基本吻合，且表述更为严格一些。虽然当时学界的大多数学者均否认紧急避险具有阻却违法之功能，但已经有部分学者认为，应当在紧急避险中对法益进行衡量，例如德国学者 Berner 指出：在紧急避险中，不应只考虑生命或身体法益，而应当将其他法益，如财产及名誉与生命、身体共同纳入紧急避险法益的考量范围中。[1] 在其以后，施塔姆勒（Stammler）也认为：法秩序对于其成员的重大法益可能遭受的损害并非漠不关心，而且有些法益对于法秩序的价值大于其他法益，因此，在不同价值的法益发生冲突时，法秩序应当优先保存价值较大的法益，并允许出于这一目的而牺牲价值较小的法益。[2] 类似地，同一时期的民法学者图尔（Tuhr）与默克尔（Merkel）也认为，出于保护更大价值的法益牺牲较小法益是一种基于功效考量的权利，从社会整体利益的角度看来是理智的选择。[3] 虽然此种观点在当时因缺乏法律条文的支持而没有得到学界的普遍赞同，但是这种法益衡量的理论却为日后论证紧急避险的合法性埋下了伏笔。随着《德国民法典》在 1900 年的生效，紧急避险在民法中的合法性得到了证明[4]，但是德国学者随即认识到，仅从民法的规定中难以直接推导出紧急避险在刑法中的合法性，因为民法中的规则只规定了其在侵害他人之物时能够被正当化，并未规定在侵害物品以外的其他法益时也能够被正当化，故若严格按照

---

[1] Vgl. Berner, Lehrbuch des Deutschen Strafrechtes, 9. Aufl., Leipzig: Tauchnitz, 1877, S. 145.

[2] Vgl. Rudolf Stammler, Darstellung der strafrechtlichen Bedeutung des Nothstandes, Erlangen: Deichert, 1878, S. 75f.

[3] Vgl. Tuhr, Der Notstand im Civilrecht, Heidelberg: Winter, 1888, S. 79; Rudolf Merkel, Die Kollision recht-mäßiger Interessen und die Schadensersatzpflicht bei rechtmäßigen Handlungen, Straßburg: Trübner, 1895, S. 41.

[4] 《德国民法典》第 904 条规定：如果他人的干涉是为防止当前的危险所必要，而且其所面临的紧急损害远较因干涉对所有权人造成的损害为大时，物的所有权人无权禁止他人对物进行干涉。物的所有权人可以要求对其所造成的损害进行赔偿。

民法规定处理司法实务中的所有案件，仍然会出现扩大入罪范围之难题。如罗克辛（Roxin）教授便指出：在交通事故中，A身负重伤，B超速行驶将其送往医院，此时就难以通过《民法典》将其正当化，因为此时缺乏一种允许为了救助生命的缘故而损害道路安全的规范。① 此外，德国学者还注意到，单纯以社会整体利益为基准的法益衡量会导致不合适的后果。因为根据这一立场，即便行为人只是为了保护较轻微的法益侵犯他人同样轻微或者更加轻微的利益，也同样通过紧急避险而合法化。可是，在这种情形中，由于受到威胁的法益本来就很轻微，似乎难以认定存在着"紧迫"状况，倘若在如此宽松的条件下就赋予行为人干涉他人利益的权利，也有违法规范保障个人自由与权益的宗旨。因此，持法益权衡说的学者也开始修正自己的见解。部分学者试图从目的上限制紧急避险的成立范围，如李斯特（Liszt）提倡一种目的理论（Zwecktheorie），他指出：一个符合行为构成的举止行为只有对于一种"有立法者作为有理的（正确的）而承认的目的"来说，是"适当的（正确的）手段"，它才能够被正当化。② 他的学生施密特（Eb. Schmidt）继承了这种观点，并结合利益衡量原则指出：避险行为之所以合法的原因在于，其是达成法律所认可之目的的适当方式；法律所追求的目的应当根据社会文化确定，利益权衡则是其中必要的但并非唯一的考量因素。③

但是，这种理论并没有得到实务的支持。1927年，当时的帝国法院在一个根据医学指示进行堕胎的判决中，首次肯定了法律中没有包含的违法阻却事由，并将其正当化依据建立在"利益与义务衡

---

① Vgl. Roxin & Greco, Strafrecht Allgemeiner Teil Bd. 1, 5. Aufl., München: C. H. Beck, 2020, §16, Rn. 2.

② Vgl. Liszt, Lehrbuch des Deutschen Strafrechts, 21. u. 22. voellig durchgearb. Aufl., Berlin [u. a.]: de Gruyter, 1919, S. 134.

③ Vgl. Eb. Schmidt, Das Reichsgericht und der "übergesetzliche Notstand", ZStW 49 (1929), S. 376 f.

量"理论的基础之上，即"对于法益冲突的案件，应当承认，当只有通过毁掉或者损害两种法益中的一种才有可能达到均衡时，也就是低价值的利益要服从高价值的利益时，对低价值利益的侵犯就不是违法的"，而目的理论则因为"该原理在实践中的运用可能导致令人怀疑的结果"的原因被拒绝了。① 由于德国判例对于理论具有极大的影响，学界也开始逐渐转向"法益衡量说"。部分学者认为，所谓"适当方式"过于模糊，有损法律之安定性，转而通过将其他利益也纳入其中，以限制此类情形之发生，如麦茨格（Mezger）教授提出了一种财富衡量原则（Güterabwägungsprinzip），即在只有通过损害或者危害一种低价值的法益才能救援高价值的法益时，这个人就不是在违法地行为。② 此种观点也逐渐影响到了德国的刑事立法。"二战"以后，德国在制定新刑法的草案中指出：在紧急状态中的行为人，在其所保护的法益价值明显比行为损害的法益价值高时，该行为不违法。在随后的二读过程中，立法者对这种观点进行了小幅修正，他们指出：人们在权衡的过程中，不能仅满足于法益平衡（Rechtsgüterabwägung），而是必须考虑具体案件的所有情节。③ 受其影响，学界也开始以利益衡量（Interessenabwägung）取代过去所要求的法益衡量。例如努尔（Null）教授指出：应当加以权衡的价值不仅只有如生命、健康、自由、财产、名誉等狭义的法益，而且还有"确定的社会关系，例如国家的制度、司法秩序、家庭秩序等"，对他们造成损害的行为同样也是值得谴责的。④ 莱克纳（Lenckner）也认为，在利益权衡时要综合考虑具体个案中一切有关情势判断避

---

① Vgl. RGSt 61, S. 253f.
② Mezger, Strafrecht: ein Lehrbuch, 3. unveränd. Aufl., Berlin; München, 1949, S. 239.
③ Vgl. Roxin & Greco, Strafrecht Allgemeiner Teil Bd. 1, 5. Aufl., München: C. H. Beck, 2020, §16, Rn. 7.
④ Vgl. Null, Tatbestand und Rechtswidrigkeit: Die Wertabwägung als Prinzip der Rechtfertigung, ZStW 77, S. 9.

险行为所维护的利益是否大于所损害的利益。所谓利益，并不局限于具体的法益，也包括抽象的法律原则，譬如对人性尊严的保护等。无辜第三者自我决定的权利也是一种利益，因此在利益权衡时还必须考虑避险行为对第三者决定自由的侵犯。① 由此，Lenckner 将对个人自由的保护融入了紧急避险的利益权衡之中，并希望借此实现以社会效用为导向的功利主义原则与强调个人权益不可侵犯的消极自由观之间的融合。此处尤其值得一提的是迈斯纳（Meißner）教授，与大多数德国学者仅着眼于部门法不同，他将这种法益衡量上升至了基本法的高度，援引基本法教义学（Grundrechtsdogmatik）之原理，认为人民为实现个人自由发展，将其生命、健康及其他基本权利交由国家加以保护，故国家对此权利负有保护义务（Schutzpflicht），国民也因此享有相应的保护请求权（Schutzanspruch），但是在现实生活中，必然存在不同主体间的权利相冲突之情况，紧急避险即为其例。Meißner 教授进而认为，在此情况下，应依照《刑法》第 34 条优越利益之原则加以决定。此时立法者会在适当情况下通过对进攻牺牲方保护的撤回（Entzug des Schutzes auf Seiten des Eingriffsopfers）来保护另一方的基本权利，这便是所谓的"宪法内在的基本权利限制"（Verfassungsimmanente Grundrechtsschranke），即为了保护宪法整体的价值秩序，在第三人的基本权与宪法范围内部分权利相冲突时，例外的允许对其进行一定程度上之侵犯。② 因此，宪法秩序中并不存在绝对受到保护之基本权，在出现紧急状况时，我们

---

① Vgl. Lenckner, Der rechtfertigende Notstand, Tübingen: Mohr, 1965, S. 123 ff. 需要注意的是，虽然 Lenckner 教授认为在紧急避险中需要进行法益衡量，但他否认其见解是基于功利主义立场，而认为紧急避险的正当化依据在于社会连带赋予的被损害者的义务。Vgl. Lenckner, Der rechtfertigende Notstand, Tübingen: Mohr, 1965, S. 49. 然而，不少学者对此提出了怀疑，因为在 Lenckner 教授的论述中，集体主义与功利主义的倾向非常明显，他只是将对自我决定权的损害作为一个衡量因素，故其只是对功利主义做出了折中，并未将其彻底舍弃。Vgl. Küper, Grundsatzfragen der "Differenzierung" zwischen Rechtfertigung und Entschuldigung, JuS 1987, S. 87.

② Vgl. BVerfGE 28, 243 (261).

应当对其中一方的保护进行限缩，而其依据便是所涉法益的价值判断，并优先选择价值更高的利益。① Meißner 教授还借用了康德定言命令的表述方式来表达功利主义紧急避险，即"要这样去行动，从而使你行为或者行为准则的结果成为所有相关人员追求幸福的最佳选择"②。

与德国不同，由于日本并未要求保护的利益明显优于损害的利益，故其通说仍然将功利主义作为紧急避险的正当化依据，如山口厚教授认为：将紧急避险理解为违法性阻却事由的立场基本上是妥当的。在通过必要的法益侵害而保全法益的场合，只要满足了法益均衡的条件，由于就全体社会来说没有什么不利之处，故而能够肯定违法性阻却。但是，人的生命以及相当于生命的身体的重要部分，这些本身只能作为自我目的来对待，而不能为与本人的意思无关的他人而牺牲。③ 西田典之教授根据《日本刑法》第 37 条"所造成的损害不超过其意欲避免的损害之时，不予处罚"之规定也认为：意欲保护的利益（保全利益）等同于或者超过了所造成的损害（侵害利益）时，不处罚是出于社会功利主义的观点而认定违法性阻却，即在就要丧失 100 的利益之时，即使牺牲 50 的利益，二者相减仍得以多保全 50 的利益，从社会整体的角度来看，这仍然具有意义。因此，紧急避险行为在刑法上得以正当化。④ 与之类似，苏联也曾采取了功利主义紧急避险之思想，其通说认为："对紧急避险状态下实施的行为作评价时，应当从行为对整个社会（而不仅仅从它对个别人的）危害或利益出发。当然，在紧急避险状态下所实施的行为，对

---

① Vgl. Meißner, Die Interessenabwägungsformel in der Vorschrift über den rechtfertigenden Notstand（§34 StGB）, Duncker & Humblot, 1990, S. 161ff.

② Vgl. Meißner, Die Interessenabwägungsformel in der Vorschrift über den rechtfertigenden Notstand（§34 StGB）, Duncker & Humblot, 1990, S. 108.

③ [日]山口厚：《刑法总论》，东京：有斐阁 2016 年第 3 版，第 148 页。

④ 参见[日]西田典之《日本刑法总论》，王昭武、刘明祥译，法律出版社 2013 年第 2 版，第 117 页。

蒙受直接损失的个人来说，是有害的，但是这种行为对整个社会来说，是不会有危险和损害的，因为它保护了更重要的权益。"①

而在功利主义传入我国之时，由于彼时特定的历史文化及时代背景，其中包含的集体主义倾向更是被强化与放大。马克思指出："只有在集体中，个人才能获得全面发展其才能的手段，也就是说，只有在集体中才可能有个人的自由。"② 当时的中国国力羸弱，备受欺凌，民众陷于水深火热之中，靠自己的力量难以生存。在这种内忧外患的历史条件下，唯有国家强大，才能够更好地保护个人利益，因此，梁启超、严复在评价西方的功利主义思想时，都将其要旨归结为，功利主义追求个人利益与公共利益的一致性，并且推崇为了国家利益而牺牲个人利益。③ 值此国难当头之际，为了抗击外敌，清朝政府亦开始了大规模的修律运动，但是这种修律的目的显然不是保护普通民众的基本权利，而是维护彼时清朝政府的阶级统治，因而是一种"充满社会功利"目的的修法，而我国在此后几次立法的过程中，也都深受外在因素之干扰：如在抗日战争时期，法律是国家救亡图存的工具；在中华人民共和国成立初期，它是阶级斗争的工具；在改革开放时代，它又成了经济建设与市场经济保驾护航的工具等。在功利主义的深刻影响下，对社会目标的实现而言，人民权利只有附属价值与意义，法制因缺乏以权利为根本的内在价值系统的支撑而沦为各种社会功利目标的工具。此外，这种集体主义思想与我国深厚的儒家传统文化中个人是集体的一部分以及追求整体和谐观念间有着极大的相似性，可以说，正是儒家思想的这种深层思维模式使得我们易于接收外来思想中的集体主义观念，而这便是功利主义的重要表现形式之一。在这种天时、人和的条件之下，功

---

① ［苏］多马欣：《苏维埃刑法中的紧急避险》，张宝成译，法律出版社1956年版，第5—6页。
② 《马克思恩格斯全集》第3卷，人民出版社1995年版，第84页。
③ 参见［美］安德鲁·内森《中国权利思想的渊源》，黄列译，载夏勇主编《公法》（第一卷），法律出版社1999年版，第75页。

利主义成为我国法律体系的主导思想也就不足为奇了。①

而在刑法学领域,此种功利主义之思想体现得尤为明显。一如学者所指:我国刑法学知识继受自苏俄,而苏俄法学更倾向于一种国家本位的、为统治阶级服务的"政法法学"② 而非教义法学。如前所述,苏联刑法中的紧急避险是一种典型的功利主义紧急避险,在这种思潮的影响下,我国学界在初期也几乎无争议地将功利主义作为紧急避险的正当化依据,即"当两个合法权益相冲突,又只能保全其中之一的紧急状态下,法律允许为了保全较大的权益而牺牲较小的权益。虽然造成了较小的权益的损害,但从整体上说,它是有益于社会统治秩序的行为,不仅不应承担刑事责任,而且应当受到鼓励和支持"③,或者"紧急避险的特征是两害相权取其轻,即在两种合法利益发生冲突的紧急情况下,不得已而牺牲其中之一,以保全较大的利益,因此,紧急避险和正当防卫一样,属于排除客观的社会危害性事由。在紧急避险是否成立的认定上,只要根据社会危害性的判断当中所常用的优越利益说进行合法利益的轻重权衡就可以了"④。

第三节 功利主义紧急避险之否定

虽然如今绝大部分学者都仍然将功利主义作为紧急避险的正当化依据,但本书认为,如此做法会出现让人难以接受之结论,这样

---

① 参见张伟涛《从功利到道义:当代中国权利观念道德基础的构建》,《法制与社会发展》2012年第1期。

② 参见刘艳红《刑法学变革的逻辑:教义法学与政法法学的较量》,《法商研究》2017年第6期。

③ 参见高铭暄、马克昌主编《刑法学》,北京大学出版社、高等教育出版社2019年第9版,第133页;周光权《刑法总论》,中国人民大学出版社2021年第4版,第225页。

④ 黎宏:《刑法学总论》,法律出版社2016年第2版,第144页。

的结论一方面来源于功利主义本身的弊端,另一方面来源于紧急避险特殊的构成要件,故应当分别予以叙说。

一 功利主义之前提:利益可以衡量

部分学者认为,利益是不可衡量的,因此以能对法益大小加以辨别为前提的功利主义难以成为紧急避险的正当化依据。① 但是,这样的观点并不具有强大的说服力。一方面,这样的质疑只存在于理论之中,因为在日常生活中,我们已经通过实际行动给出了答案;另一方面,这样的问题不仅在功利主义的道德推理中存在,在关于如何生活的任何形式的审慎推理中也存在类似的困难②,因此其并非功利主义独有之问题,而是广泛存在于所有需要进行利益衡量的理论之中,故并不能给予功利主义致命打击。详言之,我们总是要在现实生活中不断地对不同类型的利益进行衡量并取舍,进而使得我们的生活变好。如果我们只是因为缺乏信息或因为不同利益之间不可比较(incomparability)而无法作出理性的判断,那么,一切形式的审慎推理都将不复存在,我们在日常生活中也会寸步难行。因此,这样的问题不仅仅存在于功利主义之中,而是每时每刻都存在于现实之中,事实上,就算没有办法保证自己的偏好真是有理有据的,就算根本没有数学公式可以把生活中各类利益进行统计,我们仍然在现实生活或多或少地成功地做出决定。③ 此外需要注意的是,判断一行为是否符合功利主义的标准在于"最大多数人的最大幸福",故其并非要求同一主体对其自己的效用得失进行比较,而是要求我们能够对不同主体间的效用得失进行比较,即判断某人的潜在所得是否超过另一人的潜在所失,但这样"个体间的比较性"(interperson-

---

① 参见[日]瀧川幸辰《刑法の諸問題》,东京:有信堂1951年版,第106页。
② See Bailey, *Utilitarianism, Institutions, and Justice*, New York [u. a.]: Oxford Univ. Press1997, pp. 18 – 19.
③ See Will Kymlicka, *Contemporary Political Philosophy, An Introduction*, 2th edition, Oxford: Oxford University Press, 2002, p. 18.

al comparability）是否真的可行？对此问题，诸多学者均给出了否定的回答。例如我国支持功利主义紧急避险的学者①指出：各人在这些个别利益的坚持上有不同强度，因此，一个人的生命利益相对于另一个人的自由利益，是否一定处于优越地位，难以一概而论。② 我国台湾地区学者王效文教授也认为：利益最大化此命题或许可适用于单一个人，但适用于不同之人即会产生严重的证立问题。因为对于多数人有利之结果，并不能绝对正当化对于个别牺牲者之侵害。其举例道：A 为了准备考试以获得较佳成绩，放弃了今晚看电影的机会并与 B 一起复习。此种牺牲较小之自由以获得较大利益的选择，在论证上可以具有相当的说服力。然而，若将此种论证模式转置于不同人之间的关系可能便有问题。例如 B 为了 A 明天考试获得更好的成绩，强迫 A 不准去看电影而与 A 一起复习。这两种情形同样是两个人都没有去看电影，且考试成绩变佳。但显而易见，B 强迫 A 不许去看电影与 A 一个人理性的利益计算相比，在正当性上有很大的不同。③ 德国学者 Merkel 教授也指出："为了避免将来更加糟糕的情况，我决定忍受牙医治疗的疼痛，这对我而言是明智的（使我的利益最大化）。但这并不意味着，在其他情况下，为了让我免除（与上述更糟的情况相当的痛苦）糟糕情形，X 先生也应该忍受相应的痛苦。"④ 这种观点的言下之意是，不同个体对于自身利益的价值判断是不同的，在避险人眼中极为重要的价值，可能在被避险人眼中却一文不值，在二者对利益价值判断悬殊的情况下，如何能够对法益最大化给出理性的判断？

---

① 参见黎宏《刑法总论问题思考》，中国人民大学出版社 2016 年第 2 版，第 349 页。
② 参见黎宏《刑法学总论》，法律出版社 2016 年第 2 版，第 149 页。
③ 参见王效文《刑法中阻却违法紧急避险的哲学基础》，《政治与社会哲学评论》2008 年第 3 期。
④ Merkel, Zaunggäste? Über die Vernachlässigung philosophischer Argumente in der Strafrechtswissenschaft, in Institut für Kriminalwissenschaften Frankfurt a. M. (Hrsg.), Vom unmöglichen Zustand des Strafrechts, Frankfurt am Main [u. a.]: Lang, 1995, S. 189.

但在本书看来，这样的质疑其实并不成立，因为其已经与功利主义预设的条件不相吻合。功利主义并非"让每一个人的利益都最大化"，而是让"最大多数人得到最大幸福"，因此其并不可能满足每一个人的"偏好"，而是只能够满足那些通用利益（all-purpose good）。换言之，我们衡量功利主义的得失，不是通过检查增加了抑或减少了每个人偏好的满足，而是通过衡量满足共同爱好所需的、适用于一切目的的手段是增加了还是减少了。① 据此，我们可以忽略个体偏好的细节，将重点放在那些通用利益，譬如各种自由以及对一切具体偏好都有用的资源，进而通过分配这些通用利益，去合理地替代对偏好满足的分配。② 这在功利主义紧急避险中便体现为在衡量法益之时，人们并不考虑个人对其自身法益的认可度，而是"根据社会的一般观念进行客观的、合理的判断"。诚然，在有些情况下，"通用利益"之间的大小也难以比较，我们也就难以确定何种行为才能够使得效用最大化，进而无法根据功利主义原则去确定哪种行为在道德上是正当的。但是，这种问题并非功利主义所独有，而是存在于所有的理论之中，因而也就没有必要将其在功利主义中拿出来单独加以批判。事实上，在实际运用的过程中，这样的弊端也基本不会出现，因为纵然存在根本无法比较的异类价值，以至于我们无法断定促进某一价值的行为是否会使整体价值最大化，我们仍然会粗略地对价值进行排序，然后据此判断哪些行为较好哪些较坏。③

---

① See Will Kymlicka, *Contemporary Political Philosophy*, 2th edition, Oxford: Oxford University Press, 2002, pp. 19 – 20. 当然，如后所述，本书不赞同功利主义的这种预设条件。

② See Goodin, *Utilitarianism as a public philosophy*, Cambridge [u. a.]: Cambridge Univ. Press, 1995, p. 13.

③ See James Griffin, *Well-Being: Its Meaning, Measurement, and Moral Importance*, Oxford: Oxford University Press, 1986, pp. 75 – 92. 梁上上教授在对异质利益的衡量可能性做出了详尽的分析后，也得出了肯定的结论，参见梁上上《利益衡量论》，法律出版社 2016 年第 2 版，第 73—112 页。

二 功利主义哲学之弊端

虽然本书为功利主义遭受的不当指责做了辩护，但并不代表功利主义是无懈可击的，恰恰相反，本书认为，功利主义将人作为社会利益最大化的工具，严重侵犯了人性尊严，而且其自身理论也存在一定的自相矛盾之处。首先，功利主义过于重视社会的整体利益，而抹杀了个人利益的特性，有违当今民主制度。如前所述，功利主义哲学认为，社会共同体是一个虚构的身躯，组成社会共同体的成员个体则是其肢体。[1] 因此，个人利益只不过是社会整体利益的组成部分，并没有任何意义。[2] 不同个体间的幸福或快乐可以相互叠加，而社会共同体的利益，则取决于其全体成员利益对比的总和。如果某一行为规则或者法律规定可以导致社会整体上获得更大的利益，可以实现"最大多数人的最大幸福"，则其就具有"善的倾向"，是正确的规则。[3] 这就导致功利主义通过以社会功效为导向的利益权衡，将所有社会成员的个人利益都被抽象化，并且被任意地分配。因为肢体没有独自的利益，只有身躯才能成为利益的载体。同样，在功利主义视角下，个人利益本身也没有意义，其只不过是社会整体利益的组成部分而已。[4] 重要的只是社会整体利益的最大化，至于在追求社会利益最大化的过程中损害了哪些个体的哪些利益，则无关紧要。显然，这种见解完全消解了个体或者说不同主体之间的权利界限，没有认真对待人们之间

---

[1] See Bentham, An Introduction to the Principles of Morals and Legislation, volume 1, London: W. Pickering, 1828, p. 4.

[2] Vgl. Hruschka, Strafrecht Nach Logisch-analytischer Methode, 2. Aufl., Berlin: De Gruyter, 1988, S. 112.

[3] See Bentham, An Introduction to the Principles of Morals and Legislation, volume1, London: W. Pickering, 1828, pp. 51 – 52.

[4] Vgl. Hruschka, Strafrecht nach logisch-analytischer Methode, 2. Aufl., Berlin: De Gruyter, 1988, S. 112.

的差异。① 如此一来，当功利主义在最大限度地追求集体福利时，它也就不可避免地会损害甚至牺牲少数人的利益。因此，功利主义的发展逻辑自然是集体主义的社会主义，而不是个人主义的自由主义。② 然而，民主作为自由主义的产物，要求作为多数人意志体现的法律绝不能以社会整体利益之名侵犯个人的基本权利与自由，功利主义要求社会制度接受"最大多数人的最大幸福"的检验标准显然与民主的这一根本要求背道而驰，因而它根本无法为民主制度奠定核心的道德基础。

其次，功利主义忽略人与人之间的差异行为，导致其对人性尊严的侵犯。不可否认，自由与权利的要求和对社会福利的总的增长欲望之间有时会产生冲突。但是，即便我们不是把前者看得绝对重要，也是看得更为优先的。因为社会的每一成员都具有一种基于正义，或者说基于自然权利的不可侵犯性，这种不可侵犯性甚至是任何别人的福利都不可逾越的。然而，功利主义的这种社会最大净余额的正义观与道义论的正义观是直接冲突的，它只是从社会活动或社会政策行为的总量意义上来看待它或它们所带来的好处，而没有看到它在人们之间造成的不同作用或影响。这意味着为了多数人的最大利益或最大利益的实现，功利主义许可牺牲少数人的利益或侵犯少数人的权利，而这在道义论看来，是不被允许的。少数人的权利或利益不能以多数人的获利为理由而牺牲。③ 以经典的古罗马斗兽场为例，在普通民众眼中，这种违背战俘意愿，让他们与野兽进行殊死搏斗的行为显然是不道德的，但是功利主义者并不会赞成这种

---

① John Rawls, *A Theory of Justice*, Cambridge, MA: Harvard University Press, 1971, p. 27; Kühnbach, Solidaritätspflichten Unbeteiligter, Baden-Baden: Nomos, 2007, S. 50.

② John Rawls, *A Theory of Justice*, Cambridge, MA: Harvard University Press, 1971, p. 1.

③ See John Rawls, *A Theory of Justice*, Cambridge, MA: Harvard University Press, 1971, p. 27.

观点，因为在其眼中一行为在道义上是否正确并不重要，重要的是能否增加社会的总体效用，因此，功利主义者在进行效用计算时仍然会把所有的偏好——无论其在道德上正当与否——都考虑进来。按此逻辑，功利主义甚至会产生如下的悖谬：喜欢损害他人或侵犯他人权利的人越多，这样的行为就越正当。一如杰弗里·斯凯尔（Geoffrey Scarre）教授所批判的：作恶者的快乐，似乎部分抵消了他们的邪恶。作恶者的快乐在效用平衡中作为正值而部分补偿受害者的痛苦；杀人狂从他施暴的对象中获得的快乐越多，其行为所导致的邪恶的净余量就越小——但是，这个论断与我们的日常道德信念形成极大的冲突。①

当然，聪明的功利主义者不会赞成此种做法，但是他们又不能违背其定下的计算效用之标准，因此他们试图从其他角度找出反对理由，从而论证把权利优先赋予一小部分战俘而不是优先赋予喜欢血腥的观众，从长远来看才可使效用最大化。例如 Bailey 教授指出：虽然允许古罗马斗兽场式的娱乐也许会增加效用，但允许这样做却是一个次优的选择。因为为了得到快乐，我们本可以用更好的、不必残害人的方式把人们组织起来，例如增加斗兽场的容纳空间或者用卫星电视转播给全世界数以百万计的人观赏。② 换言之，Bailey 教授认为，由于古罗马人兽相斗的娱乐比起不进行这种娱乐的状态增加了总体效用，这种娱乐其实是好的，但这并不是最优的增进效用之方式，所以功利主义者就应该选择更好的方式而不应该选择人兽相斗的娱乐，而且，这个论证能够使功利主义与我们的日常道德直觉相一致。然而此种论证显然难以得到民众的赞同，因为真正的问题并不在于效用计算的最后结果，而在于效用计算的开始途径。按照规则功利主义的观点，任何一种行为，只要能够使他人从中获得

---

① See Geoffrey Scarre, *Utilitarianism*, London: Routledge, 1996, p. 155.
② See James Wood Bailey, *Utilitarianism, Institutions, and Justice*, New York [u. a.]: Oxford Univ. Press, 1997, p. 21.

更大的享乐，它的邪恶性也就越小。然而，我们的日常道德观却持一个相反的立场，因为在现实中，绝大多数人并不会认为人兽相斗是次优的娱乐行为，而是认为这是一种侵犯人权的、邪恶的犯罪行为，甚至可以说，从摧残他人的活动中获得享乐的人越多，该活动的邪恶性质就越大，无论这种娱乐能够给观赏者带来多大的快感，都不应该被赋予道德分量。从上面的论述中，我们不难看出，功利主义虽然试图赋予个人权利，但赋予权利的最终目的却仍是更好地让其服务大众，换言之，"功利主义的目标不是尊重人……而是尊重利益，特定的人则成为要么有用要么无用的利益的提供者"。① 因此，它完全忽视了人是拥有独自价值之主体，为了满足整个社会体系，将具体的个人贬抑为可任意变换的利益归属处所，使得本来自身应该是目的之个人却成为非人格之价值最大化的工具或受社会主宰的客体，进而沦为社会集合体中可任意取代的组件，严重侵害了人性尊严。②

再次，功利主义的结论有违其逻辑起点。虽然这样的论述可能让人吃惊，但事实上，功利主义在基本理念上也是注重保护个人的自由与权利的，边沁坚持在进行功利计算时"每一个人都只能算作一个，没有哪个人可以算作多于一个"③ 的论述便证明了这种观点，而且，维护"大多数人"的利益这一功利主义信条实际上也是以个人主义为前提和基础的。但令人遗憾的是，功利主义却并未将这种观点贯彻。显而易见的是，个人幸福与大多数人的幸福在部分情形下会发生冲突，若将保护个人自由与权利之理念一以贯之，在二者发生冲突之际，仍然应当将个人利益置于前端，然而，功利主义却并未采取这种理念，而是将个人自由与权利让位于促进大多数人的

---

① Will Kymlicka, *Contemporary Political Philosophy: An Introduction*, 2th edition, Oxford: Oxford University Press, 2002, p. 36.

② Vgl. Renzikowski, Notstand und Notwehr, Berlin: Duncker&Humblot, 1994, S. 205; Köhler, Strafrecht Allgemeiner Teil, Berlin [u. a.]: Springer, 1997, S. 282f.

③ John Stuart Mill, *Utilitarianism and On Liberty*, London: Collins/Fontana, 2003, p. 233.

幸福，强调社会利益高于个人利益，提倡一种个人权利完全从属于集体利益的集权式集体主义的观念形态①，所以功利主义虽以个人为其逻辑起点，但最终结论却与倡导个人权利与自由的个人主义完全相悖，可见其理论自身存在不可调和的矛盾。

最后，功利主义并未将其功利置于至高无上的地位，而是将正义原则融入其中。功利主义认为，凡是能够最大限度地增加利益总额的准则都是合理的，它只关心在一个社会里如何最大限度地增加所有成员的满足净余额，即增加社会财富的总量，而不关心满足的总量怎样在个人之间进行分配。"这在原则上就没有理由认为，一些人的较大得益为什么不可用来补偿另一些人的较少损失，或更严重些，为什么为了多数人分享的较大利益而对少数人自由的侵犯不是正当的。"② 按此逻辑，则在一些人拥有巨额财富，一些人却食不果腹的情况下，应适当地将巨额财富分配给穷人，以最大限度地增加所有成员的满足净余额，但是功利主义却以公平、正义为借口拒绝如此，这便意味着在此情况下，功利主义并没有将功利作为第一要义，而是将公平正义作为第一要义，但是这样的"功利主义"明显已经违背其立论基础。

三 功利主义难以推导出攻击性紧急避险之构成要件

功利主义的上述弊端，也部分体现在了紧急避险中，除此之外，由于紧急避险特殊的构成要件，其成立范围也远比功利主义所得出的结论更为狭窄，因此本书认为，功利主义难以成为紧急避险的正当化依据。

一方面，功利主义难以直接确立紧急避险的成立范围。若严格依照功利主义的主张，以社会整体利益作为利益的计算主体，只要

---

① 参见钱宁《社会正义、公民权利和集体主义——论社会福利的政治与道德基础》，社会科学文献出版社 2007 年版，第 263—264、266—267 页。

② John Rawls, *A Theory of Justice*, Cambridge, MA: Harvard University Press, 1971, p. 26.

能够给社会带来更大的利益——即便只是极为轻微的利益，也应当承认其行为的正当性。按此逻辑，避险人所保护的法益只要略微大于其所侵害的法益，也能够成立紧急避险，但是，此种观点明显过度地扩张了紧急避险的适用范围，在学界早已没有学者赞成。为了自圆其说，部分学者认为，应当在紧急避险的利益衡量中将无辜第三人自我决定权亦纳入考量范围，例如有学者指出：在为了不让自己身上名贵的西装被雨淋湿就夺过穿着破衣烂衫的穷人的雨伞，或者为了挽救重病患者的生命而强行从旁边经过的第三者身上采血的场合，就并不一定成立紧急避险，因为此时侵犯了个人的自我决定权，故比起侵害法益，保全法益若非相当优越，利益均衡要件便不充分。① 然而，这样的辩护显然值得商榷。首先，在造成的法益损害外另行考虑自我决定权的观点并不妥当。例如，德国学者鲁道夫（Rudolphi）教授便指出：法益与对其的支配权限不仅构成一个整体，而且其支配的对象与支配的权限是处于相互关联（Aufeinanderbeziehensein）的状态中，其本身便是构成要件所保护的法益。② 山口厚教授则认为：关于法益处分的"个人的自由"，并不是与法益不同的东西，而是法益本身的构成要素，法益侵害和由于法益处分而实现的"个人的自由"，不能摆在一起加以衡量。③ 类似地，町野朔教授也指出：受刑法保护的患者的自己决定权，是患者通过决定是否接受治疗行为而支配有关自己的生命、身体利益之权利，而非抽象性的自由权。故侵害生命、身体的处分权这种"自由权"的行为，应理解为是对生命、身体的侵害；侵犯处分财产之自由权的行为应考虑成立财产犯罪。④ 据此，给被避险人造成法益损害的同时，

---

① 参见黎宏《紧急避险法律性质研究》，《清华法学》2007年第1期；[日]内藤谦《刑法讲义总论》（中），东京：有斐阁1986年版，第419页以下。
② Vgl. Rudolphi, Literaturbericht, ZStW 86（1974），S. 87.
③ 参见[日]山口厚《刑法总论》，东京：有斐阁2016年第3版，第165页。
④ 参见[日]町野朔《患者の自己决定権と法》，东京：东京大学出版会1986年版，第131页。

其实就已经侵犯了其法益的"支配权限"或被避险人的"个人自由",在考虑了客观的法益价值后又考虑主观的自我决定权的做法,将法益的外在表现与其内在组成部分人为地割裂开来,不仅导致对法益概念的理解失于偏颇,也有重复评价的嫌疑。其次,前述学者认为应当重视自我决定权观点的初衷是正确的,却未能一以贯之,而是认为"为了保护并非极为重要的财产价值而对他人的财产进行侵犯,是对他人人格自律权的侵害,在利益比较上,不一定能说上述场合存在优越利益"[1]。但这样的论述至少存在两个疑问,其一,依功利主义紧急避险之思考模式,所有的避险行为均会因没有得到被避险人之承诺而侵犯了自我决定权(自由),若真的如上文中学者所言,"个人自主决定权是近代法秩序中的最高保护价值",则这些行为均难以满足优越利益原理,为何论者还会得出部分情况下紧急避险是合法的结论?这岂不是自相矛盾?其二,退一步而言,即便认为自我决定权并非至高无上,而是可以衡量的,那么它究竟有多大的价值?若保全8000元的财产而损害他人2000元财产不成立紧急避险,而保全价值10000元的财产又成立紧急避险,这是不是意味着他人自我决定权的价值小于或者最多等于8000元?但是,自我决定权和其他保障个人自由的基本法律原则属于规范性的要素,不能也不应当被量化地考量或折算[2],这种给自我决定权明码标价的行为显然过于荒谬。因此,上文中学者加入自我决定权考量的辩护并不成功,功利主义紧急避险始终难以回答"为何为了保护轻微法益难以成立紧急避险"之诘难。

另一方面,功利主义难以推导出紧急避险的成立要件。首先,功利主义难以解释紧急避险的紧迫性与手段适宜之要求。前已论述,功利主义判断行为是否正当的标准在于该行为能否增加社会利益,

---

[1] 黎宏:《紧急避险法律性质研究》,《清华法学》2007年第1期。
[2] Vgl. Renzikowski, Notstand und Notwehr, Berlin: Duncker & Humblot, 1994, S. 39.

按此逻辑，即便在非紧急的状态下侵害了他人权利，只要能够增加社会整体利益，该行为也应当是合法的，但是这样的条件结论显然与紧急避险的紧迫性要求不符。① 详言之，如果我们采纳功利主义的说法，则行为人根本没有必要等到自身的优越法益陷入危难时才将风险转嫁给第三人，而是可以在任何时刻为了自身更为重大法益的保全去损害他人的轻微法益，但这样的观点等于取消了紧急避险的"紧迫性"要件，由此可见，功利主义难以推导出紧急避险中的"紧迫性"要件。

其次，功利主义也难以推导出紧急避险手段的"相当性"。《德国刑法典》第34条第2款规定：仅在行为属于避免该危险的适当的措施的情况下，方可适用本条的规定。虽然我国刑法并无此项规定，但是学界无争议地认为，紧急避险的手段需要具有"相当性"，即"符合社会承认的一般价值观念""按社会上一般人的观念被认为是合理的，能够被社会的一般人所认可""在情理上得以肯定的情形"②。显而易见，如果仅以结果为导向，则只需要保全的法益大于损害的法益即可，而无须考虑避险人所采取的避险手段。因此，相当性要求其实是在利益衡量外另行缩小了紧急避险的成立范围。综上，功利主义难以直接判断紧急避险的成立范围，既然如此，又怎能说它是紧急避险的正当化依据？

除了难以与紧急避险"无缝对接"，由于功利主义自身存在诸多弊端，也使得其在紧急避险的运用中存在诸多困难，首当其冲的便是其无法获得实际证明之问题。前已论述，功利主义是一种后果论，一行为是否取得正当性，系以其能否实现某种特定事

---

① Vgl. Hellmuth von Weber, Das Notstandsproblem und seine Lösung in den deutschen Strafgesetzentwürfen von 1919 und 1925, Leipzig, Weicher, 1925, S. 25.

② 参见李海东《刑法原理入门》（犯罪论基础），法律出版社1998年版，第88页；刘明祥《紧急避险研究》，中国政法大学出版社1998年版，第66页；日本刑法中虽然没有此番规定，但其通说也持同样观点，参见［日］松宫孝明《刑法总论讲义》，东京：成文堂2018年第5版补正版，第159页。

态而定。① 在紧急避险中，这样的结果即体现为社会整体能否因此行为获得更大利益的经验实证问题。既然是站在社会整体角度来进行完全是后果主义的利益衡量，那么首先面临的一个实践上的问题就是：如果我们不知道什么能最大化人类幸福，那么我们无法得知功利主义要我们做什么。② 既然避险行为的后果体现为社会整体利益的增减，我们就必须要将眼光着眼于未来，而不能仅仅将判断的时点限制在行为的当时。但至为明显的是，如果将利益衡量判断的时点放在事前，由于事物的复杂性，这样的计算很难是准确的，有时甚至是无法计算的③，那么行为所造成的后果将完全是不确定性的；而如果将利益衡量判断的时点放在事后，另一个不可避免的问题就是，我们并不具备足够的信息对避险行为所引致的后果作出清楚的判断。④ 换言之，紧急避险行为可能产生蝴蝶效应，其所产生的连锁反应在实施时根本无法预料，其所造成的利益损害——仅包括法益损害，还是也包括其他利益，如因害怕被实施紧急避险而造成的行动萎靡——也尚无定论，既然如此，又如何能够说它保护了更大的法益呢？一如美国学者雨果·亚当·贝多（Hugo Adam Bedau）所指出的：功利主义者希望人们按照"净收益最大化"原则来采取行动，但问题在于，无人知道那些可能的结果构想中，究竟哪一个才会是案件的实际结果。因为只有当其他相关的事情确实没有发生时，依据功利主义原则所认定的那个明显更好的结果，在该原则下才"显然"是更好的，因此，功利主义者的行动建议需要完全依赖于经验性的信息，而在缺乏有用的、适当的经验性信息的情况下，我们就将无法判断何者才会是"更好的"，功利主义也就会丧失自身的正当

---

① See Partha Dasgupta, "Utilitarianism, Information and Rights", in Amartya Sen, Bernard Williams (edited), *Utilitarianism and Beyond*, Cambridge: Cambridge University Press, 1982, pp. 213-214.
② Tim Mulgan, *Understanding Utilitarianism*, Stocksfield: Acumen, 2007, p. 149.
③ 参见张传有《伦理学引论》，人民出版社 2006 年版，第 160 页。
④ 参见方军《紧急避险的体系再定位研究》，《现代法学》2018 年第 2 期。

立场。因此，如果进一步将需要衡量的价值范畴扩大至必须考虑所有可能的条件以及各种可能结果出现的概率，那么功利主义的利益权衡将彻底无法进行。①

以近年来频繁被提及的"陆勇案"为例，该案的释法说理书中指出："陆勇的行为虽然在一定程度上触及了国家对药品的管理秩序和对信用卡的管理秩序，但其行为对这些方面的实际危害程度，相对于白血病群体的生命权和健康权来讲，是难以相提并论的。"有学者据此认为，"为治疗濒临死亡的癌症患者而向其出售未经我国有关部门批准的仿制药的，能够成立紧急避险②，因为这是他在面临守法和保命的冲突时不得已作出的一种选择，病友的生命权益是具体法益、最高法益，国家的法规范秩序是抽象法益、次高法益，陆勇为了保护病友的生命权益而放弃守法、牺牲法规范的抽象秩序，其行为结果仍是有价值的"③，"即使陆勇的行为客观上损害了药品买卖的监管秩序与相关企业的经济利益，也应考虑通过适用紧急避险而将其行为去罪化"④。从说理书将白血病群体的生命权和健康权与国家对药品的管理秩序和对信用卡的管理秩序的对比及学者认为"保护病友的生命权益而放弃守法、牺牲法规范的抽象秩序，其行为结果仍然具有价值"的论述中不难看出，二者均是将功利主义作为紧急避险的正当化依据，并据此认为，陆勇案中所保护的法益要大于其损害的法益。但是本书认为，这样的判断显然过于仓促。此案与以往功利主义紧急避险者所列举的两个具体的个人法益（如为了保护自己不被野狗咬伤，夺取他人的雨伞将野狗打死）之间的冲突不同，涉及的是具

---

① See Hugo Adam Bedau, *Making Mortal Choices Three Exercises in Moral Casuistry*, New York: Oxford University Press, 1997, pp. 73-79.
② 参见周光权《刑法总论》，中国人民大学出版社2021年第4版，第225页。
③ 参见叶良芳《代购境外仿制药行为的定性分析——兼评"抗癌药代购第一案"的不起诉决定》，《法学》2015年第7期。
④ 参见劳东燕《价值判断与刑法解释：对陆勇案的刑法困境与出路的思考》，《清华法律评论》（第九卷第一辑），清华大学出版社2017年版，第150—151页。

体的个人法益与无法直接还原为个人法益的抽象的社会法益之冲突，而这两种法益发生冲突时，其法益衡量之结果并不如前者一般能直接得出。详言之，各国之所以对药品知识产权予以保护和限制，是为了在公共利益和医学技术发展、发明人、制药公司利益之间寻求并达成一种平衡。因为新药的研发是一个复杂、长期而又充满挑战的过程，其每一阶段都存在失败的高风险性，需要大量的研究经费，且这些经费均是由企业自行承担，药物一旦被开发并投入市场，其成分非常容易被分析化验出来，因而也就比较容易被复制。据统计，药品一旦失去专利就会失去80%的市场份额，因此，专利是为了给制药公司提供一段必要的销售独占期，让其能够通过知识产权保护，收回开发新药所必需的研究和试验投资，并获取开发下一代药品和疫苗所必需的资本。从这个角度而言，专利是新药开发的重要资金来源，而研制开发新药，从理论上讲，会让全世界患者有更多药品和更好治疗方法可供选择。[①] 据此，本案中陆勇代购仿制药的行为虽然在目前能够延长患者的性命，但是必将给药厂的经济利益造成重大损害，从社会整体（长远）效益来看，这种经济利益的丧失可能会使得该药厂因缺乏资金而难以为继，也可能会使得其他药商不去研发新药，从而造成医药技术无法发展等难以预测的后果，进而导致更多的病人遭受病痛折磨甚至因为得不到药物的救济而死去，在这种情况下，购买仿制药的行为无论如何也难以通过利益衡量的审查。

退一步而言，即便认为紧急避险只能针对自然犯，在许多情况下，我们也难以对利益进行衡量。以最为常见的"器官移植案"为例：山姆去医院看望其唯一的亲友——神志不清的姨妈时，医院刚好有5个急需器官且极其重要、德高望重的人物，他们的死将给很多人带来极大的悲痛和切实的身体上的不适。医院管理层人员都是功利主义者，他们把山姆诱进手术室，移走他身上所有的重要器官，将这些

---

① 参见魏森《从"多哈宣言"看药品知识产权保护与公共健康利益间的平衡》，《兰州学刊》2004年第2期，第155页。

器官分配给5个病人。姑且不论这种"生命对生命"的紧急避险是否满足手段"适当性"的要求，即便从利益衡量的角度看，其也难以满足利益均衡之要求。诚然，从眼前的利益看，牺牲了山姆一人，却挽救了5个重要人物的生命，似乎满足优越利益原理，但是一如学者所言：如果为了拯救更多人的生命就可以将无辜者的生命作为手段使用，那么将这个原则推而广之，则每个人都可能成为无辜者，每个人的生命安全都有可能受到威胁，从长远的角度看，这样的后果不仅仅是"任何人都不敢进医院，甚至都不敢经过医院附近，结局必然导致更多人死亡"①，而且是"民众将会连白天都不敢上街行走"②，人心惶惶不可终日，民众的基本行动自由尚且受到极度限制，更遑论所谓的"生活幸福感"，因此，选择牺牲他人的决定，表面上看是为了多数人的利益，但实际上是侵害这个社会中所有相关者的利益。③ 因此，如果依照功利主义的论证模式，无视民众意愿任意实施避险行为，这个社会将会成为一个极为恐怖的社会，势必造成民众生活的萎靡，这样的结果显然违背了功利主义"最大多数人的最大幸福"的原则。

再如，我国有学者认为，在疫情灾害下，多国医疗部门的"拔管"行为虽然损害部分人的利益甚至生命，却挽救了更多人的生命，其正当性毋庸置疑。④ 但是，这种观点也显然值得商榷，因为论者"挽救了更多人的生命"之前提未必属实。根据报道，医疗部门是将80岁以上或健康状况不佳的病人的氧气管拔除后，给症状较轻的病患使用，但问题在于，既然拔除的并不是已经被确定必死无疑的而是仍然具有存活可能性的病人，而救助的则是并未濒临死亡的病患，论者

---

① 张明楷：《行为功利主义违法观》，《中国法学》2011年第5期。
② See Donald D. Palmer, *Does the Center Hold? An Introduction to Western Philosophy*, New York: McGraw-Hill Humanities/Social Sciences/Languages, 2001, p. 277.
③ 参见黎宏《刑法总论问题思考》，中国人民大学出版社2016年第2版，第355页。
④ 参见梅传强、董为《我国刑法中紧急避险本质理论反思与完善——兼论对社会连带责任说之摒弃》，《西北民族大学学报》（哲学社会科学版）2021年第1期。

何以认为，此种行为便一定挽救了更多的生命？举例而言，若某医院拔除了 100 根氧气管，并将之给予了 100 名症状较轻的患者，被拔除氧气管的病患全部死亡，而得到氧气管的病患全部得以存活。但事后证明，若不拔除氧气管，虽然有 20 名症状较轻的患者会因病死亡，但有 30 名重症病患可以存活。在此情况下，拔除氧气管的行为其实是以牺牲 30 名病患的生命为代价，挽救了 20 名病患的生命，其实是"杀害"而非"挽救了"更多的生命。退一步而言，即便在上例中，医院的行为确实挽救了更多症状较轻的患者的生命，却可能造成更为严重的后果，因为此举可能导致更多的重症患者宁愿在家中自行治疗，根本不敢去医院——因为他们知道，一旦去医院接受治疗，几乎必然会成为拔管的对象，而一旦被拔管其便会必死无疑。如此一来，反而会导致许多原本可能被治愈的重症患者因为没有得到及时的治疗而死亡，造成更大的损害。当然，反对者也可以对上述观点提出质疑，例如其可以认为在"器官移植案"中，能够实施紧急避险的规则成为社会通识后，公民会认为自身生命在任何情况下都能够得到保障，进而更加放心的行动，并从中获取更大的幸福感；又如，其可以指出，在"拔管事件"中我们既无法知晓到底有多少重症患者能够存活，也无法预测有多少症状较轻的患者会死亡，因而不能认为此时是杀害了更多的生命。本书认可上述反对观点，但同时认为上述观点并不影响对功利主义的批评，因为需要注意的是，这些都只是理论上的推断，是纯粹的价值判断，并没有也势必难以得到实证，而正是因为其无法证明的特性，反而更加印证了笔者的批判，因为本部分的批判重心并非在于功利主义紧急避险难以满足优越利益，而在于其"实际上增加了社会利益并无法明确地证明，功利主义中结果主义经验的实证性要求并无法完全被满足"[①]。

[①] Merkel, Zaunggäste? Über die Vernachlässigung philosophischer Argumente in der Strafrechtswissenschaft, in Institut für Kriminalwissenschaften Frankfurt a. M. (Hrsg.), Vom unmöglichen Zustand des Strafrechts, Frankfurt am Main [u. a.]: Lang, 1995, S. 180.

再次，功利主义紧急避险难以解释为何被告人对险情发生负有的责任越大，越不能要求被避险人忍耐其行为的现象。在这种情况下，如果只是纯功利地从整体上考虑遭受危难的法益与被损害的法益之大小，得出的结论就不是"必须依照被告人对险情的责任来限制紧急避险的成立"，而是"不考虑被告人自身的责任，一概认定避险行为合法、正当"。① 例如 A 欲杀害仇人 B，驾车向 B 疾驰而去，即将撞上之时却突然于心不忍，调转方向盘，将经过的路人 C 撞成轻伤。若依照功利主义紧急避险之逻辑，在本案中 A 因为避免了更大利益的损害，理应成立紧急避险，则 A 将不成立任何犯罪，但这样的结论显然不符合如今的教义学理论。即便是深受功利主义哲学影响的美国，在行为人有责地引起危险时，也在一定程度上否认能够成立紧急避险。如美国《模范刑法典》，阿肯色、夏威夷、肯塔基、缅因、内布拉斯加、新罕布什尔以及宾夕法尼亚等州均规定，过失招致危险后又损害其他法益避免危险的，由于紧急避险不构成故意犯罪，仅需负担过失犯罪的刑事责任。倘若行为人故意地引起了危险，则对之不得再适用紧急避险，应当认定其构成故意犯罪。而纽约、特拉华、密苏里、科罗拉多等州的法律更是认为：无论故意或者过失，只要行为人有责地引起紧急危险，就不能通过紧急避险来将其避险行为合法化。虽然不同州之间对于紧急避险的危险来源存在一定分歧，但有一点是肯定的，即立法者并非采取纯粹的利益衡量原理，而是将行为人的责任也纳入考量范围。我国有支持"法益权衡（衡量）说"的学者对此准确地指出：此种情形下可以将自招危险作为一个对行为人不利的因素来考虑，由此而判断自招危险在什么情况下成立紧急避险。通常情况下，自己招致危险的人，具有忍受由此而引起的结果的义务，承担由此而引起的对自己的不利；只有在超出了应当忍受的限度，侵害了超出忍受义务的重大利

---

① 参见蔡桂生《避险行为对被避险人的法律效果——以紧急避险的正当化根据为中心》，《法学评论》2017 年第 4 期。

益的时候，才可以成立紧急避险。① "当行为人虽然故意、过失或者意外实施了某种违法犯罪行为，但不是故意制造法益之间的冲突，却发生了没有预想到的重大危险时，存在紧急避险的余地。在这种情况下，对自己招致的危险能否进行紧急避险，要通过权衡法益、考察自己招致危险的情节以及危险的程度等进行综合评价。"② 不难看出，此时的紧急避险并非纯粹基于功利主义的考量，而是已经掺杂了行为人自身的责任因素，而且，从学界普遍认为的 "故意招致危险的紧急避险成立范围要小于过失招致危险的紧急避险成立范围" 来判断，此时决定能否成立紧急避险的关键在于避险人的主观心态，而非优越利益的大小，这也充分说明，此时紧急避险是否成立不是取决于功利主义，而是避险人的责任。而产生这种难以自洽的结论之原因，正如上文所述，功利主义并非以纯粹的最大化社会利益为目标，而是在其中融合了正义原则，但是，在将这种融合了正义原则的功利主义适用于紧急避险时，我们仍然可以对其提出怀疑：为什么在部分情况下功利主义需要融合公平正义原则，而部分情况下又不需要融合此原则？举例而言，在资产分配不均时，功利主义拒绝将巨商富贾的适当的资产分配给穷人，以使得所有成员的满足净余额提高；而在遇到危难的情况下，其又认为避险人可以实施紧急避险。但是两者相比较，显然是前一种行为更能够提高所有成员的满足净余额。由此可见，功利主义对于公平正义原则的适用具有一定恣意性。

最后，所谓社会整体利益（Gesamtnutzen）的含义也并不明晰。不言而喻，权利共同体（Rechtsgemeinschaft）只是一个抽象的概念，并没有实体作为依托，故难以被认定为承载利益的主体。因此，社会整体利益并不是指社会共同体本身的利益（Nutzen der Gesamthe-

---

① 参见黎宏《刑法总论问题思考》，中国人民大学出版社2016年第2版，第357—358页。

② 张明楷：《刑法学》（上），法律出版社2021年第6版，第290页。

it),而是全体单个社会成员的共同利益（Nutzen aller ihrer einzelnen Mitglieder）。据此，在救助个人法益的情况下，谈论整体效用是没有任何意义的，因为绝大多数权利共同体中的成员都不会从中得到现实的利益。① 一如 Merkel 教授所指出的，现代功利主义将整体效用作为全体的效用而非每一个参与者的效用加以理解，是极为不合理的，因为这样会使得现实的效用不能够归属于每一个具体的权利共同体中的成员，被保护的"整体利益"并没有发挥整体的效用，因为它并没有被任何人占有，而这样不属于任何人的效用，其实什么也不是。② 事实上，对于法益保存的利益不应该归属于抽象的社会本身，此等利益只是个别社会成员之法律地位的转化而已。③ 就连功利主义的倡导者边沁也明确指出：集体是个虚构体，不理解什么是个人利益，谈论集体利益就毫无意义。④ 另外，法规范固然应当保护法益，因为法益是实现自由的前提，是"自由存在的要素"（Daseinselemente der Freiheit）⑤，自我决定权也依赖于法益而存在，却并不能由此得出法规范追求社会利益总和最大化的结论。支持利益衡量说的德国学者 Stammler 认为，法规范对于其成员的重大法益可能受到的损害并非漠不关心，而且有些法益对于法规范的价值大于其他法益，因此，在不同价值的法益发生冲突时，法规范必须采取使得所保存的法益最大化的解决方案。这就意味着应当优先保存价值较

---

① Vgl. Kühnbach, Solidaritätspflichten Unbeteiligter, Baden-Baden: Nomos, 2007, S. 50f; Pawlik. , Der rechtfertigende Notstand, Berlin [u. a.]: de Gruyter, 2002, S. 43f.

② Vgl. Merkel, Zaungäste? Über die Vernachlässigung philosophischer Argumente in der Strafrechtswissenschaft, in Institut für Kriminalwissenschaften Frankfurt a. M. (Hrsg.), Vom unmöglichen Zustand des Strafrechts, Frankfurt am Main [u. a.]: Lang, 1995, S. 187.

③ 王效文：《刑法中阻却违法紧急避险的哲学基础》，《政治与社会哲学评论》2008 年第 3 期。

④ [英]边沁：《道德与立法原理导论》，时殷弘译，商务印书馆 2002 年版，第 58 页。

⑤ Zaczyk, Das unrecht der versuchten Tat, Berlin: Duncker & Humblot, 1989, S. 165.

大的法益，并且允许出于这一目的牺牲较小的法益。[①] 但本书认为，这样的论述值得商榷。实际上，权利共同体原则上对于任何情况下个人物质利益的存在状况并不关心，而法规范作为一种抽象的存在，其既不能够感受到利益，也没有需要去拯救或者损害的利益，它只是使得社会间存在秩序，为各人间划分界限，决定他们做什么以及应该做什么[②]，对于处分个人法益的行为，只要其符合法律规范，法规范不仅不会对其表示反对，反而必须对这种行为提供保护，这充分说明法律规范对于所谓的"社会整体利益"之增减并不关心。纵使个体最高价值的法益（生命）遭到了损害，只要这种损害是其真实自由意志的表现，权利共同体也无权阻止，即便这种法益损害也可谓使社会利益的总和有所减少。例如，自杀行为必然会造成社会整体利益的减少，但如今的学说认为，自杀并不违背道德伦理[③]，在法律上也属合法，因此若自杀者确实是自主决定地追求死亡结果，譬如其之前曾经多次真挚地表达死亡意愿等，为阻止其死亡而实施地对自由的限制和对身体完整性的侵犯甚至还属于违法行为[④]。又如，我国《民法典》第二百四十条规定：所有权人对自己的不动产或者动产，依法享有占有、使用、收益和处分的权利。由于毁坏亦属于处分方式的一种，故只要所有权人没有侵犯他人的合法利益，即使其故意毁坏自己价值特别巨大的财物，也是一种行使权利的行为，他人无权对其进行阻止，而法规范不仅不会禁止这种减少社会整体利益的处分行为，反而会对

[①] Vgl. Stammler, Darstellung der strafrechtlichen Bedeutung des Notstandes, Erlangen: Deichert, 1878, S. 75 f.

[②] Neubecker, Zwang und Notstand in rechtsvergleichender Darstellung. Band 1: Grundlagen. Der Zwang im öffentlichen Recht, Leipzig: A. Deichert'sche Verlagsbuchhandlung Nachf., 1910, S. 318.

[③] See. Peter Singer, *Practical Ethics*, 3nd. edit, Cambridge [u. a.]: Cambridge University Press, 2011, pp. 169 – 176.

[④] 参见王钢《自杀行为违法性之否定——与钱叶六博士商榷》，《清华法学》2013年第3期。

其加以保护。① 再如，我国《刑法》第二百七十五条规定了故意毁坏财物罪，虽然条文并未明确规定本罪的对象，但理论与实务均无争议地认为，该罪的对象只能是"他人财物"；《德国刑法典》第303条、《日本刑法典》第261条更是明文规定，故意毁坏财物罪的对象只能是"他人的财物"。这些例子都充分说明，相比虚无缥缈的社会总体利益而言，法规范更注重保障具体实在的个人权利与自由。既然如此，法规范又怎会在紧急状况下突然开始追求社会整体利益的最大化，而且不惜以牺牲第三人合法权利为代价呢？事实上，法益的保存绝不会是一个社会最重要的正当化原则（das leitende Legitimationsprinzip），而仅仅只是法律中现实自由的一个因素（ein Moment der Idee rechtlichrealer Freiheit）而已。② 法秩序应该是实现正义的秩序，而不是保险的秩序，它不应当被用来追求利益的最大化，而应当被用来保证自由权。③ 除上述批判外，功利主义紧急避险还存在严重侵犯人性尊严的风险。现代以自由为导向的法规范普遍强调保障公民个人的基本权利，倡导自治原则，并且承认公民自主自决的权利与自由。然而，功利主义式论证却在着眼于社会整体利益的同时，完全忽视了避险行为对无辜第三人自主决定权的侵犯。④ 这种价值取向不利于对公民个人权利的保护，违背了法规范保障个人自由的任务。虽然这是功利主义紧急避险最为学界诟病的一点，但这个弊端并非功利主义与紧急避险结合后所产生，而是功利主义与生俱来的，因此学界的批判也都着眼于功利主义本身，对其之批判在

---

① Vgl. Merkel, Zaungäste? Über die Vernachlässigung philosophischer Argumente in der Strafrechts-wissenschaft, in Institut für Kriminalwissenschaften Frankfurt a. M. (Hrsg.), Vom unmöglichen Zustand des Strafrechts, Frankfurt am Main [u. a.]: Lang, 1995, S. 179.

② Pawlik, Der rechtfertigende Notstand, Berlin [u. a.]: de Gruyter, 2002, S. 45.

③ Vgl. Renzikowski, Notstand und Notwehr, Berlin: Duncker&Humblot, 1994, S. 241.

④ Vgl. Küper, Grundsatzfragen der "Differenzierung" zwischen Rechtfertigung und Entschuldigung, JuS 1987, S. 87.

上文已经加以论述，在此不再赘述。

除了上述功利主义紧急避险的通病，以功利主义作为紧急避险的正当化依据，也难以得到我国法律体系的认可。首先，这样的解释路径有违我国宪法条文的规定。依功利主义紧急避险之逻辑，由于被避险人受损法益价值比避险人保护的法益价值更小，因此被避险人的法益不值得保护。但是，我国《宪法》第十三条、第三十七条分别规定了公民的合法的私有财产不受侵犯、公民的人身自由不受侵犯。第五十一条更是明确指出：中华人民共和国公民在行使自由和权利的时候，不得损害国家的、社会的、集体的利益和其他公民的合法的自由和权利。据此，无论公民利益大小，只要属于正当、合法的利益，就属于《宪法》第五十一条保护的对象，没有理由将其贸然剥夺。有学者可能认为，虽然宪法规定了"中华人民共和国公民的人身自由不受侵犯"，但我们还是可以依据刑法条文对其人身自由进行剥夺，因此，只要我国刑法规定了紧急避险制度，就意味着仅根据刑法条文，也可以对公民合法财产或人身法益进行侵犯。然而需要注意的是，紧急避险中剥夺公民合法财产或侵犯身体、自由之行为，与刑罚并不相同。虽然我国《宪法》第三十七条第一款规定了中华人民共和国公民的人身自由不受侵犯，但第二款立即规定了"任何公民，非经人民检察院批准或者决定或者人民法院决定，并由公安机关执行，不受逮捕"，第二十八条则规定了"国家维护社会秩序，镇压叛国和其他危害国家安全的犯罪活动，制裁危害社会治安、破坏社会主义经济和其他犯罪的活动，惩办和改造犯罪分子"。由此可见，我国宪法不仅规定了保护公民合法的人身自由，还规定了公民犯罪时应当承担的法律后果，即根据刑法剥夺其合法的人身自由等，故按照我国宪法的规定，只有在公民成为犯罪分子的情况下，国家才能够剥夺其合法权益。但是在紧急避险中，被避险人并非犯罪分子，国家理应保护其一切合法利益，即便刑法规定了紧急避险，根据上位法优于下位法原则，也不能得出此时被避险人较小的利益应当被剥夺的结论。因此，只有从宪法上找到紧急避险这一制度更为根本的正当化理由后，才能够基于该理由确立利益衡量的规则，在法益冲突时合法地剥夺较小的利益①，仅仅是因为价值更小便将其予以剥夺，不但理由难言充分，更有违宪之嫌疑。其次，这样的解释难以解释特殊职业者的避险范围。《刑法》第二十一条规定：为了使国家、公共利益、本人或者他人的人身、财产和其他权利免受正在发生的危险，不得已采取的紧急避险行为，造成损害的，不负刑事责任……第一款中关于避免本人危险的规定，不适用于职务上、业务上负有特定责任的人。按功利主义紧急避险之逻辑，在特殊职业者面临的法益侵害大于其实际造成的法益损害之时，也应当认定其成立紧急避险，但这样的观点显然与现有的立法不相吻合，也使得立法者限制特殊职业者紧急避险的规定形同虚设。为了自圆其说，论者只能退而求其次，转而认为唯有遭受了"生命法益般极其重大的利益"时才能够实施紧急避险②，但这样的观点却又与功利主义紧急避险的逻辑相悖。由此可见，功利主义与我国刑法规定存在不可调和的矛盾。最后，与域外刑法之规定了"优越利益"即可成立紧急避险不同，我国《刑法》第二十一条第二款规定：紧急避险超过必要限度造成不应有的损害的，应当负刑事责任，但是应当减轻或者免除处罚。故在我国法律体系中，成立紧急避险不仅要求避险行为造成的损害小于所避免的损害，而且要求避险行为没有超过必要限度，即必须将所造成的损害控制在最小的范围内。换言之，即便某一避险行为以损害较小法益为代价成功保护了更大的法益，但若能通过其他造成更小法益损害的方法达到同样效果，则该避险行为仍然难以成立阻却违法的紧急避险，而应当成立避险过当。例如，在发生森林火灾，为了防止火灾蔓延，不得已砍伐树木形成隔离带时，如果根据当时的客观情况，

---

① 参见谢雄伟《紧急避险基本问题研究》，中国人民公安大学出版社 2008 年版，第 50 页。

② 参见黎宏《刑法学总论》，法律出版社 2016 年第 2 版，第 149—150 页。关于特殊业务者的紧急避险问题，下文将有详尽论述。

只要有 10 米宽的隔离带即可，行为人却下令大量砍伐树木形成 50 米宽的隔离带，尽管所保护的森林面积远远大于所砍伐的森林面积，也仍然不能认为没有超过必要限度。① 由此可见，根据我国刑法的规定，仅仅符合功利主义并不能够成立紧急避险。但是依照功利主义的逻辑，即使有其他避免危险的方法，只要这样的方法所带来的成本相对更高，便应当成立紧急避险，根本没有必要将之限定于并未造成不应有的损害之场合。② 是以，功利主义紧急避险与我国法律规定存在抵牾。

本章小结

功利主义把正当定义为最大限度地增加善的东西，因此它不关心"满足的总量怎样在个人之间进行分配"，也"并不在人与人之间作出严格的区分"，这就导致其不承认个人具有神圣不可侵犯的自然权利，会为了多数人的利益侵害少数人的合法权益。③ 然而，个人权利尤其基本权利不能够被任意分配，因为除了通过权利获取实际的利益，权利还确保着个体在群体中、在与人交往中应有的道德地位④，而正是这些道德地位，使得人类成为具有自主性的生物，让每个人成为特定的个体，使得人与社会中的其他个体相互区分，进而让其获得作为人的尊严与自由。

令人遗憾的是，功利主义却忽略了不同个体间的区别，直接以优越利益衡量的方式来划分生活界限，现实生活中频繁出现的强拆

---

① 参见张明楷《刑法学》（上），法律出版社 2021 年第 6 版，第 293 页。
② 参见劳东燕《法益衡量原理的教义学检讨》，《中外法学》2016 年第 2 期。
③ 参见［英］约翰·穆勒《功利主义》，徐大建译，上海世纪出版集团 2008 年版，译者序第 17 页。
④ 参见许汉《论权利的概念》，载应奇、张培伦主编《厚薄之间的政治概念——政治与社会哲学评论文选：卷一》，吉林出版集团有限责任公司 2008 年版，第 52—61 页。

事件与"驱赶高危人群"① 事件等即为其例。在功利主义至上的社会中，我们根本没有办法在既有的基准上安排自己的生活，因为我所拥有的一切，随时都有可能为他人夺去；而将所有人一视同仁的做法，将会剥夺不同个体间互相区别的所有特征，从而不可避免地导致对个人的消解以及对个人责任与道德选择的否定，使得人与人之间的差异荡然无存，让人不再是一个个特定而独立的个体，而沦为社会中可复制的产物，这样的做法显然严重侵犯了人性尊严。德国学者耶格（Jäger）直言不讳地指出："用功利主义思想去论证违法阻却事由正当化依据的做法最终是与人的尊严相抵触的。"② 正因为功利主义存在上述弊端，在明文规定紧急避险仅需要满足被保护的法益"优越"而非"显著优于"的日本，也有学者开始质疑功利主义作为其正当化依据的合理性③，即便是在深受功利主义政治哲学影响的美国，其50个联邦州中也只有内布拉斯加州与宾夕法尼亚州采纳了《模范刑法典》中充满功利主义色彩的紧急避险之规定，而在美国司法实务中，适用紧急避险的请求几乎毫无例外地被联邦法院否决，在暴力犯罪中，甚至根本没有提出紧急避险的余地。④ 考虑到上述种种原因，再结合我国宪法及紧急避险条文，本书认为，功利主义难以成为我国紧急避险的正当化依据。

---

① 参见黄学民《8万"治安高危人员"清出深圳》，《新快报》2011年4月11日第A16版。

② Jäger, Die Abwägbarkeit menschlichen Lebens im Spannungsfeld von Strafrechtsdogmatik und Rechtsphilosophie, ZStW 115（2003），S. 785.

③ 参见［日］松宫孝明《刑法总论讲义》，东京：成文堂2018年第5版补订版，第157—158页；［日］小林宪太郎《刑法总论》，东京：新世社2014年版，第63—64页。

④ See David Luban, "Liberalism, Torture, and the Ticking Bomb", in Karen J. Greenberg (ed.), *The Torture Debate in America*, Cambridge [u. a.]: Cambridge Univ. Press, 2006, p. 66.

第 三 章

攻击性紧急避险的正当化依据：社会连带义务的提出与证立

前已论述，功利主义紧急避险所受的最大诟病便是其并未重视被避险人之意愿，让其沦为提升社会最大福利之工具，因而侵犯了人性尊严。而法治国原则以尊重自我决定权、维护自由不受侵犯为核心价值，对个人自由的限制只能来自公民自身的同意。[1] 故在法治国的语境中，我们只能从公民个人权益的角度去寻找紧急避险的正当化依据。在紧急避险法哲学原理的探究上，黑格尔（Hegel）从法与个人关系的角度出发，对此问题有过经典的论述。他认为，法的正义的核心是自由权利（或所有权）及其保护，法的正义内在地包含着对不法的否定。然而，在其既思辨又现实的思想中，却又为"不法"保留了某种存在的空间，即在特殊情况下，"不法"是自由精神的要求，是现实的"法"，能够优于"抽象法"，而这一思想便集中体现在其关于"紧急避险权"的论述中。

---

[1] Vgl. Kristian Kühl, Strafrecht Allgemeiner Teil, 8. Aufl., München: Vahlen, 2017, §8, Rn. 9; Neumann, in Nomos Kommentar Strafgesetzbuch, 5. Aufl., Baden-Baden: Nomos, 2017, §34, Rn. 9.

第一节　黑格尔紧急避险思想及其解读

一　黑格尔紧急避险思想简介

黑格尔在《法哲学原理》中指出：相对于其他具体权利，生命作为人格的直接定在，作为人的一切特殊利益的综合整体，具有至高无上的价值，因此，"生命，作为各种目的的总和，具有与抽象法相对抗的权利""当生命遇到极度危险而与他人的合法所有权发生冲突时，它得主张紧急避险权"。他以偷一片面包能保全生命为例，对此作了具体论述：当一片面包能保全生命时，当事者仅仅因为保全生命而有理由偷窃一片面包。此时，为了保全生命偷窃一片面包的"不法"权利，凸显了生命权的优先——在这里，偷窃一片面包以保全生命本身，就成为法的要求。洛苏尔多（Losurdo）对此指出：一个快要饿死的人有绝对的权利去侵犯另一个人的所有权，因为他只以一个有限的方式侵犯所有权；必需的权利要求他不要侵犯另一个人诸如此类的权利：他只是对一片面包感兴趣，他不是把别人当作没有权利的个体对待。抽象的理智倾向于把任何违法的侵犯都看作绝对的，但一个快要饿死的人只是在侵犯特殊（particular），他没有侵犯权利本身（per se）。[①] 因为失去生命意味着"定在遭遇无限的侵害，从而会产生整个无法状态"，即权利的全部丧失，而侵犯他人所有权则只会造成单一的局限的"定在遭受侵害"。因此，为保全生命而偷窃面包的行为不是违法行为，相反，如果对这种行为加以禁止，就"全部否定了自由的定在"，是"最严重的不法"。所以，黑格尔极为明确地揭示：此时主张紧急避险权"并

[①] Losurdo, *Hegel and the Freedom of Moderns*, Durham: Duke University Press, 2005, p. 155.

不是作为公平而是作为法"。① 由此可见，黑格尔认为，在生命遭受威胁的情况下，便能够实施紧急避险。

从上文中可以看出，黑格尔在论述过程中，将对定在的无限损害而导致的整个无法性与对自由的单一局限的定在之侵害（die Verletzung eines einzelnen beschränkten Daseins der Freiheit）做对比，其中似乎隐含着将二者做比较衡量之用意，这种观点在其课堂笔记中体现得更加明显，黑格尔在其授课过程中明确指出："我们在这里有两种不法，问题是要决定哪一种是更大的不法。不那么重要的不法与更加重要的不法形成了对比。"拒绝把生命权牺牲给所有权，这意味着反对一个更大的不法、对权利更大的侵犯的发生，而主张"严厉的法律"则意味着支持不法，支持对权利的侵犯，至少是对权利的一个更大的侵犯。② 正是因为黑格尔的紧急避险理论中存在更大、更加重要等字样，德国有许多学者认为，黑格尔是对保护的法益与受损的法益进行了衡量，故其紧急避险是建立在价值理论（Wertlehre）③ 或法益理论（Güterlehre）④ 之上的，其正当化依据在于较高价值的法律与较低价值的法律相冲突时，后者向前者让步。⑤ 如库珀（Küper）教授便明确指出：在与物权的关系中，"自由的定在"是一个更高级别的法益。因此，黑格尔的紧急避险理论更应当被理解为一种财富衡量（Güterabwägung）或利益衡量，它与以社会整体效用为导向的功利主

---

① 本段论述，参见［德］黑格尔《法哲学原理》，范扬、张企泰译，商务印书馆1961年版，第129—130页。

② Vgl. Hegel, Vorlesungen über Rechtsphilosophie (1818 - 1831), Dritter Band, Stuttgart: Frommann-Holzboog, 1974, S. 403ff.

③ Vgl. Josef Kohler, Das Notrecht, Archiv für Rechts-und Wirtschaftsphilosophie, 1915, S. 428.

④ Vgl. Albert Fr. Berner/W. Wessely, Zur Lehre vom Nothstand, Review by A. Geyer, KritV, 1863, S. 75.

⑤ Vgl. Marquardsen, Die Lehre vom Nothstande mit Beziehung auf einen merkwürdigen Rechtsfall mitgetheilt, Archiv des Criminalrechts (Neue Folge), 1857, S. 397f.

义紧急避险没有本质上的区别。① 类似地，博克尔曼（Bockelmann）教授也认为：从黑格尔的论述中可以看出，只有在保护了更大的利益时，该行为才是合法的，故其紧急避险理论其实就是利益衡量原则（Wertabwägunsprinzips）。②

本书认为，这样的理解值得商榷。虽然黑格尔的表述容易让人产生这种误解，但是其理论绝非利益衡量般功利，也并不若利益衡量般浅显，而是涉及黑格尔对于其法律体系的构建之理解。依照黑格尔的见解，法的根基是意志自由，整套法体系则是自由王国的实践。③ 随着意志理念的发展，相对应地呈现出抽象法权、道德性、伦理性三个阶段。④ 在抽象法权的阶段，自由意志作为一种抽象的、一般性的预设直接地显现，贯穿并超越所有特殊具体的意志，将所有可能被预想的特别意志抽象出来，故在此阶段，法权并未规定任何具体事务，而只规定了所有法主体普遍拥有的权利框架，法的基础只有抽象的人格性（Persönlichkeit），亦即每个人都是一个具有自我意识，并知道自己是超脱限制性而具有自由的抽象的我（abstraktes Ich），而人格性则构成法权能力（Rechtsfähigkeit）的基础，因此在抽象法权阶段推导出来之法律诫命，只有作为一个人（Person）而且将他人当成人来尊重，故此时的法律诫命局限于不得侵害人格或者从人格中产生的东西⑤，这一诫命直到进入道德性的层次后，才由普遍抽象的层次，

---

① Vgl. Küper, Von Kant zu Hegel. Das Legitimationsproblem des rechtfertigenden Notstandes und die freiheitsphilosophischen, JZ 2005, S. 111.

② Vgl. Bockelrnann, Hegels Notstandslehre, Berlin; Leipzig: de Gruyter, 1935, S. 22.

③ 参见［德］黑格尔《法哲学原理》，范扬、张企泰译，商务印书馆1961年版，第10页。

④ 参见［德］黑格尔《法哲学原理》，范扬、张企泰译，商务印书馆1961年版，第41页。

⑤ 参见［德］黑格尔《法哲学原理》，范扬、张企泰译，商务印书馆1961年版，第45—47页。

进入法主体个别选择的具体特殊层次。①

到目前为止，黑格尔思考的逻辑与康德并无太大差异，即同样是从法主体抽象出普遍的权利，进展到法主体根据个人权利所拣选的具体特殊利益，然而，在下一个层次，黑格尔展现出其不同于康德的思考模式。黑格尔认为，这个世界并不像康德所想，主观与客观对立，应然与实然二分，他认为看似对立的两者可以透过辩证的逻辑整合起来，使抽象的意志透过具体的福祉而存在，而具体的福祉又能够因为抽象的意志联结到法的本质。详言之，抽象法权和福祉在概念上可以对应到普遍者和特殊者，这两个要素都并非孤立的，而是依照辩证法的逻辑相互包含。意志的普遍性只有通过特殊性才能够存在，特殊性只有通过普遍性才能获得其本质。若只有普遍性，那么人与人之间就没有任何区别，完全丧失独立的主体性，只能停留在抽象的人的层次；如果只有特别性，那么人便会无所顾忌，率性而为，与禽兽无异。两者的统一才是善（das Gute）。所以特殊者之中一定也含有普遍性，其在普遍性之下被实现而带来人的福祉。因此，黑格尔语境中的福祉并不是个别特殊意志的存有，而是一种普遍福祉（allgemeines Wohl）的概念。

黑格尔进而指出，这种共同福祉的概念可以用来解决紧急状态下法权和福祉冲突。他认为，当行为人为了避免自己的利益受损而侵害他人时，行为人的特殊福祉便与他人的抽象法权产生了冲突，而如前所述，法权涉及的是人格性的存在，是属于最基本的设定，特殊性只有在这个基础之上才被获得，所以为了特殊者的福祉而牺牲法权之行为，其实是侵犯了特殊性之根本，故原则上已经实现了不法。因此，在大部分的情况下，形式的法权优先于实体的福祉，即令基于维护福祉的道德意图，也不能超越抽象法权的位阶使行为合法化。因此，窃取他人皮革为穷人做鞋子的行为虽然是道德的，

---

① 参见［德］黑格尔《法哲学原理》，范扬、张企泰译，商务印书馆1961年版，第117页。

却仍属不法。由此可见，在黑格尔的法哲学体系中，只要侵害了他人的形式法权，即属于违法行为，无论其是否出于良善的动机或保护了更大的法益，但根据前面的论述，黑格尔却又认为保护生命的紧急避险是合法的，这不禁令人起疑，其理论中是否有自相矛盾之处？答案显然是否定的。如前所述，在黑格尔的语境中，特殊性是将自己提升为自我的整合（Einheit des Ichs），法权系自由之存有，而同时存在于特殊性与个别性之中，因此，即便我的部分特殊性并未得到满足，但由于普遍性之存在，我仍然能够在许多层面得到满足，故我仍然是自由的、一个法律上的人。而生命则不然，一旦生命受损，这种法律上的人之形象将会全然消失，因为生命不仅是人类生活实现特殊目的之总和，也是实现法主体所欲拣选的任何福祉之前提。其他权利只是法权性质的一部分；个别的法权未能满足，仍不影响主体作为自由人的资格，但如果其存有之全部，亦即生命遭受侵害，则会让法权足以倚靠的特殊性完全丧失，进而使法权消失殆尽。换言之，"只有在我是一个自由的东西时才是一种法"，失去生命不仅不再能够实现人类生活中之特定目的，而是完全丧失自由存有之可能性，亦即失去了法权之可能性。[①] 在这样的理解下，为了确保法主体彼此的法权都能够存续，生命作为具体特殊者的基础就上升到法权的地位，为了保存生命而进行的紧急避险也就具有了合法性。据此，在黑格尔眼中，生命具有根本性的意义，是一种可以普遍化的，对所有人都有效的福祉，生命并不是特殊者，而是要从事特殊者之设定所必需的根本条件，亦即实现所有个别特定目的之前提。如果生命陷入了危险，且仅能够通过损害他人其他合法权利才能够保全，那么由于生命危险会导致人的存在和法权之前提的全然丧失，而其他权利受侵害则只是自由之存有的局部限缩，并不会损害其法权能力，所以避难者应该享有避难的权利。由此可见，

---

① Vgl. Schild, Hegels Lehre vom Notrecht, in Hösle (hrsg.), Die Rechtsphilosophie des deutschen Idealismus, Hamburg: Meiner, 1989, S. 152.

黑格尔对于紧急避险权的认定有着严格的范围限制，他所谓福祉之理念并非涉及个别且特别之意志的存有，而是普遍的福祉。因为唯有普遍的福祉，即对被避险人而言也十分重要的、具有普遍性（Verallgemeinerbarkeit）而非特殊性的福祉，才会使得被避险人在此情形下也会同意其对自己实施紧急避险①，行为人的特殊性，或者说其基于个人的价值判断追求自己或他人福祉的意图，并不能对抗抽象法。② 因此，黑格尔并非如功利主义一般对利益进行衡量，而是将其限制在一般福祉对一般福祉的冲突，唯有为了保护一般福祉，才能够侵犯一般福祉，但是其又认为，对于避险人而言，只有生命才属于一般福祉，因为此时避难行为人所保存之利益乃为了实现积极自由所必要之条件。倘若生命或其他与一个人得以实现自由的重要条件不再存在，则个人将丧失所有之自由，作为法权基础条件的自由不再存在，则法权亦不再存在。为了对法权加以维系，此种对法权基础条件之自由予以保存的紧急避险行为应该要被容许而视为合法行为，此时的不法虽然侵犯了所有权，但实际上它体现了一个"对权利的重新确立"。③ 一如 Meißner 教授所指：虽然黑格尔将生命与所有进行了比较，但我们并不能从中推导出一个普遍适用的利益比较的衡量体系。因为在黑格尔的语境中，法律必须依托生命而存在，法律以生命为前提，故他并非以生命为例在论述紧急避险，而是将其作为唯一能够运用紧急避险之情形。所以，黑格尔的紧急避险权

---

① Vgl. Pawlik, Der rechtfertigende Notstand, Berlin [u. a.]: de Gruyter, 2002, S. 95.

② 因此在黑格尔的理论中，窃取他人皮革为穷人做鞋子的行为虽然是道德的，但却仍属不法。本段关于黑格尔思想的论述，参见［德］黑格尔《法哲学原理》，范扬、张企泰译，商务印书馆1961年版，第128—132页。同旨参见 Schild, Hegels Lehre vom Notrecht, in Vittorio Hösle (Hrsg.), Die Rechtsphilosophie des deutschen Idealismus, Hamburg: Meiner, 1989, S. 152.

③ Hegel, Vorlesungen über Rechtsphilosophie (1818 – 1831), Dritter Band, Stuttgart: Frommann-Holzboog, 1974, S. 401. 此为该书编者伊挺（Ilting）教授对黑格尔紧急避险思想之评论。

并非单纯地以侵害利益与保存利益为衡量,而是仅指涉生命遭受危难之情况,对于其他种类利益的保存并不能主张紧急避险。①

当然,黑格尔所强调的紧急避险权中生命权的优先性,并不是无条件或无限制的,而是具有两个前提:第一,紧急避险权仅适合于当下紧迫且直接关涉生命存在时。如果不是出于"现在要活"的紧急当下,不是当下为了保全生命所必须,则不适合于紧急避险权。所以,"只有直接现在的急要,才可成为替不法行为作辩护的理由"②。第二,紧急避险权是一种不伤害他人根本权利的生命优先权。紧急避险权并不能伤害他人的生命权,不能以他人的生命来换取自己的生命,不能偷窃他人的救命物品来救自己的命。因为黑格尔认为"紧急避险权"合法的根据在于作为各种目的的总和的生命权具有对抗抽象法的权利,而偷窃他人的救命物品,等于直接侵害了他人的生命权,此时就不是生命权对抗抽象法,而是生命权对抗生命权,这便不符合黑格尔预设的"紧急避险权"的合法根据。对于这种"生命冲突"的紧急避险,黑格尔指出:"如果两个人同时处于死亡的危险中,他们中只有一人能紧紧抓住那块木板,此时权利丧失的状态就只能任由主观感觉加以决定,故我们讨论的就不是法与不法,而是高尚的情操(Edelmut)。"③

综上,黑格尔认为,在紧急避险情状中发生冲突者并非法益或利益,而是在冲突情状中双方当事人之自由权,故其正当化依据并非功利主义。一个紧急避险行为之所以能够阻却违法,在于避难行为人所保存之利益是为了实现积极自由所必要之条件。倘若生命或其他与一个人得以实现自由的重要条件不再存在,则个人将丧失所

---

① Vgl. Meißner, Die Interessenabwägungsformel in der Vorschrift über den rechtfertigenden Notstand (§34StGB), Duncker & Humblot, 1990, S. 94f.
② 参见[德]黑格尔《法哲学原理》,范扬、张企泰译,商务印书馆1961年版,第130页。
③ Hegel, Die Philosophie des Rechts: Die Mitschriften Wannenmann (Heidelberg 1817/18) und Homeyer (Berlin 1818/19), Stuttgart: Klett-Cotta, 1983, §63.

有之自由，作为法权基础条件的自由不再存在，法权亦不再存在，故为了对法权加以维系，此种对法权基础条件之自由予以保存的紧急避险行为应该要被容许而视为合法行为。

二 帕夫利克教授对于黑格尔思想之解读

作为黑格尔学派的刑法学者，帕夫利克（Pawlik）教授延续了黑格尔的想法，并对其进行了进一步的解读，他一方面肯定了黑格尔将紧急避险作为法权与福祉冲突时调和的机制，另一方面却认为，解决的层次并非停留在个人的道德性层次，而应该继续辩证的发展，进入伦理性的层次。Pawlik 教授指出：抽象法权和道德性冲突的问题，按照辩证法的逻辑，属于不同层次的冲突，故不能在既有的层次中寻求解决，而必须到一个更高的层次，亦即伦理性加以解消。而且在道德环节中，难以保证不同主体会对于福祉达成认可，也无从考虑公共法益；基于同样道理，抽象法和福祉权的扬弃也不应当发生在道德环节，因为这样会贬低抽象法的意义。[①] 我国也有学者指出：在道德环节论证紧急避险权，仅仅将紧急避险理解为不同主体之间的关系，将使得对每个人福祉的构建——对其内容和界限的法律规定——都会成为对他人福祉的外在限制，从而导致个案中个人价值判断与法律规定之间的紧张关系。因此，我们不能够在道德环节将其解决，而只能求助于"法权理念之实现"的伦理环节。[②] 而所谓的伦理性，依黑格尔之论述，是抽象与具体的整合，从外于主体的视角成立国家体制，保障法主体具备客观性、真理性、伦理性，成为自由的存在。[③] 它涉及的是一个与他人共同生活之外在的、

---

① Vgl. Pawlik, Der rechtfertigende Notstand, Berlin [u. a.]: de Gruyter, 2002, S. 110.

② 参见王钢《自由主义视野下的刑法问题研究》，法律出版社 2015 年版，第 111 页。

③ 参见［德］黑格尔《法哲学原理》，范扬、张企泰译，商务印书馆 1961 年版，第 258—259 页。

现实的范畴。黑格尔认为，那种如康德般将规范性的来源放置在抽象主体性之中的想法，会造成空虚性和否定性的痛苦，因为主体无法同时为自己和他人给定一个具有客观性的方向导引。为了摆脱这种痛苦，就产生了对于客观性的渴望，而伦理就是那代替善的、通过作为无限形式的主观性（die Subjektivität als unendliche Form）而成为的具体的实体，它具有固定、超出主观意见与偏好而存在的内容。① 它体现着统一性原则，可以对抽象法和福祉权进行整合，能要求紧急避险中的各方承认他们各自诉求（抽象法和福祉权）的片面性与相互限制着的正当性。将伦理性实践到现实社会中，意味着国家有积极的义务去维系人们实践自由的可能性，因为国家是"伦理理念的现实"，制度性与个人的伦理在其中相互交融，个人在主观评价之外，也承认并追求客观理性，故只有在国家中，个人才能获得实质的自由；也只有在国家中，抽象法与个人的特殊意图才能达到均衡，亦即，国家应该关注人的福祉和特殊性。② 正是通过这种均衡关系，Pawlik 教授将紧急避险与国家相联系，从而肯定因避险行为而受侵害者的忍受义务。他指出：就避险人而言，其遭遇危难情况时，会受到侵害的是对于自己福祉的权利（Recht auf das eigene Wohl）。然而在现代社会国家之中，对于幸与不幸的分配，不能单纯听任偶然因素的摆布，而必须在某个程度上透过法社会来修正。此一修正主要是独立的官方机构或者组织的任务，而紧急避险的状态，正是国家在某一特定时刻，现实上欠缺保障个人积极自由的可能性。因此，个人自由均有赖于国家伦理性体制的维持，作为自由相对应的代价，就有必要作为公众的代表，牺牲部分的个人利益，以代替国家维持个人积极

---

① Vgl. Hegel, Grundlinien der Philosophie des Rechts oder Naturrecht und Staatswissenschaft im Grundrisse: mit Hegels eigenhändigen Notizen und den mündlichen Zusätzen, Frankfurt am Main: Suhrkamp, 1970, §141ff.

② Vgl. Pawlik, Der rechtfertigende Notstand, Berlin [u. a.]: de Gruyter, 2002, S. 111f.

自由，换言之，私人的侵害忍受义务是在国家机构和组织无法及时救助危难的时候，补充国家履行此一任务，以保护法的自由的基本现实条件，使得自由不会因为偶然的因素而丧失。由此可见，紧急避险是为了避免某些保障法律自由的基本现实条件由于偶然情状而丧失，在有组织且合乎规范之避免危难措施来不及实施时，由个人代替国家社会做出牺牲的一种行为，是一种道义上的义务（sittliche Pflicht），Pawlik 教授认为其在广义上也可以被称为社会连带义务，但这种社会连带义务与下文中德国通说所指的社会连带义务的意义并不相同。因为他所谓的连带性是指国家和市民之间的连带性，既然市民是在国家之中找到自我，国家也是透过市民而实现自己，那么市民就负有义务来担负国家的义务，就紧急避险而言，则是作为共同体的代表者，必须忍受他人侵入自己的法权领域①，但这种义务并不是基于人际交互关系而生的积极义务，而是作为公众的代表者，履行公众的任务，是为了确保国家随时扶持积极自由之目的，而必须代替国家暂时承担的一种类体制性容忍义务（quasi-institutionelle Verpflichtung）。②

三　黑格尔及帕夫利克教授避险思想之质疑与启发

从上文中我们不难发现，黑格尔对于紧急避险之证立是基于个人自由的，即在特定紧急情状下，如果个人积极行使自由的可能性将完全丧失或难以行使，便可以限缩被避险人抽象权利的范围。虽然此时被避险人的个人自由受到了一定限制，但这种限制是非本质性的，其本质性的个人自由仍然得到了确保，因此以个人自由为基

---

① Vgl. Pawlik, Unterlassene Hilfeleistung: Zuständigkeitsbegründung und systematische Struktur, GA 1995, S. 364.

② 本段内容，参见 Pawlik, Der rechtfertigende Notstand, Berlin [u. a.]: de Gruyter, 2002, S. 112ff; Pawlik, Solidarität als strafrechtliche Legitimationskategorie: das Beispiel des rechtfertigenden Aggressivnotstandes, in Jahrbuch für Recht und Ethik, Bd. 22, Berlin: Duncker & Humblot, 2014, S. 152 ff。

础之法权秩序并未遭到破坏。① 这种思想在一般情况下当然不存在疑问，但是在极端情况下，此种理论却难以与黑格尔的其他理论相吻合。

众所周知，黑格尔提倡完全的国家主义②，他认为国家是绝对合理的东西，是绝对自在自为的理性东西，是实体性意志的现实，它对单个人具有最高权利，成为国家成员是单个人的最高义务。③ 其"个人本身只有成为国家成员才具有客观性、真理性和伦理性"④ 的论述也证明了这点。黑格尔也曾经明确指出：国家福祉，亦即现实具体精神之法权（das Recht des wirklichen konkreten Geistes）乃超脱于形式法权与个人的特别福祉之外，并优先于形式法权与个人之福祉与幸福。⑤ 如此一来，为了绝对的、自在的、永不消亡的伦理护卫者——国家，在理论上就无法排除要求主体为国捐躯的可能性。这种观点也得到了部分学者的赞成，如德国学者德本豪尔（Depenheuer）便持这种观点，他在批判了德国联邦宪法法院宣告紧急状态下击落载有恐怖分子之班机因违反人性尊严而违宪的判决⑥后，根据黑格尔"作为政治道德（politische Tugend）被赋予的牺牲的德性义务

---

① 参见王效文《刑法中阻却违法紧急避险的哲学基础》，《政治与社会哲学评论》2008 年第 3 期。

② 当然，黑格尔关于国家的论述，并不是在作为阶级斗争工具的政治国家、国家机器这个意义上而言，而是指一个政治上有组织的法治共同体。在这个政治上有组织的法治共同体中，扬弃了目的与手段的差异，每个事物既是目的优势手段，个体不再是作为纯粹手段的存在。不具有这种普遍伦理性精神的国家，并非真正的国家，即不是黑格尔语境下的国家。参见高兆明《心灵秩序与生活秩序：黑格尔〈法哲学原理〉释义》，商务印书馆 2014 年版，第 316—317 页。

③ 参见［德］黑格尔《法哲学原理》，范扬、张企泰译，商务印书馆 1961 年版，第 253 页。

④ ［德］黑格尔：《法哲学原理》，范扬、张企泰译，商务印书馆 2016 年版，第 289 页。

⑤ Vgl. Hegel, Grundlinien der Philosophie des Rechts oder Naturrecht und Staatswissenschaft im Grundrisse, Werke in zwanzig Bänden, Bd. 7. Redaktion: Eva Moldenhauer and Karl Markus Michel, Stuttgart-Bad Cannstatt: Frommann, 1970, S. 237.

⑥ Vgl. BVerfGE 115, 118.

(sittlichen Pflichten)"① 指出：公民对国家形成威胁之时，存在一种为国牺牲的公民义务（Bürgerpflicht），相应地，国家为了保全其他公民，也享有将这些被劫持的公民杀害的权利。在此情况下，为国牺牲反而是维系他们仅存的尊严，国家也应当为了他们最后的尊严而将之杀害。② 根据这种观点，独立且高于个人的国家能够要求民众为了自己的存续做任何事情，但是，当主体在实然上联结的支点——生命都可以被任意消亡时，我们还可以主张国家是为了维系人的自由而存在吗？一如 Merkel 教授所言：为了他人而在法律上强制（zwangsrechtlichen）牺牲一个人，国家就由此完全撇清了他与那个牺牲者的法律关系：将他从法秩序中排除。对于这些人而言，他对于国家就变成了完全且确定的不法。③ 由此可见，从国家主义的角度认定紧急避险之合理性，将导致个人完全沦为国家的工具，这样的论述明显有违当代"以人为本"的法制基本原理。因此，黑格尔基于个人自由提出的紧急避险思想，与其一贯主张的国家主义间存在难以克服的矛盾，其说服力也就大打折扣。

类似地，由于 Pawlik 教授的观点也是建立在国家主义之上，因此也遭到了学界的不少质疑。如前所述，帕天利克认为紧急避险的忍受义务并非依据利益衡量原则，而是本于权利理论，且紧急避险中被牺牲的无辜第三人乃是作为国家之代表而承受危难之转嫁。④ 但

---

① Vgl. Hegel, Enzyklopädie der philosophischen Wissenschaften im Grundrisse (1830) 3. Teil, Die Philosophie des Geistes; mit den mündlichen Zusätzen, Frankfurt am Main: Suhrkamp, 1970, § 516.

② Vgl. Depenheuer, Das Bürgeropfer im Rechtsstaat, in Festschrift für Josef Isensee, Heidelberg: Müller, 2007, S. 57f; Neumann, Die rechtsethische Begründung des "rechtfertigenden Notstands" auf der Basis von Utilitarismus, Solidaritätsprinzip und Loyalitätsprinzip, in Hirsch/Neumann/Seelmann (Hrsg.), Solidarität im Strafrecht, Baden-Baden: Nomos, 2013, S. 171.

③ Vgl. Merkel, § 14 Abs. 3 Luftsicherheitsgesetz: Wann und warum darf der Staat töten? JZ 2007, S. 381.

④ Vgl. Pawlik, Der rechtfertigende Notstand, Berlin [u. a.]: de Gruyter, 2002, S. 123f.

是首先，既然国家是由民众让渡权利集结而来，其当然对人民负有保护安全之义务，为何其又能够要求民众来"代为履行义务"？因此，从他的论述中，我们并不能够推导出国家有权要求民众代为履行此项义务之结论；若是认为社会连带义务是指公民与国家之间的义务，则国家在公民代替其履行此义务以后，应当给予公民相应的求偿权①，但在世界各国民法典中，均未设立国家向被避险者提供补偿之条款。而且在我国，紧急避险的补偿规定位于《民法典》及《侵权责任法》中，二者皆属私法，与国家权力无涉。故国家在紧急避险的补偿中，并不扮演任何角色，既如此，又怎能说市民是补充实现了国家任务。由此可知，把自然灾难和合法行为造成的危难转嫁给第三方的紧急避险并不是私人代替国家行使武力，而是私人间发生利益冲突时如何进行利益协调的问题。②

其次，退一步而言，即便实定法上存在此类规定，其在正当性上也会存在疑问：国家为何独对紧急避险中的被避险人"青眼有加"？在其他非紧急避险之状况如洪水、地震或火灾中，国民如果遭受损失，国家虽然会提供救援，但只是以维持受灾民众的基本生活水平为限，绝不会对其所有遭受损害的财物进行全部补偿，而紧急避险与上述情形之区别，仅在于避险人将此种利益损失之危险再转嫁至第三人而已，按照逻辑，国家对于一个原本不需补偿之危难损害，不应该因为有人将其转嫁至另外一个人便额外需要负担补偿之义务。在没有正当性理由对紧急避险与其他天灾、人祸进行差别待遇的情形下，若承认国家对于国民有几近无边无际的照顾义务，则一方面，在现实生活中，国家可能没有如此的资力照顾其国民，只能开一张"空头支票"，但这样的做法显然会有损国家的公信力；另一方面，此种无限制的国家照顾义务将与当前以个人自由为中心的

---

① Vgl. Volker Haas, Kausalität und Rechtsverletzung, Duncker & Humblot, 2002, S. 262.

② 参见〔日〕佐伯仁志《刑法总论的思之道、乐之道》，于佳佳译，中国政法大学出版社2017年版，第154页。

法秩序发生严重冲突。因为这种法益积极保护义务的承担虽然是以补充实现国家任务为名，但实际上的代价却是由市民直接承受。亦即，市民是以自己的自由为代价，来应付他人单方任意启动的资源索求。如此以共同体的团结要求为名，却又完全不顾组成共同体之成员的自由意愿，很清楚地显示出了在连带性构想中社会性与主体性之间的分离与断裂：个人被强制承接透过自由之外的典范而证立的应然系统，并被强制要求对于此一系统的运作有贡献。因此，此一构想显露出强烈的将个人工具化的倾向。因此，以国家主义来理解紧急避险乃欠缺论证上的说服力。①

最后，就连 Pawlik 教授自己都承认，在自由的国度内，公民一般是通过纳税来做出自己的贡献、完成公众的任务。② 那么为何我们能够在此限度外，还额外地使公民成为公众的代表，并要求他不仅承担国家的任务，而且要为此牺牲自己的利益，这在多大程度上是合法的？难道这样不会破坏和动摇国家与社会的区分吗？③

综上，黑格尔的紧急避险思想及 Pawlik 教授对其的解读，并不能够在如今以个人主义为导向的法秩序中充分说明紧急避险的正当化依据，但是其思想仍然给我们提供了较大的启发，一方面，如后所述，其将紧急避险可保护的法益范围进行了大幅度缩限，这种缩限正是本书所赞成的；另一方面，虽然二者均未将紧急避险与个人相联系，但较功利主义提高整体社会利益的论述相比，其出发点仍在于维护个人法益，因而避免了功利主义的诸多诟病。其主要问题

---

① 参见周漾沂《论攻击性紧急避险之定位》，《台大法学论丛》2012 年第 1 期；王效文《刑法中阻却违法紧急避险的哲学基础》，《政治与社会哲学评论》2008 年第 3 期。

② Vgl. Pawlik, Der rechtfertigende Notstand, Berlin [u. a.]: de Gruyter, 2002, S. 120.

③ Vgl. Ulfrid Neumann Die rechtsethische Begründung des "rechtfertigenden Notstands" auf der Basis von Utilitarismus, Solidaritätsprinzip und Loyalitätsprinzip, in Andreas von Hirsch, Ulfrid Neumann, Kurt Seelmann (Hrsg.), Solidarität im Strafrecht, Baden-Baden: Nomos, 2013, S. 173.

在于，未能更进一步地论证为何被避险人会同意在紧急状态下甘愿承受损害，而这也是下文所研究的重心。

第二节　社会连带义务的合理性与其规范效力

由上可知，从国家主义论证紧急避险与当今以人为本的思潮相悖，因而难以得到本书的赞同，故我们应当从个人角度出发，论证被避险人会同意避险人在遭受危难之际，侵害自身的法益，对此问题，康德有过精到的论述。他曾以实践的自私主义者为例指出：为了自己的利益，明明可以对他人提供协助却不伸出援手的自私行为，不可能作为一个自然法则而到处生效。一个决定这样做的意志会与自己抵触，因为可能发生不少这样的情况：他需要别人的爱和同情，而由于这样一个出于他自己的意志的自然法则，会剥夺自己得到他所期望的协助的一切希望。① 但是，这种论述却只有结论而缺乏过程，其前提条件也过于苛刻，我们仍然能够质疑：并非所有人都是理性的，在现实社会中也有许多非理性人，他们在遭受危难时，宁愿"自生自灭"也不愿寻求帮助，既然是基于个人自由，对这些非理性人，我们为何能够强行赋予其连带义务？若将所有人都划归是理性人，岂不是又剥夺了那些非理性人的基本特征，这不也是对其人性尊严的一种侵害吗？

对此质疑，罗尔斯（Rawls）在其传世名作《正义论》中以"无知之幕"做出了解答。罗尔斯指出，在现实生活中，人们会受到各种特定偶然性的影响，并进而利用社会与自然偶然性来做出有利于自己的选择。如此显然难以得出一个一致同意的结论。为此，罗尔斯假设了一块"无知之幕"，隔离了所有的参与者关于其在社会中

---

① 参见〔德〕康德《道德形而上学的奠基》，李秋零译注，中国人民大学出版社2013年版，第43页。

自身条件的一切认知，既包括出生阶级、社会地位、天生资质等外在形式，也包括内在特征如善恶观念、性格特点（乐观抑或悲观）等，并假设所有主体均是理性且自利的，以此迫使他们得出更为合理之结论。① 进而认为，无知之幕后的理性人，会承认一种相互帮助的义务（the duty of mutual aid），虽然在一些特殊场合中，我们会被要求做一些不是为了我们自己利益的事情，但最终平衡起来我们可能还是有所获益。② 至于这种义务的界限，罗尔斯根据"最大最小值"（maximin rule）规则进行了解答，其指出，无知之幕后的理性人会按照可选选项的最坏后果进行排序，并会选择其中最坏结果最好的选项。③ 举例而言，将100元钱在两个人之间进行分配：第一种方案是10元与90元，第二种方案是20元与80元。由于第一种方案中的最小值10小于第二种方案中的最小值20，所以应当选择第二种方案。在此，罗尔斯借鉴了边际效用递减原理，该原理认为，当消费者消费某一物品的总数量越来越多时，其新增加的最后一单位物品的消费所获得的效用（即边际效用）通常会呈现越来越少的现象，与之相反，消费者消费第一宗商品之时，其获得的效用往往是最多的。例如，当人极度口渴急需饮水的情况下，喝下的第一杯水往往能够让人感到最为满足，甚至有起死回生之感，第二杯水虽然也可以缓解口渴，让人感觉心情舒畅，却已经不如第一杯般效果明显，随着口渴程度降低，我们对水的渴望值也不断减少，因此，每一杯水带给我们的愉悦都在不断减少。将此原理类推至最大最小值原则中，若我们假设人们的最低生活需求为20元，对于一个只有10元的人来说，将他的资金从10元增加至20元，便意味着其可以由"衣不遮体、食不果

---

① 参见［美］约翰·罗尔斯《正义论》（修订版），何怀宏等译，中国社会科学出版社2009年版，第105—106页。
② 参见［美］约翰·罗尔斯《正义论》（修订版），何怀宏等译，中国社会科学出版社2009年版，第265页。
③ 参见［美］约翰·罗尔斯《正义论》（修订版），何怀宏等译，中国社会科学出版社2009年版，第119页。

腹"变为最基本的生活需求得到保障,但对于一个原先拥有80元资金的人而言,将其资源增加至90元,由于其现有的资源已经足以满足其现实需求,多了的10元也只能够带给其些许的快乐,甚至可能只是一个数字的变化。因此,"无知之幕"后的理性人必然会选择舍弃此种对于自己几乎没有任何实质影响的资源增长,而去选择第二种方案,以求满足自己在社会生活中必备的生活需求。

受罗尔斯正义理论之启发,部分德国学者认为,紧急避险的正当化依据在于社会成员在交往中自愿承担的一种相互扶助、相互提供保障的社会连带义务(Solidaritätspflicht),而推导出此义务的正当程序正是罗尔斯所构建的"无知之幕"。① 如德国学者 Merkel 教授与康宁克斯(Coninx)博士便指出:罗尔斯所谓的"相互帮助的义务",其实是一种"社会连带义务",即作为社会成员,每个人在参与社会共同生活时,基于人类社会不可或缺的互助要求,都需要承担一定的社会义务。② 详言之:在建构法秩序时,所有的参与者都在无知之幕后,故其并不清楚自己在未来危难情形中的处境,但他们清楚的是,自己在将来可能陷入紧急状态之中,且依赖于其他民众的协助。故每一个理性人都会同意在他人重要的基本利益遭遇危险时忍受自身轻微的利益损失,以换取自己在重要法益遭受危难时,他人也可以忍受轻微的利益损失来保全自身的重要法益。③ 此时紧急

---

① Vgl. Hans Michael Heinig, Der Sozialstaat im Dienst der Freiheit: Zur Formel vom "sozialen" Staat in Art. 20 Abs. 1 GG, Tübingen: Mohr Siebeck, 2008, S. 121ff.

② Vgl. Seelmann, Ideengeschichte des Solidaritätsbegriffs im Strafrecht, in Hirsch/Neumann/Seelmann (Hrsg.), Solidaritäts im Strafrecht, Baden-Baden: Nomos, 2013, S. 43ff.

③ Vgl. Merkel, Zaungäste? Über die Vernachlässigung philosophischer Argumente in der Strafrechtswissenschaft, in Institut für Kriminalwissenschaften Frankfurt a. M. (Hrsg.), Vom unmöglichen Zustand des Strafrechts, Frankfurt am Main [u. a.]: Lang, 1995, S. 183f. 以无知之幕推导出社会连带理论,参见 Anna Coninx, Das Solidaritätsprinzip im Lebensnotstand, Bren: Stämpfli, 2012, S. 103ff; Armin Engländer, Die Rechtfertigung des Rechtfertigenden Aggressivnotstands, GA 2017, S. 247ff。

避险的参与者便处于一种"类保险关系"中：民众在一定程度上减轻了风险，但也将以承担义务的形式付出一定的"保险费"，即在他人陷入紧急状态时提供帮助，只是这种"交换关系"中的相互帮助在不同的时间点发生而已。① 罗尔斯"无知之幕"较康德的进步在于，其并不认为所有人都是理性的，而是在认可其本身的基本特征（理性或非理性）的条件下借用"无知之幕"将之屏蔽，从而迫使每个幕后之人都必须理性地做出最有利于自己的选择，在解开"无知之幕"后，这些被屏蔽的基本特征仍将原封不动地"归还"给本人，这便避免了如康德般遭受"剥夺个人特征"之诟病。② 同时，由于此规范是在无知之幕后制定，任何人都不会知道自己在避难情状中所处的位置，因此对于所有社会成员而言，具有立场中立之性质，符合程序正义，故只要公民能够通过民主程序对一定程度的社会连带责任达成共识，就完全可以将道德的社会连带转化为法律规则。③ 如今，社会连带义务已经成为了德国与我国台湾地区的通说。④ 应当承认的是，无论在西方抑或我国的社会观念中，都存在一定程度的社会连带义务，尊老爱幼、礼让他人便是该思想的体现。虽然欧洲学界对于此概念的理解与我国存在一定程度的差异⑤，但这些细枝末节的分歧对紧急避险的相关问题并不会产生任何影响，且与书中主旨并不具有直接关联，故本书并不打算对其分歧进行介绍

---

① Vgl. Alexander Archangelskij, Das Problem des Lebensnotstandes amBeispiel des Abschusses eines von Terroristen entführten Flugzeuges, Berlin: Berliner Wissenschafts, 2005, S. 66f.

② 参见龚群《自由主义与社群主义的比较研究》，人民出版社2014年版，第129页。

③ Vgl. Kühnbach, Solidaritätspflichten Unbeteiligter, Baden-Baden: Nomos, 2007, S. 70f.

④ Vgl. Perron, in Schönke/Schröder (Hrsg.), Strafgesetzbuch Kommentar, 30. Aufl., München: C. H. Beck, 2019, §34, Rn 1；王皇玉：《刑法总则》，台北：新学林出版股份有限公司2014年版，第288—289页。

⑤ 关于社会连带理论的概念分歧，参见Dallinger, Die Solidarität der modernen Gesellschaft, Wiesbaden: VS, Verlag für Sozialwiss, 2009, S. 21ff。

与辨析。而与本书结论相关的问题在于,一方面,该理论的哲学根基已经遭受诸多质疑,而学者在引入过程中却对此置若罔闻,并未对其做出有力回应;另一方面,与其他消极义务不同,社会连带义务是一种积极义务,而在我国刑法规范中,并没有规定积极义务之条款。撰文支持此义务的学者在文中也仅是将域外学说引入,却并没有对其进行本土化叙事,既未分析该理论能否得到我国社会与法律体系之认可,也没有分析其在我国法律体系中如何运用,这无疑让该理论的说服力大打折扣。有感于此,笔者拟先对该理论的根基进行重新证立,而后尝试将其融入我国法律体系之中。

一 前提:虚拟的无知之幕之合理性

从目前的研究资料分析,几乎所有学者的推论均是建立于罗尔斯"无知之幕"的社会契约之上,但学界对于"无知之幕"的设立及推导过程一直存在诸多质疑,因此有必要先对这些质疑进行反驳,以稳固其根基。与本书相关的质疑主要包括两个方面。

第一个方面的问题主要体现在无知之幕本身构建上,具体又可以分为无知之幕是否真实存在与该理论是否具有规范效力两个方面。首先有学者从存在论的角度,就契约论的先决条件对无知之幕提出了批判。如德沃金(Ronald Dworkin)教授曾经在不同场合反复指出:如果一群人事先通过契约约定,他们之间的争议将通过一个特定的方式来解决,那么,那个契约存在的事实就是当争议真的出现时它应该按契约规定的方式解决争议的一个有力的理由。这一契约自身将是一个独立于那些可能导致不同的人们去签署这一契约的理性的力量之外的理由。通常情况是,签约的每一方都假设他所签订的契约对他有利;但是,如果某人在计算自己的利益时犯了错误,那么,他签订了这一契约的事实就是为了公平而使他履行契约的条件的一个有力的理由。然而,罗尔斯并没有考虑一个从未签署过他所描绘的那种契约的人。他所论证的是,如果一群理性的人发现他们自己处于原初地位的困境,他们将为这两个原则而签订一个契约。

他的契约是假定的，假定的契约并不能够提供为了公平而强迫缔约者履约的独立的理由。一个假定的契约不是一个实际契约的简单形式，它根本就不是一个契约。①"罗尔斯提出了一个异想天开的社会契约，把它当作在乌托邦正义理论条件下选择最佳正义观的工具……无论我们如何看待他的建议，但是它同在日常政治条件下我们当前正面临的合法性问题没有直接联系，他的正义原则与之相去甚远。"②

但在本书看来，上述批判并不能够成立。因为，假定的契约仍然是契约，具有现实的规范效力。事实上，不仅仅是罗尔斯，其他所有运用过社会契约论证方式的理论家——霍布斯、洛克、康德、卢梭——都遭受过同一种质疑甚至是批判批评，即从来就没有这样一种自然状态，也没有在这种自然状态下达成的现实契约。③在我们的日常生活中，只有当契约各方实际签署某项契约时，相应的契约才会对各方产生义务，按此逻辑，只有契约双方在自然状态下现实地签订了契约，该社会契约才会对双方产生实际效力，故问题在于：自然状态是否真实存在，契约各方是否实际签署了该项契约？

就第一个问题而言，答案至少是存在疑问的，因为至今为止，历史学家也没有一个确切的结论，而上述理论家之间给出的答案也莫衷一是。自然状态究竟是怎样一种存在，支持自然状态的学者之间存在分歧。作为近代西方政治哲学的奠基者和开创者，霍布斯首先赋予"自然状态"独特的内涵，开创了有别于古代的崭新的政治哲学传统。在霍布斯看来，自然状态是"每一个人对每

---

① 参见［美］罗纳德·德沃金《认真对待权利》，信春鹰、吴玉章译，中国大百科全书出版社1998年版，第203页。

② Ronald Dworkin, *Law's Empire*, Cambridge, Mass.: Belknap Press of Harvard Univ. Press, 1986, p. 192.

③ 参见谢晖《论社会契约说从乌托邦到法律——制度修辞的一种证成根据》，《法学论坛》2018年第5期。

一个人交战"或者"人人相互为敌"的战争状态。自然状态中的人是独处的，每个人都有绝对的自由，这样的描述似乎是美好的，但是，正因为人人都享有自然权利，而又缺乏一个共同的权力使大家都慑服，使得人们会利用一切可能的办法来保全自身，"彼此都力图摧毁或征服对方"，自然权利反而成了实现自然权利的障碍。显然，这是一种野蛮残忍的状态，暴力和欺诈是其中两种主要的"美德"。"人们不断处于暴力死亡的恐惧和危险中，人的生活孤独、贫困、卑污而短寿。"[1] 由此可见，霍布斯认为，自然状态是一种极为悲惨且恐怖的状态，每个人都是朝不保夕，因此，为了更好地保全自身，在理性的指引下，他们通过订立契约自愿让渡自己的权利给一位主权者，从而脱离自然状态，进入政治社会。

与霍布斯认为人类从一开始便处于悲惨状态中不同，洛克认为，在最开始的时候，自然状态是一种"完备无缺的自由状态"[2]，是"和平、善意、互助和安全的状态"[3]。在这种状态中，人人平等独立，自由而不放任。自然法教导着自然状态中的人们"不得侵害他人的生命、健康、自由或财产"[4]。人人都拥有"执行自然法的权力"[5]或对触犯自然法的任何行为加以惩罚的权力。然而，由于人类自利的天性，使得这种完备无缺的自由状态出现了种种缺陷，例如"缺少一种确定的、规定了的、众所周知的法理，为共同的同意

---

[1] 本段论述，参见［英］霍布斯《利维坦》，黎思复、黎廷弼译，商务印书馆1985年版，第93—98页。
[2] ［英］洛克：《政府论》（下篇），瞿菊秋、叶启芳译，商务印书馆1997年版，第5页。
[3] ［英］洛克：《政府论》（下篇），瞿菊秋、叶启芳译，商务印书馆1997年版，第14页。
[4] ［英］洛克：《政府论》（下篇），瞿菊秋、叶启芳译，商务印书馆1997年版，第6页。
[5] ［英］洛克：《政府论》（下篇），瞿菊秋、叶启芳译，商务印书馆1997年版，第10页。

接受和承认为是非的标准和裁判他们之间一切纠纷的共同尺度""缺少一个有权依照既定的法律来裁判一切争执的知名的和公正的裁判者",所以"偏袒自己的情感和报复之心很容易使他们超越范围,对于自己的事件过分热心,疏忽和漠不关心的态度又会使他们对于别人的情况过分冷淡"。又因为在自然状态中,往往缺少权力来支持并执行正确的判决,故凡是因不公平而受到损害的人,只要他们有能力,总会用强力来纠正他们所受到的损害,但是"这种反抗往往会使惩罚行为发生危险,甚至时常使那些企图执行惩罚的人遭受损害"①。可见洛克笔下的自然状态虽然不如霍布斯那么悲惨恐怖,但也绝非"人间乐土",在利益出现纠纷的情况下,遵循的仍然是"丛林法则",弱肉强食,物竞天择。

不难看出,二位先驱对于自然状态的描述存在着巨大差异,这也是反契约论者批判的一个重要理由:既然存在差异,那么他们的描述中何者才是正确的,自然状态是否真实存在?对此问题,霍布斯的答案其实有些模棱两可,他认为,"也许会有人认为这种时代和这种战争状态从未存在过,我也相信绝不会整个世界普遍出现这种状况,但有许多地方的人现在却是这样生活的"。他随即以美洲的一些野蛮民族以及处于内战中的人们的生活为例,说明在一个没有共同权力使人畏惧的地方,的确会存在这样一种野蛮残忍的战争状态。而且,"就具体的个人说来,人人相互为战的状态虽然在任何时代都从没有存在过,然而在所有的时代中,国王和最高主权者由于具有独立地位,始终是互相猜忌的,并保持着斗剑的状态和姿势……而这就是战争的姿态"②。由此可见,在霍布斯那里,自然状态仅在某些地区或某些特定的人之间存在,人类从来没有同时生活于自然状态中。因此,"对霍布斯来说,'自然状态'并不是一个历史事实,

---

① 参见[英]洛克《政府论》(下篇),瞿菊秋、叶启芳译,商务印书馆1997年版,第79—80页。
② [英]霍布斯:《利维坦》,黎思复、黎廷弼译,商务印书馆1985年版,第95—96页。

而是一个必须的构想"①。

与霍布斯不同,洛克认为自然状态确实在历史上存在过,而且在某些没有权力的公共裁判者的地方依然存在着。洛克在其《论自然状态》一章中便开宗明义地指出:"为了正确地了解政治权力,并追溯它的起源,我们必须考究人类原来自然地处在什么状态。"② 显然,他认为人类自然处于的状态是一种事实而非其假设的,否则他绝不会去考究。在这一章结尾,洛克再次强调人类最初生活在自然状态下这一观点的真实性:"我还进一步断言.所有的人自然地处于这种状态。在他们同意成为某种政治社会的成员以前,一直就是这样。"③ 此外,在《论政治社会的起源》一章中,针对他人提出"在历史上找不到这样的政治社会起源的实例"的反对意见,洛克也进行了辩护:"假如我们因为很少听见过人们处在自然状态,就不能推定他们曾经是处在这种状态中的,那我们也可以因为很少听见过萨尔曼那赛尔或塞克西斯的军队在成人和编入军队以前的情况,就推定他们根本没有经过儿童的阶段了。政府到处都是先于记载而存在的,而文字的使用,都是在一个民族经过长期持续的公民社会,享受了其他更必需的技艺为他们提供的安全、便利和丰富的生活之后才开始的。到那个时候他们才开始追述他们的创建者的历史,而当他们已无从记忆这段历史时,他们才探本溯源。因为国家也像个人一样,通常对于自己的出生和幼年情况是不清楚的。如果它们知道关于自己的起源的一些材料,这是靠参考他人所保存的偶然记载而得来的。除上帝自己直接干预的犹太民族之外(它根本不赞成父亲的统辖权),世界上任何国家的起源都显然是像我所说的那样,或者

---

① Leo Strauss, *The Political Philosophy of Hobbes Its Basis and Its Genesis*, Chicago: Univ. of Chicago Press, 1996, p.104.
② [英]洛克:《政府论》(下篇),瞿菊秋、叶启芳译,商务印书馆1997年版,第5页。
③ [英]洛克:《政府论》(下篇),瞿菊秋、叶启芳译,商务印书馆1997年版,第12页。

至少有着这种明显的迹象。"① 从以上论述不难看出，洛克比霍布斯更明确地强调，人们确实曾生活于自然状态中，或者说自然状态并非仅仅是一个假说。②

由此可见，即便是首倡自然状态的霍布斯，对于自然状态存在与否也并未给出确切的结论，而其他支持契约论的学者对于是否存在自然状态则莫衷一是，因此，自然状态是否存在这个问题，是难以得出答案的。但是在讨论这个问题前，必须要思考的是：是否真的有必要讨论自然状态是否曾经真的存在？或者说，自然状态是否曾经存在，对后续问题的讨论是否会有影响？对此，卢梭有过经典的描述：事实（自然状态是否真实存在）其实是可以抛开不谈，"它们与我们探讨的问题毫无关系。切莫把我们在这个问题上阐述的论点看作是历史的真实，而只能把它们看作是假设的和有条件的推论，是用来阐明事物的性质，而不是用来陈述它们真实的来源"。③因为"我要探讨在社会秩序之中，从人类的实际情况与法律的可能情况着眼，能不能有某种合法而又确切的政权规则"。"我是探讨权利与理性，而不是争论事实。"④ 因此在卢梭眼中，自然状态是否真实存在并不重要，因为它只是用来探讨政治社会起源的一种假设，只是作为逻辑起点和参照系来剖析和批判现实社会的一种工具。⑤ 康德也曾明确地指出：社会契约并不是真实的合同，而"只是一种理性观念，但是这种观念却无疑具有（实践的）现实性：也就是说，每个立法者都会受到束缚，使他们这样颁布法律，就好像他们能够

---

① ［英］洛克：《政府论》（下篇），瞿菊秋、叶启芳译，商务印书馆1997年版，第62页。
② See Leo Strauss, *Natural Right and History*, Chicago; London: The University of Chicago Press, 1999, p. 230.
③ ［法］卢梭：《论人与人之间不平等的起因和基础》，李平沤译，商务印书馆2007年版，第47页。
④ ［法］卢梭：《社会契约论》，何兆武译，商务印书馆2005年版，第5页。
⑤ See Ernst Cassirer, *The Philosophy of the Enlightenment*, Princeton, NJ: Princeton University Press, 1951, p. 271.

源于所有人民的联合意志那样，同时，每个臣民只要愿意是公民，就要如此看待他，就好像他们共同支持这种意志一样。因为，这是每一部公共法律是否合法的试金石"。① 由此可见，原始契约并非解释公民社会起源的原则，而是解释它应该是什么的原则……它不是建立国家的原则，而是关于政府的原则，包括关于立法、行政和公共司法的理念②，其中的自然状态也只是一种价值或规范性的状态，这个概念的基础是非历史的，不是为了科学地解释过去（即"事实是什么"），而是为了解释与证明一个崭新的未来（即"应该是什么"）。那么，这样一个并不存在的自然状态，是否能够推导出具有规范效力的结论？答案是肯定的。在逻辑学中，有效论证包括三种情况：前提真结论真、前提假结论假以及前提假结论真。因此，一种论证是否有效的关键在于论证的过程，而非前提。③ 是以，即便从历史的眼光来看，契约是虚构的，它也能够为政府权力包括剥夺人的性命的权利提供唯一的轮流证明。因为政府权力的正当性只能从道德上证明，即这种权力是理性人为了要建设某种新秩序，以使得他们能够共同生活，而相互同意和接受的一种权力。④ 正如何兆武先生在《社会契约论》的前言中所指出的："理论不必就以史实为根据，法理上能否成立是一回事，历史事实是否如此则是另一回事。古往今来的历史上有没有过自由平等是一回事，人们在法理上应不应该享有自由平等又是另一回事。"⑤ 因此，社会契约是否具有规范效力，与其是否真实存在并无关系，仅与其设立的前提条件及推导

---

① Vgl. Kant, über den Gemeinspruch: Das mag in der Theorie richtig sein, taugt aber nicht für die Praxis, in Immanuel Kant Politische Schriften, Köln; Opladen, 1965, S. 87.

② Immanuel Kant, The Metaphysical Elements of Justice, J. Ladd trans., 1999, Translator' Introduction. p. xli.

③ See Frances Howard-Snyder, Daniel Howard-Snyder, Ryan Wasserman, The Power of Logic, 5th edition, New York: McGraw-Hill, 2012, pp. 4-6.

④ See Lon Fuller, The Case of the Speluncean Explorers, Harvard Law Review, 1949, Vol 62, p. 622.

⑤ [法]卢梭：《社会契约论》，何兆武译，商务印书馆2005年版，前言第5页。

过程有关。只要其论证过程是成立的，其推导出的结论便是合理的，自然状态虽然是一种理论假设，但以它为前提展开的逻辑论证却是有效的，其也因此具有现实的规范效力。①

对于上述学者关于其《正义论》的批评，罗尔斯在其后的著作中也做出了一定回应，例如他在《政治自由主义》中便明确指出：原初状态被看作一种代表设置，因而各派所达成的任何一致，都必须被看作假设的和非历史的。但是，如果情况是这样的话，由于假设性一直不能产生约束力，原初状态又有什么意义呢？答案包含在我们已经说过的话中，其意义是由原初状态作为一种代表设置的各种特征作用所给定的。② 又如，他还在《作为公平的正义》中指出：原初状态是非历史的，因为我们并不认为这种协议已经达成或者事实上能够达成。它能够达成与否，这无关宏旨……原初状态以一种准确的方式成功地模仿了我们在理性反思中所深思熟虑的东西，从而为政治的正义观念之原则打下了坚实的基础。③ 从这些自我辩护中可以看出，罗尔斯并非要建构一种全面性或完备性的理论，而只是要建构一种政治自由主义理论。他原初地位的假设并不包含任何有关自我的哲学理论。原初地位是非历史性的假设，它只是一个思想假设，这里没有历史背景关联，但它确实是理论的起点。这种假设所包含的条件是确立正义原则必须具备的条件，而把不相关的因素排除在外。其所保留的因素仅仅是立约者得以建立社会的基础性条件，并非要体现一种健全的自我观。因此，"我们不应像桑德尔那样，仅囿于罗尔斯的原初地位来谈原

---

① 参见李石《政治哲学十讲》，中国社会科学出版社 2019 年版，第 35—36 页；万晓飞《自然状态是事实还是假设？——以霍布斯、洛克和卢梭为例》，《北京理工大学学报》（社会科学版）2016 年第 1 期。

② 参见［美］罗尔斯《政治自由主义》，万俊人译，译林出版社 2000 年版，第 24 页。

③ 参见［美］罗尔斯《作为公平的正义：正义新论》，中国社会科学出版社 2011 年版，第 25—27 页。

初地位，而看不到原初地位的象征意义"。① 既然自然状态概念在被提出或被运用时就是一种基于历史经验的逻辑假说、一种思想实验，那么以"从来就不存在什么自然状态"为由批判自然状态学说就显得无的放矢。回答了第一个问题，第二个问题其实也就迎刃而解，因为与自然状态类似，处于自然状态中的人们缔结契约也不过是契约论者为了论证一个预设的结论而假设存在的，是否存在缔结契约的过程并不重要，关键是依照其设立的条件（即描述的自然状态），能否得出其预设的结论。聚焦至社会契约论中，既然其已经为世人所接受，甚至成为西方政权权力来源之通说，这便说明其论证过程具有相当的合理性，所以在真实世界中人们是否设立了社会契约也就显得无关紧要，声称这种契约不是历史的事实、声称无知之幕不具有心理上的可能性或者声称原初地位不具有真实性的理由并非不够充分，而是与所讨论的问题完全无关。②

在解决了存在论的问题后，我们可以继续解决规范论的疑问。部分学者认为，纵然社会契约的存在无关紧要，但是罗尔斯这样一个剥离了经验要素的自我如同康德的超验自我，难以担负起罗尔斯正义原则选择的重任。如桑德尔教授便认为：无知之幕对于个体的特殊信息的排除，从而使得各方的处境相同而不是相似，不可避免地导致对个人特征的消解，那就使得个人不可能真正去"选择"某个原则。因为从逻辑上看，"无知之幕剥夺了原初地位各方所有互相区别的特征"③，使得个人的处境不是相似而是同一，而"各方处境相同，且具有相同理性，便失去了通常意义上讨价还价的基础

---

① 龚群：《当代社群主义对罗尔斯自由主义的批评》，《中国人民大学学报》2010年第1期。

② See Will Kymlicka, *Contemporary Political Philosophy*, 2th edition, Oxford：Oxford University Press, 2002, p. 64.

③ Michael Sandel, *Liberalism and the Limit of justice*, New York：Cambridge University Press, 1992, p. 131.

（bargaining in the usual sense）"①。详言之，罗尔斯将个人的一切属性、能力、天资以及特殊品性，都看成任意的，如天赋是可作为公共分配的共同资产，而"伴随着每一种转移，一个带有浓厚特殊性征的实体性自我，逐渐地被剪除了那一度被认为是构成它的认同所不可少的性征；当我们把这些性征越来越视为只是随意地被给予的时候，它们也就逐渐地从构成自我的要素变为仅是自我的属性而已了。越多的东西变为是我的，而剩下的'我'也就越少了……直到自我的经验要素完全被剥光为止"②。在桑德尔看来，罗尔斯所运用的任意性（不同个人的地位、出身、所占有的资质、能力在个人中的分布是任意的、偶然的）论证，不可避免地导致对个人的消解，但"这样一来，个人已经消失，只有属性仍保留着。罗尔斯试图通过使自我摆脱世界来确保自我的自主。但是他为了保留自我，却最终消解了自我"③。既然自我都不存在了，还谈什么选择和达成一致的契约。我国也有学者认为：罗尔斯的失误在于，为了平等而在一定程度上过度消弭个体差异。④ 因为从逻辑上看，各方代表在原初地位中的协议只是我对我自己的协议，而这样一种自我对自我的协议，显然不满足社会契约的基本要求，所以"无知之幕"并不能形成真社会契约。类似地，罗尔斯在哈佛大学的同事、被誉为"二战"后至今最重要的古典自由主义的代表人物诺齐克（Nozick）教授也质疑道："只要我们如此极力强调人与其才能、资质和特征之间的区别，统一的人格观念是否还能保留下来就是一个尚未解决的疑问"；"通过把人的一切有价值的东西完全归因于某种'外在的'的因素

---

① See Michael Sandel, *Liberalism and the Limit of justice*, New York: Cambridge University Press, 1992, p.128；贾银生、高维俭：《论对生命紧急避险的伦理基础》，《南昌大学学报》（人文社会科学版）2018 年第 1 期。

② Michael Sandel, *Liberalism and the Limit of justice*, New York: Cambridge University Press, 1992, p.93.

③ Michael Sandel, *Liberalism and the Limit of justice*, New York: Cambridge University Press, 1992, p.95.

④ 易小明：《分配正义的两个基本原则》，《中国社会科学》2015 年第 3 期。

而继续进行下去，直到成功地否认一个人的自主选择和行为（信其结果）。如此贬低一个人的自主性和对他行为的首要责任，对一个本来希望支持自主存在的尊严和自重（self-esteem）的理论来说是一件冒险的事情，特别是对于一个其原则（包括一种善论）如此依赖于人们的选择来建立的理论就更是如此。人们会怀疑，这种作为罗尔斯理论前提和依据的相当成功的人类形象，是否能与它试图达到和体现的人类尊严的观念相适应。"①

但是本书认为，上述质疑也并未命中无知之幕的软肋。一方面，我们的具体自我，特别是诺齐克所强调的各种人的有价值的构成是受到社会基本结构的极大影响的。正如罗尔斯所指出的："个体本身的品格与利益并非是被固定和给定的……社会的制度形式影响着社会的成员，在很大程度上决定着他们想成为的那种个人，以及他们所是的那种个人。社会结构还以不同的方式限制着人们的抱负和希望，因为他们有理由部分按照该社会结构内部的立场来看待他们自己，并有理由解释他们可以实际期待的手段和机遇。所以，一种经济制度不仅仅是一种满足人们现存欲望和抱负的制度图式，而且也是一种塑造着人们未来欲望和抱负的方式。更一般地说，基本结构塑造着社会制度持续生产再生产某种个人及其善观念共享的各种文化方式。"② 然而，并非任何基本结构对于我们形成恰当的善观念来说都是好的，如我国旧社会中"女子无才便是德""缠足""夫唱妇随"等风俗习惯，虽然在当时都被认为是正当的，但从现在"人人平等"的眼光看来，此类习俗显然并不正当，部分甚至有侵犯人权之嫌，因此，我们有必要承认一些超出于文化与制度之外的因素，并以之来评判我们的基本结构，这种外在因素便是我们要选择的正义原则，在确定此原则后，我们可以用它来重新塑造我们的基本结

---

① 参见［美］诺齐克《无政府、国家与乌托邦》，何怀宏译，中国社会科学出版社1991年版，第217页。

② 参见［美］罗尔斯《政治自由主义》，万俊人译，译林出版社2000年版，第285页。

构，再由被重塑的基本结构来塑造我们的自我。换言之，我们有必要找寻一种恰当的背景条件，脱离既有社会制度的束缚，使得这种背景条件能够保证各种善观念之间的公平，从而让我们的自我在这种背景条件下得以形成。是以，我们在设计正义原则时需要从既有的社会观念中抽离出来，这样才可能保证各种善观念之间的公平。虽然每个人的内心深处对于善的理解千差万别，最终得出的结论有可能不同，但至少我们要能够获得一个公平的背景条件，从而在这个社会中获得充足的正义感能力和善观念能力，进而自然而然地、自发地顺从我们内心最原始的理念去形成某种善观念。而无知之幕隔离我们每个人心中特定善的观念之做法，正是为了让我们的正义原则能够对各种善观念表示公平的认可。① 另一方面，前述论者对于罗尔斯"剥夺了各方所有互相区别的特征""否认一个人的自主选择和行为（信其结果）"的批判并不准确。诚然，罗尔斯通过无知之幕遮蔽个人信息，使得作为主体自我的个人情境性经验要素越来越稀薄，自我的境地确实是一种类似于康德式的先验性自我。但是，他并没有将作为主体的自我身上的经验要素"剥离"或将其自主选择及行为"否认"，其仍然承认出身、地位、天资、性格以及基于上述因素做出的选择、行为等特殊经验性信息是属于个人的，因此即使是处于相同的处境，不同的个人也会有自己的个人利益，且这些个人利益会相互冲突。罗尔斯的假设是，在原初地位中的人们并不知晓其自身的这些信息，也不知道自身究竟会做出何种行为选择、将会获得何种利益而已。在回到现实社会后，这些个人的特殊经验性信息仍然属于每一个独特的个体，无知之幕并非将作为主体的自我身上的经验要素"剥离""否认"，而仅仅是将其在选择的过程中屏蔽，以实现程序正义。综上，无知之幕的设计并不会消解自我，也不会消解个人

---

① 参见葛四友《论无知之幕和社会契约的作用》，《中国人民大学学报》2012年第5期。

的多元性，这种公平背景下形成的善观念会得到充分的保护，我们的自尊与人格也因此能得到充分的尊重。

诚然，罗尔斯通过无知之幕遮蔽个人信息，在讨论差别原则时对个人天资分配持公共资产的观点，使得作为主体自我的个人情境性经验要素越来越稀薄，自我的境地如桑德尔等批评家所说的那样，是一种类似于康德式的先验性自我，这种设置确实带来了某种理论上易受攻击的难题。但如前所述，罗尔斯并没有将作为主体的自我身上的经验要素完全剥离掉，仍然承认个人的出身、地位、天资等特殊经验性信息是属于个人的，只是这些信息对于在原初地位下进行选择的人来说不起作用。它把个人天资看作公共资产，并不是没有看到天资是在个体中存在着的。因此，他并没有否认各方代表是有着自我利益的主体，他的假设是，即使是处境相同，人们也会从自我利益出发，选择最有利于自己的原则。使个人的特殊经验性信息在对社会建制原则的选择中不起作用，是为了确保选择不为多样性的特殊利益支配而具有某种普遍性。换言之，境遇的共同性是选择原则普遍性的保证。罗尔斯正是为了将西方社会深入人心的自由平等观念设置成一种经验性的可直观把握的形象，特地设置了一种这样的主体。[①]

事实上，设立原初地位，正是罗尔斯的社会契约论有别于其他所有的社会契约论的关键所在。不言而喻，契约的意义在于能够以平等地位为出发点进而确定正义原则。虽然罗尔斯设立原初地位是为了与自然状态相对应，但二者仍然存在着巨大差异，因为他认识到，通常意义上的自然状态其实远没有达到订立公平契约所要求的"初始的平等地位"：在传统的自然状态中，一些人往往比另一些人拥有更大的谈判控制力——更高的智商、更多的资源，或者更强的身体。这样，在达成契约的过程中那些更具谈判控制

[①] 参见龚群《追问正义——西方政治伦理思想研究》，北京大学出版社 2017 年版，第 345—346 页。

力的人就会设法利用自己的优势取得更加有利于自己的契约结果，而那些只拥有较弱的谈判控制力的人则只好妥协让步。诚然，自然的不确定性会影响着每一个人，但那些占据上风的人却能够更好地对付这些不确定性，因此，这些人就只会同意能够增强自己的自然优势的社会契约。然而罗尔斯认为，这样的社会契约是不公平的，因为在其眼中，自然优势是天生的、随机的、偶然的，而非应得的，这些完全随机的因素不应当参与到订立社会契约、选择正义原则之中，否则势必会将那些没有自然优势的人置于更加不利的位置，最终造成两极分化的马太效应，而这是其所无法接受的。正是为了防止人们在选择正义原则时任意利用自己的优势，罗尔斯发展出一种不同于自然状态的奇特构思——"原初地位"。在这种修正的自然状态中，人们处于"无知之幕"的背后，以至于无人知道自己在社会内所处的位置，包括自己的阶级地位或社会身份，也无人知道他天生的运气如何，如有什么样的能力、智商、体力等，当事人甚至不知道自己有什么样的善观念或自己有什么特殊的心理倾向，一切正义诸原则是在无知之幕的笼罩之下被选择出来的。这就能够保证，在选择正义诸原则的过程中，没有人因为自然或社会的偶然因素而处于有利或不利的地位。因为所有人都有类似的处境，没有人能够只为自己的特殊利益去设计正义原则，这样一来，正义诸原则只能是公平协议或公平商讨的结果。[1]

其实，罗尔斯在设立原初地位之初，便已经预料到了会遭受的批判，因而他事先指出：不应该被刻画原初地位的那些不同寻常的条件所误导。原初地位的观念旨在鲜明地向我们揭示出那些限制性条件——用那些限制性条件去约束对正义原则的论证乃至于正义原则本身似乎是合理的。因此，没有人应该在选择原则的过程中因为

---

[1] John Rawls, *A Theory of Justice*, Cambridge, Massachusetts: The Belknap Press of Harvard University Press, 1971, p.12.

自己的自然运气而处于有利或不利的位置——这似乎既合理又能得到普遍认同。此外，不能够依据某些人的特殊境况去修订正义原则，这似乎也能够得到广泛的同意……以这种方式，就可以自然地抵达无知之幕。① 这也说明其早就明白，原初地位的设计会给自己带来某种理论上易受攻击的难题，那么为何罗尔斯还要设立这样一种地位呢？因为他知道，对于原初地位的攻击并没有办法真正打击到其论述的核心。如果罗尔斯先设立一种假想的契约，而后从中推出某种确定的平等观，那么原初地位的设立便会影响到平等观的选择，因此也就会容易受到前述学者关于原初地位设置的不合理或者自然状态并不存在等批判的攻击。然而如前所述，当代契约论学者均认为，假想的自然状态作为一种方法只是为了证明论者的某种观点而已，只要某一论证过程及从中推导出的结论是合理的，该论证便是成立的。具体至《正义论》中，罗尔斯期望的是从原初地位中推导出平等这一结论，而无知之幕的设立，又正好能够清除偏见的根源并建立共识的基础，进而引出规范社会的正义制度，这种解决方案能够尊重每个人的要求——希望自己被当作自由的平等者。因此，原初地位的真正前提是平等，而不是"无知之幕"，要想批判原初地位设置得不合理，我们要么去证明无知之幕不能够推导出罗尔斯的正义原则，要么去证明罗尔斯的正义原则是非正义的，声称这种契约不是历史的事实，声称无知之幕不具有心理上的可能性，或者声称原初地位不具有真实性——这些意见不仅不够，简直就是不切题。②

实际上，罗尔斯也承认自己是为了引出差异原则才去刻意刻画这样一种原初地位。他说："对应于每一种传统的正义观，都存在一种对初始状况的解释，而该正义观所包含的那些原则总是在这种状

---

① John Rawls, *A Theory of Justice*, Cambridge, Massachusetts: The Belknap Press of Harvard University Press, 1971, pp. 18 – 19.

② 参见［加］威尔·金里卡《当代政治哲学》（上），刘莘译，上海三联书店2004年版，第121—122页。

况下宁愿选择的解决方案。"① 因此罗尔斯说，我们之所以挑选某一种对原初地位的刻画而不挑选另一种刻画，理由之一就是，所挑选的这种刻画所引出的原则恰好能为我们的直觉所接受。我们应该把原初地位当作"一种解释性工具"，它概括出了我们公平观念的意义，并帮助我们引出了相应的结果。但是这样一来我们却可以发觉，罗尔斯的正义论是先存在了一个他认为的正义理论，而后再"挑选"出了一个能够推导出其正义理论的原初地位，那我们不禁要质疑：为何罗尔斯还要煞费苦心地去设置一个他早就知道会备受批判的原初地位呢？这一点，其实罗尔斯也早已经作出了回应，他在文章中写道："一种正义观并不能从某些不证自明的前提或某些关于原则的条件中推演而出，要为这种正义观提供辩护，就要使许多因素相互支撑，要使每个因素相互配合形成融贯。"②

那么这些因素是如何融会贯通的？罗尔斯指出：为了确定对原初地位的哪种刻画是所愿的，"我们就要从两端进行"。如果在某种刻画下被选择的正义原则不吻合我们对于正义的确信，我们就面临选择。我们要么可以修改对初始状况的解释，要么可以修正我们现有的判断——因为，哪怕是那些我们暂时将其作为支点的判断，也不能免于被修正。就这样来回地进行修改或修正——有的时候改变契约境况的条件，有的时候又收回我们的判断并使它们顺应于原则；我假定我们最终应该确定对初始情况的这样一种刻画：它既表达了合理的条件，又能够引出这样的原则，而这些条件和原则吻合我们被恰当修剪和调整过的深思熟虑的判断。③ 换言之，罗尔斯并不是设

---

① John Rawls, *A Theory of Justice*, Cambridge, Massachusetts: The Belknap Press of Harvard University Press, 1971, p. 121.

② John Rawls, *A Theory of Justice*, Cambridge, Massachusetts: The Belknap Press of Harvard University Press, 1971, p. 21.

③ 参见［美］约翰·罗尔斯《正义论》（修订版），何怀宏等译，中国社会科学出版社 2009 年版，第 16 页。

定完原初地位便直接推导出正义原则，而是在原初地位下设定看似合理的选择标准后，再对选择产生的结果深思熟虑，确认得出的结果是否符合直觉。倘若直觉认定不可时，再修改原初地位的条件重新推论，如此反复，直到对原初地位的描述既表达了合理条件，又符合深思熟虑的后果，这便是罗尔斯所谓"反思的均衡"。因此，原初地位并非一成不变的，而是可以为了结论对其进行反复修改，以便从中引出的原则能够吻合我们的直觉（至少是经过这种对理论和直觉的双向调整，并最终使两者和谐一致后的那些直觉），所以，它并不是一种终局性的东西，而不过是一种解释手段，一种把直觉明确化、生动化的工具，即使把这样的工具抛弃，罗尔斯仍然可以采用别的论证手法达到同样的目的。正因为如此，前述德沃金、桑德尔等对于罗尔斯原初地位设立的批判就难以再成立——因为就算他们的说法成立——原初地位的设置存在疑问，罗尔斯也可以利用其"反思的平衡"重新界定原初地位以引出其心目中的正义原则。虽然这听起来似乎不可思议，但这的确是罗尔斯提出反思的平衡的用处。威尔·金里卡（Will Kymlicka）教授一针见血地指出：批评罗尔斯设定原初地位时所犯的错误，并不足以挑战罗尔斯事实上根据直觉所选定的结论，因为那不过是可能证成结果的管道之一，要对罗尔斯的理论进行真正成功的批判，就只有要么质疑他的根本直觉，要么说明差异原则为什么没能最好地阐明这些直觉。[①] 但是在其根本直觉正确，且差异原则也确实能够推导出该直觉的情况下，罗尔斯的论述确实是无懈可击的。

由此我们也可以同时发现，桑德尔教授的批判其实有"指鹿为马"之嫌。从其论述中不难看出，他认为社会契约应当是拥有自我的经验要素的不同主体讨价还价所形成的。但是，在西方政治哲学中，其实存在着两种契约主义，一种是以霍布斯、洛

---

① 参见［加］威尔·金里卡《当代政治哲学》（上），刘莘译，上海三联书店2004年版，第132页。

克、卢梭等为代表的"古典契约主义"（contractarianism），另外一种是以罗尔斯、康德为代表的"契约主义"（contractualism）。①"古典契约主义"的契约正如该学者所认为的，是经过讨价还价所达成的，所以具有如下缺点：由于当事人的社会地位不尽相同，而每个人都想从契约中获得最大利益，因此具有优势地位的人就会利用自己的优势和权力进行威胁和恐吓，强迫对方接受不利的条件，这样达成的契约对处于不利地位的一方显然是不公平的，他们之所以同意达成协议，也仅仅是两害相权取其轻而已。② 相反，罗尔斯的契约主义则有如下特点：在无知之幕的后面，当事人不知道自己的社会地位或自然天赋，他们不具备通常意义上讨价还价的基础；因为所有当事人都是平等的，具有相同的处境和推理能力，都能为同样的理由所说服；这样，如果任何人在经过相应的反思后而偏爱某种正义观，那么所有人都会这样做，从而达成一致同意的契约。③ 相比古典契约主义，现代契约论者把权力资格看作由契约程序本身所产生

---

① 也有学者将 contractarianism 与 contractualism 译为自利契约论与非自利契约论。前者从自利的理性人的自我立场出发，以自我利益为目的来确立契约，并通过契约确立道德与政治原则，认为自利理性是唯一的理性原则，"人类有着一个共同的人性，这个人性就是趋利避害的自利人性"；后者则认为道德原则是由平等自由的人基于某种共同的意志或理想所达成的共识所决定的，并非由自利理性者根据各自不同利益和目的而达成的。[参见陶勤《论西方契约论的两个传统：自利与非自利》，《南京师大学报》（社会科学版）2016年第2期。] 按照这种区分，有学者可能会提出怀疑：在罗尔斯的设定中，每个人都是自利的理性人，为何还会将其契约论归入非自利契约论？原因在于，假定这一理性的选择在无知之幕所限定的范围内是自利的，但这并不能以任何方式将道德的推理还原为个人的利益。假定选择的各方不是受个人利益所驱动，而是受对其他的个人的关心所驱动。由于无知之幕使他们无法知道有关信息从而使他们能够修改原则以符合任何特殊个人的利益，因此从功能上讲，假定各方是受自利的原则所驱动和假定他们是其他个人的受托者，两者之间没有任何区别，原初的立场实际上就是一个（即任意一个）自由和平等的个人的立场。（参见 [美] S. 达沃尔《自利的契约论和非自利的契约论》，陈真译，《世界哲学》2005年第4期。）
② 参见姚大志《公平与契约主义》，《哲学动态》2017年第5期。
③ 相同观点，参见周穗明《当代西方政治哲学》，江苏人民出版社2016年，第110页。

的，而非经过讨价还价后让渡出自身的自然权利所产生的。① 根据论者在批判中反复提到"契约必须经过讨价还价方能达成"② 等论述，可见其认为罗尔斯"无知之幕"的设定不符合"古典契约主义"的基本要求，但问题在于，罗尔斯的契约根本不是"古典契约主义"，而是"契约主义"，因此论者对于罗尔斯契约论的批判存在一个根本问题，即他的批评与罗尔斯的契约论毫无关系。③ 综上，对于原初状态设定的质疑，无法真正驳倒罗尔斯的无知之幕，Merkel 教授与 Coninx 博士用"无知之幕"推导出社会连带理论的路径仍然能够畅通无阻。

二 "无知之幕"难以直接证立积极权力

真正对 Merkel 教授的结论构成威胁的，是学界对其提出的第二个质疑，即"无知之幕"的信息屏蔽，使得理性人根本无法达成一致的契约④，而与紧急避险正当化依据相关的批判在于，这样的根本直觉是否正确，即理性人在无知之幕后是否认可社会连带理论。根据学界对于罗尔斯《正义论》的解读，其似乎更倾向于认可一定程度的社会连带义务，他在书中指出：虽然在一些特殊场合中，我们被要求做一些不是为了我们自己利益的事情，但最终平衡起来我们可能还是有所获益，至少从正常环境里的长远情况来看是这样。在每一个单独的情况中，被帮助者获得的益处大大超过了帮助者的损失，并且假设一个人做受益者的机会并不比他必须做帮助者的机会更少，那么这个原则显然有利于我们大家。但这并

---

① 参见［美］玛莎·C. 纳斯鲍姆《正义的前沿》，陈文娟等译，中国人民大学出版社 2016 年版，第 162 页。

② See Michael Sandel, *Liberalism and the Limit of justice*, New York: Cambridge University Press, Cambridge University Press, 1992, pp. 128 – 129.

③ 参见姚大志《正义与善——社群主义研究》，人民出版社 2014 年版，第 25—28 页。

④ See Michael Sandel, *Liberalism and the Limit of justice*, New York: Cambridge University Press, 1992, p. 129.

不是相互帮助的义务的唯一论据,甚至不是它最重要的论据。采纳这一义务的一个充足理由在于它对日常生活的性质有着广泛的效果。我们生活在一个当我们遇到困难时就可指望其他人帮助的社会中,这样一种公共知识本身就具有一种很大的价值。① Merkel 教授也据此认为:"理性人当然会认识到,虽然可能性极小,但是部分结果一旦降临,将是自己所难以承受的,根据"最大最小值原则',无知之幕下的理性人虽然出于自利的动机追求自身权益的最大化,但却不会铤而走险博取自己可能获得的最大利益,而是审慎地力求在最坏的情况下获取最佳的结果。② 在紧急避险中,这种结果表现为在保护自我决定权免遭他人随意侵犯与保护自身重大法益——构建理性生活计划或在社会中享有基本权利所必需的个人权益③(笔者注)——之间找寻一个平衡点。据此,理性人必然会愿意承担一定的社会连带义务,以换取危难时侵害他人法益以自救之权利。"④ 类似地,Meißner 教授从个人自由的角度出发认为,人与人之间必然存在一定的互助义务,因为人是一种社会动物,不可能以一己之力在世界上生存,而是必然存在需要他人相助之时刻,因此只有在不同主体间树立社会连带义务,才可能确保其在任何时候都能够有足够的能力,自由地发展自己的人生。社会连带原则的存在并非对个人自由的侵害,而是人自由发展必备的代价,只有确保了每个人在紧急时刻都有向人求助的权利,个人的自由才能够得

---

① [美]约翰·罗尔斯:《正义论》(修订版),何怀宏等译,中国社会科学出版社 2009 年版,第 265 页。

② 参见何怀宏《正义理论导引——以罗尔斯为中心》,北京师范大学出版社 2015 年版,第 238 页。

③ Vgl. Pawlik, Der rechtfertigende Notstand, Berlin [u. a.]: de Gruyter, Berlin 2002, S. 161 ff.

④ Vgl. Merkel, Zaungäste? Über die Vernachlässigung philosophischer Argumente in der Strafrechtswissenschaft, in Institut für Kriminalwissenschaften Frankfurt a. M. (Hrsg.), Vom unmöglichen Zustand des Strafrechts, Frankfurt am Main [u. a.]: Lang, 1995, S. 184 f.

到确立。① 因此，人们在追求利己目的的过程中，必须尽到一些利他的义务。② 既然在现实生活中，每个人都会预料到自己日后可能遭受危险，故在订立社会契约时，必然会与他人达成相互扶助的约定，使得自己在遭遇危难之际享有向他人求助之权利。

但是，这样的结论并非无可辩驳，也有学者从人类的自然属性出发，对其提出了怀疑。如我国台湾地区学者周漾沂指出："在现实社会中，每个人对自己生活风险的耐受程度以及对于风险的爱好程度，都是属于个别性的、具体的事实，故对于是否把对他人危难救助的牺牲当作保费，都因为不同的人生信念而有歧义。"③ 我国大陆地区也有学者质疑道："有些人做事冒失以致时时事事会让自己和他人处于风险之中，但有些人做事却谨慎小心、如履薄冰，能够将参与社会活动的风险降到最低程度，既然如此，为什么能够以未来不确定的风险为由强制包括谨慎小心的个人在内的每一个人参加社会保险？为什么不选择一个可以自愿加入保险而非强制保险的风险分担制度？"④ 据此，"无知之幕"后的理性人因为不知晓自身的任何信息，但是其知道他们终将返回现实之中，而在现实社会之中因各人性格各异，对于是否会愿意参与紧急避险这个"社会保险"也会持不同观点，若达成一致的契约，则可能会违背其人生信念，产生对自己不利的结果。因此理性人必然会拒绝广泛授予他人在陷入危难时实施避险行为的权利，以避免承担协助他人之义务。从现实的角度看，紧急避险是理性人为了自己在未来遭受危险时，能够取得他人帮助所做出的承诺，但理性人同样知道，自己未来遭受重大危险的概率是极低的，而一旦做出承诺，便需要承担被他人侵犯之风

---

① Vgl. Meißner, Die Interessenabwägungsformel in der Vorschrift über den rechtfertigenden Notstand （§34 StGB）, Duncker & Humblot, 1990, S. 123f.

② Vgl. Frisch, Notstandsregelungen als Ausdruck von Rechtsprinzipien, in FS-Puppe, Duncker & Humblot, 2011, S, 439.

③ 参见周漾沂《论攻击性紧急避险之定位》，《台大法学论丛》2012 年第 1 期。

④ 方军：《紧急避险的体系再定位研究》，《现代法学》2018 年第 2 期。

险,且沦为被避险人的可能性远远大于成为避险人的可能性,基于人性短视、自利之特征,并不如支持此说的学者一般,认为理性人会一致同意承担社会连带义务。

我国有学者在论述推定同意的正当化依据时指出:因为人们知晓自身最不可欲的生活方式,故必然会在最低限度内达成一致契约,履行相应的救助义务。按其逻辑,由于紧急避险是为了保护自身重大法益,从而避免最不可欲的生活方式,似乎也能够得出,无知之幕后的理性人会在最低限度内达成履行救助义务的一致承诺。然而,这样的推理并不能伸延至紧急避险。因为在推定的同意中,理性人所作出的承诺是"陷入危难之际,对我实施符合我个人意愿的行为,即当我是希望得到救助者时,救我;当我是不希望得到救助者时,任我自生自灭"①,故此承诺对其而言,可谓"有百利而无一害",理性人是纯粹的受益者,基于人趋利避害之天性,"无知之幕"背后的理性人必然做出"推定的同意",以使得自身利益最大化;而紧急避险则不然,如前所述,它是理性人为了自己在未来遭受危险时,避免自身重大法益遭受损害而允许他人侵害自身轻微法益的一种"利益交换",因而并不是一种"无本万利"之行为,而且理性人同样知道,自己未来遭受重大危险的概率是极低的,而一旦做出承诺,便需要承担被他人侵犯之风险,且沦为被避险人的可能性远远大于成为避险人的可能性,面对这样一种虚无缥缈的危险,其是否会选择做出承诺,结论绝非不证自明。若将之类比于保险②,理性人的承诺便是保费,但与普通保险不同的是,其保险利益却不知何时能够获得或根本难以获得,对于绝大多数民众而言,其毕生都难以遇到重大危难,与其说是为了避免日后自身重大损害,毋宁说是买一个心理安慰。基于人性短视、自利之特征,无知之幕背后的理性人是

---

① 上述论述,参见魏超《论推定同意的正当化依据及范围——以"无知之幕"为切入点》,《清华法学》2019 年第 2 期。

② 参见周漾沂《论攻击性紧急避险之定位》,《台大法学论丛》2012 年第 1 期。

否真的会做出一致承诺，尚值得研究。概言之，推定的承诺是一种纯粹的受益行为，而紧急避险则是一种需要付出成本的行为①，因此，"无知之幕"后的理性人是否必然做出愿意承担社会连带义务之承诺尚值得质疑。

还有学者认为，即便无知之幕不具有上述问题，但是其得出的结论仍然不具有规范效力，因为无知之幕毕竟只是一种思想实验，即便理性人在其后得出了一致结论，其也只具有理论上的规范效力，并不必然对现实生活中的人们具有约束力：思想实验本身无法使现实中的人们负担义务，"设置规范远不意味着在现实中也必须据此规范行事"②。如德国学者库尔特·泽尔曼（Kurt Seelmann）便指出：在自由法的框架下，权利与义务的边界并不能仅由单方意思所形成，而承认紧急避险为适法行为，正是让行为人凭其单方面的意思去变动二者之边界，这种强迫被避险人屈服于利他主义下的法规范，并无法加以普遍化，故在自由法的语境中并不具有正当性。③ 详言之，在"无知之幕"的背后，理性人由于不知自身的个性、财富、所处环境等，才会为实现自身利益最大化而接受有限的社会团结义务，但一旦返回现实生活中，每个社会成员却都能认识到自身的处境，其完全可能基于个人的特殊情况缺乏负担团结义务的意愿。我们不能在法律证立时以个人自利的结果主义为论证基础，但在对个别的具体行为做衡量时，却假设所有人会不经理性计算地严格遵守法律。罗尔斯论述之下的人类图像，仍然是以工具理性追求自利之人，只不过是以无知之幕遮去了所有人的事实上的差异性，才能达到罗尔

---

① 二者的详尽分析，参见 Volker Erb, Das Verhältnis zwischen mutmaßlicher Einwilligung und rechtfertigendem Notstand, FS-Schünemann, Berlin［u. a.］: de Gruyter, 2014, S. 337ff.

② Vgl. Joerden, Ist Rechtethik ohne Metaphysik begründbar? JZ 1982, S. 671.

③ Vgl. Kurt Seelmann, Solidaritätspflichten im Strafrecht? in Jung/Müller-Dietz/Neumann（Hrsg.）Recht und Moral: Beiträge zu einer Standortbestimmung, Baden-Baden: Nomos, 1991, S. 299.

斯所追求的目标。然而，既然我们在订立规范基础时采取的是理性自利的人类图像，则在无知之幕揭开后，也应当用同样的人类图像期许人们行事。而依照罗尔斯的论述，人们却只有在订立规范时会采取理性自利的立场，在规范订立后，便不会再用理性自利的立场衡量是否应遵守法律，而会无条件地遵守在无知之幕后制定的约定。换言之，在罗尔斯的论述下，制定规范时与执行规范时有着不同的人类图像，这样的假设显然值得商榷。① 因为在现实生活当中，并非所有民众都会做出同样的选择，往往只有处境相同的人才会达成一致的意见。一如学者所指出的，德国的社会保险往往建构在严明的阶级、职业与身份传统上，"同质性团体"对于社会保险的公平运作至关重要。② 社会中某一群人会因为面临相同的生活处境、有相同的保护需求进而产生连带意识，彼此间愿意不计较经济利益的公平性，以社会保险的形式互相协助。在互助过程中产生的社会重分配效果，因有成员之间的共识为基础，并不会遭受公平性的质疑；同时在社会连带的约束下，个别成员虽然能够从团体获得协助，但自己对他人也同样负有责任，一样必须为他人付出，因此也不容易产生寄生于团体的"搭便车"现象，也不会对某些成员产生特别有利或不利的结果。反之，如有异质的成员加入，相互间的责任感不再，则公平性即可能受到破坏。正是出于此种理由，每当立法者扩大强制投保对象，便会遭受违反公平原则之质疑。③ 具体至紧急避险中，普通的或从事一些危险工作、生活在动荡地区的民众，当然希望承担一定的社会连带义务，来换取自身陷入危难时他人能够伸出援

---

① Vgl. Pawlik, Der rechtfertigende Notstand, Berlin [u. a.]: de Gruyter, 2002, S. 69f.

② Vgl. J. Isensee, Umverteilung durch Sozialversicherungsbeiträge, Berlin: Duncker & Humblot, 1973. S. 78 f.

③ Vgl. M. Kloepfer, Sovialversicherungsbeiträge und Gruppenhomogenität, VSSR 1974, S156ff; F. Kirchhof, Die Verteilung der Finanzverantwortung für die Rentenversicherung zwischen Solidargemeinschaf und Staat, DRV 1993, S. 437 ff.

手,以尽可能地保护自身法益;而对于一些含着金钥匙出生、前呼后拥、保镖成群的巨商富贾而言,其陷入危险、需要他人履行社会团结义务的机会微乎其微,若其在现实生活中又恰好是一个自私自利之人,便会选择拒绝承担此义务。该种观点的核心思想在于,由于理性人终究是在无知之幕后达成的协议,其在现实生活中并不一定同意该原则,因此我们仍然应当在返回现实生活后,再对个人意愿进行考察,并作出符合其个人意愿的行为,换言之,在无知之幕后制定的、未经他人现实同意的承诺在现实社会中,并不具有规范效力。

　　本书认为,就第一个质疑而言,从纯粹的逻辑上进行分析,我们根本无法分辨出孰是孰非,因为"是否认可社会连带义务"只是一个表象,争议的真正根源在于二者背后哲学思想的差异,否认社会连带义务是极端个人主义的表现(诺齐克教授为其代表人物),而认可社会连带义务的则在一定程度上体现了社群主义之思想,这种哲学差异的根基又可以追溯至其支持者的根本直觉,而在根本直觉发生冲突的情况下,再围绕它去展开争论,只能是徒劳无功的,因为直觉本身已经处于理论的最深层面,在没有外化为侵犯他人合法权益的情况下,这种直觉是没有对错之分的。因此,认为"存在社会连带义务"的正义原则,并非不可置疑的"真理",而是建立在学者个人的价值判断之上的,其理论根基并非牢不可摧。此外,从法律层面进行分析,单纯由"无知之幕"也难以直接推导出民众会认可"社会连带义务"。自以赛亚·伯林提出积极自由与消极自由以来,学界在其基础上进行进一步深入,区分出了积极权利与消极权利,前者是指"要求权利相对人予以给付或作为的权利",即履行一定的救助或者保护义务[1];后者是指"要求权利相对人予以尊重与

---

[1] 如德国宪法法院指出:国家对生命权之保护义务,并不以不加侵犯为限,而是必须履行积极保护义务,包括以刑罚手段保护其免受不法伤害。Vgl. BVerfGE 39, 1 (42).

容忍的权利",即不去主动侵犯他人。① 如后所述,虽然紧急避险只要求被避险人消极忍耐,但在法律上应将其评价为积极权利。但是,作为一种最为"原始"的立法,社会契约仅能够对社会和平与秩序生死攸关的基本权利和制度原则达成一致,而积极权利带有明显的政策性,难以由社会契约直接推导而来。② 有宪法学者指出:宪法不是政治纲领,不应规定过多的积极权利。既然连宪法都应当对积极权利保持谨慎态度,何况作为元宪法的社会契约呢?③ 综上,从逻辑及法律的角度,不能也不应当从"无知之幕"直接推导出社会连带义务,"无知之幕"只能为"社会连带义务"提供一定程度的合理性,却无法直接证立其应当存在。因此,最好的办法还是"就事论事",既然我们为的是解决现实世界中的问题,与其"南辕北辙",在抽象的直觉、理论层面去讨论问题,还不如返回现实社会,根据现实的社会观念及法律体系加以判断。

对于第二个疑问,笔者也不敢苟同。尽管"无知之幕"阻隔了理性人对于自身特性的认知,从而也致使最终达成的法律规则并不必然能够契合每个现实社会成员个人的最大利益,但是,也正因为"无知之幕"导致理性人无法从个人特性出发片面追求个人利益的最大化,迫使自利的理性人与他人换位思考、追求基本利益的实现,这便使得"无知之幕"背后形成的法律规则能够最大限度地符合占社会绝大多数的普通民众的利益。因此,对于现实生活中的绝大部分社会成员即普通民众而言,遵守"无知之幕"背后的协议才更加有利于其实现自身权益。④ 具体到紧急避险的场合,现实生活中的绝大部分社会成员自然也能理性地认识到,以自身较小法益可能遭受

---

① 参见周志刚《论"消极权利"与"积极权利"——中国宪法权利性质之实证分析》,《法学评论》2015 年第 3 期。
② 参见张千帆《作为元宪法的社会契约》,《比较法研究》2018 年第 4 期。
③ 参见张千帆《宪法不应该规定什么?》,《华东政法学院学报》2005 年第 3 期。
④ Vgl. Fritze, Die Tötung Unschuldiger: Ein Dogma auf dem Prufstand, Berlin [u. a.]: de Gruyter, 2004, S. 52.

他人避险行为损害为代价换取自身重大法益的安全，是有利于自身利益的行为规则，并且会自愿接受这种规则。①

德国学者英格兰德（Engländer）教授认为，虽然在对假定的情况制定规则时，有人会在紧急状态中拒绝他人的帮助，但是如果有一天他果真陷入巨大的危险之中，他就绝不可能保证自己会一直这么认为。因为一方面，他当时可能弄错了自己的实际偏好，另一方面，这些偏好本身也有可能改变。此外，他还必须考虑到，实时改变自己的避险许可几乎是不可能的。就此而言，有效的办法就是现在就采取预防措施。据此，对他本人而言，紧急避险规则的存在是值得向往的，因为这一规则在所有情况中都授予了他为了拯救自己特别重要法益而侵犯的许可（他当然不必使用），而他即便需要承担自己沦为被避险人时的忍受义务，也只要为此付出相对较少的"代价"。所以应当认为，紧急避险许可的相互授予几乎能够得到每个法共同体成员的理性自利的赞同。② 但是，这样的论证却并不足以让无知之幕后的所有人均得出一致的结论。笔者并不否认部分理性人经过更为深入地思考后，会认识到 Engländer 教授所说的情况，转而投入社会连带理论的怀抱，但因为如前所述，此时的抉择取决于无知之幕后理性人内心的根本直觉，故在逻辑上，我们并不能够排除部分极端自由主义者在考虑到上述所有可能性的情况下，仍然选择不履行社会连带义务。而在涉及根本直觉的情况下，我们根本也不应当凭借自己的喜恶去判断某人是否理性，否则便有将自身信念强加于他人身上，以至于过分干涉他人自由的"家长主义"之嫌疑。因此，即便理性人考虑到了所有情况，我们也难以排除极少部分理性人会拒绝履行社会连带义务。

故接下来的问题在于：这种仅由绝大部分社会成员同意的条款，

---

① 参见王效文《刑法中阻却违法紧急避险的哲学基础》，《政治与社会哲学评论》2008 年第 3 期。

② Vgl. Armin Engländer, Die Rechtfertigung des Rechtfertigenden Aggressivnotstands, GA 2017, S. 250.

是否能够对所有社会成员产生共同的规范效力？以本书之见，答案是肯定的。一方面，若"无知之幕"升起后，现实社会中的是理性人，其必然会认识到，没有一个国家的法律是得到所有国民一致同意的，立法者在制定法律时，也不可能事无巨细地考虑到每一个人的特殊需求，而只能从最大多数人的利益出发，制定一个最大限度地符合最多数民众的利益，因而为绝大多数人都可以接受的社会规范。若按照上述学者之理论，某一条款并未得到其现实的同意便无效或至少难以对其发生效力，则所有的法律条款都会因为未得到某些人现实的同意而不发生效力，如此做法，必将导致所有社会规范的全面崩溃，最后的结果只能是所有民众均重返自然状态，犹如野兽一般，弱肉强食，物竞天择，这样的做法显然是所有人都难以接受的，因此，自愿遵守相应的法律规则也便会成为理性人的不二选择。[1] 另一方面，若"无知之幕"升起后，其在现实生活中是不愿意遵守"未经自己实际同意的规范"之人，则其实质上等于没有加入社会契约，但是，当一个人生活在社会当中，享受着现代社会给其生活带来的便利，其实便已经通过默认的形式认可自己加入并会遵守相应的社会契约，故此类规范条款自然能够对其发生效力[2]，如果其生在社会之中，又不愿意遵守相应的规范，则我们也没有必要用规范对其"以礼待之"，而是可以将其逐出社会，放归原野，任其自生自灭。有学者可能认为，本书的观点有违"天赋人权"（natural rights）的基本原则，因为每个人既然生活在现代社会中，便应当享有在社会中生活的权利，即便其不愿意遵守社会规范，我们也不应将其驱逐。本书赞成论者的观点，但不赞成论者的论据。否定论据的原因在于，从现在的法学通说看来，"天赋人权"的观点值得商榷。从论证路径分析，对于权利的论证思路大体上可以区分为客观

---

[1] 参见王钢《对生命的紧急避险新论》，《政治与法律》2016年第10期。
[2] 参见［英］洛克《政府论》（下篇），瞿菊秋、叶启芳译，商务印书馆1997年版，第74—75页。

论和主观论两种。客观论路径主张，自由权利是客观存在、每个人都理所当然地享有的权利。自然法学派的学者一般即持此观点，如洛克即认为：人们生来就享有完全自由的权利，并和世界上其他任何人或许多人相等，不受控制地享受自然法的一切权利和利益。[①] 康德则认为，权利可以区分为天赋的权利和获得的权利两种，前者是指每个人根据自然而享有的权利，它不依赖于经验中的一切法律条例，但这样的权利只有一种，"即与生俱来的自由"。[②] 但需要注意的是，此种观点的产生有其特殊的历史背景，彼时的主流观点认为，人类只能够发现权利，而不能够创造权利，而遗憾的是，随着立法技术的逐步成熟，这样的历史背景已经不复存在。哈耶克对此指出："国王或是任何其他的人类当权者只能公布或发现现有的法律，或者更改潜移默化地发生的滥用，可是他们不能创立法律，这是数百年来被公认的理论。有意识地创制法律（即我们所理解的立法）的观念在中世纪晚期才逐步地被人们接受。"[③] 德国学者伯纳德·海菲尔德（Bernhard Rehfeld）则认为："立法现象的出现……在人类历史上意味着发明了制定法律的艺术。到那时为止，人们确曾以为，人们不能确定权利，而只能把它作为一件一向存在的东西去使用它。按这种意见来衡量，立法程序的发明创造也许曾经是人们所做过的后果最为重大的事，比火的发现或者火药的发明更加影响重大，因为在所有的发明创造中，他最为强力地将人类的命运置于自己的手中。"[④] 由此可以看出，所谓的"天赋人权"，只是在当时立法技术落后的情况下，人类为了证明权利来源的正当性而迫不得已编造出

[①] ［英］洛克：《政府论》（下篇），瞿菊秋、叶启芳译，商务印书馆1997年版，第53页。

[②] ［德］康德：《法的形而上学原理》，沈叔平译，商务印书馆1991年版，第49—50页。

[③] ［英］哈耶克：《自由宪章》，杨玉生等译，中国社会科学出版社1998年版，第235页。

[④] Vgl. Bernhard Rehfeldt, Die Wurzeln des Rechtes, Berlin: Duncker & Humblot, 1951, S. 67f.

的一种"高贵的谎言",它与我国封建社会中为了奠定君主权威而编造的"君权神授"在形式上并没有本质区别,虽然这二者的内涵相距甚远。由此,"天赋"的权利便陷入了尴尬的境地,它的情况正如约翰·哈特·伊利(John Hart Ely)教授所言:自然法的优点在于,你可以援引它来支持你的任何观点,而它的缺点在于,这一招早就被人识破了。① 事实上,在对权力的来源有了清晰的认识后,即便是在《独立宣言》中大声疾呼"接受自然法则和自然界的造物主的旨意"的美国,在草拟宪法时,也并未将上帝与自然明确地援引为权利来源,以至于当时的美国宪法被戏称为"无神的宪法"。② 除此之外,权利客观论还存在逻辑上的缺陷。详言之,客观论以客观上事实性存在着自然权利,以及人们能够感知并接受这种自然权利为由,直接推导出人们天生便应当享有权利,存在逻辑上的断层。根据当今的科学观念,客观自然界只不过是依照自然法则进行,其中并不包含任何价值判断,故人作为自然界的组成部分,也只能将自然界中的客观存在作为认识和感知的对象,并不能直接从对自然界的事实感知中引申出有效的行为规范。因此,客观论实际上难以合理解释,为何客观上存在的我们能够做到的事情(如自由行动),会变成我们应得的权利(如自由权),以及人们如何能感知,这些能够做到的事情——甚至许多情况下是同样的事情,哪些是应被提倡的(如正当防卫的杀人)或禁止的(故意杀人)。诚然,与自然界的其他生物不同,人具有理性,这种独有的特质使人可以超越本能的认知,凭借理性的思考和精神的理解来把握特定行为或者规范的正确与否。换言之,理性使人可以基于特定的最高目的或原则,以此为标准对规范或行为的正确性加以评判,因此,主张自由权利客观论的学者经常认为人不是通过感知外在的客观事实获得价值观念,而是通过

---

① See John Hart Ely, *Democracy and Distrust*, London: Harvard Univ. Pr., 1980, p. 50.

② 参见[美]艾伦·德肖维茨《你的权利从哪里来》,黄煜文译,北京大学出版社2014年版,第76—77页。

理性的反思认识到自己与生俱来的自由权利。然而，这样的观点仍然难以得到本书的认同，因为虽然人可以凭借理性判断行为或规范的对错，但是作为判断行为或规范对错之标准的目的或原则其本身的正确性却也并非不证自明，要基于理性确证这些目标或原则的正确性，又必须诉求于更高级别的目标或原则。如此循环往复，最终便只能认为理性能够当然地认识到终极目标或原则的正确性，这就导致必须承认人具有先验的理性认知能力，然而，一方面，这种所谓的先验的理性认知能力，迄今为止却并未获得自然科学的验证，只是一种纯粹的哲学预设，既无法从自然科学上得以证实，也无法为自然科学所证伪①；另一方面，此种经由理性思考后所获得的权利，由于经过了规范的甄别，其实便属于一种"被认可"的权利，但这便使得其在性质上更类似于下文主观论中被赋予的权利。由此可见，此种论证路径在一开始便已经偏离了客观论的本质。

本书赞成主观论，进而认为，权利的社会属性决定其不可能是上天所赐予的。所谓权利完全是人的社会属性，并且属于应然范畴。霍布斯认为：自然权利是指"每个人按照自己所愿意的方式运用自己的力量保全自己的天性——保全自己的生命——的自由。这种自由就是用他自己的判断和理性认为最合适的手段去做任何事情的自由"。② 但不难看出，其口中的自然权利并不是真正的权利，而是透过个人实力构筑出来的事实性领域，并非建立在应然理念上的规范性领域，因为法律意义上的权利应当是人人平等的，而霍布斯的自然权利却完全交由个人的实力来决定，自然也会因为他人实力的施展而受到压缩；人际领域界线事实上随着实力变动而处于流动状态，这显然与法治国语境中的权利概念不相吻合。本书认为，霍布斯混淆了能力与权利这对不同的概念，前者是一种实然状态，即"有没

---

① 参见王钢《正当防卫的正当化依据与防卫限度——兼论营救酷刑的合法性》，台北：元照出版有限公司2019年版，第152—153页。
② [英]霍布斯：《利维坦》，黎思复、黎廷弼译，商务印书馆1985年版，第97页。

有"的问题,而后者是一种应然的理念,即"能不能"的问题,例如我们可以说每个人天生都拥有吃饭的欲望和能力,却不能说每个人天生都拥有吃饭的权利,因为欲望和能力不等于权利,否则我们便等于剥夺了许多因不参与劳动而饿肚子的人的权利。但问题在于:应然之物,只能从另一应然之物中找到根据,从实然之物中并不能得出应然之物,否则便混淆了实然与应然这彼此之间无法沟通的两个范畴。① 是以,应然难以从现有的实然中推导而来,某种事物也就不可能仅因为其存在,我们就认为它是合理的,应然的权利也就不可能仅仅因为"我们的身体可以这样行动"而被赋予,而只能是道德的诉求,是人与人在社会交往过程中各自出于最大限度地争夺私利的目的,经过种种斗争与妥协而逐渐磨合出来的。一如德肖维茨(Dershowitz)教授所言:权利的取向有两个步骤,首先是辨识出我们试图避免重演的最大恶行有哪些,其次则探问某些权利的丧失是否导致这些恶行的发生。如果权利丧失真会造成重大恶行,这样的经验便能成为强大的论据,说明为什么这些权利应该确立。② 既然权利是被确立的,那么其自然也不可能是"天赋"(natural)的。据此,所谓的"天赋人权",也仅仅是指赋予其作为"自然人"出生并凭借己力、依照自然法则生存的能力,即"生物意义上的人"的属性及能力而已,并未赋予其社会属性与任何权利,其社会属性及所有的权利仍然是通过法律被赋予的,因此,其若并不愿意加入社会契约,则原则上便并不具有法律赋予的其他权利,依照自然法则,我们完全可以以"弱肉强食"之原理将其任意处置。而认可结论的原因在于,如今社会早已不是原始社会,而是法治国家,故即便有人通过种种行为表示其不愿意加入社会契约,我们仍然将其当作社会中的一员,并视其行为根据法律给予相应的惩罚,而不是将其逐

---

① Vgl. Hans Kelsen, Reine Rechtslehre, 2. Aufl., Wien: Deuticke, 1960, S. 5f.
② 参见[美]艾伦·德肖维茨《你的权利从哪里来》,黄煜文译,北京大学出版社2014年版,第70页。

出现代社会，任其自生自灭。因此，义务并不需要在每一个个案中都被重新论证，它能够从那些内容与范围已经在民众于无知之幕后制定的协议中被确定了的条文中得出。①

综上，从应然的层面分析，对于关系到自身重大利益的事项，自利的理性人必然会在无知之幕后制定出一个符合绝大多数人利益的规范，所谓"返回现实社会后自行决定"的观点并不符合理性人的思考方式，因而并不可取；从实然的角度观察，所有生活在社会当中的成员，均已经通过默认的方式宣布自己加入了社会契约，因此，"无知之幕"后制定的规范具有现实效力，若某人不愿意遵守规范，完全可以采取离开现代社会之方式退出社会契约，但只要其仍然身处社会之中，便仍属于社会一员，具有遵守规范之义务，即便该规范并未得到其现实的同意。

第三节　社会连带义务在我国法律体系中的证立

虽然"无知之幕"背后的理性人可能做出的承诺能够为社会连带义务提供合理性，但是，合理性不等于现实性，更不等于具有合法性，即便是作为本书政治哲学基础的无知之幕，在达成协议后，其也要经过四阶段过程，方能够实现从理论原则到社会建制的活动，而其中的第三个阶段就是制定涉及社会基本结构和经济活动的法律的过程。② 因此，若要让国民接受社会连带理论，不仅需要从政治哲学的角度证明其合理性，更需要从社会观念及法律的层面探讨其是否能够与我国的本土资源相互印证，得到我国法律体系的认可甚至

---

① Vgl. Meyer, Die Problematik des Nötigungsnotstands auf der Grundlage eines Solidaritätsprinzips, GA 2004, S. 366, Fn. 81.

② 参见［美］约翰·罗尔斯《正义论》（修订版），何怀宏等译，中国社会科学出版社 2009 年版，第 156 页。

支持，故我们不能采取"拿来主义"，直接将该理念引入，而应当"取其精华，去其糟粕"，将其进行适当改造再逐步引入，以免其因"水土不服"而无法正确发挥效用。故在此部分，笔者拟先行比较中国和德国两国社会制度及法律体系之差异，而后对社会连带义务在我国法律体系中的现状进行分析，最后对既有的一些质疑进行反驳。

一 我国法律体系提倡"社会连带义务"

德国学界之所以无争议地将"社会连带义务"作为紧急避险的正当化依据，原因至少有二：其一，虽然学界对该理论的概念仍存有争议，但有一点是毫无疑问的，即在欧洲社会中存在较浓烈的社会连带思想，该思想也已经成为欧洲的社会基本伦理道德[1]。由于基督教在欧洲大陆流传甚广，该教的教义更要求教徒之间相互团结，彼此视为兄弟[2]，德国民众长期接受此类思想之熏陶，因而较为容易接受被赋予此义务，这便是社会连带义务在德国的社会基础。其二，德国法律体系中存在规定该义务之条款。无论是德国的刑法学界[3]抑或宪法学界[4]，都有学者认为，从《基本法》第1条所规定的"国

---

[1] Vgl. Röttgers, Fraternité und Solidarität in politischer Theorie und Praxis-Begriffsgeschichtliche Beobachtungen, in H. Busche (Hrsg.), Solidarität. Ein Prinzip des Rechts und der Ethik, Königshausen & Neumann, 2011, S. 19ff.

[2] Vgl. Michaela Schulze, Solidarität-Die Basis gesellschaftlicher Kohäsion; in Maya Becker/Rabea Krätschmer-Hahn (Hrsg.) Fundamente sozialen Zusammenhalts. Mechanismen und Strukturen gesellschaftlicher Prozesse, Frankfurt am Main [u. a.]: Campus Verl., 2010, S. 231.

[3] Vgl. Joerden, Solidaritätspflichten und Strafrecht, in Hirsch/Neumann/Seelmann (Hrsg.), Solidarität im Strafrecht, Baden-Baden: Nomos, 2013, S. 50f; Lena Kühnbach, Solidaritätspflichten Unbeteiligter, Baden-Baden: Nomos, Baden-Baden: Nomos, 2007, S. 157f.

[4] Vgl. Sommernermann, in Mangoldt/Klein/Starck (Hrsg): Grundgesetz Kommentar, 7. Aufl., München: C. H. Beck, 2018, Abs. 1. Art. 20, Rn 104; Wittreck, in Dreier (Hrsg.): Grundgesetz Kommentar, 3. Aufl., Tübingen: Mohr Siebeck, 2015, Art. 20 (Sozialstaat), Rn. 34; Zacher, in Isensee/Kirchhof (Hrsg.): Handbuch des Staatsrechts der Bundesrepublik Deutschland, Heidelberg: C. F. Müller, 2004, §28, Rn. 1.

家应当保护人性尊严"、第 20 条和第 28 条所确立的"社会国原则"① 可以推导出，其宪法中已包含了社会团结思想，在特殊情况下可以行使特殊手段，对特定群体进行特别保护，以实现社会平衡、保障所有社会成员能够有尊严地生活；同时，《德国刑法典》第 323 条第 C 款也规定了"见危不救罪"，学界认为该规定正是社会连带义务在刑法思想中的体现。② 此外，德国的巴登—符腾堡州、萨克森州、汉堡的警察法均规定，当警察的询问是为了防范对他人生命、身体或自由的危险，或者是为了挽救具有显著价值的他人财物时，被询问者有义务提供信息。③ 因此，在德国社会中，社会连带不仅是一种伦理、政策或者哲学上的概念，在法律及法学理论上也具有重要意义④，甚至有部分学者认为，社会连带理论是欧盟共同体的法律原则之一。⑤ 既然理性人可能在无知之幕背后做出此种选择，该选择也能够得到德国社会观念与法律体系之认可，其当然能够成为紧急避险的正当化依据。

但是，这样的社会观念及法律体系在我国均不存在。我国台湾地区学者王效文教授指出：在我国社会中，人与人之间连带的程度，基本上系依据人跟人之间远近亲疏的关系而定。在亲属、宗族之间，

---

① 《德国基本法》第 1 条规定：人的尊严不可侵犯。尊重和保护人的尊严是一切国家权力的义务。第 20 条第 1 款第 1 项规定：德意志联邦共和国是民主的和社会福利的联邦制国家。第 28 条第 1 款第 1 项规定：各州宪法制度须符合本基本法规定的共和、民主、社会福利和法制国家原则。

② Vgl. Kristian Kühl, Zur Anwendung des Solidaritätsbegriffs auf die unterlassene Hilfeleistung nach § 323c StGB, in Hirsch/Neumann/Seelmann（Hrsg.）: Solidarität im Strafrecht, Baden-Baden: Nomos, 2013, S. 93ff.

③ Vgl. § 20 Abs. 1 BWPolG; § 18 Abs. 6 i. V. m. Abs. 5 Nr. 1 SächsPolG; § 3 Abs. 2 HambGDatPol.

④ Vgl. Frisch, Strafrecht und Solidarität Zugleich zu Notstand und unterlassener Hilfeleistung, GA 2016, S. 121.

⑤ Vgl. Kadelbach, Solidarität als europäisches Rechtsprinzip? in Kadelbach（Hrsg.）, Solidarität als Europäisches Rechtsprinzip?, Baden-Baden: Nomos, 2014, S. 9; Peter Gussone, Das Solidaritätsprinzip in der Europäischen Union und seine Grenzen, Berlin: Duncker & Humblot, 2006, S. 34.

传统观念上会认为有一定的互助义务；在不具特定关系的国民之间，传统观念一般仅要求互不侵扰则足矣。因此社会整体对于个人并不负有较周密的社会救助义务。[1] 由于我国台湾地区思想与我国大陆地区一脉相承，这样的论述同样也适用于我国大陆地区。此外，我国刑法典中也并无体现社会连带思想之条款，因此，社会连带义务在我国刑法体系中缺乏实定之基础。更有甚者，我国《民法典》第一百八十二条规定：危险由自然原因引起的，紧急避险人不承担民事责任，可以给予适当补偿。其中的"适当"便是指立法者认为，紧急避险人不必对被避险人的损失进行全额补偿，而是须要综合考虑各种因素尤其是受害人的损害与紧急避险人的经济状况、避险人因紧急避险行为而得以保存的权益等因素，确定避险人应当补偿的数额。这便意味着被避险人在"舍己为人"的情况下，还无法获得全额补偿[2]，而是要自行承担损失，在此情况下，社会连带理论能否得到我国民众之认同，尚未可知。

话虽如此，但我国社会观念中也并非全然没有社会连带思想存在之余地。早在春秋战国时期，孟子便已经指出："恻隐之心，人皆有之。"现代心理学的研究人员发现，当人们看到别人受伤时，其脑部的反应状况与自己遭受同样伤害时的反应是一致的，因此人们会对别人的痛苦和不幸表示同情、怜悯和关怀，而这种心理便被称为"同情心"。[3] 原因在于，当一个人行动之时，大脑前运动区的某些神经元会被活化，而在一旁的观看者，大脑同一区域的神经元也会被活化，这些像镜子一样反映出相同的神经冲动的神经元被称为镜像神经元（mirror neuron），它能够使得旁观者感同身受地理解他所了解的事物，让其设身处地对他人的情绪和情感的认知性的觉知、

---

[1] 参见王效文《刑法中阻却违法紧急避险的哲学基础》，《政治与社会哲学评论》2008 年第 3 期。

[2] 参见程啸《侵权责任法》，法律出版社 2015 年第 2 版，第 326—327 页。

[3] See Stephanie D. Preston and Frans B. M. de Waal, Empathy: Its Ultimate and Proximate Bases, *Behavioral and Brain Sciences*, Vol. 25, No. 1 (Feb. 2002), pp. 1–20.

把握与理解。① 因此，在他人陷入危难之际伸出援手的"社会连带义务"，其实早已埋藏在我们的基因之中，具有生理上的依据。而早在 2001 年召开的九届全国人大四次会议上，便有 100 多名代表建议设立"见危不救罪"，"小悦悦"事件发生后更是群情激愤，民间要求"见危不救"入刑的呼声更是屡见不鲜，虽然这样的立法例目前并未被采纳，但是许多市县此后均设立了《见义勇为人员奖励和保护条例》，这些事例为我国民众接受社会连带思想提供了生理、心理及社会基础。综上所述，在我国社会观念中，是否认可"社会连带理论"，其实处于一种"公说公有理，婆说婆有理"之状态，尚需从其他层面加以证明，这也印证了笔者在上文中得出的"无知之幕难以直接推导出社会连带义务是否存在，此问题尚须结合一国社会观念及法律规范加以解决"之结论，故问题的关键在于，我们能否通过其他手段证明，我国法律体系中存在此概念。

　　本书认为，在我国法律体系的诸多条款中，存在着许多体现甚至鼓励民众履行社会连带义务之条款。一方面，从历史沿革分析，此义务在我国古代刑事法典中已有所体现，如我国秦朝的法律文件《睡虎地秦简：法律答问》中便已规定："有贼杀伤人冲术，偕旁人不援，百步中比野，当赀二甲。"《唐律疏义》卷二十七也规定："见火起，烧公私廨宇、舍宅、财物者，并须告见在邻近之人共救。若不告不救，减失火罪二等，合徒一年。"卷二十八中亦规定："诸邻里被强盗及杀人，告而不救助者，杖一百；闻而不救助者，减一等；力势不能赴救者，速告随进官司；若不告者，亦以不救助论。""追捕罪人而力不能制，告道路行人，其行人力能助之而不助者，杖八十；势不得助者，勿论。"晚近的 1907 年大清《刑律草案》第二十八章"关于遗弃之罪"第三百二十五条规定："凡发现被遗弃之老幼、不具或病者，而不与以相当之保护，或不申告警察官吏或与

---

① 参见温祖满、苏得权《赫布学习、镜像神经元与情绪理解》，《心理研究》2018 年第 2 期。

其当该吏员者，处五等有期徒刑、拘留或百元以下罚金。"虽然从历史的角度看来，在帝制时代的这种救助要求的主要目的是维护国家安全和社会稳定，但从其对难以提供帮助者的豁免规定中我们也可以看出，彼时的立法者并非为了稳定而牺牲民众的个人权益，而是认为其唯有在"力所能及"的情况下才需要提供帮助，这便与社会连带理论不谋而合，因此可以认为，社会连带理论的思想雏形古已有之。

另一方面，虽然我国现行刑法中并未明确规定社会连带义务，但从我国其他现有的法律法规中完全能够解读出立法者对此观念予以认可或鼓励，且此倾向日益明显。例如《民法典》在第一百八十四条专门增加了见危救助的免责条款，即因自愿实施紧急救助行为造成受助人损害的，救助人不承担民事责任。虽然在立法过程中曾有学者主张：实施紧急救助行为者在有重大过失的情况下，应当承担相应的民事责任。① 但是在审议过程中有代表指出：重大过失仍需要承担民事责任之规定难以免除见义勇为者的后顾之忧，不利于倡导培育见义勇为、乐于助人的良好社会风尚，建议删除。法律委员会经研究，赞成这一意见，并最终删除了上述内容。据此在解释论上，因自愿实施紧急救助行为造成受助人损害的，救助人就不需要承担民事责任。② 这样的规定显然是为了让救助者没有后顾之忧地救助遇难者，以倡导民众间的相互扶助。③ 而且如后所述，虽然民事条款规定被避险人仅能够获得"适当补偿"，但我们完全可以将该规定类推解释为"全额补偿"，唯有如此才能够符合"权利与义务相一

---

① 张新宝：《〈中华人民共和国民法总则〉释义》，中国人民大学出版社 2017 年版，第 399—400 页。条文颁布后，仍持此种观点的，参见崔建远《我国〈民法总则〉的制度创新及历史意义》，《比较法研究》2017 年第 3 期。
② 参见王利明主编《中华人民共和国民法总则详解》（下），中国法制出版社 2017 年版，第 852 页。
③ 对此规定的详尽分析，参见房绍坤、张玉东《论紧急救助情形下救助人不承担责任的条件——以〈民法总则〉第 184 条为分析对象》，《比较法研究》2018 年第 6 期。

致"之原则，也才能够使得民众无后顾之忧地履行该义务。除新修订的《民法典》外，我国其他法律规范中，也存在能够推导出立法者认可、鼓励民众间相互照顾的条款。例如我国《宪法》第一条第二款规定："社会主义制度是中华人民共和国的根本制度。"而如学者所指，"社会国家思想的核心是团结义务"，"社会国家是人与人之间团结义务的制度化"。① 因此，"社会越自由，社会中个人主义的意识越强烈，他们就会越反对为了他人利益而牺牲自己法益的要求，也就越难以认可社会连带原则，相对地，宪法的社会主义色彩越浓厚，对社会团结的要求也就越高"②，而"只有当一个国家要求有能力者承担起某种责任，这种责任的担当使得贫困者至少能够有尊严地活着时，我们才能说这是一个社会国"。③ 这种社会团结在财产权的社会义务中体现在我们必须特别保护弱势群体，实现"为所有人提供有尊严的生活"之目的，并努力"使有产者和无产者的法律保护水平逐渐接近"，以达到"社会平衡"④，若个人随心所欲地使用其财产而导致背离了"社会平衡"或"社会公正"之目标，就应当对其财产权进行限制。由此可见，我国宪法当然也天然包含着应当扶助经济生活中的弱者、维护社会正义与社会平衡之精神。⑤ 根据举轻以明重之原理，"团结原则"既然希望弱势群体能够实现"有尊严的生活"之目的，连经济生活中的弱者都应当扶助，当然更加应

---

① Vgl. Hans Michael Heinig, Der Sozialstaat im Dienst der Freiheit: Zur Formel vom "sozialen" Staat in Art. 20 Abs. 1 GG, Tübingen: Mohr Siebeck, 2008, S. 121ff.

② Jakobs, Kommentar: Rechtfertigung und Entschuldigung bei Befreiung aus besonderen Notlagen, in Eser/Nishihara (Hrsg.), Rechtfertigung und Entschuldigung Ⅳ, Freiburg im Breisgau: Max-Planck-Institut für Ausländisches und Internationales Strafrecht, 1995, S. 146; Vgl. Pawlik, Der rechtfertigende Notstand, Berlin [u. a.]: de Gruyter, 2002, S. 161.

③ Jan C. Joerden, Solidaritätspflichten und Strafrecht, in Andreas von Hirsch/Ulfrid Neumann/Kurt Seelmann (Hrsg.), Solidarität im Strafrecht, Baden-Baden: Nomos, 2013, S. 50.

④ Vgl. BVerfGE 11, 50 (56); BVerfGE 17, 210 (216).

⑤ 参见张翔《财产权的社会义务》，《中国社会科学》2012年第9期。

当保障"作为人类实现之目的的整体的生命"（Das Leben, als Gesamtheit der Zwecke）①，对身体生命遭受危难的弱者伸出援助之手。罗尔斯指出，一套符合正义观念的社会规则，应当"防止人们在追求政治和经济利益时把自然天赋和社会环境中的偶然因素用作筹码"。② 德沃金也认为，人的运气会导致社会的贫富分化，但运气可分为选择的运气（如因赌博败尽家财）和无情的运气（如不幸罹患残疾），作为人之共同体的社会，对遭遇无情运气的人不应置之不理，而应当给予关心和帮助。③ 因此，法律制度的设计应当致力于避免来自自然和社会的不可控因素对公民的利益分配以及生存发展带来不利影响。此时国家必须承担起此种义务的原因在于，民众订立社会契约，建立国家的目的是更好地"卫护和保障每个结合者的人身和财富"④，若建立国家后，仍无法保全民众最低限度的人身与财富时，则民众加入社会契约的目的已经荡然无存，此时民众必然会选择退出此契约，返回自然状态，但是在如今社会中，国家其实并不允许民众退出此契约，那么相应地，国家就必须尽到社会契约中其应当履行之义务。综上，社会主义原则的确立，意味着我国的法秩序在维护公民个人自由的同时，必然也强调公民之间应当互相扶助、国家应当为弱者提供照顾。⑤ 又如，我国《刑事诉讼法》第六十二条规定：凡是知道案件情况的人，都有作证的义务。通说认为，这种义务是来源于人与人之间的相互依赖，即每一个人都基于自身的安全考量为他人利益作出牺牲。证人作证的行为虽然占用了他的

---

① Hegel, Grundlinien der Philosophie des Rechts oder Naturrecht und Staatswissenschaft im Grundrisse, Mit Hegels eigenhändigen Notiyen und den mündlichen Zusätzen, Stuttgart-Bad Cannstatt: Frommann, 1970, S. 240.
② ［美］罗尔斯：《正义论》，何怀宏、何包钢、廖申白译，中国社会科学出版社2009年版，第12页。
③ 参见［美］德沃金《至上的美德：平等的理论与实践》，冯克利译，江苏人民出版社2008年版，第70—72页。
④ ［法］卢梭：《社会契约论》，何兆武译，商务印书馆2005年，第19页。
⑤ 陈璇：《生命冲突、紧急避险与责任阻却》，《法学研究》2016年第5期。

一些时间，甚至可能使其遭受一些经济上的损失，但这也是证人保护自己的一种方式。只有当每一个人都为实现正义而放下自己的工作来履行作证义务时，每一个人才能从这样的制度中获益。① 换言之，"任何人想要依赖于这个社会，就必须在社会需要时让社会依赖于他"②。虽然证人会因帮他人出庭作证而使得个人利益暂时受损，但是在其日后参与诉讼之时，他人也会挺身而出为其作证，故此种作证义务其实是证人以其暂时的利益换取未来的"长治久安"，这样的观点，与本书社会连带义务的主旨如出一辙，均是为了避免日后遭受重大不幸，而为他人牺牲个人暂时的、较为轻微的利益。再如，我国《道路交通安全法》第七十条规定：在道路上发生交通事故……乘车人、过往车辆驾驶人、过往行人应当予以协助；《消防法》第五条规定：任何成年人都有参加有组织的灭火工作的义务；《消防法》第四十四条规定，任何人发现火灾都有立即报警的义务。虽然其中部分条款并未规定任何法律后果，但至少能够说明，立法者有意要求普通民众在他人陷入危难之际伸出援手。因此，适度的社会团结义务已经得到我国宪法和法律的认可。

有学者可能质疑，在当代西方政治哲学之中，个人主义并非一家独大，社群主义也占有重要地位，为何本书仅从个人自由推导此项义务，而对社群主义只字不提？笔者的回答是，由社群主义推导出社会连带义务毫无难度。大卫·米勒（David Miller）教授在其代表作《市场、国家与社群——市场社会主义的理论基础》一书中指出：团结友爱是社群全体成员的共识。社群的成员都愿为他人的利益作出自己的奉献，所以社群奉行互助。当别人需要时，我们帮助别人；反之，当我们需要时，别人也帮助我们。但在社群中，这种互助完全是自愿的，也绝不会正式作为制度而强制推行。由于人们

---

① 参见易延友《公众有权获得任何人的证言》，《法律科学》2015 年第 5 期。
② John Henry Wigmore, A treatise on the Anglo-American system of evidence in trials at common law: including the statutes and judicial decisions of all jurisdictions of the United States and Canada, Boston: Little, Brown, 1934, p. 72.

认识到在社群中的相互依赖性，认识到个体是整体的有机组成部分，社群由一个个单独的成员组成，所以，人们把帮助某个具体的人看作就是帮助整个团体，反之亦然。① 而且，根据我国宪法条文，也能够解读出社群主义之倾向。如我国《宪法》第二十四条明确指出：国家……在人民中进行爱国主义、集体主义和国际主义、共产主义的教育。由此可以看出，立法者直接将集体主义作为我国政治哲学之基础。又如《宪法》第四十二条规定：中华人民共和国公民有劳动的权利和义务……劳动是一切有劳动能力的公民的光荣职责。国有企业和城乡集体经济组织的劳动者都应当以国家主人翁的态度对待自己的劳动。如果说《宪法》第二十四条的规定仅具有形式的宣示作用，从中并不能充分地推导出立法者认可社群主义的结论，那么被称为"我国宪法特有的现象"的《宪法》第四十二条之规定则从实质上证明了我国宪法积极公民的定位，要求公民采取积极的行动促进公共利益，从而表明了其社群主义的基本立场。因为根据自由主义的经典教义，只要个人的活动与他人无关而仅关乎本人，那么他就不必为之向社会负责，故只要没有直接或间接地侵害他人，公民就拥有采取任何行动的自由，而不会具有必须从事某事的义务。因此在自由主义者眼中，一个四肢健全但是不去劳动而是依靠个人存款生活的人完全具有不去劳动的自由，法律不应当对这种选择横加干涉，就此而言，我国宪法劳动义务之规定可以说是与自由主义直接相悖的。② 而与之相反，从社群主义的角度出发，则在劳动义务问题的诠释上完全不存在障碍，因为社群主义强调集体权利的存在，在他们眼中，社群是一个有机的整体，它不但具有共同的文化和传统，而且具有统一的认同和情感。这样的社群本身就具备了某种生命有机体的性质，从而也就具备了作为权利主体所要求的基本条件，

---

① See. David Miller, *Market, State, And Community: Theoretical Foundations of Market Socialism*, Oxford [u. a.]: Clarendon, 1989, pp. 229 - 230.

② 相同观点，参见田宏杰、肖鹏《紧急权的理论基础与体系建构》，《华南师范大学学报》（社会科学版）2019 年第 2 期。

如独立的意志和行动能力，承担一定的义务等。在他们看来，社群权利不但有其主体条件，而且有其客观要求。社群的基本功能之一，是对其成员分配各种利益和资源，满足成员的物质需要和精神需要。① 相对应地，其成员也就有积极义务去提高这种"公益"，而其方法便是参加劳动，因此，每个公民也就被赋予了劳动义务。故在社群主义眼中，每个人并非独立的"个人"或者"原子"，而是一个密不可分的整体，故其天然的带有社会连带思想，因此要求民众承担一定的社会连带义务也就顺理成章。为了避免模糊文章重心，笔者在此无意对我国宪法究竟采取何种哲学根基做更深探究，援引社群主义之观点仅为了说明一点，即无论从自由主义也好，社群主义也罢，均能够通过相应手段推导出"社会连带义务"，因此，无论采取何种主义，社会连带义务均能够在我国法律体系中得到认可。

有学者可能认为，笔者在前文中指出"我国刑法中没有能够推导出社会连带义务之条款"，此处又认为紧急避险的正当化依据在于"社会连带义务"，似有自相矛盾之处，故在此有必要加以解释。一方面，我国刑法体系中不存在"社会连带义务"并不等于其不能成为紧急避险的正当化依据。因为前者涉及的是刑法的立法者是否在刑法中认可"社会连带义务"之问题，而后者涉及的是在"无知之幕"后的理性人能否推导出社会连带义务以及该义务能否有效论证紧急避险的正当性之问题，二者并非同一层面的问题，不可将之混为一谈。另一方面，见危不救罪中的社会连带义务与紧急避险中的社会连带义务也并非完全相同，而是有程度之别。见危不救罪虽是不作为犯，但要求救助人对危难之中的人实施救助行为，其实赋予了救助人一种作为义务，即要求积极地履行②；而紧急避险中的社会

---

① 参见俞可平《社群主义》，东方出版社 2015 年第 3 版，第 101—102 页。
② Vgl. Schöch, in Satzger/Schluckebier/Widmaier（Hrsg.）, Strafgesetzbuch Kommentar, 4. Aufl., München: C. H. Beck, 2018, §323 C, Rn. 12; Momsen, Die Zumutbarkeit als Begrenzung strafrechtlicher Pflichten, Baden-Baden: Nomos, 2006, S. 410f.

连带义务只要求被避险人消极地忍耐，不去干涉他人自救即可①。一个是主动介入，积极地制止损害发生，另一个是静观其变，消极看他人自我救助。若将之类比于刑法上的概念，前者属于作为行为，需要主动去终止原本将会造成法益损害的因果关系；而后者属于不作为行为，只需要不去干扰救助人员，等待他们自行中断可能造成法益损害的因果关系即可。显然，阻止已经现实存在的因果进程，是对一般人提出的一种额外要求（义务），期待可能性较低②，是以见危不救罪对于社会连带义务的要求更高于紧急避险中的社会连带义务，纵然我国并未设立见危不救罪③，也无碍将较低等级的社会连带义务作为紧急避险的正当化依据。因此，即便积极（作为）的社会连带义务在我国刑法规范中尚未得到认可，也无碍我们将消极（忍耐）的社会连带义务作为紧急避险的正当化依据。

二 "道德义务法律化"及"异化的功利主义"之驳斥

在反对社会连带义务的理由中，最为突出的一条莫过于此种义务是将"道德义务法律化"，因而"有悖于自由主义刑法观"。④ 但本书并不赞成这种观点。需要明确的是，此处的道德义务，所指应当是高级道德或非基本道德。哈特指出：基本道德是那些对任何社会的存在都不可缺少的限制和禁令，如所有的道德法典中都可以看到关于对人或物使用暴力的禁令等，即可以被看作事实上如果人类要继续密切地生活在一起所应具有的基本条件。这些规则所要求的

---

① Vgl. Jorge F. Perdomo-Torres, Die Duldungspflicht im rechtfertigenden Notstand, Baden-Baden: Nomos, 2011, S. 32f.

② 参见黎宏《一定条件下的见危不救入刑研究》，《中外法学》2018年第3期。

③ 在刑法学界，尤其是"小悦悦"事件发生后，也一直有学者呼吁应当设立见危不救罪。近期代表性文章如黎宏《一定条件下的见危不救入刑研究》，《中外法学》2018年第3期；方泉《一般救助义务的刑事化问题》，《中山大学学报》（社会科学版）2021年第4期。

④ 参见方军《紧急避险的体系再定位研究》，《现代法学》2018年第2期；郝赟《紧急避险责任阻却一元论之提倡》，《研究生法学》2018年第2期。

对个人利益的放弃，是诸如在我们这样的世界中要与他人一起生存所必须付出的代价，它们所提供的保护是最低限度的条件。与之对应的便是高级道德，即哈特口中的"道德理想"是指不像义务那样被作为理所当然之事，而是被当作值得褒奖的成就——勇敢、慈善、仁爱、贞洁等即为其例。① 由此可见，在哈特眼中，提供最低限度保护的属于基本道德，将它们入法理所当然，但若将高级道德入法，则有将"道德义务法律化"之嫌疑。② 然而，这种将道德强行区分，并认为高级道德难以法律化之观点值得商榷。首先，哈特认为低级道德是限制和禁令，进而认为法律加以规制的均属低级道德，但这样显然有循环论证之嫌，因为其目的便是论述高级道德不应入法，而低级道德能够入法，但是，一如他自己所指出的：法律的发展曾经受过道德规范的影响……有时候它通过司法过程缓慢且悄然地进行，有时候则是通过立法公开且突然地介入。③ 因此，法律在发展的过程中便已经与道德融为一体，不可分离，不少道德已经以法律的形式加以出现。而哈特在定义基本道德的过程中，却又认为"法律禁止的就是基本道德"，故最终的逻辑是法律已禁止的就是基本道德，未禁止的便是高级道德，这便使得高级/基本道德的区分完全取决于法律之规定，失去其基本的判断标准。其次，哈特对于基本道德的界定并不妥当。哈特认为基本道德必须是"任何社会都存在……所有的道德法典中都可以看到的"，而问题在于，若某一国家并未规定其他国家均规定的犯罪行为，该种行为到底属于高级道德抑或基本道德。例如吉尔吉斯斯坦在过去一直有"抢新

---

① See H. L. A. Hart, *The Concept of Law*, New York [u. a.]: Oxford Univ. Pr., 1961, pp. 176–178.

② 其他学者对于高级道德或低级道德在称谓上存在差异，但内容均大同小异，具体论述参见叶慧娟《见危不助犯罪化的边缘性审视》，中国人民公安大学出版社2008年版，第124—129页。

③ See H. L. A. Hart, *Law, liberty and moraliy*, Oxford [u. a.]: Oxford Univ. Press, 1963, pp. 1–2.

娘"之习俗，即劫持年轻的姑娘成为自己的新娘。此类行为在世界其他各国毫无疑问地将成立强奸罪，若依照哈特之逻辑，由于此行为并未被吉尔吉斯斯坦所禁止，也未被纳入其刑法中，并未存在于任何社会，也并没有在所有的道德法典中看到，故并不属于基本道德，但这样的结论显然让人难以接受。事实上，吉尔吉斯斯坦也已经认识到此类行为的不妥之处，因而修改了刑法，其现行法律规定：逼迫未成年女孩成婚者将被处以20万索姆（约1.9万元人民币）的罚款，抢新娘者最高可判处10年拘禁。反之，若某一行为被所有国家均视为犯罪，其便一定属于基本道德之范畴？笔者对此也不敢苟同。如同性恋行为，在古代均被视为邪教异端，甚至会被处以极刑，但现行理论均认为，此行为并未侵犯他人权利，因而并不违反道德准则。因此，哈特对于高级/基本道德之定义值得商榷。最后，高级道德与基本道德之间绝非泾渭分明，而是存在一定的模糊地带或者竞合之处。以紧急避险为例，依本书观点，唯有在一方陷入重大危难之际，他人方负有连带义务，若依照哈特之观点，一方面，这种连带义务是慈善、仁爱之表现，因而属于高级道德；另一方面，这种连带义务所提供的保护是最低限度的保护，属于基本道德，但这样的观点显然又有自相矛盾之嫌。

这种认为同一行为归属不同道德类型之现象，在我国学界也有所体现。如有学者指出：对自身并无伤害的施救要求并不是高级道德的要求，而是我们这个社会基本道德的要求，而基本道德的要求通常体现在法律中，因此"利人利己"[①]的见死不救应当入刑。[②]但也有学者认为：利他是更为高层次的精神追求，不是人们最低的道

---

① 此处之所以认为利人利己，是因为虽然处在其中的每个人都牺牲自己的一点自我利益，抑制自己采取利益最大化的策略，但这种牺牲又可以在别人牺牲时得到补偿，最终使每个人都共同获利。参见杨卉《利己？利他？——作为纯粹利己与纯粹利他交集的己他两利主义》，《理论月刊》2010年第8期。

② 参见聂长建《"见死不救"入法的道德困境》，《伦理学研究》2013年第2期。

德标准,勿害他人才是人类最基本的道德需求。① 由此可见,高级道德与基本道德之间,也存在一定的模糊地带,贸然认定某一行为属于"高级道德",未免过于武断;退一步而言,即便无法认定义务的利他行为属于高级道德,我国既有刑法理论中,也并不缺乏认为不履行此高级道德应成立犯罪之观点。如我国通说认为:基于一定事实形成了社会上通常认为的对危险应当予以共同承担、相互照顾的紧密共同体关系,在对方发生危险时,应当具有排除危险的义务。② 然而,在双方均为成年人且非刑法规定的特殊义务者的情况下,原则上便应当自负其责,若此时认为其具有救助义务,该项义务只能来源于法规范以外,这岂不是一种道德义务法律化?因此,只要承认所谓的"紧密共同体"具有作为义务,便应当认可高级道德亦可适当入刑,否则即有自相矛盾之嫌疑。

此外,对于"有悖于自由主义刑法观"之论述,笔者也不敢苟同。在自由主义观念盛行的欧洲,从来没有学者质疑社会连带理论,至为明显的是,若某一理论有悖于其上层哲学根基,则在全世界范围内都应当被认为违背该哲学基础且遭受诟病,而不会因为某一国家将其立法便不再违背该哲学基础。具体至社会连带理论中,若社会连带义务当真有悖于自由主义刑法观,则无论在欧洲或中国,其都会因为有悖于自由主义的刑法观念而备受批判,而不会在欧洲并不违背此观念,在中国却违背此观念。至于设立社会连带义务是否侵犯了公民自由,则取决于公民自由的范围如何界定。我国有学者在探讨惩罚见危不救是否侵犯了公民自由时指出:即使根据约翰·密尔的经典教义,它(见危不救)也不具备排斥法律干预的条件;因为是否将见危不救视为公民自由,要看这么做是提高了还是减损

---

① 参见梁文彩《对"见危不救"犯罪化的合理性质疑》,《甘肃政法学院学报》2013年第2期。

② 参见张明楷《刑法学》(上),法律出版社2021年第6版,第203页。

了社会福利。① 即便是吸取了"二战"惨痛教训，将自由奉为圭臬的德国，也提出了"范围理论"（Sphäretheorie），即根据人格与人性尊严的接近程度以及人格与社会的关联性，把人格发展分成三个不同领域，以便区别对待。而对于其中最外部的社会领域（Social Sphäre），因为其自始至终便与他人相关联，只要满足较低的比例原则就可以对其合法地进行干涉。② 故在仅仅付出轻微法益便能挽救他人重大法益的情形中，见危不救行为会减损社会福利且满足比例原则之要求，故我们能够对其立法加以干预，且这样的法律并不会侵犯公民自由，又因为其属于典型的不履行社会连带义务之行为，故惩处不履行社会连带义务的行为，并不会侵犯公民自由，也就不会有违"自由主义刑法观"。

综上，基本道德与高级道德存在一定的模糊地带，个人自由的范围也尚有待厘清，我们与其去争论这种社会连带责任到底属于何种道德，是否侵犯了个人自由，毋宁去研究不履行这种连带责任会造成怎样的后果，这种后果民众能否承受（越难以承受，将其入刑的可能性也就越高）、履行连带义务需要民众付出多少代价以及既有法律中，立法者对社会连带责任究竟持何种态度，是仅做了中立的一般性规定，抑或是持积极肯定、鼓励之态度。若不履行此义务将造成重大法益损害，而立法者又在其他法律条款中鼓励民众履行此义务，且公民能够通过民主程序对一定程度的社会连带责任达成共识，就完全可以将道德的社会连带转化为法律规则。③ 事实上，这种连带义务在我国社会中并不罕见，我国之所以对高收入人群征收高额财产税和所得税，建成养老、医疗、住宅、教育等社会福利制度，

---

① 参见桑本谦《利他主义救助的法律干预》，《中国社会科学》2012年第10期。

② Vgl. Kirsten Lehnig, Der verfassungsrechtliche Schutz der Würde des Menschen in Deutschland und in den USA Ein Rechtsvergleich, Münster Hamburg [u. a.]: LIT, 2003, S. 55.

③ Vgl. Kühnbach, Solidaritätspflichten Unbeteiligter, Baden-Baden: Nomos, 2007, S. 70f.

其实正是落实社会团结义务之结果。诚然，社会保障法所体现的团结义务和刑法的一般救助义务并不完全相同，前者是由行政机关完成，后者则是直接由个人完成，但是这二者并不具有本质区别。一方面，社会救助所需的资金，实际上也来自每个公民，只不过是通过行政机关将其进行了一种再分配，故在本质上，可以被认为是一种"间接帮助"；另一方面，紧急避险与社会保障并非互斥关系，而是一种补充关系，它只在社会救助无法启动，而为了保护重大法益又不得不启动的时候，以自身可恢复或能够得到全额补偿的轻微法益去承担一个社会救助替补的角色，故可以认为是公民个人对其他公民的一种"直接帮助"。由此可见，二者在立法旨趣上并没有多大差异。①

有学者认为：所谓的社会连带理论的个人本位见解，本质上是以思想实验中假想的个人本位之外观掩盖其社会本位之实质。社会连带理论实际上只能是社会本位的。因此，社会连带理论与法益衡量理论相同，均是基于社会本位的功利主义之合法化进路与功利主义的违法观。这也是为什么社会连带理论对于避险行为的合法化范围即避险限度的确定，始终无法跳脱在避险行为所保护的避险人法益与所侵害的被避险人法益之间进行功利权衡的功利主义方法论。②

本书不赞成这样的观点。如前所述，功利主义紧急避险是以提高社会整体利益为出发点，这也是其最终目的，因此才会遭受"侵犯人性尊严"之诟病；但"社会连带理论"并非刻意着眼于社会整体利益的提高，罔顾被避险人的意愿，而是从被避险者的个人视角出发，认为若被避险人经过理性思考，会认识到该举对自己更加有利，因而会加以同意，社会整体利益的提升，不过是被避险人同意的紧急避险行为带来的"附属品"而已，其最终目的是保全自身重

---

① 参见骆正言《冷漠即是残忍——论不救助入罪的正当性》，载陈兴良主编《刑事法评论：规范论的犯罪论》，北京大学出版社2015年版，第540页。
② 参见郝赟《紧急避险责任阻却一元论之提倡》，《研究生法学》2018年第2期。

大法益在未来的安全,二者的最终目的存在本质区别。而且,社会本位的紧急避险将社会整体利益放在首位,因此才会得出"只要被保护的法益略大于甚至等于侵害的法益都能够成立紧急避险"之结论;但是如前所述,在社会连带理论的紧急避险中,唯有被保护的法益显著优于侵害的法益,才能够成立紧急避险,在许多情况下,即便被保护的法益大于侵害的法益,避险行为仍属违法,可见其并未将社会整体利益"奉如圭臬",既如此,又怎能说"社会连带理论是社会本位的"?至于论者认为二者均采取功利主义方法论的观点,笔者也不敢苟同。一方面,二者的避险范围并不相同,社会连带理论下,成立紧急避险的范围远比功利主义为窄,又如何能说"社会连带理论与法益衡量理论相同"?另一方面,功利主义要求进行法益衡量的原因在于,唯有在保全了更大法益的情况下,才能够符合其"功利"的要求,而社会连带理论要求进行法益衡量的原因在于,唯有在保全利益显著优于损害利益的情况下,其才能够在保全自身法益与保护自我决定权之间找到一个"平衡点",二者仅仅是在法益衡量这一过程上相同,其目的、范围截然不同,又如何能够说采取了同样的方法论?综上,论者仅看到了社会连带理论与功利主义在法益衡量这一过程中的相同之处,却忽略了二者在成立范围及根本目的上的巨大差异,有以偏概全之嫌。

还有学者指出:以"社会连带"作为紧急避险的正当化依据,体现了国家利益、公共利益与个人利益在根本上的一致性,它对于保护合法权益,促进社会成员间的相互关爱,培养公民的全局观念具有重要意义。因此,有别于原来纯粹功利主义的"整体有益说"或"赔偿对价说","限制的社会连带"对功利主义和社会连带进行了"折中",是一种"新整体有益说"。[①] 但如前所述,国家并不关心社会整体利益是否减少,而只是关心民众的个人自由是否得到充

---

① 参见蔡桂生《避险行为对被避险人的法律效果——以紧急避险的正当化根据为中心》,《法学评论》2017年第4期。

分保证，社会连带思想下的紧急避险只是结果上与功利主义相同，二者的出发点完全不同，因此其并非功利主义与社会连带的折中，而是一种纯粹的社会连带思想。

本章小结

罗尔斯"无知之幕"的设立，能够屏蔽个人对自己在现实社会中一切情状的认知，较古典社会契约论能够得出更加公正的结论，也意味着完全可以从个人角度出发，基于自由主义论证紧急避险的合法性。但无知之幕后建立的社会契约难以直接推导出积极义务，而只能够为其提供一种可能性，唯有在返回现实社会后，结合实际的社会观念及法律制度，才能判断出该积极义务是否能够与现实国情相吻合。虽然我国刑法规范中尚未明确规定必须积极行使社会连带义务，但镜像神经元的同理心（Empathy）、儒家传统文化中的恻隐之心及近期恶性事件对民众神经的刺激，为社会连带思想提供了社会观念层面之基础；我国社会主义根本制度的确立、《刑事诉讼法》《道路交通法》的条文规定以及见义勇为免责条款的设立，意味着立法者认可且鼓励民众对于身体生命遭受危难的弱者伸出援助之手，并为其提供了法律层面的依据，故社会连带义务能够得到我国社会思想及法律体系之认证，且并非道德义务法律化。纵然积极的履行义务在我国刑法规范中尚未得到认可，也完全可以将消极的忍耐义务作为紧急避险的正当化依据。

第 四 章

攻击性紧急避险的范围与运用

在确立社会连带义务理论能够得到我国社会观念与法律制度的认可后，笔者拟进一步将该理论与我国法律体系结合，从被避险人的视角推导出紧急避险的适用范围、适当性原则对成立紧急避险的限制以及特殊义务者的避险界限等备受争议之问题，以求理论付诸实践。

第一节　攻击性紧急避险之范围
——重大法益与轻微法益

前已论述，紧急避险的正当化依据在于自利的理性人在无知之幕后做出的承诺，故结合被害人承诺的基本原理可以得出，只有在被避险人将会承诺的范围内，紧急避险才是正当的权利行为，因此，社会连带义务的限度也直接决定了紧急避险的成立范围，该范围则可以由无知之幕的第二个原则——最大最小值原则——推导而来。最大最小值原则要求，在各种最坏的可能结果中选择最好的结果，无知之幕后的每个理性人都能够认识到：既然其自身陷入危难时，他能够以其他人的利益为代价避免危险，其在相反情况下，其他人陷入危难时，也能够占用他的利益。① 诚然，做出"在任何法益遭受威胁之时都可以实施紧急避险，且能够给他人造成任何程度的法益损害"之承诺，可以使得自己在任何情况下都能够对他人实施避险行为，最大限度地保全自身法益，但理性人必然认识到，这样做的后果是，其他人也可以在任何法益遭受威胁之时，对自己实施紧急避险，且可以侵害自身的任何法益，故其实是赋予了他人任意侵害自身法益之权利，使得自身时时刻刻可能遭受他人的侵犯，使得自我决定权荡然无存。因此理性人必然会在付出与得到之间找到一个平衡点，既可以尽可能地保全自身法益，又能够尽可能地让自身利益不被他人所侵犯。故就其所舍弃的法益而言，若程度过低，则在自身遭受危难时，也只能损害他人极为轻微的法益，一旦超过界限，则他人能对其实施正当防卫，反而不利于保护自身法益；若程度过高，则沦为被避险人时，他人可以对其造成较为严重的损害，必将严重干扰其正常生活。而就其所欲避免的损害而言，若程度过高，如只有自身在遭受生命威胁时方可以紧急避险，在遭遇其他可能严重危及自身的损害，如截肢、残疾、瘫痪等无可挽回且严重影响自己未来生活质量的损害时亦难以实施紧急避险，则其构建理性的生活计划、享有基本自由权利的愿景将全然落空；若程度过低，则他人在遭遇较低程度危难时亦可以对其实施紧急避险，也会使得其自身遭受法益损害的可能性增加。一如学者所言：在此情况下，一个人考虑的是如果他和他的后代要在一种基本制度下世代生活下去，他愿意以何种正义原则来调节那种基本制度。即使按照最弱程度的实践理性推理，也可以推断他将这样来做考虑：由于他不知道自己将会是哪一种人，将会有哪一种（主要的）善观念，他会选择一个即使他将成为一个不利者也不致丧失基本的权利，他的后代的生活起点也不致因社会与自然的偶然因素的任性影响而遭受致命挫

---

① Vgl. Armin Engländer, Die Rechtfertigung des Rechtfertigenden Aggressivnotstands, GA 2017, S. 249.

折的原则。① 总之，理性人的决定必然包含两方面考虑，既要设置自身承诺法益之上限，以保护自己沦为被避险人时法益不会遭受过度损害，又要设置所欲避免的法益损害之下限，以保护自身重要的法益，避免日后生活受到重大影响，两相权衡，"牺牲轻微法益以保全自身重大法益"就会成为所有理性、自利的协商者都能认同的普遍原则。即便是在条文并未做出"明显优于"要求的日本也有学者指出：在灾难降临于自身之时，人们原则上应甘愿忍受，而紧急避险属于把灾难转嫁给他人的行为，因而，原则上只能认定为责任阻却。只有在保全法益显著优越于侵害法益的场合，可以说服被侵害人接受转嫁，让其甘愿忍受，因而才属于违法阻却。②

接下来的问题在于：究竟怎样的法益，才能够称得上是重大法益？虽然黑格尔关于紧急避险的正当化依据及避险范围均并未被后世学者采纳，但是其基本思想却得到了不少学者的赞成，众多学者也由此受到启发，并从中推导出紧急避险的成立范围。如德国学者 Janka 认为，黑格尔在著作中虽然仅论述了保存生命之紧急避险，但也存在保护其他重要法益时，认定紧急避险权的可能性。③ 德国学者 Kohler 则认为，黑格尔在《法哲学原理》中只是以生命为例，并未罗列一切可能之情状。按照其逻辑推断，应当将紧急避险所保护的利益分为本质之生命要素（wesentliche Lebensfaktoren）与非本质之生命利益（akzidentielle Lebensgüter）。前者是指对于生命具有重要意义之利益，包括但并不限于生命权，能够作为紧急避险的保护对象；后者则指其损失并不会影响重要的生命意义之利益，因此不能作为

---

① 参见廖申白《〈正义论〉对古典自由主义的修正》，《中国社会科学》2003 年第 5 期。

② 参见［日］井田良《刑法總論の理論構造》，东京：成文堂 2005 年版，第 183 页。

③ Vgl. Janka, Der strafrechtliche Notstand, Erlangen: Andreas Deichert, 1878, S. 146.

紧急避险之保存利益①。而 Pawlik 教授在详尽分析了黑格尔将生命作为紧急避险的唯一可能后，以其思想为根基，为避难权之行使划分了一条极为重要的绝对侵害界限（eine außerordentlich gewichtige absolute Eingriffsschwelle）。② 他指出：黑格尔紧急避险理论的实质在于避险行为人的行为准则必须要能够被普遍化，即其意志决定同时也考虑了普遍性——他人的福祉，由此可以获得不同主体间的认可时，该避险行为才能对抗抽象法，并得以合法化。这就意味着，避险行为人必须考虑他人的福祉，不得对自身福祉赋予更高的价值，其也不能将自己认为不能容忍，并试图通过紧急避险规避的损害强加给无辜的第三者，故只有当涉及生存的重大法益遭遇危险时，相应的避险行为才是正当的合法行为，但人们不会仅在生命受到损害时才认可一致的行为准则，而是在其他法益遭受威胁时也会达成一致的承诺，因此，危险并不需要达到"对生存构成威胁"之程度，一些具有"显著自由损害的危险"（Gefahr eines erheblichen Freiheitsverlust），譬如身体的完整性以及一定的财产价值，也应当属于紧急避险的危险，因为这些利益的丧失也同样会长期且持续地对公民的生活方式造成损害。③ 这种同时考量紧急避险行为人与避难被害人之福祉的要求被其称为"所有冲突参与者福祉具有同等重要性原则"（Grundsatz der Gleichbedeutsamkeit des Wohls aller Konflikt-beteiligten）。④ 这种能够同时得到避险人与被避险人认同的法益，便属于紧急避险所能够被保护的重大法益。

有学者可能认为，因各人的生活信仰、对身体重视程度各不相

---

① Vgl. Josef Kohler, "Das Notrecht", Archiv für Rechts-und Wirtschaftsphilosophie, 1915, S. 429.

② Vgl. Pawlik, Der rechtfertigende Notstand, Berlin [u. a.]: de Gruyter, 2002, S. 96.

③ Vgl. Pawlik, Der rechtfertigende Notstand, Berlin [u. a.]: de Gruyter, 2002, S. 150. 160f.

④ Vgl. Pawlik, Der rechtfertigende Notstand, Berlin [u. a.]: de Gruyter, 2002, S. 95.

同,故对于何谓"同等重要性"也难以达成一致,进而对于重大法益的范围也存在分歧,一如亚里士多德所言:若是最可欲的生活方式的性质未能定义清楚,理想政治体制的性质势必也无法清楚。① 将该思路类推至本书中,便会得出"因人们对最满意的生活方式难以达成一致,故对于保障该种方式的制度(即重大法益的限度)也无法达成一致"之结论。但事实上,纵然理性者对于最可欲的生活方式无法达成共识,也能够对自己最不可欲的生活方式了如指掌。这种由下而上的取向,其基础在于现实——人们对于什么是不可欲的生活方式,往往能够比什么是可欲的生活方式更能达成共识。因为可欲的生活方式是一个极为理性且充满乌托邦色彩的概念,但与此同时,我们却可以从过去的经验——而非逻辑——中知道许多不可欲的生活方式。以这种负面经验为基础,我们可以选择并且支持一些已经被证明过的能够避免不可欲的生活方式的规则。② 具体到现实生活中,纵然我们不知道自己最想要过什么样的生活、最希望成为什么人、最想要从事什么样的工作,但是我们对于构建此种理性生活的基础却能够达成一致的共识,即我们一定清楚地知道,我不想死、不想残疾、不想遭受重大的法益损害,因此,所有理性人在经过深思熟虑以后,必然会在最低限度内达成一致契约,此类最低限度,便属于可以对其实施紧急避险的重大法益。至于"重大法益"概念的准确范围,学界并未给出明确定义,但依照体系解释,由于紧急避险与《德国刑法》第323条C规定的见危不救罪主导思想相同③,故我们能够从该款行为人承担救助义务的情况中推导而来。④

---

① 转引自[美]迈克尔·J. 桑德尔《自由主义与正义的局限》,万俊人等译,译林出版社2011年版,前言第3—4页。
② 参见[美]艾伦·德肖维茨《你的权利从哪里来》,黄煜文译,北京大学出版社2014年版,第70—71页。
③ Vgl, Neumann, in Nomos Kommentar Strafgesetzbuch, 5. Aufl., Baden-Baden: Nomos, 2017, §34, Rn. 9.
④ Vgl. Freund, in Münchener Kommentar Strafgesetzbuch, 3. Aufl., München: C. H. Beck, 2019, §323C, Rn. 93.

德国通说认为，该款中需要提供救助的情形必须达到危及生命的程度，或者对于身体完整性、自由以及性自主决定权具有直接且较为严重的侵害，即"存在对于被害者的身体完整性或自由明显的危险"①，诸如名誉或者住宅权的损害则不在此列。② 据此，因为重要部位的骨折、一定时间的重伤住院、大面积毁容、一定范围及相当程度以至于会在重要部位留下疤痕的烧伤、一定程度身体机能的下降等均会长期或永久影响民众的正常生活，故会造成此类损害的火灾、爆炸、故意伤害、强奸等均属于普通民众能够实施紧急避险的范畴。综上，虽然对于重大法益的确定与某一地区的习俗、个人特殊的兴趣爱好、宗教信仰等各方面紧密相关，因而难以给出一个确切的定义，但是当一种遭受威胁的利益能够导致受害者必然在一个较为显著的时期——至少要几周时间——内显著减弱避险人的行动能力或给其造成重大心理阴影，使得其持续性地、较大幅度地改变自身生活方式，以至于其在此期间内或以后均难以实现理性的生活计划或者在社会中享有其基本的自由权利，这种利益就应当被认定为可以通过紧急避险加以保护的重大法益③，民众也就能够对可能造成此种利益损害的风险进行紧急避险。相应地，若某种损害仅仅可能给行为人造成短期的、较为轻微的损害，或者某种损害（如手腕的扭伤等情形）虽然会持续较长的时间，也会给行为人带来活动不便，但并不会给其生活方式带来较大改变，则并不满足"重大法益"之要求。④

---

① Vgl. Juliane Heil, Die Folgen der unterlassenen Hilfeleistung gemäß §323c StGB, Frankfurt am Main [u. a.]: Lang, 2001, S. 74.

② Vgl. Stein, in Systematischer Kommentar zum strafgesetzbuch, Frankfurt am Main: Metzner, 9. Aufl., 2016, §323C, Rn. 13. 德国学界对于以上法益不存在任何争议，但是对于是否包括财产法益则仍然存在争议。本书倾向于否定说，原因会在后文中阐述。

③ 参见王钢《紧急避险中无辜第三人的容忍义务及其限度》，《中外法学》2011年第3期。

④ Vgl. Pawlik, Der rechtfertigende Notstand, Berlin [u. a.]: de Gruyter, 2002, S. 163.

除身体法益外，数额巨大的财产法益能否被包括在"重大法益"之列，在德国也存在一定争议。虽然部分学者否认将财产权纳入不实施救助罪的构成要件中①，但这样的观点却因与德国部分法律规定内涵有所冲突而并未得到主流的认可。德国《社会法典》（Sozialgesetzbuch）第1编第9条规定：凡是无法以自己的能力取得生活费用或者处于特殊境遇无法自助，也无法从其他方面获得足够的协助者，有权要求劳务上以及经济上的救助。此救助应符合其特殊的需求，使其能重新自助，使其能参与共同体的生活并且保障其符合人性尊严的生活。德国宪法法院对此指出：要求保障满足人性尊严的最低生活的基本权利来自人性尊严的基本权利规定以及社会国家原则，这项基本权利确保满足每个贫穷者的物质生活条件，当这些物质生活条件是其生存以及最低限度地参与社会、文化和政治活动所不可或缺时。② 因为"在彻底的贫穷下自由权只能够空转，作为其自由人格发展的基础前提也就无法被满足"③，而如果一个人在法治社会中无法确保其生存基础，他的人性尊严即受到伤害。④ 这正是以维护人性尊严为主要目的的法治国所欲避免的，因此，若某种经济损害足以使得避险人最基本的生活保障遭受威胁，甚至连生存都难以为继，以致人性尊严面临损害之时，其便能够对他人实施紧急避险，以维护自己的人性尊严。Pawlik教授对此指出：当一种财产损害如此巨大，以至于将给避险人带来持续性的财务混乱，唯有通过财产重组（Vermögensumschichtungen）才能够抵御之时，方能够对其实施紧急避险。⑤ 德国通说及判例也据此认为，巨额财产（erhebliche

---

① See Damien Schiff, Samaritans: Good, Bad and Ugly: A Comparative Law Analysis, *Roger Williams University Law Review*, Vol. 11: Iss. 1, Article 2, 2005, p. 95.

② Vgl. BVerfG, Urteil v. 9. 2. 2010 – 1 BvL 109, 309, 409.

③ Eberhard Eichenhofer, Sozialrecht, 10. Aufl., Tübingen: Mohr Siebeck, 2017, Rn. 120.

④ Vgl. BVerGE 125, 175.

⑤ Vgl. Pawlik, Der rechtfertigende Notstand, Berlin [u. a.]: de Gruyter, 2002, S. 163.

Sachwerte）遭遇具体危险的情况，也能够被纳入《刑法》第 323 条 C 的公共危险（gemeiner Gefahr）①或意外事件（Unglücks-fall）②之中，社会公民对其具有救助义务。按此逻辑，则巨额财产遭遇具体危险的，也属于紧急避险中的重大危难，避险人也能够对他人实施紧急避险。本书不赞成这种观点，因为将所有巨额财产损害均认定为紧急避险中"重大损害"的观点，过分扩张了紧急避险的范围，会形成对不同个体的保护差异，因而并不妥当，唯有在财产法益与法益主体的生命、身体或基本生活条件直接相关联时，才能够为了保护财产而实施紧急避险。在此特举两例以作说明：

> 案例 4-1：A 在应聘过程中，为了不让自己身上名贵的西装被雨淋湿损坏，夺取路边穿着破衣烂衫的乞丐 B 的雨伞。
>
> 案例 4-2：A 在下雨天，遇见一头野猪朝自己冲来，为避免被撞成骨折，情急之下抢过路边乞丐的雨伞抵挡。

在案例 4-1 中，若避险人花费巨资购买的西装被雨淋湿损坏，可能需要几个月省吃俭用方能再行购买，确实可谓"持续且显著地改变自身生活方式"，但此时行为人的改变显然不是"必然"改变，而是其基于自我决定权自主选择的结果，因为西装并非维持生活必需之物，避险人完全可以选择维持原有的生活条件，不重新购置西装，此时其影响生活质量的原因是出于价值判断、利益衡量之结果，即宁愿大幅下降生活质量，也要购买价值昂贵的西装，故应当将之归类于"主观上的不愿意"，而非客观上的"必然"改变；与之相反，案例 4-2 中的行为人将毫无疑问地成立紧急避险。虽然身体法

---

① Vgl. Dennis Bock, Strafrecht Besonderer Teil 1, Nichtermögensdelikte, Berlin [u. a.]: Springer, 2018, S. 651.

② Vgl. Urs Kindhäuser, Strafrecht Besonderer Teil I, 10. Aufl., Baden-Baden: Nomos 2020, § 70, Rn. 4.

益在法益衡量上未必一定大于价值昂贵的西装①，但是骨折将使得避险人客观上不能正常行走，也将长期使得其生活不便，而且这种改变并非避险人主观上能够左右，是身体的损害使其迫不得已而为之，因此能够被认定"必然改变"其现有的生活状态。Pawlik 教授认为，紧急避险中的危险只包括使得相关者现有的生活情形变得更加糟糕的危险，而并不包括威胁了其法律上不确定的让其未来情形变得更好的机会。故案例 4-1 中的情形难以成立紧急避险。② 这样的观点虽与本书的观点类似，却失之狭窄，因而难以得到本书的赞同。至为明显的是，若行为人并非在应聘途中，则不存在"改善其未来情形之机会"，该理论便没有用武之地。

有学者可能认为，将财产权排除在外的观点过分缩小了紧急避险的范围，但本书认为，唯有做出此种限制，方能得到理性人的一致同意。因为如前所述，"无知之幕"后的理性人并不知晓自己未来的地位、财富等个人特征，但其必然知晓，能够在价值衡量上远超身体法益的财物并非每个人均可能拥有，而要保全的法益，必须是每个人都能够同样享有的、对其存在而言所必需的、最重要的核心部分，生命、身体均在其列，对他们提供同样的保护无可厚非，然而财产与人之间的归属关系却经常由于受到偶然的支配而造成不同主体间质与量上的差异，这种差异造成了人际间实际行动自由上的不平等，假如再肯定维护他人财产的义务，会形成主体相互照护程度上的不对称，持有较少财产的人只能对于他人享有较少的连带请求，更加深了不平等的情况，所以必须将财产法益从社会连带性的范

---

① 如 Roxin 教授认为，为了防止价值较高的财物遭受损坏，对他人实施短时间的（几分钟）且无后果的自由剥夺，能够成立阻却违法的紧急避险。Vgl. Roxin & Greco, Strafrecht Allgemeiner Teil Bd. 1, 5. Aufl., München: C. H. Beck, 2020, §34, Rn. 32.

② Vgl. Pawlik, Der rechtfertigende Notstand, Berlin [u. a.]: de Gruyter, 2002, S. 163.

围之内排除出去。① 正因为如此，笔者才在重大法益的定义中加入了"必然"二字，以求对其做出限制，将财产法益排除在外。但是，这样的原则并非没有例外，若一人之财产与其生命或身体等重要法益直接相关联之时，或者当此财物根据社会评价标准仅在最低限度内保障了他们的经济生存或仅能够让他们作为一个完整的社会参与生命被认可时②，则仍然应当认为财产损害"必然"给其生活条件造成影响，进而肯定其属于重大法益。例如 A 妻子病危，医院要求其支付费用方能进行手术，A 携带家传古董花瓶去典当行，路遇一条疯狗向其冲来。在此类情形中，A 虽然保护的是财产法益，但唯有通过此法益才能挽救其妻子的性命，失去花瓶即意味着无法缴纳手术费用，必然导致病情恶化，身体遭受重大损害甚至生命的丧失，故该法益与其妻子的身体生命法益直接相关，也应当被认定为重大法益。

除上述原因外，由于我国与德国社会观念及民众财产差异情况大相径庭，将财产法益排除在外的做法，可能更能够得到我国民众的赞同。在德国社会中，社会福利及救济制度较为完全，即便是最低收入也足以支持其有尊严的生活，故民众仇富心理并不严重。而在我国社会中，社会财富两极分化，尤其是突发公共卫生事件期间，一方面是无数中小企业纷纷倒闭破产，数以万计的民众被迫离职下岗，靠往日的积蓄苟延残喘；另一方面却频繁爆出明星、主播在片酬、出场费高达数千万元甚至上亿元的情况下，仍然绞尽脑汁偷税漏税且数额惊人的新闻。如果在此种背景下依旧将财产认定为可以避险之对象，难免出现富人为了保护自己的财物而损害他人财产或身体法益，最后赔钱了事之情况，但是这样的做法难免会给人带来"财产权大于人身权"的不良印象，出现"人之道，损不足以奉有

---

① Vgl. Kahlo, Die Handlungsform der Unterlassung als Kriminaldelikt, Frankfurt am Main: Klostermann, 2001, S. 302ff.

② Vgl. Pawlik, Der rechtfertigende Notstand, Berlin [u. a.]: de Gruyter, 2002, S. 162.

余"的现象，富人的权利将得到更多的保障，贫穷者却只能逆来顺受，如此一来，原本用于缓和社会矛盾的紧急避险，反而会更加激起民众仇富心理，使得已经存在的社会矛盾日益加剧，有悖其制度设立之初衷。此外，财产重组并不意味着其丧失了维持最基本生活条件的全部资金，只意味着其原本的生活条件被降低，而紧急避险并不需要保证避险人享有目前的一切生活条件，只是需要保障其作为一个社会主体被认可的基本资格即可，在财产混乱或重组后，现有财产仍然能够完全维持其生活条件，甚至仍然能够使其过上锦衣玉食的生活之情况下，笔者找不到任何允许其紧急避险的理由。因此，笔者更倾向于认为，唯有当财物的损毁，会使得其最低限度的生存条件无法得到保障，以至于其无法成为完整的社会参与者之时，方满足紧急避险之条件。因此在我国，将财产法益原则上排除在紧急避险所保护的法益之外，更加有利于维护社会稳定，也更能够得到民众的赞同。

至于轻微法益之概念，学界也并未对其有过直接阐述，但在"见危不救罪"中，通说无争议地认为，在面对可能造成生命、严重的身体损害或法律后果的风险时，路人即不具有作为义务[1]，根据反面解释，只有在没有面临生命、严重身体损害以及长时间被剥夺自由的风险时，其方具有救助义务。如上所述，由于二者正当化依据相同，这样的结论也可以用至紧急避险中，此外，由于民众加入社会契约是为了能够更好地保全自己的法益，因此其必然不会同意给自身造成永久性损害，因此，只有在确保要求民众所做出的牺牲是暂时的情况下，才能要求他承担责任。[2] 故本书认为，紧急避险中的轻微法益应当仅限于可以恢复的法益，具体而言包括形式的

---

[1] Vgl. Rudolf Rengier, Strafrecht Besonderer Teil Ⅱ, 20. Aufl., München: C. H. Beck, 2019, § 42, Rn. 13ff.

[2] Vgl. Michael Pawlik, § 14 Abs. 3 des Luftsicherheitsgesetzes-ein Tabubruch, JZ 2004, S. 1047.

秩序利益①、抽象的公共法益②、轻微的身体损害③或者个别的、可替换（partikulär-ersetzliehen）的法益。④ 如果超出此法秩序要求人们承担的社会连带义务之界限，例如为了挽救患者的生命而未经他人同意摘取他人肾脏的或在火灾中为了逃生而严重侵害他人的身体完整性，尽管保护的法益远大于所损害的法益，仍然可能因避险过当而承担刑事责任。⑤

此处需要注意的是，即便某一避险行为可能威胁到无辜第三人的身体甚至生命法益，但若此威胁仅具有抽象性，则在综合考虑法益在法秩序中的抽象价值以及对该法益的危险程度后⑥，仍然应当将之认定为"轻微法益"，并在避险行为保护了重大法益的情况下，将之认定为阻却违法的紧急避险。因为理性人必然会认识到，无论其多么小心谨慎，避险行为都可能给他人的生命身体造成抽象危险，即便是"为了将突发心脏病的亲人送往医院，在醉酒状态下深夜驱车在几乎无人行驶的街道"上之行为，其实也给其他交通参与者的生命身体造成了抽象的危险，但若认为此类仅仅给他人重大法益造成抽象危险的避险行为也不成立紧急避险，显然过于缩限了紧急避险的成立范围，使得该制度名存实亡，但这样的结论将导致其自身面临危难时，能够实施的避险行为也将极为有限，反而不利于保护其法益。是以，理性人经过深思熟虑，必然会同意他人能够实施给

---

① Vgl. Hermann Blei, Strafrecht Ⅰ Allgemeiner Teil, 18. Aufl., München: C. H. Beck, 1983, S. 168.

② 周光权：《刑法总论》，中国人民大学出版社 2021 年第 4 版，第 227 页。

③ Vgl. Kühl, Strafrecht Allgemeiner Teil, 8. Aufl., München: Vahlen, 2017, § 8, Rn. 9.

④ Vgl. Köhler, Strafrecht Allgemeiner Teil, Berlin [u. a.]: Springer, 1997, S. 290；参见陈璇《紧急权：体系建构、竞合适用与层级划分》，《中外法学》2021 年第 1 期。

⑤ Vgl. Frister, Strafrecht Allgemeiner Teil, 9. Aufl., München: C. H. Beck, 2020, § 17, Rn. 15.

⑥ Vgl. Dennis Bock, Strafrecht Allgemeiner Teil, 2. Aufl., Berlin: Springer, 2021, § 6, Rn. 70f.

自身重大法益仅造成抽象危险之避险行为，以换取日后自身在同样处境时，能够实施同样的避险行为来保护自身的重大法益。因此，在行为人的避险行为给可还原为个人法益的公共安全造成损害时，我们不应当直接以公共法益大于个人法益为由认定行为人不成立紧急避险，而应当仔细辨别此时行为人究竟给他人造成了何种程度的危险，而后再判断其是否能够成立紧急避险。对此问题，我国有判例指出：

> 某航标船位于重庆市某水域，标示出该处的水下深度和暗礁的概貌及船只航行的侧面界线，系国家为保障过往船只安全而设置的交通设施。某日16时许，王某兴驾驶渔船至该航标船附近时，见一船只被航标船的浮标缠住，即驾船前往帮忙。在靠近过程中，其渔船的螺旋桨亦被航标船的钢缆绳缠住。王某兴持刀砍钢缆绳未果，只得登上航标船将钢缆绳解开，随后驾船驶离现场，致使脱离钢缆绳的航标船顺江漂流。航标站接到群众报案后，于当日18时许将航标船复位。
>
> 一审法院认为：被告人王某兴为自身利益，不顾公共航行安全，故意破坏交通设施航标船，致其漂离原定位置。其行为已构成破坏交通设施罪。遂判处被告人有期徒刑3年。被告人与辩护人以其行为属紧急避险为由提起上诉。
>
> 二审法院经审理认为：王某兴在其渔船存在翻沉的现实危险下，不得已解开航标船的钢缆绳来保护其与他人人身（其妻胡某及帮工）及渔船财产的行为系紧急避险，但在危险消除后，应负有立即向航道管理部门报告以防止危害（航标船漂离会造成船舶发生倾覆、毁坏危险）的义务，其在具有作为可能性的情况下却并未履行该义务，构成破坏交通设施罪（的不作为犯），应负刑事责任。但鉴于本案未发生严重后果且其认罪态度较好，遂改判为有期

徒刑 3 年，缓刑 3 年。①

从一审法院把王某兴解开航标船钢缆绳的行为定性为破坏交通设施到二审法院将之认定为紧急避险的变化中不难看出，两级法院对该行为的定性是有所不同的，而问题的关键便在于其行为是否符合紧急避险"重大法益对轻微法益"之要求。在本案中，王某兴解开航标船钢缆绳的行为固然能够保护渔船上众人的人身安全，但若航标船流失，又可能造成其他过往船舶在通过该航段流域时发生倾覆、触礁等后果，严重危及他人的人身安全，使合法权益遭受重大的损害，故抽象地对所涉及的法益在法秩序中的价值进行比较，二者可谓不分上下。但需要注意的是，在具体的情形中，这两种法益所面临的危险在程度上却存在较大区别：对于王某兴来说，这种危险是具体的、现实的，即其若不实施避险行为，其所在船只可能立即发生颠覆的后果，故此时螺旋桨被该航标船的钢缆绳缠住的情状已经给船内人员的生命安全造成了具体的危险，而与之相对，其解开钢缆绳的行为虽然可能造成其他船只倾覆、触礁等后果，但在周围没有船只航行的情况下，却仅仅具有抽象的危险。从案件事实来看，本案从航标船流失至复位仅仅过了两个小时，其间也未发生其他过往船舶在通过该流域时倾覆、触礁等事件。因此，本案中王某兴解开航标船钢缆绳的行为是以侵害他人抽象的重大法益为代价，避免了自身重大法益遭受的具体危险，完全符合紧急避险的要件，应当成立紧急避险。② 至于二审法院认定王某兴仍然成立破坏交通设施罪，其实是涉及合法行为能否成为不作为犯中的先行行为之问题，与本书主旨并无关联，故在此不加以论述。

有学者可能认为，本书的观点过分缩小了紧急避险之范围。一

---

① 参见（2004）江刑初字第 48 号刑事判决；（2004）渝一中刑终字第 183 号刑事裁定书。

② 参见陈兴良主编《案例刑法研究（总论）》（上卷），中国人民大学出版社 2020 年版，第 418—419 页。

方面，我国刑法与德国有别，规定可以为了国家与公共利益（为行文简洁，下文统称为公共利益）实施紧急避险，但按照本书观点，似乎难以得出被避险人会为了社会利益让渡自身法益之结论；另一方面，本书要求必须为了"重大法益"才能够实施紧急避险，过分缩限了紧急避险的成立范围，概言之，本书的观点会造成紧急避险的成立范围过度狭窄，且与我国条文不相吻合。

  本书不赞成此种观点，原因在于，我国的这种立法模式，其实已经蕴含国家为了自身或公共利益牺牲公民个人利益之风险。首先，能够为了公共利益实施避险行为的言下之意就是，公民必须为了公共利益暂时忍受损害，但这显然是一种出于"国家主义"或"社会功利主义"的立法模式，明显将公民当作维护公共利益的工具。其次，这样的立法模式会造成民众为公共利益承担损失，如山洪暴发时，避险人为了社会利益，使用了被避险人的财物，最终保全了社会利益并致使被避险人财物损毁，根据民法相关条文，仍然只需要给予适当补偿，此举无异于让被避险人为了公共利益而自行承担损失，显然有所不当。正是出于此种考虑，我们更有必要从个人角度出发思考紧急避险的正当化依据，并根据此依据限制紧急避险的成立范围，杜绝国家对公民法益的过度侵犯。最后，根据本书的观点，其实也能够得出我们可以为了公共利益实施紧急避险之结论。因为紧急避险所面临的具体的、现实的危险，可以分为对人身法益的危险与对财产法益的危险两种，在重大人身法益遭受具体危险的情况下（如他人以危险方法危害公共安全），无知之幕背后的理性人当然会同意被避险人实施避险行为，因为此时其保护的并不是抽象或虚无缥缈的公共利益，而是一个个具体个人法益的集合体，故在此种情况下，与其说被避险人是为了保护公共利益，毋宁说他是为了保护个人利益，而如前所述，这种个人的重大法益，正符合紧急避险中"重大性"之要求。至于所谓的"公共财产法益"，在我国现行的体制当中，并不应当成为紧急避险的保护对象。如前所述，即便是个人财产法益，原则上也不属于"重大利益"的范畴，故一般情况下不能够实施紧急避险，更遑论与个人法益缺乏直接关联性，不可能对被避险人的生活产生重大影响的公共利益，尤其是在目前我国法律还规定了被避险人仅能够得到"适当补偿"的情况下。而且，如果认为能够为了公共财产实施避险行为，无异于承认公共财产具有比个人财产更大的价值，这也是本书难以接受的。因此，本书将紧急避险的范围限于为了保护"重大利益"而损害他人"轻微利益"之中，其实是基于社会连带义务解读出的紧急避险的应有之义。至于与我国条文相协调的问题，笔者并未完全否认不得为了国家或公共利益实施避险行为，只是将其限制在与重大人身法益直接相关的情形中，从而将抽象的公众利益和财产利益排除在外，较既有的观点而言，也只是多排除了财产利益，与之仅具有量上的差异，而没有本质区别，故仍旧能与我国条文吻合。

综上，重大法益不仅需要考虑法益的客观价值，还需要考虑其是否会必然造成避险人生活的改变，即便是价值昂贵的生活非必需品，因为其具有廉价物可以替代，避险人完全可以不改变自己的生活，却因为自己的价值判断而改变，若认为此时应当成立紧急避险，其实是让被避险人为其价值判断而埋单，但是理性人必然会认识到，价值判断是属于因人而异的主观领域，故不会达成一致，也就难以成立紧急避险；而若该法益对于避险人具有不可替代性，给其造成的损伤也就"必然"给其生活带来改变，在达到了程度及时间要求的情况下，便符合紧急避险中"重大法益"之概念，避免其遭受损害的行为也就能够成立紧急避险。

第二节　攻击性紧急避险中"适当性"原则之重构

德国现行《刑法典》第 34 条关于阻却违法性的紧急避险中规

定:"仅在行为属于避免该危害的适当的措施的情况下,方可适用本条的规定。"德国刑法通说将该条款称为紧急避险"适当性"条款。虽然在我国刑法条文中,并未直接要求避险行为具有"适当性",但有学者认为,从我国紧急避险"不得已"的规定中,能够解读出此含义,因为"不得已"是指客观上没有其他合理方法可以避免危险,而所谓合理方法,便是指正当防卫、消极逃避、寻求司法保护等为法律、道德和公序良俗所认可的方法。① 类似地,虽然日本刑法中也并未明文规定紧急避险需要具有"适当性",其通说却指出:"为成立紧急避险,仅具备形式的要件还不够,还必须对避险行为整体进行考察,要求在实质上也具有社会相当性。这一要件就是避险行为的社会相当性。"② 显而易见,"适当性"是一个极为模糊的概念,故诸多学者在具体问题中对于某一行为是否符合"适当性"便产生了较大分歧。

案例4-3:A 为了救治急需血液的病人,强行抽取路人 B 身上的鲜血,仅造成非常轻微的伤害。

对此案例,学界至今仍存在较大争议。部分德国学者根据法秩序统一性认为,本案能够成立紧急避险,如有学者认为:根据符合宪法规定的刑事诉讼法条文③可知,对身体的侵犯并非必然有违自治原则,既然为了查明较为轻微的犯罪,都可从普通民众身上强行抽

---

① 参见冯军、肖中华主编《刑法总论》,中国人民大学出版社2016年第3版,第279页;我国台湾地区"刑法典"并未明文规定"适当性"原则,但其通说仍然认为紧急避险必须具有"适当性",仅有部分学者予以否认,未提及者参见陈子平《刑法总论》,台北:元照出版有限公司2017年第4版,第280—282页。

② 参见[日]大谷实《刑法讲义总论》,东京:成文堂2012年新版第4版,第301页。

③ 《德国刑事诉讼法》第81条C款第2项1规定:对于除被告人以外的其他人,为了确定来源检查并抽取血样,如果对他们身体健康无害,并且此措施对于查明事实真相是必不可少,允许不经他们同意而检查。

取血液，根据举轻以明重原则，在能够挽救生命法益的情况下，当然更应当允许他人强制献血。① 弗里斯特（Frister）教授也指出，此种情况在并未给他人造成损害之时，能够根据《德国刑法》第323条c的规定成立紧急避险。② 类似地，我国台湾地区在相关法律中亦存在容许国家对个人强制抽血之规定，如其所谓"刑事诉讼法"第205条之1规定：鉴定人因鉴定之必要，得经审判长、受命法官或检察官之许可，采取分泌物、排泄物、血液、毛发或其他出自或附着身体之物，并得采取指纹、脚印、声调、笔迹、照相或其他相类之行为。又如其所谓"家事事件法"第68条规定：未成年子女为当事人之亲子关系事件，就血缘关系存否有争执，法院认有必要时，得依声请或依职权命当事人或关系人限期接受血型、脱氧核糖核酸或其他医学上之检验。但为声请之当事人应释明有事实足以怀疑血缘关系存否者，始得为之。部分学者据此认为：被抽血的人固然在某程度上成为救命的工具，但是这种工具化是攻击性紧急避难的本质，是在法秩序中承认社会连带义务的结果，无法立即被评价为侵害人性尊严。强制抽血不同于摘取器官，对于个人的干预程度相对轻微，很难说是干涉到个人自主的核心领域。保全生命的利益重要性并不亚于追诉犯罪和确认亲子关系的利益，那么不应该只因为强制抽血是由私人所发动的避难手段，就被评价为违反人性尊严而受到绝对禁止。③ 即便在没有类似条文的日本，也有学者肯定此类行为的相当性，如佐伯仁志教授指出：现在不承认卖血是因为血液的安全性和对健康的弊

---

① Vgl. Roxin & Greco, Strafrecht Allgemeiner Teil Bd. 1, 5. Aufl., München: C. H. Beck, 2020, §16, Rn 46f; Zieschang, in Leipziger Kommentar StGB, 13. Aufl., Berlin [u. a.]: de Gruyter, 2019, §34, Rn 128; Pawlik, Der rechtfertigende Notstand, Berlin [u. a.]: de Gruyter, 2002, S. 252ff.

② Vgl. Helmut Frister, Strafrecht Allgemeiner Teil, 9. Aufl., München: C. H. Beck, 2020, §17. Rn. 15.

③ 参见薛智仁《阻却不法之紧急避难：法理基础、适用范围与利益权衡标准》，《台大法学论丛》2019年第3期。

害等原因,并不是说血液买卖本来就得不到允许,没有必要把容易再生的血液作为人格的本质性要素。① 井田良教授在对比了强制取血与刑事诉讼法上强制验血后认为,二者并不存在明显的差异,理应做出同样的判断,即强制取血也应当合法。② 与之相对,德国通说则以行为不具有"适当性"为由,否定其成立紧急避险,理由在于:虽然生命法益优于身体与自由法益,但此种行为已经侵害了人性尊严,而人性尊严是不可衡量的,因此该强制抽血行为因不满足法益衡量要求而不成立紧急避险。③ 日本学者高桥则夫也认为:此种情况具备法益均衡要件,但从被侵害法益的所有者的人格尊严的角度出发,不能认为符合相当性的要求。④ 我国学者也多以此类行为侵害了被避险人的人格尊严为由,否定成立紧急避险。⑤

　　本书赞成否定说的观点,但认为其理由值得商榷。从该说支持者的论述中不难看出,其言下之意是,因为人性尊严是不可衡量的,故生命法益与之相比较,并不满足利益衡量原理,因而不符合"适当性"的要求。此种论述同样适用于对佐伯仁志教授观点的批判,因为他肯定适当性的理由在于,血液属于人格的非本质要素,其与生命法益相比价值较为低微。但是,将人性尊严与生命相比较,或将血液的价值与生命相比较的做法,都在以"适当性"之名,行"法益衡量"之实,如认为人性尊严大于生命权,即肯定该行为具有相当性,如认为血液价值小于生命价

---

① [日]佐伯仁志:《刑法总论的思之道、乐之道》,于佳佳译,中国政法大学出版社2017年版,第162页。
② 参见[日]井田良《紧急避险之本质》,《宫泽浩一先生古稀祝贺论文集(第二卷)刑法理论之现代的展开》,东京:成文堂2000年版,第291卷。
③ Vgl. Neumann. in: Nomos Kommentar Strafgesetzbuch, 5. Aufl., Baden-Baden: Nomos, 2017, §34. Rn. 118; BT-Drucks. IV/650, 160.
④ [日]高桥则夫:《刑法总论》,东京:成文堂2016年第3版,第315页。
⑤ 参见彭文华《紧急避险限度的适当性标准》,《法学》2013年第3期。事实上,就笔者所查阅文献来看,国内尚没有学者认为强制采血能够成立紧急避险。

值，则否认该行为具有相当性，除此之外，并无其他任何判断依据。一如罗克辛（Roxin）教授所指：刑法中的法益衡量并非仅仅是具体的两个法益之间的比较衡量，而是一种包括"具体案情全部情节"的全面的利益衡量，故没有必要再去采用适当性原则判断该避险行为是否合适。① 米奇（Mitsch）教授也指出如果一个行为对于避免明显优越利益的危险来说是合适且必要的，那很难想象，这个行为是不适当的。所有紧急避险法律上有重要意义的概念，都已经被尽数考虑在利益衡量中，适当性条款并不具有独立的法律意义。② 正因为如此，德国通说认为，《刑法》第34条第2款的"适当性修正"仅具有宣誓意义（Deklaratorische Bedeutung）。③ 类似地，松宫孝明教授也认为：法益冲突内在地受到补充性的制约，因而可以说"相当性"是用另外的说法进行了表达。④ 但是，在"适当性"的判断中再次进行法益衡量的做法，一方面会加重法益衡量在成立紧急避险过程中的权衡比重，有"重复评价"之嫌；另一方面会导致一行为是否具有"适当性"完全依附于法益衡量，进而缺乏独立的判断标准，最终造成条文的虚置。与之相对，部分德国学者认为，应当将所有利益都先一体适用重大优越的利益权衡标准，再透过相当性标准，过滤绝对不得容许为他人牺牲利益的避难手段。如前述的强制抽血以救助他人生命时，相对于被避险人所承受的健康影响，其所保全的生命利益无疑属于重大优越，但是考量其侵犯个人基本权利的内在核心（der essentielle Kern der Grundrechte des

---

① Vgl. Roxin & Greco, Strafrecht Allgemeiner Teil Bd. 1, 5. Aufl., München: C. H. Beck, 2020, §16, Rn. 94.

② Vgl. Baumann/Weber/Mitsch/Eisele, Strafrecht Allgemeiner Teil, 12. Aufl., Bielefeld: Verlag Ernst und Werner Gieseking, 2016, § 15, Rn. 108.

③ Vgl. Küper, Die sog. "Gefahrtragungspflichten" im Gefüge des rechtfertigenden Notstandes Ein Beitrag zum Verhältnis von Interessenabwägungs-und Angemessenheitsformel, JZ 1980. S. 755.

④ 参见［日］松宫孝明《刑法总论讲义》，东京：成文堂2018年第5版补正版，第160页。

Menschen),抽血行为仍欠缺相当性而难以阻却不法。① 但是,这样的做法仍未摆脱"法益衡量"的桎梏,采取的仍旧是结果导向的判断方式,即以生命权并未显著优于"基本权利的内在核心"或者认为"基本权利的内在核心"并不属于被避险人会承诺放弃的法益为由而否认成立紧急避险,仅仅是在第一次法益衡量后,根据整体法秩序原则或者普遍的价值理念进行第二次的价值评判②,故在本质上,还是以"适当性"之名,行"法益衡量"之实,其实也没有改变"适当性"缺乏独立标准的现状。有感于此,笔者拟先对肯定说进行批判,而后基于社会连带理论,从被避险人的视角出发,重新构建"适当性"原则,并赋予其独立的判断依据。

一 "人性尊严"至高无上的理论困境

从笔者所查阅的文献分析,支持否定说的学者大多以人性尊严至高无上为由,认为此类行为因不符合利益衡量原则而难以成立紧急避险,但本书认为,这种理由在我国难以成立。一方面,肯定说援引条文作为依据的做法值得商榷。就 Roxin 教授所引用的刑事诉讼法条文而言,该规定的行使有着严格的限制,至少需满足三个条件:仅适用于具有相当嫌疑之人,而非除了被告以外的任何人;必须符合严格的法定程序,如事前需要检测是否可能造成损害,必须由医生执行;必须能够通过验血直接获得所需要的证据。③ 因此,该强制行为从行为时判断,完全符合程序正义,具有法律上的依据。类似的问题在我国也存在,2011 年 12 月 9 日《公安机关办理醉酒驾

---

① Vgl. Wessels/Beulke/Satzger, Strafrecht Allgemeiner Teil, 47. Aufl., Heidelberg: C. F. Müller, 2017, Rn. 473.

② 有学者在教科书中,明确指出了这一点。Vgl. Krey/Esser, Deutsches Strafrecht Allgemeiner Teil, 6. Aufl., Stuttgart: Verlag W. Kohlhammer, 2016, Rn. 604.

③ Vgl. Krause, in: Löwe-Rosenberg StPO, Berlin: De Gruyter, 27. Aufl., 2018, §81c, Rn. 17ff; Rogall, in: SK-StPO, 5. Aufl., Bände-Köln: Heymanns, 2018, §81c, Rn. 36ff.

驶刑事案件程序规定（试行）》（征求意见稿）第九条则规定：当事人涉嫌酒后驾驶机动车，具有以下情形之一的，应当抽取血样，检验体内酒精含量：……（三）拒绝配合呼气酒精测试等方法测试的；公安部《道路交通安全违法行为处理程序规定》（2020年修订）第二十四条也规定：公安机关交通管理部门及其交通警察在执法过程中，依法可以采取下列行政强制措施：……（四）检验体内酒精、国家管制的精神药品、麻醉药品含量。显然，此类条款赋予了交通警察在程序正义情况下，强制驾驶人员接受血液酒精测试之权利。若按Roxin教授之逻辑，为查明驾驶人是否酒驾，进而避免其酒后驾驶，保护路人的抽象安全都可以对其进行强制验血，则为了保护现实的人的生命，当然更应当允许强制抽血，而且，我国对于人性尊严并不如德国一般重视，故在我国更加有可能认可此行为成立紧急避险。但是本书认为，类似的推论并不适用于我国。因为我国并不如德国般规定了强制验血规定，而驾驶者的驾驶权并非自然权利（Nature Right），而是行政法律赋予的特别权利（Privilege）[1]，即由国家为符合机动车管理办法规定的申请机动车驾驶证且经考试合格后的人核发驾驶证，并提供相应的道路条件，从而发展公民自身利益的权利，是国家允许个人从事某种活动并经行政许可之后所取得的授益性权利。[2]由于该权利是立法者特别赋予的，根据权利与义务相一致原理，驾驶者当然也须承担相应的义务，故驾驶者在考取驾照上路之时，其实已经与立法者签订了协议，在其不履行义务、违背协议之时，行政部门当然可以强行要求其履行协议的相关内容。[3]但强制献血则与之不同，路人在道路上行走的权利属于自然的基本

---

[1] Tina Wescott Cafaro, Fixing the Fatal Flaws in Oui Implied Consent Laws, *Journal of Legislation*, Vol. 34：Iss. 2，Article 6，p. 102.

[2] 参见刘艳红《醉驾犯罪血液酒精含量鉴定证据客观性与合法性之判断》，《法学论坛》2014年第5期。

[3] 此类行为的合法性及其性质，参见周长军、芮秀秀《"醉驾"案件中强制提取血样行为的性质与规制——以行刑衔接为视角》，《法学论坛》2022年第3期。

权利——并非行政法规赋予的特别权利，而这种权利是不能随便加以干涉的①，在行为人没有做出承诺且法律并未规定的情况下，对基本权利的侵犯也当属违法，因此以刑事诉讼上存在强制验血规定为由类推认为强制抽血为合法的观点在我国法律体系中并不适用。至于援引第 323 条 C 的观点，其实是忽略了该条文所要求的判断的时间节点，依照该条文中"根据行为人当时的情况提供救助有可能，尤其对自己无重大危险"之规定，应当由客观的事前的视角②进行判断，如其认为该行为可能给救助人带来重大损害，则救助人即因为缺乏期待可能性而不符合本罪的构成要件③，如后所述，在被强制抽血之时，被避险人显然难以认为其行为对自己并无重大危险，因此，以该条论证被避险人具有救助义务的观点也值得商榷。而且与德国法律有别，我国刑法中并未设立"见危不救罪"，故国民对于普通民众并不负有救助义务，其当然无须容忍此类强制抽血行为。部分学者认为，在具有保护或帮助义务的较为亲密的关系中，也存在着献血的法律义务，如夫妻、父母、子女之间，若此时献血是拯救生命的唯一方法，也不会给献血者带来重大的健康损害，又能够处于足够的保护措施内。④ 但是，此时的问题与紧急避险中的社会连带义务并无关联，而是涉及不作为犯中的保证义务的范围，故本书在此不予讨论。⑤

---

① See Florey, Chris, Conditions to Drive: The Constitutionality of Minnesota's Implied Consent Statute-State v. Brooks, *William Mitchell Law Review*, Vol. 41: Iss. 4, Article 7, p. 1520.

② Vgl. Thomas Fischer, Strafgesetzbuch mit Nebengesetzen, 65. Aufl., München: C. H. Beck, 2018, §323c, Rn. 9.

③ Vgl. Gaede, in Nomos Kommentar Strafgesetzbuch, 5. Aufl., Baden-Baden: Nomos, 2017, §323c, Rn. 11.

④ Vgl. Zieschang, in Leipziger Kommentar, 13. Aufl., Berlin [u. a.]: de Gruyter, 2019. §34, Rn. 128.

⑤ Vgl. Rudolf Rengier, Strafrecht Allgemeiner Teil, 13. Aufl., München: C. H. Beck, 2021, §19, Rn. 61.

另一方面，人性尊严说其实陷入了两难之境地，若认为人性尊严具有最高价值，则功利主义紧急避险便不可能阻却违法；若认为其不具有最高价值，则该论证的前提条件便存在谬误，因此，以"人性尊严"论证紧急避险的成立范围，只能是徒劳。如我国有学者认为：此行为将人贬斥为纯粹的"手段"，完全否定了作为个体存在的人的自我决定的自由。个人自主决定权是近代法秩序中的最高保护价值，其有各种不同的表现，如住宅安宁的自由、投票的自由、身体行动的自由等。各人在这些个别利益的坚持上有不同强度，因此，一个人的生命利益相对于另一个人的自由利益，并不一定处于优越地位。如强制采血本身是一个轻微的伤害，但由于其本质上是侵害他人自由的体现，故应看作对一个重要利益的侵害。① 但是，这样的观点难以得到本书的认同。首先，该学者认为，"各人在这些个别利益的坚持上有不同强度，因此，一个人的生命利益相对于另一个人的自由利益，是否一定处于优越地位，难以一概而论"，其言下之意是被避险人对于自身自由利益的价值判断不同，因此避险人的生命价值并不一定优于被避险人的自由价值，这显然是从被避险人的角度加以考量，然而，该学者的紧急避险是建立于功利主义之下②，但功利主义紧急避险并不考虑个人对其自身法益的认可度，而是"根据社会的一般观念进行客观的、合理的判断"③，因此，考虑个人价值判断的做法，其实已经并非功利主义紧急避险，该学者的论述已经有违其背后的哲学根基。其次，若按照该学者的逻辑，将不会再有紧急避险的存在空间。因为紧急避险并未得到被避险人之承诺，故其实所有的紧急避险均侵犯了个人自由或自我决定权，如强制献血救人侵犯了对人身的自我决定权，闯入他人家中避难侵犯了住宅安宁的自我决定权，抢夺他人雨伞打狗侵犯了处分财物之自

---

① 参见黎宏《刑法学总论》，法律出版社 2016 年第 2 版，第 149 页。
② 参见黎宏《刑法总论问题思考》，中国人民大学出版社 2016 年第 2 版，第 349 页。
③ 张明楷：《刑法学》（上），法律出版社 2021 年第 6 版，第 263 页。

我决定权,若"个人自主决定权是近代法秩序中的最高保护价值",则侵犯这些自我决定权的行为均不满足优越利益原理,其行为当然不成立紧急避险,但这样的做法,将使得阻却违法的紧急避险名存实亡。最后,人性尊严并非至高无上,认为其不可侵犯之观点也与我国立法例不相吻合。我国《宪法》第三十八条规定:中华人民共和国公民的人格尊严不受侵犯。禁止用任何方法对公民进行侮辱、诽谤和诬告陷害。有学者据此提出了一种"人格尊严条款双重规范意义说",并认为能够从中解读出立法者意图保护人性尊严。论者认为:该条前段"中华人民共和国公民的人格尊严不受侵犯"一句,可理解为是一个相对独立的规范性语句,表达了类似于"人的尊严"这样的具有基础性价值的原理,作为我国宪法基本权利体系的出发点,或基础性的宪法价值原理。① 也有学者对此表示赞同,并提出了一种"内部规范地位统摄说",认为我国宪法上的人格尊严概念和德国基本法中人的尊严概念具有一定的相似性,但在条文并未更改的情况下,只能够尝试将人格尊严解释为一个根本性的宪法价值。②

笔者对此种解读方式持怀疑态度,进而认为,纵然能够从中解读出立法者意图保护人性尊严之目的,其保护程度也难以达到德国般的"不可侵犯"。首先,就保护范围而言,从条款的措辞与位置分析,该条款的理论基础较多体现了人格理论,而非自然权利、人是目的,或者价值共识。③ 详言之,我国是在《宪法》第二章"公民的基本权利和义务"的第三十八条规定了人格尊严,从其所处的位置来看,既非《宪法》第一条,甚至不是基本权利一章的第一条,

---

① 参见林来梵《人的尊严与人格尊严——兼论中国宪法第38条的解释方案》,《浙江社会科学》2008年第3期;白斌《宪法中的人格尊严规范及其体系地位》,《财经法学》2019年第6期。

② 参见谢立斌《中德比较宪法视野下的人格尊严——兼与林来梵教授商榷》,《政法论坛》2010年第4期。类似见解,参见上官丕亮《论宪法上的人格尊严》,《江苏社会科学》2008年第2期。

③ 参见郑贤君《宪法"人格尊严"条款的规范地位之辨》,《中国法学》2012年第2期。

没有以一种统摄的姿态出现,很难表明其具有最高价值的地位。此外,我国宪法将该条文置于人身自由之后、住宅权之前,故在立法者眼中,人格尊严只是公民人身自由权的一个方面,其分别与作为"物质"的"身体""住宅"以及作为"隐私"的"通信"相对应,是人身自由权中不可或缺的一个环节,更非宪法权利体系的价值起点,所以即便中国宪法规定的人格尊严与人性尊严有着重叠,前者也无法与作为最高价值的人性尊严相媲美,而仅能够作为与其他具体权利并列之基本权利。[①] 与之相比,《宪法》第三十三条关于人权保障的条款则显然更应当被视为统领自第三十三条至第五十一条的基本权利条款之概括性条款,第三十八条人格尊严的条款则属于归其统率的、具体权利的个别性条款,势必无法成为整个基本权利体系的价值基础与逻辑支点。故在我国立法与法律体系中,人格权与人的尊严乃是与财产权、政治权利和社会权利等相并列之权利,而人的尊严乃是前述权利之上位概念。由此可见,无论作怎样的诠释,在我国法律语境中人格尊严远远无法承载人的尊严之意涵。[②] 从法条的用语分析,《宪法》第三十八条规定的后段重点防范的是"侮辱""诽谤"等有损人格尊严的行为,而不是指对人的整体形象加以维护的人的尊严问题,因而,此处的"人格尊严"实质上是指排除国家侵犯的公法意义上的"人格权"。[③] 与之不同的是,人的尊严不是也不能转换为法律上的权利,它应当是法律的伦理总纲、基本原则及指导思想,而在定位人的尊严的法律属性上,它只能是法律上人的地位而不是法律上人的权利。[④] 正是因为存在此种文字与立法模式的偏差,就连认为能够从人格尊严中解读出人性尊严的学者亦不得不

---

① 参见王晖《人之尊严的理念与制度化》,《中国法学》2014年第4期。
② 参见王进文《"人的尊严"义疏:理论溯源、规范实践与本土化建构》,《中国法律评论》2017年第2期。
③ 参见胡玉鸿《我国现行法中关于人的尊严之规定的完善》,《法商研究》2017年第1期。
④ 参见胡玉鸿《人的尊严的法律属性辨析》,《中国社会科学》2016年第5期。

承认，人格尊严与《德国基本法》所规定的人性尊严终究相差甚远。① 因此，我国《宪法》第三十八条第一句的侧重点更多在于对公民人格权的保护，其思想基础也未集中于"人是目的"的人性尊严。② 其次，退一步而言，即便如部分论者所言，二者具有同一含义，从立法模式上分析，我国与德国对二者的保护程度亦有所不同。德国学界之所以认为人性尊严优于生命，一个重要的原因在于《德国基本法》对它的直接规定。德国在吸取了"二战"的惨痛教训后，将人性尊严列为所有权利之首。其《基本法》的第1条便开宗明义地规定：人性尊严不可侵犯（unantastbar）。虽然同法第2条第2款、第4条第1款、第10条第1款，规定了人身自由、宗教信仰、隐私权、住宅权等均不可侵犯（unverletzlich），但由于unantastbar在语义上还有"神圣的""禁忌的"等含义，故至少从宪法规定的用语所表达的激情（Pathos）及体系性位置分析，人性尊严比生命受到更加严格的保护，不得在任何情况下对其进行侵犯，是最为重要的权利。而且，《德国基本法》在规定"人的尊严不可侵犯"后并未增加任何限制，更有被学界称为"永恒条款"（Ewigkeitsklausel）③的第79条第3款，即"对本基本法的修改不得影响联邦由各州组成的事实，不得影响各州参与立法及第1条和第20条所规定的原则"为其保驾护航，确保本条款在任何情况下都不得进行更改，以期对人性尊严实现最大限度地保护，与之相对，该法在其他规定基本权利的条款中却均增加了"依据法律才能对此类权利予以干涉（限制）"等字样，两相对比便可以发现，在制定者眼中，人性尊严有别

---

① 参见林来梵《人的尊严与人格尊严——兼论中国宪法第38条的解释方案》，《浙江社会科学》2008年第3期。

② 参见宋新《论德国宪法上的人的尊严及借鉴》，《东方法学》2016年第6期。

③ Vgl. Jörn Ipsen, Staatsrecht I Staatsorganisationsrecht, 31. Aufl., München: Vahlen, 2019, §2, Rn. 39; Albert Janssen, Der Staat als Garant der Menschenwürde Zur verfassungsrechtlichen Bedeutung des Artikels 79 Abs. 3 GG für die Identität des Grundgesetzes, Göttingen: V&R Unipress, 2019, S. 20.

于其他所有的基本权利，受到极其严格的保护，任何法律都不得对其加以限制，其在任何情况下都是不可侵犯的。与《德国基本法》有别，我国《宪法》第三十八条虽然也并未规定公民的人格尊严可以由立法者通过设置法律规范加以限制，因而属于一种无法律保留的基本权利，但根据通说，在追求其他同样具有宪法价值的重要利益时，我们仍然能对其进行限制①，而且从条文的表述上看，我国立法者对于人格尊严及其他基本权利使用的都是"不受侵犯"，在用语上并无不同，也没有如德国立法者般设立特别条款对其进行特殊关照，采取了与其他基本权利完全同样的立法模式。由此可见，人格尊严在我国法律体系中与其他的基本权利并无区别，并非"神圣不可侵犯"，而是仍然可以经过利益衡量后被缩小甚至限制的。再次，就保护程度而言，从《刑法》中相关条文的法定刑也可以得出，人性尊严并非至高无上。至为明显的是，在我国刑法条文中，直接损害人性尊严的拐卖妇女儿童罪，在不具有加重情节的情况下，最高也只能判处 10 年有期徒刑，这直接证明我国立法者不认为人性尊严具有最高的保护价值②。最后，在我国既有法律之中，其实并不乏侵犯人性尊严之规定，如《刑事诉讼法》规定：为了收集犯罪证据、查获犯罪人，侦查人员可以对犯罪嫌疑人以及可能隐藏罪犯或者犯罪证据的人的身体、物品、住处和其他有关的地方进行搜查。我国《宪法》第四十条也规定：中华人民共和国公民的通信自由和通信秘密受法律的保护。除因国家安全或者追查刑事犯罪的需要，由公安机关或者检察机关依照法律规定的程序对通信进行检查外，任何组织或者个人不得以任何理由侵犯公民的通信自由和通信秘密。由此

---

① 参见柳律龙：《论基本权利冲突》，《中外法学》2021 年第 6 期；王钢《刑法新增罪名的合宪性审查——以侵害英雄烈士名誉、荣誉罪为例》，《比较法研究》2021 年第 4 期。

② 就此而言，其实德国立法者也是如此，这也是德国学界批判人性尊严并非至高无上的理由之一。Vgl. Ellbogen, Zur Unzulässigkeit von Folter（auch）im präventiven Bereich, Jura 2005, S. 342.

可见，立法者明文规定特殊情况下，可以未经他人同意进行强制搜查，而这样的行为显然侵犯了他人的人性尊严。德国学者韦塞尔斯（Wessels）曾经在教科书中指出，既然法律允许强制验血，则在此情况下不顾当事人意志对其身体进行侵犯，并不必然有违人性尊严与自治原则。① 然而，在其所有新版教科书中，却均未出现这样的论述，可见其已经认识到，即便法律允许，未经当事人同意也侵犯了人性尊严，只是这种侵犯具有法律依据而已。这样的观点不仅是理论上的必然结果，其实也已经得到了官方的承认。就前述我国台湾地区"刑事诉讼法"中强制抽血的规定而言，其"法务部"虽然指出"检警对拒绝进行呼气酒精浓度测试的驾驶人实施逮捕及强制抽血鉴定，并无违反人权"，但在文中却"心口不一"地自承该条款的鉴定行为"是对人民身体的侵害"，只是其"程序严谨，符合比例原则"而已。② 由此可见，国家虽然原则上认为"不得侵犯人性尊严"，以保护公民享有一定的用于构建私人生活的空间，防止国家公共权力对这一空间进行过度干预，但对于这一空间的保护范围的认定，却往往取决于人性尊严所具有的社会意义的"种类和程度"。③

为了与《基本法》规定保持一致，德国宪法学界通说认为：对人性尊严的适用范围应当予以严格限定，而不能轻易将损害或者限制公民权利的行为都认定为对相关公民人性尊严的侵犯，否则一方面将导致公民的任何权利都被绝对化，不仅难以在公民之间进行自由权利的相互协调，甚至还会导致国家机关无法运转；另一方面则会造成尊严的"通货膨胀"，反而会使尊严贬值为"价值甚微的硬

---

① Vgl. Wessels, Strafrecht Allgemeiner Teil, 27. Aufl., München: C. H. Beck, 1997, Rn. 320.
② 参见我国台湾地区"法务部"《对拒绝酒测者强制抽血不违反人权》，http://tw.cankaoxiaoxi.com/2013/0620/227676.shtml，2020年4月23日。
③ 参见王钢《出于营救目的的酷刑与正当防卫——战后德国最具争议之刑法问题评析》，《清华法学》2010年第2期。

币"（kleiner Münze）。① 但是，这种做法无异于"先将某一概念缩限，而后将原本属于此概念的概念排除在外"，明显有"掩耳盗铃"之嫌疑。而且，此种将人性尊严限制的做法，更说明其本质上并非至高无上，因为若人性尊严当是至高无上的，便绝不会因为"量"的多少而改变其至高无上的"本质"。从数理上分析，若某一个数字是无穷大的，则其任何一部分都应当是无穷大的；与之类似，若人性尊严真的至高无上，则无论多少人性尊严都应当是至高无上且不可衡量、不得限制的。事实上，无论是在紧急状态抑或普通情况下，国家都不可能将公民的人性尊严奉为至高无上的"圭臬"，不让其遭受一点"玷污"，而是必然会在对公民人性尊严的干涉与社会公共利益之间做出一个权衡。即便是将人性尊严列为基本权利之首的德国，也在其《基本法》第 19 条指出：依据本基本法规定，某项基本权利可通过法律或依据法律予以限制。正因为如此，有德国学者在列举了诸多侵犯人性尊严的行为后直言不讳地指出：人性尊严的不可权衡性是"宪法学中最大的谎言"！② 故正确的理解是，人性尊严是与生俱来的，其存在并不以任何后天条件为前提③，私人间任何不经同意的干涉，其实都是对其的侵犯，但立法者基于利益衡量，会对部分国家侵犯人性尊严之行为通过法律规定进行"合法化"，真正被法秩序所禁止的，只有那些明显逾越比例原则的或者极为严重的侵犯人性尊严之行为而已。这种规定便类似于刑法中的违法阻却事由，我们不会认为违法阻却事由没有侵犯法益，而是认为该行为确实侵犯了他人的法益，但因为是法律所允许的，因而阻却违法。故法律

---

① Vgl. Ernst-Wolfgang Böckenförde, Die Garantie der Menschenwürde, Blickpunkt Bundestag, 4/2006, 53.

② Klaus Lüderssen, Die Folter bleibt tabu-kein Paradigmenwechsel ist geboten, in Festschrift für Hans-Joachim Rudolphi zum 70. Geburtstag, Neuwied: Luchterhand, Wolters Kluwer, 2004, S. 702.

③ Vgl. Brunkhorst, Folter, würde und repressiver Liberalismus, in Beestermöller/ders. (Hrsg.), Rückkehr der Folter, München: C. H. Beck, 2006, S. 90.

规定的违背他人意愿的强制搜查、强制验血，其实也侵犯了他人的人性尊严，只是因为法律的规定而被法秩序允许。综上所述，由于我国与德国法律规范之差异，尤其是在尊严死尚未被完全合法化的我国，人性尊严并不属于受到绝对保护之基本权，国家可以在法律的范围内对行为人的基本权利进行限制甚至剥夺，真正的问题只在于，国家究竟在何种情况下会停止对这种基本权利的绝对保护。[1] 而且在我国法律体系内，生命的价值更重于人性尊严，故建立在"人性尊严不可衡量"基础上的紧急避险否定说在我国难以适用，我们必须从其他视角寻找强制抽血不成立紧急避险的理由。

二 攻击性紧急避险"适当性"原则之理解与运用

诚然，若按照前述轻微法益与重大法益的概念判断，案例4-3中的避险人当然成立紧急避险，但此种观点显然难言妥当，因为其只看到了紧急避险的结果要素，却忽略了避险的手段要求，这样的做法明显与我国条文不相吻合。我国《刑法》第二十条第二款规定：正当防卫明显超过必要限度造成重大损害的，应当负刑事责任，但是应当减轻或者免除处罚。显而易见，"明显超过必要限度"与"造成重大损害"是两个独立的条件，前者是成立防卫过当的行为要件，后者是成立防卫过当的结果要件。[2] 需要注意的是，虽然条文对于防卫过当采取的是"双重过当"模式，故正确的逻辑应当是"仅行为过当或结果过当的，不成立防卫过当"，在仅一方不过当的情况下，难以直接得出成立正当防卫的结论。然而，纯粹逻辑上的无法推导，

---

[1] Vgl. Georg Hermes, Das Grundrecht auf Schutz von Leben und Gesundheit, Heidelberg: C. F. Müller, 1987, S. 240f.

[2] 通说即持此种观点，参见高铭暄、马克昌主编《刑法学》，北京大学出版社、高等教育出版社2019年第9版，第132页；劳东燕《正当防卫的异化与刑法系统的功能》，《法学家》2018年第5期；认为二者一体的观点参见张明楷《刑法学》（上），法律出版社2021年第6版，第275页；黎宏《刑法学总论》，法律出版社2016年第2版，第141页。

并不意味着在教义学理论上也难以认定。纵然正当防卫的正当化依据仍然存有争议，但有一点是确信无疑的，即其必须保护防卫人的利益①，故学界无争议地认为，应当从行为时的防卫人视角对防卫行为的必要性加以判断②，即对于防卫行为的评价，并不取决于其给侵害人造成了多大的法益损害，而是取决于其防卫手段是否必要。在防卫手段未超过必要限度的情况下，防卫行为即属合法。③ 因此，即便防卫者已经预见到或者能够预见其后果超越防卫的必需范围，只要防卫行为在必要性的范围内，防卫在原则上即为合法。④ 由此可见，在认定正当防卫的过程中，真正起决定性作用的是防卫行为。类似地，《刑法》第二十一条第二款也规定：紧急避险超过必要限度造成不应有的损害的，应当负刑事责任，但是应当减轻或者免除处罚。不难看出，避险过当的规定与防卫过当的规定几乎如出一辙，只是对避险手段及损害结果做了一定缩限。故按照体系解释，避险行为也应当满足紧急避险自身的相应要求。因此，我们在认定是否成立紧急避险时，便不能够只从事后着眼于法益衡量的结果要素，也应当从行为时判断其避险行为是否符合"适当性"之要求。需要注意的是，因正当防卫与紧急避险正当化依据不同，故二者手段要件的称谓也并不相同。前者的正当化依据在于立法者为了保护防卫人利益，在一定范围内对侵害人的法益进行了"悬置"⑤，故应当从防卫人角度考量其

---

① Vgl. Thomas Rönnau, in Leipziger Kommentar, 13. Aufl., Berlin [u. a.]: de Gruyter, 2019, Vor § 32, Rn. 112.

② Vgl. Christian Rückert, Effektive Selbstverteidigung und Notwehrrecht, Tübingen: Mohr Siebeck, 2017, S. 224.

③ Vgl. Kindhäuser, in Nomos Kommentar, StGB, 5. Aufl., Baden-Baden: Nomos, 2017, § 32, Rn. 92ff.

④ Vgl. Bockelmann, Notrechtsbefugnisse bei Polizei, FS-Dreher, Berlin [u. a.]: de Gruyter, 1977, S. 248.

⑤ 参见许恒达《从个人保护原则重构正当防卫》，《台大法学论丛》第 45 卷第 1 期；魏超《法确证利益说之否定与法益悬置说之提倡——正当防卫正当化依据的重新划定》，《比较法研究》2018 年第 3 期。

手段要求，即在保护防卫人法益的必要限度内，防卫行为均属合法，相应地，其手段也就被称为"必要性"；而后者的正当化依据在于社会连带义务，应当从被避险人角度考量其手段要求，而如前所述，被避险人只会允许避险人给自己造成"适当"的损害，故紧急避险的手段应被称为"适当性"。一如韩忠谟教授所言：紧急避难系一种紧急行为，亦即紧急状态下之放任行为，然法律对于一方加以放任，而对他方之地位亦不得不加以考虑，故必于所保全之利益，与因保全此利益而受损之利益间，保持适当之权衡，此与正当防卫仅注重防卫者一方之利益者，性质颇不相同。①

接下来的问题在于：避险行为的"适当性"究竟应当如何判断？我国台湾地区学者林钰雄教授在关于强制捐血的论述中指出：社会共同生活必须容许一定的互助义务，而这正是刑法之所以容许紧急避难的理由。② 其言下之意便是，此行为能够得到社会连带理论的认可，故属于阻却违法的紧急避险。本书赞成林教授思考问题的角度，但对其结论持怀疑态度。就其思考角度而言，既然社会连带理论是从被避险人的视角提出的理论，我们当然应当从被避险人的视角出发，论证避险行为是否符合适当性的要求，若该行为能够得到行为人的认可，即符合手段"适当性"之要求，在结果也满足法益衡量的情况下，便能够成立紧急避险，反之，则难以成立；但就其结论而言，根据本书的观点，理性人并不会同意避险人以此种方式实施紧急避险，故此种避险方式已然超出了社会连带理论的范畴，难以阻却违法。详言之，理性人在无知之幕背后的承诺，其实就是一种法律拟制的被害人承诺，故其理应受到被害人承诺理论的制约，不仅法益的侵害结果不能超出承诺范围，侵害的手段也应当在承诺的允许范围之内。被避险人虽然会同意避险人侵害自身法益，却并未将自身全部的法益均交付给避险人，而是仅允许其侵害自身部分法

---

① 参见韩忠谟《刑法原理》，中国政法大学出版社2002年版，第114页。
② 林钰雄：《新刑法总则》，台北：元照出版有限公司2019年第7版，第271页。

益，但不言而喻的是，只要是侵害行为，便具有给法益造成伤害的可能性，被避险人一旦失去了对避险行为强度的控制，当然也就失去了对避险结果的控制。① 故理性的被避险人出于最大限度地保护自身法益之目的，必然对避险手段做出一定的限制，禁止他人使用任意手段避险，以免给自己带来超出承诺范围的法益损害。一如学者所言："必要限度"还包括对避险行为的判断，即在避险手段不可避免性这一方面审查避险行为的必要性是否适格或避险行为是否采用了最小损害手段。紧急避险是否超过必要限度应当从紧急避险的正当化根据——社会团结义务出发，进行整体性评价，即面对现实危险时，行为人在不得已的情况下采取的避险行为不得超过被避险人的忍耐限度，如果避险行为超过被避险人的忍耐限度，或者避险行为必要性不适格，则该避险行为都应认定为不法侵害，被避险人对其可以进行正当防卫。② 因此，既然理性人只应允了放弃自身的轻微法益，那么相应地，其也只会允许他人行使与所伤害法益相应程度的避险行为，即轻微的暴力行为，而决不会允许他人完全剥夺自己的行动自由或者实施伴随重大法益损害危险之行为。

　　根据这种从被避险人视角出发的"适当性"原则，我们可以对既有的案例进行分析。在案例3中，根据医学常识，抽血时需要献血人全身放松，在他人紧张甚至反抗情况下不但无法完成抽血工作，更会给献血人造成巨大损害，因此，若要如案例中一般不给避险人造成损害的强制献血，必须以暴力将其置于完全的控制之下，而且此暴力比最狭义的暴力③更甚，是让其处于全身静止之状态。虽然此

---

　　① 类似观点，参见邹兵建《正当防卫中"明显超过必要限度"的法教义学研究》，《法学》2018年第11期。
　　② 参见隗佳《责任阻却性紧急避险的厘清与适用——以受虐妇女杀夫案为视角》，《法学家》2020年第1期。
　　③ 最狭义的暴力一般是指足以压制被害者反抗程度的暴行，多见于抢劫罪、通过暴力实施的强奸罪等，参见［日］松宫孝明《刑法各论讲义》（第五版），东京：成文堂2018年版，第46页。

时避险人知晓，自己抽取的只是救助他人之血液，但是从被避险人的角度观之，他根本不知道避险人究竟想对他实施怎样的法益侵害行为，一个行为的法益侵害性应当以行为时为判断基点①，而不能从结果去回溯判断，否则定然不利于保护被害人的法益，一如德国学者普佩（Puppe）教授在论述正当防卫的必要防卫（Die erforderliche Verteildigung）中所指出：当侵害人没有被防卫者阻止的情况下，无论从事前还是事后，我们都无法判断，侵害者究竟会实施怎样的侵害行为。②换言之，"我并无理由认为，那个想要夺取我的自由的人，在把我置于他的掌握之下以后，不会夺去我的其他一切东西"。③在被避险人眼中，自己或是被捆绑在床上，或是被枪支顶着脑门，更有可能已经被药物迷晕而失去知觉，纵然避险人已然告知其内心的想法，但是他眼睁睁看着自己的鲜血从体内流出，而自己却动弹不得，病床上则躺着奄奄一息需要大量输血的病人，这种景象怎能让人相信，避险人只会从其身上抽取"不会损害身体健康"的鲜血？他只知道自己处于一种"人为刀俎，我为鱼肉"的状态，犹如一只待宰的羔羊，任凭他人在自己身上抽血，甚至是做其他任何事情。因此，一旦理性人允许他人以任何手段侵害自身轻微法益，便意味着他将处于极大的危险之中，侵害人随时能够以"仅会损害轻微法益"为借口将其置于自己的实力控制之下，而其又囿于紧急避险为违法阻却事由只能忍耐，这无异于让自己时时刻刻可能处于任人摆布的局面，必然极大影响其正常的生活，相信任何一个理性人都不会同意这样的一种避险模式。与之对比，我们也可以发觉，为何同样没有造成损害的强制验血具有合宪性。虽然德国通说认为：

---

① 参见陈璇《论客观归责中危险的判断方法——"以行为时全体客观事实为基础的一般人预测"之提倡》，《中国法学》2011年第3期。

② Vgl. Ingeborg Puppe, Strafrecht Allgemeiner Teil im Spiegel der Rechtsprechung, 4. Aufl., Baden-Baden：Nomos2019, §12, Rn, 5.

③ ［英］洛克：《政府论》（下篇），瞿菊秋、叶启芳译，商务印书馆1997年版，第13页。

刑事诉讼法中的规定仅仅是出于技术原因要求抽取血液，并非对于他人身体的利用；而在强行献血中，则是将他人物化为了"血液银行"，因而损害了其人性尊严。① 但是如前所述，这种未得他人同意的抽血行为，其实也已经侵害了他人的人性尊严，只是立法者将其合法化了而已，而且，由于二者在最终的结果——侵犯人性尊严与取得血液——上并无差异，我们只能够通过分析其行为上的不同找寻二者的差异。前已论述，刑事诉讼中的作证义务也是一种社会连带义务，其来源于人与人之间的相互依赖，即每一个人都基于自身的安全考量为他人利益作出牺牲。故应当考量在此情况下，无知之幕后的理性人是否会做出履行义务之承诺。由于强制验血的前提条件为不得给被验血者造成任何身体损害，在结果上必然满足社会连带理论中轻微法益损害之要求，仅需要分析此时国家机关的强制验血手段能否通过行为适当性的检验。本书认为，从行为时理性的被验血者的视角观之，其会同意国家对其实施的验血行为，原因在于，虽然此时的客观情形完全相同，但国家机关强制验血与私人机构强制抽血会让被避险人产生完全不同的心态，这种不同的心态又来源于民众对国家机关的强制行为与私人机构的强制行为截然不同的信赖程度。详言之，虽然二者均为强制，但理性的被验血者会明白，国家机关仅仅是为了查明案件事实才从自己身上抽取血液用于化验，而且事前需要通过司法审查、签发令状、检测是否可能造成损害，且必须由医生执行等一系列严格的程序与限度②，这些复杂的程序也会给被避险人提供相应的心理保障，让其对国家机关产生充分的信赖。即便从行为时判断，他也会明白，虽然国家机关将自己置于实力控制之下，但其并不会给自己造成法益损害，自己的身体健康、生命安全能够得到完全的保障，在不可能造成超出自身承诺的法益

---

① Vgl. Neumann, in Nomos Kommentar, StGB, 5. Aufl., Baden-Baden：Nomos, 2017, § 34, Rn. 118.
② 如我国台湾地区"家事事件法"第 68 条第 2 款规定：命为前项之检验，应依医学上认可之程序及方法行之，并应注意受检验人之身体、健康及名誉。

损害的情况下，理性人当然会同意国家机关从其身上抽取少量血液进行化验，以履行自身的社会连带义务，国家机关的验血行为也因此具有了正当性。在经由正当程序后，此种正当性便能够成为具有强制效力的法律规范[①]，纵然现实中有个别特立独行之人不愿意履行此义务，国家机关也能够迫使其强制履行，德国《刑事诉讼法》第81条C第2项1规定也因为能够得到理性人的同意而具有合宪性。与之相对，私人实施的紧急避险并不具备前述另被避险人信服的条件。一方面，私人机构虽然也可以对被避险人进行各种检验，但对被避险人进行详尽的身体检查往往需要耗费大量时间，这也从侧面证明病人并未濒临死亡，因而难以满足"紧迫性"要件；另一方面，私人机构并不拥有如国家机关般让人信服的权威，难以让民众对其承诺产生充分的信赖，故并不具备上述能够让被避险人做出承诺的条件。即便在抽血前，其明确告知被避险人"我们只会抽取不会损害你身体健康的血液"，但是从被避险人的视角观之，其完全处于一种任人宰割之状况，在其面前的是一个自己一无所知，也未对自己进行任何身体机能检测的机构，而在其旁边的病床上，是因大量失血而急需补充血液的病人，如此场景，怎能让其相信自己仅会被抽取"不会损害身体健康"的血液？在这种难以知晓后果的情况下，相信任何一个理性人都不会做出允许他人侵害法益的承诺，强制抽血的行为也因为缺少理性人的承诺而难以成立紧急避险。与之类似，经常被用于"适当性"讨论的案例是：

> 案例4-4：A驾车过程中，为了躲避突然出现的逆向行驶的摩托车，急转方向盘撞向路边一行人，幸而行人闪避及时，与车辆擦肩而过，未受任何损伤。

[①] Vgl. Kühnbach, Solidaritätspflichten Unbeteiligter, Baden-Baden: Nomos, 2007, S. 70f.

对此案例，我国有学者认为，为了避免与逆向进入路口的摩托车相撞而急忙打方向盘驶入对向车道，无论是否将第三人撞死，都不属于正当行为。因为不管是刚领到驾照的新手还是开车多年的"老司机"都知道，在道路上行车，如遇前方障碍，应当及时刹车而不是驶入对向车道，在车速极快的高速公路上更应如此。在有驾照者都应知晓交通规则的前提下，以情况紧急或避让摩托车为由冲入对向车道，本身就难以得到社会一般观念的赞许，自然不具有违法阻却性。本书赞成该学者的结论，但认为其理由值得商榷，因为社会一般观念是一个极为模糊的概念，故以之来判断某一行为是否具有适当性，容易产生结论上的恣意。如支持此说的论者认为：在"电车案"中，为了挽救5个人的性命，而牺牲一个无辜者的性命是符合社会一般善良观念的，能够成立紧急避险。① 但是这样的判断显然与绝大多数学者否认此类行为能够阻却违法相悖。就本案而言，也完全可以存在两种"社会一般观念"，其一是虽然违反了交通规则，但A避免了伤亡结果，因而行为合法；其二是A违反了交通规则，其没有造成伤亡结果是纯属偶然，因而并不合法，论者又何以言之凿凿，此类行为"难以得到社会一般观念的赞许"？因此，认为某行为能够得到社会一般观念的赞许，毋宁说是该行为能够得到论者自己的赞许。本书认为，从被避险人的视角出发，此种行为难以成立紧急避险。在前路突然出现障碍物时，相关交通规则要求刹车而非转向，一个重要的原因便在于，高速行驶的车辆突然变道转向，极易由于自身的惯性作用而导致车辆完全失控，而一旦其被失控的车辆高速撞击，轻则伤筋动骨，重则当场毙命，无论哪一种后果，都已然超出自己所承诺的轻微法益之范围。更为严重的是，在此情况下，车辆给被避险人造成何种损害，已经完全不受避险人的控制——因为他已经完全无法控制自己的汽车，即无法控制自己究

---

① 上述论述，参见贾银生、高维俭《论对生命紧急避险的伦理基础》，《南昌大学学报》（人文社会科学版）2018年第1期。

竟给被避险人造成何等程度的伤害——而是取决于天意，任由失控的汽车摆布。但是，理性人设立紧急避险，就是希望将自己的性命掌握在自己手中，而非交由上苍决定，否则又何必让渡出自身权益设立紧急避险。因此，理性人绝不会同意可能给自身带来重大损害可能性的避险手段，上述行为均不满足避险手段"适当性"之要求，应成立相应犯罪。

可能有学者会认为，本书的观点将导致紧急避险的成立范围过于狭窄。但这种观点绝非笔者一家之言，在既有的违法阻却事由中，学界普遍认为不满足手段的"适当性"能够成立犯罪。如在正当防卫中，便有日本学者认为：被正当化的防卫行为的范围，不应该根据所产生的"结果"，而应该通过所使用的"防卫手段"本身予以判断。① 德国通说也指出：对于防卫行为必要性的评价，并不取决于其给侵害人造成了多大的法益损害，而是取决于其防卫手段是否必要。在防卫手段未超过必要限度的情况下，防卫行为才是合法的。② 故在正当防卫中，没有造成结果过当只能确保不成立防卫过当，在手段超出不具有"适当性"的情况下，仍然可能成立其他犯罪的未遂。同样的观点在紧急避险未造成损害的情况下也并不罕见。如德国有判例认为，为了救援自己企图自杀而危在旦夕的女朋友，高速闯过多个红灯，虽然并未造成损害，但只要给其他交通参与人造成了具体的危险，也难以成立紧急避险。③ 日本也有判例认为，为了将发热的幼女送去医院而以88千米/小时的时速在最高限速50千米/小时的道路上行驶，虽然并未造成人员伤亡，但也只能够成立避险过当。④ 我

---

① 参见［日］大越义久《刑法解释の展开》，东京：信山社1992年版，第46页以下。

② Vgl. Kindhäuser, in Nomos Kommentar, StGB, 5. Aufl., Baden-Baden: Nomos, 2017, § 32, Rn. 92ff.

③ Vgl. OLG Karlsruhe VRS 46 (1974), 275.

④ 参见［日］前田雅英《刑法总论讲义》，曾文科译，北京大学出版社2017年第6版，第256页。

国也有学者认为：为救助自己病危的孩子，在闹市中醉酒驾驶车辆的，即便没有造成危害后果，也不能成立紧急避险。① 由此可见，即便避险人并未造成任何实害，我们仍然能够以不具有"适当性"为由否认紧急避险的成立。

案例4-5：某日21时33分许，被告人陈某饮酒后，发现同行者不省人事摔倒在地，头部受伤，为了及时带其到医院进行治疗，在醉酒情况下驾驶小型普通客车从地下停车场行驶至该停车场出入口路段出车场时，与停车场道闸及墙壁发生碰撞，造成停车场道闸、车辆部分损坏的道路交通事故。经鉴定，被告人陈某血液中乙醇含量为205.54mg/100ml。法院遂判处陈某构成危险驾驶罪。②

案例4-6：2018年12月7日，陈某邀请朋友欢聚为妻子庆生，夜里11时左右，陈某妻子在上楼途中，突然倒地口吐白沫、昏迷不醒，陈某立刻让女儿通过120求救。120当时回复，附近没有急救车辆，得从别处调车，具体到达时间无法确定。情况紧急，陈某只得驾驶私家车，将妻子送到了附近医院抢救。随后，陈某被警方查获。经鉴定，陈某血液中的酒精含量为223mg/100ml，远超醉驾标准。

人民法院认为，被告人在道路上醉酒驾驶机动车，对公共安全造成一定的危害，其行为确已构成危险驾驶罪，但就其能否适用缓刑向中院请示。中院经审查认为，案发时行为人认识到其妻子正在面临生命危险，出于不得已而醉酒驾驶损害另一法益，在必要限度内实施避险行为，符合紧急避险的各项条件，遂作出批复，认为被告人构成紧急避险，不负刑事责任。③

---

① 参见石聚航《刑法中避险限度的目的解释——基于对建构主义刑法学的反思》，《政治与法律》2015年第10期。
② 参见（2015）深福法刑初字第16号。
③ 参见（2019）苏0281刑初1113号；（2019）苏02刑他51号。

本书认为，虽然判决书中并未指明同行者的伤势如何，但即使其伤情较为严重且行为人仅造成财产损害甚至并未造成任何实害，因而能够满足"法益衡量"之要求，两起案件中的行为人也均难以成立紧急避险。首先需要说明的是，这两起案件均不满足紧急避险"补充性"要件。在案例4-5中，陈某在较为繁华、人员往来较多、交通便利的市中心的酒吧饮酒，时间也并非深夜，故其完全可以选择向周围群众求助、拨打120请求救护车前来或乘坐出租车等方式救治朋友，而不应是醉酒驾驶送朋友到医院，就此而言，其并不具有紧急避险所要求的"补充性"。日本法院曾经在"手持镰刀的弟弟暴力闯入自家住宅，感觉到生命和身体的安全受到威胁，以醉酒的状态驾驶车辆逃走，途中到了安全的场所也没有停止驾驶，离开了大约6.15千米到了警察局仍然在继续驾驶"的案件中，基于"进入城市街道之后，考虑到在适当的场所停止驾驶，通过电话联络等方式求助于警察并非不可能"的考量，而否定了被告人后半部分的补充性，从而将被告逃避追杀的整体行为认定为避险过当。① 由此可见，陈某的行为难以满足紧急避险补充性的要件。类似地，在案例4-6中，虽然案件的承办人认为，本案被告人让女儿拨打120急救电话，得知其所在的乡镇附近无急救车辆，从他处调车无法确定到达时间。其住处偏僻，无邻居可以帮忙开车；其他家人为老人、小孩，均无驾驶证，故其醉酒驾驶行为本质是为了使妻子及时得到医治而采取的一种迫不得已手段。② 但事实上，案情却并非如此。我国有学者通过实地验证指出：被告人所处位置虽然距离城区有一定的距离，但是绝对没有达到所谓的偏远的距离，其所在地区并不是荒无人烟。事实上其所居住的位置为村镇的中心，周围有十余户邻居，其中很多家庭都有私家车和合法驾驶人，最近的派出所距离陈

---

① 参见［日］铃木优典《道路交通法违反と紧急避难》，《交通刑事法之现代的课题——冈野光雄先生古稀记念》，东京：成文堂2007年版，第124—125页。

② 参见韩锋、王星光、杨柳《为送亲属就医醉驾构成紧急避险》，《人民司法》2020年第23期。

某的家也只有3千米的距离，若其拨打110求助，警察很快就能将警车开到其家门口。而且，陈某女儿在听闻需要从附近调拨车辆后，拒接了120拨打过来的20余次电话。① 由此可以说明，陈某当时并不是完全处于迫不得已的状态，纵使警察或120到场仍然需要一段时间，其也完全可以向邻居求助。退一步而言，即便认为两起案件的行为人均地处偏僻，其醉酒驾驶车辆载运同行者前往医院的行为，也难以满足"适当性"要求，故并不成立阻却违法的紧急避险。我国有学者认为，虽然道路内部特定或多数人的生命健康权看似高于病患的生命健康权，但前者在醉驾行为发生的场合只是经受了法律拟制的抽象危险，其紧迫程度不可与正在严重发病的病患之生命健康权所受的具体现实的危险相提并论。故在一般情况下，醉驾所经过道路范围内的公众有容忍指向自身安全的抽象危险以帮助排除威胁病患生命安全之紧迫具体危险的社会团结义务。② 本书认可论者的观点，但同时认为此种观点在上述两起案件中并不适用。从判决书中可知，案例4-5中的陈某血液中的酒精含量为205.54mg/100ml，案例4-6中的行为人血液中的酒精含量更是高达223mg/100ml。而根据国家《车辆驾驶人员血液、呼气酒精含量阈值与检验》之规定，100毫升血液中酒精含量达到20—80毫克的驾驶员即为酒后驾车，80毫克以上认定为醉酒驾车。故其血液酒精含量已经远远超过国家规定，在此情况下，其对于车辆的控制能力必将大大减弱，强行驾车上路的行为已经极有可能给周围群众的生命身体法益造成具体而非抽象的危险，已然超越了社会连带义务的容忍界限。尤其是在案例4-5中，从法院查明的情况来看，陈某从音乐厅地下停车场行驶至该停车场出入口路段出车场时，即与停车场道闸及墙壁发生碰撞，在如此短的距离内便已然发生交通事故，可见其基本丧失了对车辆

---

① 参见高洁、陈思行、曾雄军《个案对法制进程的影响——以江阴市危险驾驶定性为紧急避险案为例》，《河南司法警官职业学院学报》2022年第1期。
② 参见王志祥、融昊《醉驾行为出罪路径的刑法教义学阐释》，《北方法学》2022年第1期。

的驾驶能力。此外，根据其他证据显示，陈某在撞车后停车下车时便摔倒在地；在归案后亦供述，其已完全想不起来驾车发生事故的经过；交警亦证实到达现场时被告人陈某醉酒不省人事。综合上述情况分析，被告人陈某已经完全失去了控制能力，根本无法安全驾驶车辆，其驾驶车辆的行为极有可能给周围群众造成极为严重的法益损害，因而并不满足紧急避险"适当性"之要求，难以成立紧急避险。而在案例4-6中，被告人所居住的位置为村镇的中心，案发时间也仅是夜间11点左右，道路上（可能）仍有一定数量的车辆行驶，虽然陈某在并未造成任何实害结果的情况下，成功地将妻子送到了医院，但根据其血液酒精含量不难看出，其此次的成功纯属偶然，其驾驶行为仍然可能给其他交通参与者造成具体的危险，同样有违"适当性"原则，有成立避险过当之嫌疑。当然，此种观点并不代表所有的醉酒驾车行为均会因为不符合"适当性"而难以成立紧急避险，我们仍然应当结合其驾驶能力以及彼时的外界环境进行综合判断。如在案例4-6中，如果认为本案中的行为人满足"补充性"要件，且能够证明此时道路上已经基本没有其他参与者，则完全可以认为陈某的驾驶行为仅仅会给公共安全造成抽象的危险，符合"适当性"的要求，进而得出陈某成立紧急避险的结论。

案例4-7：被告人赵某因其子突发高烧，于凌晨3时驾车赴某儿童医院就医。刚行驶到某镇下辖的某村路口时，因车辆撞向路墩被民警查获。经当地公安交通司法鉴定中心检验，其血液中酒精含量为144.2毫克/100毫升，系醉酒驾驶机动车。一审法院考虑到其危险驾驶行为未造成实际危害后果，以危险驾驶罪从轻判处拘役1个月，被告人提出上诉。二审法院经审理后认为，赵某醉酒后在道路上驾驶机动车行为已构成危险驾驶罪，但未发生实际危害后果，犯罪情节轻微，不需要判处刑罚。遂撤销一审判决，改判免予刑事处罚。①

虽然本案中赵某的酒精含量也超过了 80mg/100ml 的国家标准，但结合其行驶路程及时间，仍然有成立紧急避险之余地。一方面，与案例 4-5、案例 4-6 发生在晚上 9 点 30 分和 11 点左右不同，本案发生在凌晨 3 点，此时已经根本没有公共交通工具可以乘坐，而在孩子突然高烧的情况下，如果打车、找代驾送孩子去医院又势必耽误疾病的诊治，甚至会对生命法益造成损害。因此与前两起案件有别，本案中行为人驾车送孩子去医院的行为完全符合紧急避险"补充性"要件②；另一方面，虽然行为人的控制能力已大幅减弱，但彼时的道路上车辆、行人极少，且行为人刚刚上路便撞到了路墩，故其驾驶行为并未给其他民众造成具体的危险，甚至可以说连抽象的危险也未产生，而是仅仅造成了一定数额财产损害。因此结合本案发生的时间、地点与具体案情，行为人的驾车行为并未给他人造成具体的危险，能够满足"适当性"要求，有成立紧急避险的余地。据此，即便行为人并未造成损害结果，但若其避险行为给被避险人的重大法益造成了具体的危险，则已然不满足"适当性"之要求，其行为也当属违法，应视条文之规定成立相应犯罪。故在案例 4-3 中，由于我国不存在强制罪，该案的行为人并不成立任何犯罪，但其强行掳走他人并抽血的行为已然侵害了被害人的法益，属于行政违法行为，被避险人能够对其实施正当防卫，而案例 4-4 中的行为人由于已经给他人生命法益造成具体之危险，更可能成立故意杀人罪（未遂），至于是否有必要科处刑罚，则不在本书的讨论之内。

还有学者认为，应当将给他人法益造成持续性侵害的行为均认定为"超过必要限度"，理由在于：紧急避险所面临的危险多是突发

---

① 参见（2017）京 02 刑终 460 号刑事判决书。
② 参见周光权《论刑事一体化视角的危险驾驶罪》，《政治与法律》2022 年第 1 期。

性的不法侵害或者其他危险，此类危险多具有瞬时性，危险的发生及其所造成的危害迫在眉睫，因此，避险人采取的避险方法也应当是瞬时性的针对第三人的合法利益，而不是持续性的危害。因此，在"A生命受到胁迫后对B实施非法拘禁"的案件中，因为非法拘禁是继续行为，对他人的法益侵害是持续性的，故A的行为并不构成紧急避险。[①] 但是此观点显然值得商榷，一方面，虽然论者并未说明非法拘禁的时间，但从其"法益侵害是持续性的"描述来看，其应当倾向于认为无论时间长短，均不能够成立紧急避险。但是无论从何种角度看，生命法益必然大于自由法益，故在拘禁时间较短的情况下，完全符合法益衡量之要求；另一方面，将之与其他避险行为类比也可以发现，此类行为能够成立紧急避险。例如A在生命法益遭受威胁时，闯入B家中躲藏了3小时，若按照论者"持续性法益侵害超过必要限度"之观点，则其行为也不能够成立紧急避险，但相信论者也不会赞成此种观点。Roxin教授便曾明确指出：虽然与财产相比，人的自由是一种具有更高价值的法益，但若能够通过剥夺较短时间的、无后果的自由——一种对于《刑法》第239条保护的法益轻微的侵犯——来避免数额巨大的财产损害，则该行为仍然能够凭借《刑法》第34条阻却违法。[②] 而且如上所述，此类避险行为本身并不会给被避险人造成不可挽回的重大法益损害，也并未将被避险人置于自己的实力控制之下，故能够得到无知之幕后理性人的认可，应当成立紧急避险。

综上，被避险人达成紧急避险协议的初衷在于避免自身重大法益遭受损害，而避险行为必然伴随着造成法益损害结果之风险，若不对其加以限制，无异于让自己随时可能遭受重大法益损害的风险，其设立紧急避险，让自己重大法益免遭损害的目的也将全盘落空，

---

① 参见石聚航《刑法目的解释研究》，法律出版社2022年版，第118—119页。
② Vgl. Roxin & Greco, Strafrecht Allgemeiner Teil Bd. 1, 5. Aufl., München: C. H. Beck, 2020, §16, Rn. 32.

这是理性人绝不能够接受的。因此，被避险人为了"防患于未然"，又设立了"适当性"的要求，以避免遭受过度的避险行为给自身造成重大损害之危险性。这种"适当性"至少体现在两个方面：①避险人不得使用可能直接造成重大法益损害的暴力行为，以避免该行为给自身带来不可挽回的重大法益损害；②避险人不得实施后续可能会带来重大法益损害之行为，如使用足以压制反抗之暴力，将他人置于自身绝对的掌控之下，因为被避险人一旦完全落入他人的掌控之下，便可能遭受巨大的法益损害，这是避险人不可能同意的。总之，避险行为必须要给被避险人"留有余地"，确保被避险人有"随时叫停"的权利，以避免其可能遭受过度的损害，使用超过必要限度的手段进行避险的，即便没有造成损害结果，也应当成立相应犯罪。

第三节　特殊职业者的义务界限与避险范围

如果说，灾难文学的唯一伦理就是反思灾难，那么对灾难刑事治理研究的唯一价值，就是反思如何减少悲剧的发生。

——题记[①]

一　问题的提出——没有边界的特殊义务？

2019 年 3 月 30 日 17 时，四川省凉山彝族自治州木里县境内发生森林火灾。3 月 31 日下午，凉山彝族自治州消防支队指战员和地方扑火队员共 689 人在海拔 4000 余米的原始森林展开扑救。在扑火行动中，受风力风向突变影响，突发林火爆燃，瞬间形成巨大火球，致 31 名救火队员失联。虽经全力搜救，但 27 名森林消防队员和 4 名地方干

---

① 参见刘艳红《治理能力现代化语境下疫情防控中的刑法适用研究》，《比较法研究》2020 年第 2 期。

部群众均不幸殉职。令人意想不到的是,一年后的同一天,悲剧竟然再次发生。2020年3月30日15时,四川省凉山彝族自治州西昌市经久乡和安哈镇交界的皮家山山脊处发生森林火灾,相关部门立即组织人手全力扑救,但是在救援过程中因火场风向突变、风力陡增、飞火断路、自救失效,致使参与火灾扑救的19人牺牲、3人受伤。在哀悼过后,我们更需要反思,如何才能够防止悲剧再度发生。虽然火灾地区海拔较高,但空气中氧气含量仍在14%以上,足以维持正常燃烧,故火情可能进一步扩大,而且,森林大火不可控性强,一旦放任其自由发展,蔓延至山下农村,后果更不堪设想。因此,消防官兵必须尽力扑救,阻止火势蔓延。但问题是,在灭火行为已经给其生命身体造成严重威胁的情况下,是否还有必要让他们冒着生命危险去履行救助义务。

我国《刑法》第二十一条规定:为了使国家、公共利益、本人或者他人的人身、财产和其他权利免受正在发生的危险,不得已采取的紧急避险行为,造成损害的,不负刑事责任……第一款中关于避免本人危险的规定,不适用于职务上、业务上负有特定责任的人。显而易见,特殊职业者[①]不得实施紧急避险的原因在于其负有一定的特殊义务[②],不得实施紧急避险便意味着其仍然需要履行该义务。[③]这样的立法模式不但让部分学者认为,特殊职业者在面临危险之际,非但不得实施紧急避险,反而应当不顾自身安危,直面危险,承受

---

① 由于军人一般均由军事法院加以审判,故本书中的"特殊职业者"仅指代除军人外,在职务上、业务上负有特定责任,且履行责任时必然承担特定危险的从业者。

② 如后所述,履行救助义务与不得实施紧急避险是两个不同层面的问题,但不可否认,条文的规定会给普通民众造成此种错觉。此外,虽然我国条文规定的是负有特定"责任",但因习惯用法、学界通说中用语均为"义务",且二者在本书语境中意义相同,为免反复变换带来理解上的不便,除法条原文外,本书原则上使用"义务"替代"责任"。本部分论述,参见冯军、肖中华主编《刑法总论》,中国人民大学出版社2016年第3版,第280页。

③ 参见[意]帕多瓦尼《意大利刑法学原理》(注评版),陈忠林译评,中国人民大学出版社2004年版,第187页。

危险给自己带来的威胁或损害，在必要时甚至牺牲自己的生命①，更使得我国民众普遍认为，他们在任何情况下，均具有特殊义务，否则便违反了法律的规定。在我国司法实践中，便出现过如下案例：

> 案例4-8：2004年3月17日中午，村民刘某家房屋突然着火。刘家大人在冲出火场后，才发觉刚满周岁的双胞胎尚在屋内。消防队长根据现场火势及消防大队现有的条件和设施判断，根本无法实施救人，如若强行救人，还会造成消防队员的死亡，因而拒绝进入屋内救人，只是针对可能发生的火势蔓延采取了预防性措施。最终，双胞胎在火灾中丧生。事后，刘某向法院提起行政诉讼，要求消防大队承担不当紧急避险的法律责任，其法律根据便是我国《刑法》第二十一条第三款的规定，消防队员是职务上、业务上负有特定责任的人，不得为避免本人危险而实施紧急避险。县消防大队以进入现场救人会造成消防队员死亡为由，拒绝实施救人灭火措施，因而造成其经济损失的扩大和两个小孩死亡的后果。消防大队不当实施紧急避险的行为是违反法律规定的，应当承担由此造成的法律责任。②

但是，论者及原告的理由显然值得怀疑。一方面，是否只要从事了特殊职业，成为特殊职业者，便在任何情况下均负有特殊义务？如案例4-8中，根据当时情状，已经无法挽救婴儿生命，特殊职业者是否有必要为了挽救财产法益而继续履行救助义务，以至于自身遭受重大损害，这样的要求是否对其过于严苛？若特殊职业者在履行义务时突遭意外，面临生命危险，唯有通过紧急避险方能保全，

---

① 参见陈兴良主编《刑法总论精释》（上），人民法院出版社2016年第3版，第286页；张小虎：《刑法学》，北京大学出版社2015年版，第164页。
② 参见谢天长《不作为与紧急避险的若干辨析——从一起急于救人案谈起》，《山西省政法管理干部学院学报》2004年第4期。

这样的规定无异于将其置于死地。我国也有许多学者认识到了这一点，进而指出：在危险已经构成对其本人绝对的人身重大法益损害的情况下，特殊职业者也能够成立紧急避险。① 然而，这样的做法至少存在两个疑问：其一，特殊义务与紧急避险为一体两面之关系，不存在特殊义务即能够实施紧急避险，即便我们能够从教义学理论上证明义务边界的存在，但在条文已明确规定特殊职业者不得实施紧急避险的情况下，如何处理教义学理论与刑法条文的关系？这样的解释是否有违法律的明文规定？其二，论者认为能够成立避险的原因在于，这种情形下，避险行为对第三者权益的损害远远小于避险行为所保护的利益②，但根据通说，功利主义紧急避险仅需要保护利益略大于损害利益即可，为何此处又要求二者存在明显差距？对此问题，学界并没有给出让人满意的答案。近年来，各类严重威胁民众生命财产安全的重大安全事故频繁发生，在每一起事故的背后，都有无数"逆行者"为了保护我们而冒着生命危险负重前行，但却鲜有学者研究其义务界限究竟为何，未免令人心寒。有感于此，笔者拟借助域外立法学说及我国法律规定，从特殊职业者的义务来源着手，论证其义务范围与承担风险之界限，而后对既有的相关学说进行批判，最后结合紧急避险的正当化依据，为特殊职业者划定出避险范围，从而为其寻求一条既符合条文规定，又能够切实保障其合法权益，同时能够符合国民感情的出罪路径。

二 既有特殊职业者避险处理方案之质疑

前已论述，国家存在的根本目的是更好地保障民众的合法权益，其为此也设立了各种特殊机构，并训练专员来保障民众的各种法益，

---

① 参见林亚刚《刑法学教义》，北京大学出版社2011年版，第301—302页。但如后所述，林亚刚教授在该书的第二版中改变了观点。

② 参见黎宏《刑法学总论》，法律出版社2016年第2版，第149—150页。

这些专员便是本书所谓的"特殊职业者",如果他们在遭遇危难之际,也可以援用紧急避险规定来保护自己,无疑会给民众的法益造成更大的损害,进而使得原来建立特别义务之制度目的落空①,因此许多国家均规定,特殊职业者不得成立紧急避险。然而,这样的规定不仅在理论上值得商榷,更在实践中存在巨大隐患。

(一) 紧急避险违法说不利于保护特殊职业者

由于我国刑法条文并未区分阻却违法的紧急避险与阻却责任的紧急避险,而只规定特殊职业者不得成立阻却违法的紧急避险,故学界对于其实施避险行为造成他人损害的法律后果存有两种观点。有罪说认为,特殊职业者不但不得实施紧急避险,更应当追究其逃避义务以及给他人造成损害的法律责任。如我国有学者指出:特殊职业者所肩负的职责往往具有特殊的重要性,故其放弃职责的行为,必然使国家和人民利益遭受更大的损失,而且他们一般都经过专门教育和培训,具有排除与其职责有关的危险的专门知识和技能,一般来说是可以在保全自身的情况下排除危险,故其面临生命危险临阵脱逃的行为,应被依法追究渎职责任。② 与之类似,《德国刑法典》第35条虽然规定了阻却责任的紧急避险,即为避免自己或亲属及其他有密切关系者的生命、身体或自由遭受正在发生且没有其他方法可避免的危险,而实施不法行为的,不负刑事责任。但其第二款即指出:根据情形,若行为人系自己招致了该危险或处于特定的法律关系之中,可以期待其容忍该危险的,不适用本条规定。③ 故也有许多学者认为,若特殊职业者实施了违法行为,仍应成立犯罪,

---

① 参见黄荣坚《基础刑法学》(上),台北:元照出版有限公司2012年第4版,第254页。

② 参见郭守权、何泽宏、杨周武《正当防卫与紧急避险》,群众出版社1987年版,第171—172页。我国1979年《刑法》第十八条第三款与1997年《刑法》第二十一条第三款如出一辙。

③ 德国通说认为,处于特定的法律关系之中包括特殊职业者。Vgl. Neumann, in Nomos Kommentar, StGB, Band 1, 5. Aufl., Baden-Baden: Nomos, 2017, §35, Rn. 41.

理由在于：一方面，其特定职业关于紧急状态的义务要求他们即便处于生命危险的压力下，也要能够控制自己的生存本能，因为正是在该种情形下，社会共同体必须依赖他们，但是行为人此时却违背了自己应当承担的法律义务，因此与通常的紧急避险相比，其行为不法有所增加；另一方面，特殊职业者往往经过专业的训练，故与普通民众相比，期待其容忍危险的可能性有所增加，因此其自己救助的动机便不那么值得宽恕。[1] 据此，特殊职业者在为了避免威胁生命法益之危险而损害了他人轻微法益的情况下，不仅难以成立阻却违法的紧急避险，也难以成立阻却责任的紧急避险。但是，这样的规定显然对于特殊职业者苛责过甚。

案例4-9：警察A在追捕逃犯的过程中，遇到佩带武器且前来支援的犯罪团伙，A在没有其他方法摆脱追捕的情况下，只能开走他人停放在路边的汽车自保。

若严格依照条文之规定，警察在此种情况下，必然处于进退两难之境地，进则孤身面对穷凶极恶的歹徒，势难保全自身性命，退则遭受法律的制裁，背上"叛徒"（背叛法律赋予其义务）的骂名。但是，此种做法明显与目前的教义学理论及比例原则不相吻合。一方面，对于生命是否能够承诺，学界尚有争议，倘若真如目前司法实践所认为的，生命法益不在个人自由处分的范围之列，则即便是特殊职业者本人也无法任意放弃自身性命，国家机关又怎能在其并未违反法律规范的情况下，迫使其以自身性命为代价履行职业义务？诚然，国家在部分情况下会要求公民履行容忍义务，但也只有在公民实施了极为严重的违法行为后，才会要求其

---

[1] Vgl. Jescheck/Weighed, Lehrbuch des Strafrechts Allgemeiner Teil, 5. Aufl., Berlin: Duncker & Humblot, 1996, S. 486f. 期待其容忍可能性增加的观点，参见Siegert, Notstand und Putativnotstand, Tübingen: Mohr, 1931, S. 55。

容忍对自身生命法益之损害①，在没有实施任何违法行为的情况下，国家绝不能够要求公民履行此容忍义务，更遑论以牺牲其自身生命为代价。②另一方面，在法律体系上，要求特殊职业者承担容忍义务之条款均属于行政法规，故其必须符合"比例原则"，然而，一个要求牺牲生命来达到的行政目的，是不可能满足"比例原则"之要求的。因此，这种否定其能够成立紧急避险，要求其负有绝对的牺牲义务的条款，不可能合宪地存在于现代法治国家之中。③有支持此说的学者出于保护社会整体利益之目的指出：特殊职业者的工作涉及国家及人民的重大利益，如果允许其为了保护自己的生命、健康而实施紧急避险，排险的工作就将无人去做。④但众所周知，特殊职业往往伴随着高度风险，若再剥夺从业者的避险权利，无异于让他们的生命时刻处于危险之中，此时的特殊职业者虽然仍属于法秩序内的一员，却无法得到法秩序的保护，则其通过社会契约进入公民社会，依靠具有决定性的法律来更好地保全自身之愿景也必然成为空谈。若在实践中也如此操作，最后的结果只能是无人再去从事高危行业，进而导致民众的法益难以得到保护，招致更大的损害。正因为如此，即便是在将法条奉为圭臬的德国学界，也没有学者完全采纳此种观点，而是认为特殊义务者在确定或有较大可能会遭受到死亡或严重的健康损害之时，即便拥有特殊义务的地位，其避险行为也能够通过《刑法》

---

① 容忍义务是指行为人必须接受他人的正当行为及其所带来的侵犯结果，且不得对其实施正当防卫。如行为人实施严重不法侵害时，就对防卫人致命的正当防卫行为具有容忍义务。Vgl. Wessels/Beulke/Satzger, Strafrecht Allgemeiner Teil, 50. Aufl, München: C. H. Beck, 2000, Rn. 398f.

② Vgl. Gaede, in Nomos Kommentar, StGB, Band 1, 5. Aufl., Baden-Baden: Nomos, 2017, §13, Rn. 18.

③ 参见谢雄伟《紧急避险基本问题研究》，中国人民公安大学出版社2008年版，第199页。

④ 参见高铭暄主编《刑法学原理》（第2卷），中国人民大学出版社2005年版，第248页。

第 34 条予以合法化。① 就连认为此时违法性与有责性均较普通紧急避险有所提高的耶赛克（Jescheck）教授也认为，在履行义务必然意味着死亡的情形下，就不能够再期待特殊职业者容忍这种危险。②

与德国不同，部分国家及地区的立法者认为，特殊职业者只是不能够成立阻却违法的紧急避险。如日本《刑法》第 37 条第 2 款规定：对于业务上负有特别义务的人，不适用前项规定。我国台湾地区"刑法典"第 24 条第 2 款也规定：前项关于避免自己危难之规定，于公务上或业务上有特别义务者，不适用之。虽然上述国家与地区的紧急避险条款只规定了紧急避险与避险过当，但因受三阶层犯罪论体系及德国学说之影响，其通说均采取二分说，认为紧急避险可分为阻却违法与阻却责任两种③，这也为特殊职业者实施避险行为开辟了一条出罪路径，即退而求其次，在难以认定其阻却违法的情况下，将其认定为缺乏期待可能性，从而避免其承担法律责任。例如有不少学者指出：在职务上、业务上负有特定责任的人，为了保护自己的生命而实施紧急避险行为时，也可能以缺乏期待可能性为由而阻却责任。④

诚然，这样的解释能够使得特殊职业者免遭处罚，较上文全盘否定说更有利于保障其权益，却并未从根本上解决问题：一方面，无期待可能性属排除责任事由，同时意味着其避险行为仍属违法，

---

① Vgl. Roxin & Greco, Strafrecht Allgemeiner Teil Bd. 1, 5. Aufl., München: C. H. Beck, 2020, §16, Rn. 65; Walter Gropp, Strafrecht Allgemeiner Teil. 5. Aufl., Berlin: Springer, 2020, §6, Rn. 151.

② Vgl. Jescheck/Weighed, Lehrbuch des Strafrechts Allgemeiner Teil, 5. Aufl., Berlin: Duncker & Humblot, 1996, S. 487.

③ 参见［日］西田典之、山口厚、佐伯仁志编集《注释刑法》（第 1 卷），东京：有斐阁 2010 年版，第 473—474 页；张丽卿《刑法总则理论与应用》，台北：五南图书出版股份有限公司 2015 年增订版，第 212 页。

④ 参见［日］大谷实《刑法讲义总论》，东京：成文堂 2012 年新版第 4 版，第 302 页；张明楷《刑法学》（上），法律出版社 2021 年第 6 版，第 291 页；付立庆《刑法总论》，法律出版社 2020 年版，第 179 页。

据此，案例 4-9 中的车主甚至能够对警察进行正当防卫，这样的做法与全盘否定说如出一辙，仍将使得特殊职业者陷于"前后夹击"的绝境；另一方面，虽然未有定论，但我国学界与实务界目前对期待可能性适用范围总体呈现一种缩限的趋势，多数学者认为应当将期待可能性的阻却事由限定在法定或有权解释的范围内[①]，甚至有部分学者认为"中国目前不具有引入期待可能性理论的必要性"[②]"期待可能性是一个理论含量很低，承载不了太多期待的概念，其作为一个本来已经没落的学说，也不该被我国刑法教义学采纳"[③]。在此种现实环境下，我国实务中会否以缺乏期待可能性将其出罪，仍然值得商榷。此外，即便特殊职业者事后因无期待可能性而免于处罚，这样的观点恐怕也难以得到民众的赞同：在遇到危难时冲锋在前、消防救火、保护我们生命财产安全的英雄，在面对生命危险时仅仅损害他人轻微法益的行为，竟然是违法的！

（二）紧急避险合法说有违条文规定

正因为责任阻却说存在如上弊端，在采取此种立法例的国家及地区，也鲜有学者持此种观点，大多数学者均认为，特殊职业者在极端情况下能够成立紧急避险，如我国通说认为：法律的这一禁止性规定并不意味着负有特定职责的人一概不能避险。在排险过程中，负有特定职责的人为避免本人危险也可以采取一定的避险措施。[④] 日本的西田典之教授认为：特殊职业者确实被要求直面危险，但在极限之时，还是应肯定成立紧急避险；或者，即便适用本款，但至少

[①] 张小虎：《论期待可能性的阻却事由及其在我国刑法中的表现》，《比较法研究》2014 年第 1 期。

[②] 张旭：《关于"期待可能性理论"的期待可能性追问》，《中国刑事法杂志》2013 年第 5 期。

[③] 王钰：《适法行为期待可能性理论的中国命运》，《政治与法律》2019 年第 12 期。

[④] 参见高铭暄、马克昌主编《刑法学》，北京大学出版社、高等教育出版社 2019 年第 9 版，第 137 页；详细论述参见王政勋《正当行为论》，法律出版社 2000 年版，第 261—264 页。

应认定构成避险过当。① 遗憾的是，上述学者仅仅给出了结论，却均没有给出有说服力的论证过程。

我国台湾地区学者林钰雄教授试图从符合行为相当性的角度为特殊职业者提供紧急避险之依据，他指出：这些业务性质上具有对自己生命或身体的危险性，因此从业时不得为了避免自己之危难而逃避自己的特别救助义务。但应注意，所称"不适用之"仅指不使用一般紧急避险的标准而已，而非"概括排除"其紧急避险之可能性，亦即，特别义务仅"部分限制"避难行为之行使。例如，身陷火海的消防人员以屋内之家具阻挡掉落梁柱而逃生，只要不因此而减损救援他人的机会，并无不可。这可说是相当性条款的具体运用。② 但本书认为，这种解释值得商榷。首先，在立法者明文规定其不得成立紧急避险的情况下，如何解读出"仅针对一般紧急避险的标准，在极端情况下，特殊职业者仍然能够实施紧急避险"之思想，论者没有给出任何解释，而根据字面含义，立法者显然认为在一切情况下，其都不得实施紧急避险；其次，论者认为，在满足相当性时，其便能够成立紧急避险。但是，相当性条款本就是成立紧急避险不可或缺的要件之一，缺乏相当性之行为本身便难以成立紧急避险，换言之，立法者在此处规定的是，即便"特殊职业者已经满足所有紧急避险的成立要件"，也排除其成立紧急避险的可能性，因此，满足相当性要件，也不足以使其避险行为合法化。最为重要的是，无论论者如何进行解释，却始终无法回避一个问题，即立法者已经明文规定，特殊职业者不得成立紧急避险，如何消弭解释结果与立法条文之间的鸿沟？而且，此问题在我国刑法体系内尤为突出。与其他国家不同，我国《刑法》不仅规定了消极的罪刑法定原则，更规定了"法律明文规定为犯罪行为的，依照法

---

① 参见［日］西田典之《日本刑法总论》，王昭武、刘明祥译，法律出版社2013年第2版，第127页。

② 参见林钰雄《新刑法总则》，台北：元照出版有限公司2019年第7版，第268—269页。

律定罪处刑"这一积极的罪刑法定原则,虽然这样的规定在学界看来并不妥当①,但毕竟是我国法条的明文规定,在条文并未修改的情况下,仍然将其解释为能够适用紧急避险的做法,有违积极的罪刑法定原则。

为了解决这种弊端,学界给出了两条道路,一种观点认为,该规定是将紧急避险认定为责任阻却事由时代的遗物,在采取二分说的今日,其已经明显不合时宜,应当予以删除。② 另一种观点则认为,能够由特别法优于一般法原理认定特殊职业者能够适用紧急避险。日本《警察官职务执行法》第7条规定:出于逮捕犯人或者防止其逃走,保护自己或者他人,抑制其抵抗公务的目的,警察在认为有相当必要的情况下,根据事态的合理且必要的限度之内,可以使用武器。但是除《刑法》第36条正当防卫或者第37条紧急避险的情况,或者左侧所列情况之一外,不能对人造成危害。显然,"不能对人造成伤害"中的"人"指的是无辜第三人,因为如果所指的是犯人,则条文中应当会如前文一般明确指出其犯人身份。根据日本学界的归纳,除前述的《警察官职务执行法》外,这样的条款还包括《船员法》第12条、《传染病预防法》第7条。③ 高桥则夫教授据此指出:既然《警察职务执行法》第7条明确规定了警察在执行职务行为时可以使用武器进行紧急避险,因此即便是特殊职业者也有例外地根据第37条第1款适用违法阻却的余地。否则,此种就变得无意义。④ 但是,这两条道路在我国法律体系中均难以得到认

---

① 参见刘艳红《刑法的目的与犯罪论的实质化——"中国特色"罪刑法定原则的出罪机制》,《环球法律评论》2008年第1期;详尽批判见刘艳红《实质犯罪论》,中国人民大学出版社2014年版,第80—87页。

② 参见[日]松宫孝明《刑法总论讲义》,东京:成文堂2018年第5版补订版,第163—164页;详见刘明祥《紧急避险研究》,中国政法大学出版社1998年版,第71—74页。

③ 参见[日]齐藤信宰《紧急避险》,载[日]西原春夫等编《判例刑法研究2 违法性》,东京:有斐阁1981年版,第160页。

④ 参见[日]高桥则夫《刑法总论》,东京:成文堂2016年第3版,第319页。

可。就第一种观点而言，该说的支持者其实已经认识到其出罪路径与条文规定相悖，且无法通过解释论加以阐明，故将目光投向了立法论之上。但我们所面对的问题便是，如何在既有的条文下，通过解释论认定特殊职业者能够成立紧急避险，因此，此种观点与其说是在解决问题，毋宁说是回避了问题。而且，虽然该款的条文表述似乎暗示法律在任何时候都期待这些特定职业者能够忍受危险，但是本条立法并非全无可取之处，因为只要是属于某一职责范围内的危险，由于容忍义务的存在，其便需要积极救助且不得实施紧急避险，如果删除这一条款，就会给人一种允许那些负有特定义务的人员可以为避免自己的危险而借口紧急避险放弃履行其特定职责义务的误导，鉴于我国目前特定职业者自觉履行职责的道德水准还不是很高，这一限制性条款还不能删除。[①] 而第二种观点则是建立在日本部分职务条款明确规定特殊职业者在特定情况下的职务行为能够成立紧急避险的基础之上的，但是在我国法律体系中，并没有职务条款做出了类似规定，因此其理论基础在我国法律体系中并不存在。

我国有学者在认识到紧急避险说的困境后，试图以"推定承诺"理论论证特殊职业者的避险行为能够阻却违法。论者指出：从立法规定上看，（前述案例中的行为人）当然实施的是一种避险行为，在形式上是违反了第三款的规定，但是，不能追究责任。因为法律不能对处于不能抵抗强制之人提出实施（职务）正确行为的要求，对于职务上、业务上负有特定责任的人而言，也是相同的。该种情况在国外相关阻却违法事由理论中，可以"推定承诺"而认定，阻却违法性。[②]

但是此种观点也存在些许问题。首先，在此种"违法阻却事由"竞合的情况下，应当遵循"从严原则"，即类似于"木桶原理"所说的一个木桶的总蓄水量取决于它最短的那根木板，该违法阻却事

[①] 参见黄明儒主编《刑法总则典型疑难问题适用与指导》，中国法制出版社2011年版，第265页。

[②] 参见林亚刚《刑法学教义》（总论），北京大学出版社2017年第2版，第290页。

由行为整体可被允许的损害限度必须受制于条件较为严格的违法阻却事由；故只能使推定承诺的行使因顾及攻击性紧急避险的谨慎性而受到限制，不能让攻击性紧急避险权迁就于推定承诺而得以扩张。[①] 若此时能够适用"推定承诺"理论，则所有的特殊职业者均能够以推定承诺为由实施避险行为，该条款也将沦为具文，有违立法者的初衷。其次，虽然学界往往将法定违法阻却事由与超法规违法阻却事由置于一起讨论，但前者毕竟有条文作为依托，故在发生冲突的情况下，前者理应具有更高的效力。因此，在特殊职业者已然违反了法定违法阻却事由的情况下，以超法规违法阻却事由出罪的做法，不但违反了法律的效力位阶，更可能违反罪刑法定原则。

综上，认为特殊职业者成立犯罪的做法完全背离了法治国的基本立国理念，应当予以摒弃；认为其只能够阻却责任的做法虽然符合我国刑法条文之规定，但终究难以得到民众的赞同；而在我国特定的罪刑法定原则制约下，认为特殊职业者能够成立紧急避险之做法，虽然合情合理，却又与条文不符，故为其寻找一条合情合理又能够合法的出罪路径，便成为本书接下来的目标。

三 刑法视域中特殊职业者紧急避险权之证立

如前所述，特殊职业者不得紧急避险的原因在于其身负保护合法权益的义务，但问题在于：此种义务来源于何处，其正当化依据何在？它是否漫无边际，以至于其在面对生命危险之时，也必须承担相应的义务？这些问题均与其能否成立紧急避险息息相关，因而有必要一一进行讨论。

（一）特殊职业者的范围及义务来源

根据社会分工，职务上与业务上特定义务的来源方式有两种，第

[①] 参见陈璇《紧急权：体系构建与基本原理》，北京大学出版社2021年版，第52页。虽然论者在书中第36页亦指出：推定的被害人承诺优先于攻击性紧急避险，但却将之限定在法益冲突发生在同一主体身上之情形，故并不适用于本书列举的情况。

种是以公法的法律条文强制加以规定，如《中华人民共和国消防法（2008 修订）》（以下简称《消防法》）第四十四条规定：消防队接到火警，必须立即赶赴火灾现场，救助遇险人员，排除险情，扑灭火灾；《中华人民共和国人民警察法（2012 修正)》（以下简称《警察法》）第二十一条规定：人民警察遇到公民人身、财产安全受到侵犯或者处于其他危难情形，应当立即救助；对公民提出解决纠纷的要求，应当给予帮助；对公民的报警案件，应当及时查处。人民警察应当积极参加抢险救灾和社会公益工作。在我国的法律体系中，此类条文与刑法一致，均属于对全体民众适用且具有强制力的公法，故受其约束的从业者属于特殊职业者并不存在争议。问题主要在于第二种，即基于私人合同所建立的特定主体之间的法律关系，能否使其成为特殊职业者。如果能，则在 A 雇用 B 做他的私人保镖，B 在 A 别墅遭遇火灾时，为了躲避凶猛的火势，损毁邻居围墙的情况下，B 不得成立紧急避险，反之则能够成立。

  对此问题，学界存在两种观点，狭义说认为，特殊职业者仅包括对所有社会成员均具有保护义务之人，因私人间法律关系而承担保护义务者被排除在外①；广义说则认为，即便保护义务是来源于私人之间的法律关系，也属于特殊职业者，只是其并不需要对所有人承担保护义务，而只是对处于特定关系中的个人承担义务。② 本书赞成狭义说，因为后者只需要对雇主承担保护义务，若认为其也属于特殊职业者，则一方面，根据二者私人间制定的合同关系，其只对一方负有保护义务，故仅不得对雇主实施紧急避险；另一方面，根据刑法条文规定，其又不得对全体民众实施紧急避险，在事实上赋予其对全体国民的保护义务，但这显然是一种自相矛盾的状态。此

---

  ① Vgl. Kühl, Strafrecht Allgemeiner Teil, 8. Aufl., München: Vahlen, 2017, §12, Rn. 70; Urs Kindhäuser, Strafrecht Allgemeiner Teil, 9. Aufl., Baden-Baden: Nomos, 2020, §24, Rn. 14. 德国立法者也持此观点，Vgl. BTDrs. V4095, S. 16。

  ② Vgl. Hörnle, Der entschuldigende Notstand (§35 StGB), JuS 2009, S. 879; Zieschang, in Leipziger Kommentar, 13. Aufl., Berlin [u. a.]: de Gruyter, 2019, §35, Rn. 79.

外，此类建立于私人关系之间的合同内容各不相同，有的合同可能约定不得紧急避险，有的可能约定在达到一定危险程度后能够紧急避险，若将之一视同仁，明显有违民法中的意思自治原则。综上，这种私人之间的特殊义务，理当由其签订的合同内容加以调整，并不应交由刑法加以规制，故不得将被雇佣者认定为特殊职业者。

在明晰了特殊职业者的范围后，便可以继续探讨其义务来源。部分学者认为，特殊义务的本质是一种救助义务，特殊职业者正是因为负有此种义务，才难以成立紧急避险。① 但是这种说法并不准确，因为保护义务或救助义务仅能够说明其需要为民众提供帮助或者保护，却无法解释为何在面临危难的情况下，特殊职业者仍然需要克服外界影响及心理上的恐惧，继续履行该义务，也无法解释其为何不得实施紧急避险。诚然，持上述学说的学者可以回答：因为他们的职业行为经常与危险相伴，因此选择了从事该职业便等于接受了风险。但是这样的论述，显然是将"某种行为必然具有风险"与"我们需要容忍这种风险"相等同，按此逻辑，因为在高速公路上开车具有一定风险，故我们也必须容忍这种风险，则在可能发生碰撞之时，也不得实施紧急避险，这样的结论显然让人难以接受，因此，以特殊职业者的保护或救助义务具有风险推导出其必须容忍该风险的做法值得商榷。本书认为，除救助义务外，特殊职业者还负有一种"风险承担义务"（Gefahrtragungspflicht）②。如此，救助义务要求特殊职业者应当救助他人，风险承担义务则要求其在面临风险的情况下也必须加以忍受，不得逃离现场，从而否定其紧急避险之权利，两相结合，便可以推导出其在面临风险的情况下，也必须履行相应义务之结论。因此，此种"风险承担义务"才是将特殊职

---

① 参见陈兴良主编《刑法总论精释》（上），人民法院出版社 2016 年第 3 版，第 286—287 页；[意] 帕多瓦尼《意大利刑法学原理》（注评版），陈忠林译评，中国人民大学出版社 2004 年版，第 187 页。

② Vgl. Bernd Heinrich, Strafrecht Allgemeiner Teil, 6. Aufl., Stuttgart: W. Kohlhammer GmbH, 2019. Rn. 575.

业者与其他职业相区分的关键。由此可见，此种义务不但要求特殊职业者直面危险，更剥夺了其紧急避险的权利，属于一种对于个人自由之限制，而以尊重自我决定权、维护自由不受侵犯为核心价值的现代法治国原则认为，对个人自由的限制只能来自公民自身基于理性的同意。① 是以，这种风险承担义务也只能通过已经存在的、基于自由意志所表现出来的行为被赋予。② 故问题在于，我们能否从公民的同意，即所谓"自我立法"中寻找到义务来源。结合我国相关行政法规，答案是肯定的，此种义务能够通过特殊职业者基于自我决定权做出的对于职业行为必将伴随的风险接受之承诺加以产生。一方面，他们在从业之初，就已经知道其"依法承担的职务或所从事的业务活动本身，要求他们在特定的危险环境或状态下坚守职责、履行义务"或"在实施职业行为的过程中，必然需要忍受一定限度的危险"③，因而符合被害人承诺理论中的"认识"因素；另一方面，根据我国相关条款的规定，他们在加入这些职业之时，便已经立下誓言，自愿承担一定的风险。例如，我国消防救援队成员在入队时便会郑重宣誓："我志愿加入国家消防救援队伍……不畏艰险、不怕牺牲，为维护人民生命财产安全，维护社会稳定贡献自己的一切。"又如，我国人民警察入职前必经的《中国人民警察誓词》也写道：我志愿成为一名中华人民共和国人民警察……恪尽职守，不怕牺牲；全心全意为人民服务。我愿献身于崇高的人民公安事业，为实现自己的誓言而努力奋斗！故符合被害人承诺理论中的"意志"

---

① Vgl. Kühl, Strafrecht Allgemeiner Teil, 8. Aufl., München: Vahlen, 2017, § 8, Rn. 9; Neumann, in Nomos Kommentar Strafgesetzbuch, 5. Aufl., Baden-Baden: Nomos, 2017, § 34, Rn. 9.

② Vgl. Momsen, Die Zumutbarkeit als Begrenzung strafrechtlicher Pflichten, Baden-Baden: Nomos, 2006, S. 340f. 同旨参见黄荣坚《基础刑法学》（上），台北：元照出版有限公司2012年第4版，第254页。

③ 参见高铭暄、马克昌主编《刑法学》，北京大学出版社、高等教育出版社2019年第9版，第136页；[日]山口厚《刑法总论》，付立庆译，中国人民大学出版社2018年第3版，第159页。

因素。综上，特殊职业者在认识到日后职业行为必将伴随巨大风险的情况下，仍然自愿①选择从事该高危行业，且做出了相应的承诺，故这种风险是基于其自由意志而被接管的②，其义务来源便在于认识到日后从业必将伴随风险的情况下，基于自身同意而接受了该风险的"被害人风险接受"原理。

  需要说明的是，特殊职业者的具体义务应当根据其国家的规定加以判断，而不能根据社会观念进行认定，换言之，其义务只能来源于国家的法律规范。例如在 2022 年 5 月 24 日发生的"美国得州小学枪击案"中，便有媒体报道称，在 12 时 03 分时，便已经有 19 名警方集结在教室外走廊，却并未第一时间冲进教学楼与枪手对峙，直到 12 时 50 分，警察和边防巡逻队人员才用一名学校员工的钥匙开门进入教室，并将凶手击毙。事后，美国得克萨斯州公共安全部门发言人克里斯·奥里瓦雷斯（Chris Olivarez）在接受 CNN 主持人"无论有多少警力，当下最佳做法难道不是要求警员尽快控制枪手"的质问时更是语出惊人地表示，最初进入教学楼的几名警察曾遇到枪击，为了避免被枪击，他们选择撤退，并声称"当时，如果他们继续追查，且不知道嫌犯在哪里，可能会被枪杀，这样枪手就有机会枪杀学校里的其他人员"。问题在于：此时的警察是否具有冲入教室解救人质的义务？如前所述，我国《警察法》第二十一条规定了人民警察对公民人身财产法益的救助义务，故此案如果发生在我国，警察当然应当在能够保证屋内人质安全的情况下第一时间破门而入。但在美国则不然，因为根据美国法院在 1981 年沃伦诉哥伦比亚特区案中的判决，美国警察对任何公民都不具备直接保护的义务。该案的大致案情如下：

---

  ① 除了宣誓词中的"志愿"说明特殊职业者是自愿从事相关行业，我国部分法律也明文规定，从事此行业必须出于自愿，如《警察法》第二十六条规定：担任人民警察应当具备下列条件……（六）自愿从事人民警察工作。
  ② Vgl. Roxin & Greco, Strafrecht Allgemeiner Teil Bd. 1, 5. Aufl., München: C. H. Beck, 2020, §11, Rn. 139a.

1975年3月16日清晨，两位男性闯入了 Warren、Taliaferro 和 Douglas 合租的公寓，并首先对住在二楼的 Douglas 实施了强奸行为。三楼的 Warren 听到呼救声后立刻打电话报警，但令人惊讶的事情出现了：虽然警方先后派出了三辆警车前来查探情况，却均未实施救助行为。Warren 和 Taliaferro 在报警后本已逃出楼外，见此情景又回去打电话求救，得到警察会再派人来的保证后，她们决定下楼去解救 Douglas。可惜的是，警察并没有赶来，三位女士被两名男性强奸、殴打和凌辱了 14 小时。侥幸保命的三人随后立刻起诉华盛顿警方和市政府，认为警方失职未能保护她们。

让人震惊的是，哥伦比亚特区上诉法庭的 7 名法官讨论后，以 4∶3 的票数驳回 3 位女士的诉求，理由在于："（警方）对于大众的责任是广义的，并不存在警方对某一公民的特殊关系，在这一层面中，警察没有任何具体法律义务的存在。""一支由公共维持的警察部队构成了一项基本的政府服务，即通过促进公共和平、安全和良好秩序来造福整个社区。在任何特定时间，公开提供的警察保护可能会为个别公民带来个人利益，但整个社区的需求和利益始终都占据主导地位。私人资源和需求对向公众提供的警察服务的性质几乎没有直接影响……当市政府或其他政府承诺提供警察服务时，它只对广大公众而非个人社区成员承担义务。"[①] 同年，最高法院对本案

---

① 原文为："The duty to provide public services is owed to the public at large, and, absent a special relationship between the police and an individual, no specific legal duty exists." "A publicly maintained police force constitutes a basic governmental service provided to benefit the community at large by promoting public peace, safety and good order. At any given time, publicly furnished police protection may accrue to the personal benefit of individual citizens, but at all times the needs and interests of the community at large predominate. Private resources and needs have little direct effect upon the nature of police services provided to the public. ……when a municipality or other governmental entity undertakes to furnish police services, it assumes a duty only to the public at large and not to individual members of the community." See Warren v. District of Columbia; 444 A. 2d. 1 (1981).

也做出了不予受理的决定。由于哥伦比亚上诉法庭是联邦高级法庭，其裁判效力能够覆盖全美，从而也开创了警方与普通公民之间不存在任何具体法律义务的先例。由此可见，美国民众与我国的社会观念有别，在美国的法律体系中，警察对于普通民众并不负有救助与保护义务，故我们不能要求其在民众陷入危难时伸出援助之手。

(二) 特殊职业者风险承担义务之边界

综合上文观点，本书认为，从特殊职业者的视角出发，应对其实施职务行为中承担的风险做出如下限制：首先，该风险只能来源于职务行为所带来的典型风险，超出其职务范围的风险，即便程度再轻微，也不具有容忍义务。我国有学者指出：中小学教师有帮助、组织、引领学生逃避危险的义务，不能弃学生于危险境地而自顾逃跑。① 但如前所述，风险承担义务的正当化依据在于特殊职业者将会同意承担预先能够设想到的职业行为过程中必然伴随的风险，根据被害人承诺的基本原理，特殊职业者只需要承担其履行职务过程中所固有的典型风险②，故其风险承担义务也仅止于此，若认为民众一旦从事了相关行业，成为特殊职业者，便有义务承担社会中的所有风险，无异于给其施加了过重的负担，既有违比例原则，也不符合其义务来源之限制。因此，特殊职业者仅需要承担职业上或者与职业类似的保护义务③，其当然也只需要承担因这种保护义务所带来的典型风险。

其次，就危险的紧迫程度而言，特殊职业者应当忍受至损害必然降临的最后一刻，即承担一种"接近于实害的具体风险"。可以确

---

① 曲新久：《刑法学原理》，高等教育出版社2014年第2版，第111页。
② Vgl. Bosch, Grundprobleme des entschuldigenden Notstands (35 StGB), Jura 2015, S. 353; Rönnau, Grundwissen-Strafrecht: Entschuldigender Notstand (§ 35 StGB), JuS 2016, S. 790.
③ Vgl. Rudlof Rengier, Strafrecht Allgemeiner Teil, 13. Aufl., München: C. H. Beck, 2021, §26, Rn. 23.

定的是，在仅仅面对具体的风险时，其仍然应当具有容忍义务，因为若在此时便否定其义务，则在发生火灾或暴乱时，特殊职业者均能够以面临具体危险而不再履行职业行为，这显然让国家设立其职业的制度目的落空，因此，其所需要容忍的风险必然超越具体的风险。但是，具体的风险也有程度之别，部分具体的风险与实害之间只是"一纸之隔"，而部分具体的风险与实害发生仍具有一定距离，故问题在于，究竟在面对何种程度的危难之际，特殊职业者便不再负有容忍义务。本书认为，唯有当履行义务即意味着直接的、具体的、可预见的结果时，才达到了风险承担义务的一般界限。① 虽然这种危险并没有确切的界限，但是，当一种危险正对特殊职业者的生命形成威胁，且从专业的从业者的视角来看，如果不放弃救援，要躲避这种危险几乎是不可能的②情况下，就能够认为其已经达到了风险承担的边界。例如消防队员在冲入楼道抢救财物之时，发现承重墙的钢筋已经被烈火熔化，而一旦钢筋烧断，承重墙势必倒塌并阻断其最后退路，此时其作为义务便止于其在行为时合理判断承重墙倒塌的最后时点，如从行为时判断，承重墙还有 5 分钟便会倒塌，则其所承担义务在 5 分钟时便已经截止。原因在于，从行为时观之，若继续要求其履行容忍义务，必然使得其遭受重大损害，故此时对其的要求已经并非承担风险，而是接受实害，这已经超出其承诺范围。据此，即便面对具体的危险，特殊职业者也必须承担风险容忍义务，对遇难群众实施救助行为，但这样的义务并非没有边界，若某种危险程度已经达到此时如果不立即撤离，就可能丧失保全法益的机会而无法阻止自身重大法益遭受损害，就已经达到了其义务之界限，换言之，他们的义务界限最多延伸至法

---

① Vgl. Rogall, in Systematischer Kommentar zum strafgesetzbuch, 9. Aufl., Frankfurt am Main：Metzner, 2017, § 35, Rn. 38.

② Vgl. Bernsmann, Entschuldigung durch Notstand, Köln；München［u. a.］：Heymann, 1989, S. 407.

益损害一定会发生为止。①

最后需要探讨的是,特殊职业者在面对何种程度的法益损害时,才能够不再负有风险承担义务。对此问题,学界主要存在三种观点。第一种观点认为,特殊职业者在任何情况下,都必须履行义务。如我国有学者指出:如果某人是在职务上或者业务上负有某种特定责任的人,则当他遇到与其职务或者业务有关的危险时,法律不允许他以紧急避险为借口而放弃自己应尽的职责。② 在 United States v. Holmes 一案中,审理法官也明确指出:船员对于搭乘船只之乘客系负有特别的照顾义务,故当危难来时,其应当先牺牲自己的性命而非乘客之性命,因此,本案中 Holmes 奉大副之命将移民丢入海中,以保全救生船上其他移民及船员性命的行为有违其身为船员之责任,不得主张必要性抗辩(Necessity)。③ 与之相对,大部分学者认为,特殊职业者在面临危难的情况下也能够成立紧急避险,只是对危难的程度存在一定分歧。部分学者认为,唯有在生命法益遭受威胁之时,其才不具有作为义务。④ 如林山田教授指出,本项规定的特别义务系承担危险的法律义务,并非舍生取义的道德义务,倘若危难已经具体迫切地威胁到生命的安全性,纵使具有承担危险义务之人,亦有可能主张阻却违法的紧急避险⑤

---

① Vgl. Küper, Die sog. "Gefahrtragungspflichten" im Gefüge des rechtfertigenden Notstandes Ein Beitrag zum Verhältnis von Interessenabwägungs-und Angemessenheitsformel, JZ 1980. S. 756.

② 参见郭守权、何泽宏、杨周武《正当防卫与紧急避险》,群众出版社 1987 年版,第 172 页。

③ See United States v. Holmes, 26 F. Cas. 367 (C. C. E. D. Pa. 1842) (No. 15, 383). 英美刑法中必要性抗辩类似于我国刑法中之紧急避难。参见法思齐《美国刑法中的公民不服从(Civil Disobedience):以 Necessity 抗辩为中心》,《月旦法学》2014 年第 235 期。

④ 参见陈宏毅、林朝云《刑法总则新理论与实务》,台北:五南图书出版股份有限公司 2015 年版,第 173 页。

⑤ 参见林山田《刑法通论》(上),北京大学出版社 2012 年增订 10 版,第 218 页。

（观点二）；部分学者则认为，特殊职业者不可能接受生命或者重大身体损害之风险，故在面临对此二者形成威胁的风险之时，便不具有作为义务①（观点三）。

　　本书赞成第三种观点。有学者可能认为，若将风险承担义务建立在特殊职业者的承诺之上，且他们在宣誓时做出了听从指挥、不怕牺牲的承诺，则在上级要求不得撤退的情况下，即便一定会付出自己的性命，也需要坚决履行义务。但值得研究的是，此种承诺是否在其日后所遭遇的所有情形中均能够生效。答案显然是否定的。一方面，特殊职业者确实自愿从事了与风险相伴的职业，但这并不意味着其在每一次情形中均自愿承担了可能遭遇的一切风险，在绝大多数情况下，他们并没有权利选择拒绝执行救援任务，又因为每次救援任务所面临的风险都不尽相同，故难以认为他们自愿地承担了与每一次具体任务相关的风险。② 因此我们仍然应当在具体情形中去判断，此时是否能够期待行为人去承受该风险。③ 另一方面，即便根据特殊业务者的宣誓及相关行业规定能够认为其在具体任务中承担了风险，也不能将风险直接等同于实害，因为不怕牺牲不等于必须接受牺牲的结果，而只代表在面对可能造成死亡结果的风险时，也必须迎难而上，不得临阵脱逃。井田良教授认为：自己决定权的内容，不仅包括允许自己的利益受到损害的自由，而且包括会使自己的利益遭受危险的自由，即具有通过甘冒风险而享受超越风险的某种利益的自由……在这样的场合，可能以被害人知道行为具有一定的危险而同意为由，在此限度内否定被害人的法益的刑法保护。④

---

　　① Vgl. Michael Soiné, Ermittlungsverfahren und Polizeipraxis: Einführung in das Strafverfahrensrecht, Heidelberg; München, 2013, S. 62.

　　② Vgl. Wolfgang Frisch, Tatbestandsmäßiges Verhalten und Zurechnung des Erfolgs, Heidelberg: Müller, 1988, S. 474.

　　③ Vgl. Frister, Strafrecht Allgemeiner Teil, 9. Aufl., München: C. H. Beck, 2020, §20, Rn. 13.

　　④ 参见［日］井田良《被害者的同意》，《现代刑事法》2008年第14号。

按此逻辑，既然特殊职业者接受了业务行为所带来的高度风险，就等于同时接受了其所带来的实害，故即便面对可能造成实害的风险，也应当履行相应义务。本书并不赞成这种观点，从被害人承诺的构成要件看，既然认为其是自我决定权的实现，那么就应当同时满足认识因素与意志因素，即只有认识到行为的危险，且同时具有实现危险的意志时，才能称得上自我决定权的实现。换言之，同意必须同时包括行为及符合构成要件的结果。① 而特殊职业者只是同意了自己在从业时接受危险，即同意了行为，却并没有同意接受结果，而且与被害人同意相反的是，"这种对被威胁的法益的损害是法益主体无论如何都不愿意承担的"②，因此，绝不能将特殊职业者对于危险的同意与其对实害的接受等同。③

再退一步而言，纵然特殊职业者会承诺一定的实害，此实害也绝不会包括自己的生命法益。首先，对于生命是否能够承诺，学界尚有争议，倘若生命法益并不在个人自由处分的法益范围之列，则即便是本人也无法对其自由处分，其他人又怎能再要求其献出自己的生命。这一点在以儒家文化为正统的我国显得尤为突出。《孝经·开宗明义章第一》中便明确指出："身体发肤，受之父母，不敢毁伤，孝之始也。"可见在我国传统文化中，个人连身体法益都不应当随意处分，更何况作为"人类所有法益之根本"④ 的生命。其次，即便认为生命法益能够承诺，在此情况下，特殊职业者也绝不会承诺放弃自己的生命。尽管"以人为本"的法律观念在我国开始逐渐盛行，但"社会本位"的法律思想仍然占有统治地位，在这种"国

---

① Vgl. Rönnau, in Leipziger Kommentar, 13. Aufl., Berlin [u. a.]: de Gruyter, 2019, Vor §32ff, Rn. 164.

② Oetker, Notwehr und Notstand, in Vergleichende darstellung des Deutschen und Ausländischen Strafrechts, Allgemeiner Teil, 2. Band., Berlin: Liebmann, 1908, S. 370.

③ 关于危险接受不得等同于被害人承诺的详尽论述，参见张明楷《刑法学中危险接受的法理》，《法学研究》2012年第5期。

④ 刘艳红：《调节性刑罚怨免事由：期待可能性理论的功能定位》，《中国法学》2009年第4期。

家为重"观点的主导下,结合我国刑法条文的规定,极容易推导出"特殊职业者在任何情况下都需要履行义务"之结论。然而,生命是人格的基本要素,生命一旦失去,美好生活的梦想也必将破灭,因此,特殊职业者绝不会从事一个要求其放弃自身生命的工作。诚然,国家在部分情况下会要求公民履行容忍义务,但也只有在公民实施了极为严重的违法行为后,才会要求其容忍对自身生命法益之损害①,在没有实施任何违法行为的情况下,国家绝不能够要求公民履行此义务,更遑论以牺牲其自身生命为代价。② 因此,我们并不能够从他们做出了"不怕牺牲"的承诺中便得出其应当奉献出自身生命之结论,而仍应对其做一定限制。事实上,这种要求特殊职业者"不怕牺牲"的誓词,与其说是强制要求其付出自己的生命,毋宁说是仅起到一种宣誓作用,让民众能够对其产生足够的信赖,确信自己在危难之际能够得到国家的援助,放心地进行日常活动。③ 原因在于,虽然相关部门在入职时要求其概括性地做出不怕牺牲之承诺,但是在规定具体行动章程的法条中,往往并未出现"不怕牺牲"等用语,即便出现了,也提供了相应的保障措施。例如,我国《警察法》不但没有规定从业者必须"不怕牺牲",反而在第十条规定:遇有拒捕、暴乱、越狱、抢夺枪支或者其他暴力行为的紧急情况,公安机关的人民警察依照国家有关规定可以使用武器。又如,公安部2009年5月25日颁布的《公安消防部队执勤战斗条令》(以下简称《消防条令》)第五条规定:公安消防部队各级指战员必须做到坚决服从命令,听从指挥,严守纪律,忠于职守,发扬勇敢顽强、

---

① 容忍义务是指行为人必须要接受他人的正当行为及其所带来的侵犯结果,且不得对其实施正当防卫。如行为人实施严重不法侵害时,就对防卫人致命的正当防卫行为具有容忍义务。Vgl. Wessels/Beulke/Satzger, Strafrecht Allgemeiner Teil, 47. Aufl., Heidelberg: C. F. Müller, 2017, Rn. 389f.

② Vgl. Gaede, in Nomos Kommentar, StGB, 5. Aufl., Baden-Baden: Nomos, 2017, §13, Rn. 18.

③ 参见黄荣坚《基础刑法学》(上),台北:元照出版有限公司2012年第4版,第254页。

不怕牺牲、连续作战的作风。这看似要求消防人员在任何情况下均履行义务，但其随即在第六条便规定：公安消防部队应当建立健全安全管理制度，严格落实安全防护和安全保障措施，有效预防和减少官兵伤亡；其第五十七条第（六）项、第五十九条第（三）项、第七十九条第（五）项、第八十六条第（四）项也均做出了类似规定：当发现可能发生突发重大险情而又不能及时控制，直接威胁参战官兵生命安全时，应当果断迅速下达撤离命令，组织指挥参战力量安全撤出灭火和应急救援现场。综上，即便是在职业性风险的范围内，特殊职业者也不会承诺放弃自己的生命，而根据我国相关条款的规定，他们并不需要以生命履行义务，其承担的仅仅是一种风险义务，并不是一种牺牲义务，故法律也只能要求其容忍风险，而不得要求其放弃自己的生命。①

若按照第二种观点，特殊职业者在面对重大身体损害的风险时，仍然应当予以忍受，而这样的结果是，其几乎必然遭受身体上的严重损害。但是现代政治哲学认为，民众让渡权力，订立社会契约建立国家是为了更好地"卫护和保障每个结合者的人身和财富"②，使得其能够在法律允许的范围内合理构建自己的生活，故无论民众从事何职业，其目的之一都是让自己能够获得更好的生活条件。事实上，特殊职业者也是为了让自己在未来获得更好的生活条件，才甘愿承受风险以获得报酬③，因此，其愿意承受的也必然只是不会影响自己未来享受生活之风险，而绝不会为了微薄的薪酬，去容忍身体遭受巨大风险，致使自己在未来极有可能完全无法享受正常生活。

---

① Vgl. Küper, Die sog. "Gefahrtragungspflichten" im Gefüge des rechtfertigenden Notstandes Ein Beitrag zum Verhältnis von Interessenabwägungs-und Angemessenheitsformel, JZ 1980, S. 756; Vgl. Roxin & Greco, Strafrecht Allgemeiner Teil Bd. 1, 5. Aufl., München: C. H. Beck, 2020, §22, Rn. 41.

② [法]卢梭：《社会契约论》，何兆武译，商务印书馆2005年版，第19页。

③ Vgl. Roxin & Greco, Strafrecht Allgemeiner Teil Bd. 1, 5. Aufl., München: C. H. Beck, 2020, §11, Rn. 139a.

基于此种考量，本书认为，若一种风险实现后，将会严重损害特殊职业者的身体，且此种损害是无可挽回的（如截肢、严重残疾、瘫痪、死亡等），以至于其构建理性的生活计划、享有基本权利的愿景将全然落空时①，就应当被认定为超出其承诺界限而不再负有相关义务。

有学者对上述观点提出了怀疑，并在书中指出：特殊职业者本身即负有救助他人的义务，若在此时还能够援用紧急避险规定来保护自己，将会使得原来建立特别义务之制度目的及国家期待落空。② 但此种观点值得商榷，显然，论者所言的制度目的及国家期待是希望其不为了自己的利益而逃避躲闪，而必须临危不惧，迎险而上，勇敢地采取积极行动，履行职责，去阻止危险对合法利益的危害。③ 虽然较个人（特殊职业者）在宣誓时内心预设的将会面临的风险而言，国家确实会期待其承担更高的风险，但国家期待也并非漫无边际，而是应当受到一定限制。一如 Frister 教授所言：当行为人处于特定的法律关系中，能够期待他接受危险，因而他负有特别的容忍义务……但是，他们的风险承担义务并非没有界限，例如我们并不能够要求他们容忍确定的死亡结果。④ 因此，即便从国家的视角出发，也难以期待特殊职业者冒着必死或重大残疾的风险去营救他人，他们的营救义务也仅止于此，如果国家期待其在任何情况下都负有义务，进而要求其在面临死亡威胁时都不得实施紧急避险，则入职行为便等同于其与国家签订了一份"死亡契约"，这在现代法治国制度体系下是难以想象的。所谓制度目的，所指定然是尽可能保护价值更大的法益。但如前所述，由于本书将特殊职业者的容忍义务扩

---

① Vgl. Hörnle, Der entschuldigende Notstand（§35 StGB）JuS 2009, S. 878.
② 参见黄荣坚《基础刑法学》（上），台北：元照出版有限公司 2012 年第 4 版，第 254 页；周光权《刑法总论》，中国人民大学出版社 2021 年第 4 版，第 228 页。
③ 参见马克昌主编《犯罪通论》，武汉大学出版社 2005 年第 3 版，第 795 页。
④ Vgl. Frister, Strafrecht Allgemeiner Teil, 9. Aufl, München: C. H. Beck, 2020, §20, Rn. 13.

张至实害降临的最后一刻，此时即便是经受过专业训练且装备精良的特殊职业者都自身难保，何况手无寸铁且并未经受训练的普通民众。相反，如果普通民众都尚有生还可能性，则说明此时的危险对于特殊职业者而言，并非特别的紧急状况①，其当然应当继续履行风险承担义务。换言之，只要民众仍有生还的可能性（即仍然有保护法益的可能性），便意味着对于特殊职业者而言尚未达到生死攸关之地步，其仍然负有风险承担义务，并继续实施救助行为；而在特殊职业者都面临死亡威胁之际，便意味着民众已经没有生还可能，特殊职业者的生命法益已经成为最具有价值的法益，故此时的制度目的必然是让他们尽可能地保全自己，不再为了财产而冒死扑救。在此种不避险就会造成无谓损失且客观上无力排除危险的情况下，当然应当允许其实施避险行为。② 是以，即便从国家的角度思考，此时国家断然不会剥夺其紧急避险之权利，反而应当赋予他们紧急避险的权利，以免因小失大，为了财产法益而让人身法益遭受损害。如案例4-8中，根据当时火势，连消防员都已经命悬一线，未满周岁的双胞胎必然遭受死亡的结果，又何必让其再去实施没有意义的救助行为，以至于自己也要为其所累，徒增伤亡。换言之，此时的消防员与群众其实处于一种"非对称危险共同体"中，即两个法益中的一个能够避免遭受损害，但不论发生什么，另一个法益都会遭受损害。③ 此种情况下如果还要消防员实施救援行为，最终的结果只能是两败俱伤，而这显然不会是制度目的所追求的。因此，制度目的与国家期待也难以成为否定特殊职业者成立紧急避险之理由。

（三）本书观点：不负特殊义务时能够成立紧急避险

在上文中，笔者已经从法理上论证了特殊职业者并非在任何情

---

① Vgl. Kühl, Strafrecht Allgemeiner Teil, 8. Aufl., München: Vahlen, 2017, §12, Rn. 73；刘艳红主编：《刑法学》（上），北京大学出版社2016年第2版，第214页。

② 参见黄明儒主编《刑法总论》，北京大学出版社2019年第2版，第239页。

③ Vgl. Neumann, in Nomos Kommentar Strafgesetzbuch, 5. Aufl, Baden-Baden: Nomos, 2017, §34, Rn. 76.

况下均负有风险承担义务，故应当赋予其紧急避险的权利，故接下来的问题在于：在立法者明文规定特殊职业者不得成立紧急避险情况下，如何承认特殊职业者的避险权？事实上，在不违反罪刑法定原则的情况下，我们也完全可以通过解释论认定特殊职业者能够实施紧急避险。我国《刑法》第二十一条第三款规定："第一款中关于避免本人危险的规定，不适用于职务上、业务上负有特定责任的人。"因此，立法者规定的是"从事特殊职务、业务且同时具有特定责任的人"不得成立紧急避险，而非只要从事了特殊职务、业务便不得避险。诚然，在绝大多数情况下，履行职务行为便会身负特定义务，因而属于"职务上、业务上负有特定责任的人"，这也是部分学者认为所有特殊职业者无法成立紧急避险的原因。但是如前所述，这样的前提并不正确，在极端情况下，即便身为特殊职业者，却也不具有风险承担义务，故此时的从业者虽然仍具有特殊职业者之身份，却已经不具有职务上、业务上的特定义务，因而不属于"职务上、业务上负有特定责任的人"，认为他们能够成立紧急避险，并不违背立法者的规定。一如学者所言：这里着重强调的是"负有特定责任的人"，而不是"具有职务或者从事业务的人"，因此，即使行为人具有一定的职务或者从事一定的业务，只要其不负有特定的责任，就可以为避免本人的危险进行紧急避险。① 这样的理论并非笔者的一家之言，也能够得到域外学者的认可。如德国学者格罗普（Gropp）教授指出：虽然《德国刑法典》认为"处于特定的法律关系之中"的人不得成立紧急避险，但仅有这种风险接受是可以被期待的时候，他们才处于特殊的法律关系之内，当存在必然造成死亡的风险时，这种期待可能性便达到了他的边界。② 按此逻辑，在一般的风险中，特殊职业者仍然处于特定的法律关系中，因而不得实施

---

① 参见贾宇主编《刑法学》（上册·总论），高等教育出版社2019年版，第204页。

② Vgl. Walter Gropp, Strafrecht Allgemeiner Teil. 5. Aufl., Berlin：Springer, 2020, §6, Rn. 150f.

紧急避险，但出现了无法期待其能够接受的风险时，原本处于特殊法律关系之中的主体，便不再处于特殊的法律关系之中，因而能够实施紧急避险。类似地，日本学者大塚仁教授指出：根据《日本刑法典》的规定，业务上负有特别义务的人，在其义务范围内，不允许与一般人一样进行紧急避险。① 虽然他并未类型化地指出特别义务者在何种情况下能够实施紧急避险，而仅以生命为例，认为消防员也能够实施紧急避险，但若按其逻辑推演，在义务范围内，特别义务者固然不得紧急避险；而即便一人属于业务上负有特别义务者，但客观情形已超出其义务范围，即其已经处于义务范围之外时，当然能够与一般人一样进行紧急避险。此种解释思路，既让特殊职业者能够适用紧急避险，也并不违反法律的规定。

我国有学者认为，特殊职业者在不具有作为可能性时，可以不实施救助行为，但此时其仍然具有救助义务，因而仍然属于"具有特定责任的人"，故不得成立紧急避险。详言之：业务上负有特定责任的人，并不需要在任何情况下都必须履行特定义务，因为履行特定义务也以具有履行义务的可能为前提，因此，当具体的灭火行为对消防员本人的生命存在显著危险时，不能要求消防员实施该灭火行为，但即便在这种情况下，消防人员也不能为了避免火灾对本人的危险，而采取紧急避险。② 本书认为，论者之所以会得出这样的结论，是因为其预设了两个前提，其一，特殊职业者在任何情况下都具有作为义务，其二，作为可能性与作为义务是两个不同的问题，不能因为行为人没有作为义务的可能性，而否认其具有作为义务（下文称区分说）③。以论者所举的消防员为例，其认为不应再要求消防员实施灭火行为的原因在于，此时对于消防员的生命存在显著危险，故不具有作为可能性，而从其"这并不意味着业务上负有特

---

① ［日］大塚仁：《刑法概说（总论）》，东京：有斐阁2008年第4版，第406页。
② 参见张明楷《刑法学》（上），法律出版社2021年第6版，第290页。
③ 张明楷：《刑法学》（上），法律出版社2021年第6版，第205页。

定责任的人，在任何情况下都必须履行特定义务"的论述来看，此时消防人员仍然具有作为义务①，只是缺乏作为可能性，因此，论者的逻辑在于"特殊职业者在极端情况下只是不具有作为可能性，因而可以不实施救援行为，但其仍然具有作为义务，故不得实施紧急避险"。

但是在笔者看来，这两个前提均值得商榷，第一个前提笔者在上文中已经予以批判，故在此不再赘述，在此仅对第二个前提提出质疑。关于作为义务与期待可能性②之间的关系，学界存在"区别说"与"一体说"之争，后者认为，期待可能性有限制作为义务范围的功能，只有在可以期待行为人履行义务时，才能肯定其负有作为义务。③ 德国联邦最高法院曾经在判决中指出："地方法院并没有讨论，客观上能否期待被告去救助他的妻子……他们直接跳过了对于被告人客观义务的讨论。"④ 虽然其并未明确指出二者间的关系，但从判决的论述中不难看出，最高法院将期待可能性与客观义务相联系，并将客观义务建立在期待可能性的基础之上，即不具有期待可能性的情况下，也就不具有作为义务。⑤ 若采取这种观点，在不能够期待特殊职业者履行救助义务的情况下，其也就不负有救助义务，

---

① 否则直接认为不具有作为义务即可，没有必要认为其不必履行义务，换言之，不必履行义务的前提是具有义务。

② 虽然期待可能性与作为可能性并不完全相同，但德国通说认为，不作为犯中的二者在法律上具有同样的意义，故将其在案件中一视同仁也是必要的，因为没有期待可能性的问题也并不是由相关者主观上能否接受所决定的，而是取决于其客观上能否接受，并进而由相关者的个人关系所指向的规范所决定的，二者应当做同样的价值判断。Vgl. Bosch, in Schönke/Schröder, Strafgesetzbuch Kommentar, 30. Aufl., München: C. H. Beck, 2019, Vorb. §§ 13ff, Rn. 155. 因此，本部分在同一意义上使用二者。

③ Vgl. Stratenwerth/Kuhlen, Strafrecht Allgemeiner Teil. Die Straftat, 6. Aufl., München: Vahlen, 2011, §13, Rn. 61; Weigend, in Leipziger Kommentar, Band 1, 13. Aufl., Berlin [u. a.]: de Gruyter, 2020, §13, Rn. 68.

④ Vgl. BGH. NStZ 1994, 29.

⑤ 相同观点，参见王钢《自由主义视野下的刑法问题研究》，法律出版社2015年版，第11页。

随即不属于"职务上、业务上负有特定责任的人",因而能够成立紧急避险。本书赞成"一体说"之观点,前已论述,特殊职业者义务是一种法律义务①,当负有义务的主体不履行或不适当履行自己的义务时,便会受到国家强制力的制裁,承担相应的责任。若一方面认为其具有作为义务,另一方面又认为其可以因各种理由不实施该义务,且不会承担任何法律后果,显然有自相矛盾之处。我国有支持区分说的学者在"作为可能性"部分指出:母亲发现儿子落水时,依照法律的规定有义务加以救助,但如果母亲自身不会游泳,事实上不可能救助的,不成立不作为犯。② 但是根据法律义务之概念,违背义务者必将承担相应责任,而在没有作为可能性的情况下,行为人当然不用承担任何法律后果,这显然与法律义务的概念相矛盾。事实上,纵然某一法律规定了某项义务,我们在无法履行该义务时,与其说我们具有该义务而无法完成,毋宁说我们无须承担该义务。例如,我国《宪法》第四十二条规定:中华人民共和国公民有劳动的权利和义务。但是许多公民如病重瘫痪者当然无法参与劳动,如果我们认为其违背了宪法关于劳动义务之规定,未免有强人所难之嫌。相比之下,将其理解为因为缺少劳动可能性而不具有劳动义务,故并不违反宪法的相关规定更容易让人接受。③ 正因为如此,德国学者 Fischer 一针见血地指出:想要阻止结果发生的行为,必须在法律上期待它是能够被实施的,如果一种在法律上不能被期待实施的行为,还被认定

---

① Vgl. Kühl, Strafrecht Allgemeiner Teil, 8. Aufl., München: Vahlen, 2017, §18, Rn. 6.
② 参见周光权《刑法总论》,中国人民大学出版社 2021 年版,第 106 页。
③ 需要注意的是,此类情形与义务冲突并不相同。在义务冲突中,例如 A 的两个孩子 B、C 同时落水,A 只能救其中一人。虽然 A 必然会违背一种需要承担的法律义务,但此时与其说 A 是无法履行其中的一项义务(如救助 C),毋宁说是 A 选择不去履行此项义务,因为实际上,A 仍然可以救助 C,只是其选择了去救助 B 而已,故此种情况与前述客观上完全无法履行义务的情形并不相同,行为人仍然负有两个救助义务,只是因为只能履行一个而成立阻却违法的义务冲突而已。

为一种法定义务，显然是自相矛盾的。① 综上，特殊职业者在其职责范围内，当然必须尽到积极救助与保护法益之义务，故不得成立紧急避险，但是在不具有结果避免可能性且自身重大法益受到威胁的极端情况下，其不予救助的行为并不有违国家期待，也不会有悖制度目的，因而不具有作为义务，不属于"职务上、业务上负有特定责任的人"，能够成立紧急避险。

四 特殊职业者的避险范围及运用

虽然本书认为，特殊职业者能够成立紧急避险，但立法者设立此条款终究是为了限制对其的适用，故其范围应当较普通民众的避险范围为小，在本部分，笔者拟将二者的避险范围进行对比，以证明特殊职业者的避险范围远小于普通民众，本书观点并不会有悖立法者的初衷。

（一）特殊职业者与普通民众避险范围比较

前已论述，通说认为，紧急避险的正当化依据在于利益衡量，即在价值较高的法益遭受紧急危难时，能够牺牲其他较为轻微法益以保全更为重要的法益。② 这样的思想在部分认为特殊职业者能够紧急避险的论述中也有所体现，如松原芳博教授指出：该规定设想的是，这些人履行义务所实现的利益，要类型性地优越于被侵害的利益。但也并非一概不允许存在例外，在挽救第三者法益的场合、保全了生命等自己的极其重大法益的场合，也应该被正当化。③ 我国也有学者指出：正在灭火的消防员，为了躲避正要倒塌的建筑物砸到自己，擅自毁坏他人的院墙，闯入其中的场合，和毁坏他人院墙的牺牲利益相比，保护消防员生命的利益明显优越，足以将上述场合

---

① Vgl. Thomas Fischer, Strafgesetzbuch mit Nebengesetzen, 65. Aufl., München: C. H. Beck, 2018, §13, Rn. 80f.
② 参见周光权《刑法总论》，中国人民大学出版社2021年第4版，第225页。
③ 参见［日］松原芳博《刑法总论重要问题》，王昭武译，中国政法大学出版社2014年版，第147页。

评价为紧急避险。①

不难看出，上述学者的逻辑在于：因为履行义务所实现的利益（即挽救的利益）类型性地优越于被侵害的利益（特殊职业者面临的危险），故具有作为义务，因而不得实施紧急避险；但在自身遭遇重大危难之时，被侵害的利益（特殊职业者面临的危险）大于损害的利益，因而不具有作为义务，能够实施紧急避险。但是，这样的逻辑显然与既有从业规定及功利主义紧急避险不相吻合。首先，特殊职业者并非唯有在挽救的利益优越于被侵害的利益时，才具有作为义务，事实上，即便是价值低廉的破旧民宅发生火灾，消防队员也必须冒着一定程度的危险前去灭火，因此，在救助的法益明显低于被侵害的利益时，他们也具有救助义务，而这已经明显不符合功利主义紧急避险之要求。其次，论者以利益衡量作为义务来源，却并未将其一以贯之。按功利主义紧急避险之逻辑，在特殊职业者面临的法益侵害大于其实际造成的法益损害之时，便应当认定其成立紧急避险，但这样的观点显然与现有的立法不相吻合，也使得立法者限制特殊职业者紧急避险的规定形同虚设。为了自圆其说，论者只能退而求其次，转而认为唯有遭受了"生命法益般极其重大的利益"损害时，才能够实施紧急避险，但这样的观点却又与功利主义紧急避险的逻辑相悖。由此可见，论者的观点存在自相矛盾之处。相较于功利主义紧急避险，以社会连带义务作为其正当化依据，在解释紧急避险中至少具有两方面优势：其一，揭示了为何特殊职业者只有在自身极为重大的法益遭受威胁时，才能够实施紧急避险，原因即在于他原本便只能够在重大法益遭受危难时实施避险行为，而其又基于自身意志承担了特殊义务，在这样的双重叠加下，其避险范围便得到了更大的限制，更加符合立法者限制特殊职业者实施紧急避险之初衷；其二，社会连带义务为特殊职业者避险行为造成的损害划定了上限，确保普通民众的法益不会被过度侵犯。若依功利主义之

---

① 参见黎宏《刑法学总论》，法律出版社 2016 年第 2 版，第 149—150 页。

逻辑，纵然将能够避险的情形限制为生命遭受威胁，但只要保护法益大于损害法益便能够正当化，则特殊职业者即便造成他人重伤之结果，也能够成立紧急避险，但这样的观点显然让人难以接受，也违背了国家设立此岗位之初衷。

由于本书将被损害的法益限定为轻微的法益损害，若再对特殊职业者过于苛求，认为其只能造成比轻微法益更加轻微的法益损害，无异于变相剥夺其避险之权利，因此就紧急避险能够造成的损害上限而言，特殊职业者与普通民众并无区别，但是，这并不代表其避险范围与普通民众并无差异，原因在于，能够被认定为特殊职业者所遭遇的"危险"范围远比普通民众为窄。首先，特殊职业者面临的危险等级更高。如前所述，根据社会连带义务理论，普通民众只要重大法益遭受威胁便能够实施紧急避险，但是本书将特殊职业者面临的危险局限于重大且无可挽回，以至于严重损害自己未来生活质量甚至经常与死亡相伴之危险，故对于仅会造成骨折、住院、普通烧伤等程度的危险，其均不得实施紧急避险，而只有在面对可能造成截肢、严重残疾、瘫痪等极为严重的身体损害时才能够避险，他们需要忍受的危险等级远高于普通民众需要忍受的危险等级。其次，特殊职业者对紧急避险中危险的"现实性"要求更高，仅包括已经现实存在的危险。通说无争议地认为，如果一种危险既可能马上转变为实害，也可能还需要一段时间才会发生，即所谓的"持续性危险"，也能够满足紧急避险的现实性要件①，可以实施紧急避险。例如有学者指出，连日的大雨导致自己承包的池塘水位持续上涨，极有可能溃坝的时候，就是对自己的财产形成了迫在眉睫的现实危险。② 但是，这种避险仅限于普通民众，面对这种尚未发生的危险，特殊职业者不可能实施紧急避险，恰恰相反，排除这种尚未发

---

① Vgl. Krey/Esser, Deutsches Strafrecht Allgemeiner Teil, 6. Aufl., Stuttgart: Verlag W. Kohlhammer, 2016, Rn. 591.

② 参见黎宏《刑法学总论》，法律出版社2016年第2版，第145页。

生的危险正是其职责所在，因此，特殊职业者不得对"持续性危险"实施紧急避险，其时间上的成立范围亦小于普通民众。又如，Roxin教授指出：紧急避险中现实性的范围，更宽于正当防卫中至少以接近着手为条件的攻击（ein Angriff, der mindestens Versuchnähe voraussetzt）的范围①，而后者侵害法益的程度——如把手向装了已上膛手枪的上衣口袋伸去，或者三个人叫嚣着"我们给他放放血"向防卫者走来，其中一人还带着螺丝刀——显然已经达到或至少接近未遂犯所带来的具体危险。② 由此可见，普通民众在面对具体的危险时，如商场着火，当然可以在逃跑过程中实施一定的避险行为，即便没有面对具体的危险，如Roxin教授所举之例，也能够成立紧急避险。但如前所述，具体的危险并不足以让特殊职业者成立紧急避险，在这种情况下，消防员却必须迎难而上，忍受烈火带来的酷热和随时可能发生的倒塌、爆炸等危险救助民众及保全财物，仅有"当火场出现爆炸、轰燃、倒塌、沸溢、喷溅等险情征兆，而又无法及时控制或者消除，直接威胁参战人员的生命安全时"或者"当现场出现爆炸、倒塌，易燃可燃气体、液体，毒害物质大量扩散等险情征兆，而又不能及时控制或者消除，直接威胁参战人员的生命安全时"③才能够撤离，而人民警察在行为人准备持枪射击之时，即便面临危险，也应当首先疏散群众，在群众已经全部撤退，自己也确实难以抵挡的情况下，才不再具有作为义务。综上，特殊职业者在实施避险行为之时，仅能够对普通民众造成轻微法益的损害，而其需要容忍的危险等级与程度均高于普通民众，故其避险范围远远小于普通民众认定其能够成立紧急避险的范围，并不会有违立法者限制其成立范围的初衷。

---

① Vgl. Roxin & Greco, Strafrecht Allgemeiner Teil Bd. 1, 5. Aufl., München: C. H. Beck, 2020, §16, Rn. 20.

② Vgl. Roxin & Greco, Strafrecht Allgemeiner Teil Bd. 1, 5. Aufl., München: C. H. Beck, 2020, §15, Rn. 25.

③ 《消防条令》第七十九条第（五）项、第八十六条第（四）项。

(二) 本书观点在实践中的运用

行文至此,笔者拟结合本书的基本观点对上述案例做一个简短的评析,以求理论与实践相结合。在案例 8 中,首先需要明确两点:其一,消防队员并未实施紧急避险。刘某认为,消防大队不当实施紧急避险的行为违反了法律规定,应当承担由此造成的法律责任。但这样的观点显然混淆了不实施救助与紧急避险之间的关系。在紧急避险中,被损害的合法权益必须是由避险行为直接引起的,而不是由已经发生的危险所造成的。① 而在本案中,消防队员并没有为了保全自己的法益而侵犯任何合法权益,因此,消防队员并未实施紧急避险。其二,经济损失的扩大和两个小孩死亡的后果也并非由消防队员造成。事实上,消防队虽然没有实施救人措施,但仍然针对可能发生的火势蔓延采取了预防性措施,清除了刘家房屋周围的易燃物,不断冲水避免了火势的进一步扩散。在如此强烈的火势下,就连装备精良、训练有素的消防队员都难以在此情况下保全,何况刚满周岁的婴儿。换言之,纵然此时实施了救助行为,双胞胎的性命也难以得到保全,因此两个小孩的死亡结果与消防队员无关。在明晰刘某诉求中的误区后,其实答案已经呼之欲出,刘某家的房屋属于木结构,且屋内外堆满了柴火,致使火势强盛,根本无法实施救助,如果强行冲入火场救人,必然导致其身体遭受极为重大的损害,故在双胞胎并无生还可能的情况下,消防队员已经不具有作为可能性与作为义务,同时由于其实施了其他阻止火势蔓延之行为,并未违反我国《消防法》的相关规定,不应当承担法律责任。

又如,2012 年 1 月 13 日,意大利邮轮歌诗达协和号(Costa Concordia)发生触礁事故,船长谢蒂诺(Schettino)在船体沉没前弃船逃跑,随后被以疏忽、误杀和在乘客完全疏散前就弃船等罪名

---

① 参见刘明祥《紧急避险研究》,中国政法大学出版社 1998 年版,第 71—72 页。

逮捕，最终被判处16年有期徒刑。如前所述，根据通说，船长属紧急避险中的特殊义务者，故问题在于，其在面临船只沉没之时，能否为了保全自己的性命率先逃难，如果能，则其在乘客完全疏散前就弃船的行为并不成立犯罪；如果不能，则其率先弃船逃跑的行为应当成立犯罪，而这显然又与其作为义务息息相关。本书认为，在船体沉没前，船长仍然负有作为义务，故其弃船行为仍构成相应犯罪。做出此判断的重要原因在于，根据当时的条件判断，即便船只沉没，其落入水中，也不会给其带来迫在眉睫的严重影响身体的损害，因此其仍然负有作为义务。一方面，事故发生在意大利吉利奥岛附近海域，且发生原因为误触礁石，故船只离海岸并不遥远，此种情况下，海面一般不会产生较大波浪，且船长已经身着救生衣，故其并不会被海水淹没或卷走，虽然事后查明，有一名70多岁的男性乘客因跳入冰冷的水中突发心脏病不幸身亡，但考虑到其年龄与死因，此种情况并不会出现在船长（时年52岁）身上，因此，从其所面临的危险等级来分析，此时其并未面临如前述足以否定作为义务的危险。另一方面，船只沉没是一个缓慢的过程，如著名的泰坦尼克号，从撞击冰山到完全沉没共历时2小时40分钟，而船长在游轮触礁进水　个小时后就私自弃船而去，可见其离去的时间点距离否定作为义务的"直接威胁"仍然相距甚远。事后查明，船长离去时，船上仍有大量乘客并未登上救生艇或获得救助，从而造成32人死亡的惨剧，这也充分说明彼时的危难程度与时间并未达到阻却作为义务之程度，因为若在其逃离时，可能造成重大身体损害的危难已经近在咫尺，势必造成更多的人员伤亡，由此也可以说明，彼时的危险对于正当壮年且具有丰富航海经验的船长而言，难以达到免除作为义务之程度，其弃船而逃的行为也应当成立相应犯罪。

而在凉山大火中，由于森林火灾具有易爆燃的特殊性，故必须更加注意，在尽可能保障消防员生命安全的情况下组织灭火。首先，在灭火过程中，应组织专业人士根据当时的风力①、地势、空气湿度、焰峰高度等情况，估算出山火爆燃的距离及概率，让消防员在尽可能安全的距离外灭火。如经过估算，此时空气湿度较大，山火爆燃概率极低，则可以让消防员进行近距离灭火；而若某地气温较常年同期偏高，降水量较常年同期偏少八成以上，气候干燥（凉山火灾中的情况便是如此），爆燃概率极高且范围可达50米，则应当让消防员在50米处进行远距离扑救灭火，而不应当为了刻意追求灭火效果，让其冒着更大风险近距离灭火；如果山火爆燃范围已经超过了消防水枪的最大射程，则应当尽量避免直接扑火，采取隔离的战术进行扑火。② 如果在爆燃概率极高的情况下，仍然为追求灭火效果而要求消防员近距离灭火，无异于让其生命处于危难之中，已然超出其风险承担义务之边界。其次，在非救助的过程中，更应当注意对其人身的保护，如在转场过程中，由于并非正在履行必须承担风险的职务行为，应当在能够完成预期目标的范围内，选择最为稳妥的方式，尽量远离火源，以免因爆燃而造成非战斗性减员。最后应当承认消防员在极端情况下，不再具有作为义务，从而赋予其紧急避险的权利，让其能够在最危急的时刻保护自身利益。

当然，认可特殊职业者能够成立紧急避险的观点，绝不代表笔者对于抢险救灾中因未实施避险行为而壮烈牺牲的特殊职业者做出了否定评价，恰恰相反，他们正是为了护卫我们的生命而奋勇向前，恰逢不幸以至壮烈牺牲，他们是舍己为人的英雄，无愧于烈士的称

---

① 在风向不定的情况下，此点更显得尤为重要，因为爆燃危险系数极高甚至足以致命，根据资料显示，爆燃的火温可以达到1000摄氏度以上，火焰能够达到30米以上，同时会产生剧烈爆炸，如果地面扑火人员身处其中，就会受到高温的灼热、烟雾的熏呛与爆炸形成的冲击波三重影响，几乎没有生还可能。凉山火灾中的烈士正是因为在转场途中，受瞬间风力风向突变影响，突遇山火爆燃，以至壮烈牺牲。在转场途中的消防员必然已经远离山火，却仍然被山火瞬间吞噬，足见其爆燃威力之大，范围之广。

② 参见《灭火英雄逆行的最后背影！只一瞬间，山火为何会爆燃？https：//baijiahao.baidu.com/s?id=1629684557404950988&wfr=spider&for=pc》，光明网，2019年4月21日。

号，只是这样的称号背后承载着他们亲人无数的血泪，实在过于沉重，而本书的写作目的，正是希望能够为这些为人民奋斗的特殊职业者划定义务的界限，使得其在危难之中也能尽可能地保全自我，让烈士这个词尽量少地出现在人民的视野之中。

本章小结

由第三章可知，社会连带义务是理性人为了谋求自己在日后生活的长治久安，而自愿在他人遭遇危难时容忍其侵犯自身法益的一种"容忍义务"，其最终目的仍然是自己的利益，故我们应当从被避险人的视角出发，分析紧急避险的界限。由于每个人对于自身利益的重视程度不同，故他们只会在极为有限的程度内达成一致。从黑格尔紧急避险思想、Pawlik 教授对黑格尔思想的诠释、"最大最小值"理论，以及学界关于见危不救罪的论述中可以得知，唯有在重大法益面临危难时，才能够实施紧急避险，同时，因为被避险人是为了自己未来能够更好地生活才愿意承担此义务，故绝不会允许他人用过分危险或难以预料后果的避险手段，也不会允许为他人而承受长期或较为严重的法益损害，而只会允许他人侵害自身暂时的、可替换的法益。特殊义务者从事职业的行为并不意味着愿意放弃自己的毕生幸福，而是为了赚取薪水以便更好地享受生活，故其只会容忍危难给自身法益带来的风险，在面临必将给自身法益造成永久性严重损害，以至于自己日后难以享受生活的极为重大危难之时，其便不再具有作为义务，且享有紧急避险权。

第 五 章

从"适当补偿"到"全额补偿"
——攻击性紧急避险正当化依据在民法中的运用

如前文所提出,本书意欲将"社会连带义务"作为紧急避险的正当化依据,则公民在履行容忍他人紧急避险给自己造成损害的"容忍义务"后,也应当获得向他人索取补偿之权利,但令人遗憾的是,在我国法律体系中,这样的权利却并未得到重视。根据"权利与义务一致"原则,被避险人为保护他人法益遭受了多大损失,便应当获得同等程度的补偿,唯有如此才符合无知之幕后自利的理性人的心理,其才会做出承担社会连带义务的承诺,进而心甘情愿地履行义务,如果需要其在履行义务后自行承担损失,相信任何一个理性人都不会做出履行义务的承诺。因此,补偿的数额直接关系到"社会连带义务"能否在我国顺利展开。故在本部分,笔者拟先行对我国现行民事法律制度中对被避险人仅需提供"适当补偿"的条款进行批判,而后从被避险人的视角出发,论证补偿的数额及补偿的顺序。

第一节 "适当补偿"在实务中的弊端

作为一项重要的法律制度,除了刑法以外,紧急避险在我国民事法律条文中也多有体现。2020年5月28日，在第十三届全国人民代表大会第三次会议上，《中华人民共和国民法典》（以下简称《民法典》）正式表决通过，业内普遍认为，法典的一大亮点便是对"人"的重视，即"不是仅仅将人定位为推动经济发展的主体，更是将人定位为实现自身全面发展的主体"，这主要体现在法典的许多创新性规定，如公序良俗原则、个人信息保护、鼓励见义勇为等条款之中。但是在欣喜之余，笔者亦发觉，虽然立法者把对公民权利的保护提升至前所未有的高度，但其中部分条款却并未体现这一基本价值理念，法典第一百八十二条第二款，仅对被避险人提供适当补偿之规定即为其例。

《民法典》第一百八十二条第二款规定：危险由自然原因引起的，紧急避险人不承担民事责任，可以给予适当补偿。从立法沿革来考察，此款规定也一直符合我国的立法传统。如2010年7月1日施行的《中华人民共和国侵权责任法》（下文简称《侵权责任法》）第三十一条、2009年8月27日实施的《中华人民共和国民法通则》（下文简称《民法通则》）第一百二十九条第一款中均规定：若危险是由自然原因引起的，紧急避险人不承担责任或者给予适当补偿。而1988年1月26日颁布的《最高人民法院关于贯彻执行〈中华人民共和国民法通则〉若干问题的意见（试行）》（下文简称《民通意见》）第一百五十六条则规定：因紧急避险造成他人损失的，如果险情是由自然原因引起，行为人采取的措施又无不当，则行为人不承担民事责任。受害人要求补偿的，可以责令受益人适当补偿。可见在我国关于紧急避险的立法例中，因避险行为给被避险人造成损失的，无论补偿人为避险人抑或受益人，均仅需要提供"适当补偿"即可。① 然而，域外立法模式及理论界均认为，依避险对象不同，紧

---

① 虽然本书部分参考文献并未直接以《民法典》为论述对象，但因我国其他法律条款中关于紧急避险的规定与《民法典》如出一辙，故所有支持或反对此种规定的论述均可用于《民法典》的规定。

急避险可以分为攻击性与防御性两种类型，前者是指避险人在遭遇危险时，为了保全自身利益，侵害无辜第三人的合法利益；后者则类似于正当防卫，是指避险人在遭遇危险时，对危险源进行还击，并未涉及第三人，因二者损害对象不同，其补偿数额也有所差别，前者在未超过必要限度的情况下，无须承担任何民事责任，而后者一般需要承担全部民事责任。[1] 虽然我国有学者认为紧急避险的立法中蕴含着"显隐互现的二元分类"标准，故可以推导出立法者根据避险对象的不同将之分为防御型与攻击型紧急避险[2]，但是通说却并未采纳此种观点，而是认为：我国民法规则设计的着眼点在于引发险情的原因，与避险方法并无关联，难以得出区分了不同避险类型之结论。[3] 据此，按照我国民法的规定，无论避险人实施的是何种类型的紧急避险，其对受害人的损失均无须全额补偿，而是应综合考虑各种因素以确定避险人应当补偿的数额，这种基于"公平责任"的做法既能有效地保护当事人的合法利益，又能及时地解决侵权损害赔偿纠纷，防止事态扩大和矛盾激化，促进安定团结。[4] 然而，这种立法模式至少存在两个疑问：一方面，攻击性紧急避险侵害的是无辜第三人的利益，在被避险人没有任何过错的情况下，为何仅需要对其进行"适当补偿"？这样的做法是否真的能有效保护当事人的合法利益？另一方面，防御性紧急避险与正当防卫一般，均是侵害了危险源之利益，而《民法典》第一百八十一条规定：因正当防卫造成损害的，不承担民事责任。同样是对危险源进行反击，为何正当防卫不需要承担任何民事责任，而防御性紧急避险又需要承担

---

[1] Vgl. Palandt Bürgerliches Gesetzbuch, 77. Aufl., München: C. H. Beck, 2018, §228, Rn9; §904, Rn. 4.

[2] 参见张谷《论〈侵权责任法〉上的非真正侵权责任》，《暨南学报》（哲学社会科学版）2010年第3期。

[3] 参见王轶《作为债之独立类型的法定补偿义务》，《法学研究》2014年第2期；陈甦主编：《民法总则评注》（下），法律出版社2017年版，第1301页。

[4] 参见杨立新《侵权法论》（下），人民法院出版社2013年第5版，第897页；王利明《侵权行为法归责原则研究》，中国政法大学出版社2003年版，第111页。

"适当补偿"①? 遗憾的是，理论界对于立法的弊端却置若罔闻，从来没有给出过回应②，这也导致我国司法实务中出现了许多直接根据条文做出裁判的不妥判决，例如有法院指出：

> 原告诉称，被告因台风及暴雨来袭，未通知下游便开闸泄洪，因泄洪水量过大过急，冲走了其养殖场中价值3442388.20元的鳗鱼苗，请求法院判决被告全额补偿。一审法院指出，本案属于因自然因素引起的紧急避险，且原告对此事故发生并无过错，结合本案实际情况，判处被告依《民法通则》第129条赔偿原告全部损失额的50%。宣判后，双方均不服而提起上诉。二审法院认为原判适用法律及司法解释正确，但补偿数额不足，遂改判赔偿原告人民币2347992元。③

诚然，本案在法律适用上确实并不存在任何问题，但是结果当真能够令人满意么？答案显然是否定的，双方均不服而提起上诉便是最好的证明。一如法院所指出的，原告对事故的发生没有过错，却仍然需要承担高达百万元之损失，这样的裁判结果，显然不符合公平原则，更无法保护当事人利益。令人痛心的是，这样的判决在我国司法实践中可谓屡见不鲜，如果说上例中，避险人承担了70%责任尚且勉强可以让人接受，则在部分判例中，其裁判结果着实令人难以忍受，如有判例指出：

---

① 如前所述，攻击性紧急避险与防御性紧急避险的正当化依据并不相同，故对二者的民事责任也有必要分别进行研究。由于本书仅探讨攻击性紧急避险的民事责任，又因上述条款均规定若危险由人为引发，由引发者承担责任，被避险人原则上能够得到全额赔偿，不存在"适当补偿"之弊端［相同观点，参见龙卫球主编《中华人民共和国民法典（总则编释义）》，中国法制出版社2020年版，第468页］，因此本章仅探讨由自然原因引发的攻击性紧急避险的民事责任。

② 近期对此观点提出质疑的论文，参见刘艳红《人性民法与物性刑法的融合发展》，《中国社会科学》2020年第4期。

③ 参见（2001）浙法民终字第194号民事判决书。

被告接到县防汛指挥部的指令开始泄洪,在此过程中,原告(三级残疾人,受各级政府和残疾人联合会的资助)的网箱等所有设施设备连同网箱中的鱼类被洪水整体冲走,据法院核实,原告损失合计282521元(不包括无法计算的成鱼损失)。一审法院依《民法总则》第182条之规定认为,本案系自然原因引起的紧急避险,故被告不承担民事责任,结合本案实际情况判处其补偿原告10万元,二审法院维持原判。①

在本案中,原告为三级残疾人,且受资助方能从事养殖活动,可以说此养殖业是其立命之本,在毫无过错的情况下,竟然需要自行承担高达65%的损失(因难以计算成鱼损失,其真实承担比例还远不止于此)。这样的裁判结果又如何能够解决纠纷、促进团结?笔者以"紧急避险""自然原因""民事"为关键字在Openlaw裁判文书网进行搜索,共有裁判文书783份,其中一审412份,二审339份,再审26份,其他6份;以同样条件在无讼案例网搜索,共有裁判文书275份,其中一审138份,二审130份,再审7份。其二审与再审比例远远超过其他民事案件。由此可见,在未得到全额补偿的情况下,原告多会提出上诉,要求二审甚至再审,这既是对司法资源的一种浪费,也是一个危险的信号:他们对于法院的判决并不信服!更为严重的是,出现这样裁判的问题根源并非法律适用错误——若为法律适用错误,则仅会出现个案不公,而不会普遍出现——而在于法律规范本身,如此不公正的法律被广泛适用,无疑意味着有益于人类的法治成为损害人类权利的害恶。② 因此,在理论上对紧急避险的民事责任进行重新解读具有重大实践意义。故在本部分,笔者将先行分析学界目前对于"适当补偿"的请求权

---

① 参见(2017)湘0725民初1906号民事判决书、(2017)湘07民终2315号民事判决书。

② 参见刘艳红《"司法无良知"抑或"刑法无底线"?——以"摆摊打气球案"入刑为视角的分析》,《东南大学学报》(哲学社会科学版)2017年第1期。

基础①的解释及其不妥之处，而后对"适当补偿"的弊端及其成因进行批判，进而提出本书的观点，紧急避险的正当化依据在于社会连带义务，最后论证被避险人补偿的请求权基础及应当全额补偿之理由。

第二节 "适当补偿"说及其成因之批判

我国民法通说认为："适当补偿"意味着不可能要求紧急避险人对受害人的损失全部给予补偿，而是要综合考虑各种因素尤其是受害人的损害与紧急避险人的经济状况、避险人因紧急避险行为而得以保存的权益等因素，确定避险人应当补偿的数额。② 无独有偶，《中华人民共和国防洪法》（2016 修正）第四十五条也规定：……依照前款规定调用的物资、设备、交通运输工具等，在汛期结束后应当及时归还；造成损坏或者无法归还的，按照国务院有关规定给予适当补偿或者作其他处理。行政法学者据此指出：行政补偿一般以直接规定的损失为限，而且在许多情况下，法律规定的补偿往往小于直接损失额。在我国现行有关的单行法律、法规中往往只规定所谓"适当补偿"，至于何为"适当"，则缺乏具体规定，并非一定是足额、完全补偿。③ 因此，在我国整体法秩序中，"适当补偿"便意味着"非全额补偿"，且往往是由造成法益损害的主体补偿一部分，受损害的主体自行承担一部分。但是，仅有此规定尚且远远不够，

---

① 在本书语境中，请求权基础便决定了对于"适当"的解释，如以"公平责任"作为请求权基础，则必然将"适当"解释为"公平"，以"共同海损"作为请求权基础，便只能将"适当"解释为"按比例分摊"，因此本书在同一意义上使用"适当补偿"的请求权基础与"适当补偿"之解释。
② 参见程啸《侵权责任法》，法律出版社 2015 年第 2 版，第 326—327 页。
③ 参见姜明安主编《行政法与行政诉讼法》，北京大学出版社、高等教育出版社 2019 年第 7 版，第 557 页。

我们尚需探求其背后的请求权基础，即为何在此情况下，造成他人损害的主体仅需要承担"适当补偿"。对此问题，学界主要有公平责任说与比例分摊说两种，另有少数学者认为应当将"适当补偿"类推解释为"全额补偿"。本书赞成全额补偿说，但遗憾的是，既有的支持此说之学者有的并未给出充分理由①，有的甚至只有结论而缺乏论证过程②，故有必要对其进行重新论证。此外，紧急避险的责任承担显然与隐藏在其背后的正当化依据息息相关，而学界对此问题也并未进行讨论，故此部分笔者将先行分析支持"适当补偿"学说的不妥之处，而后指明这种"适当补偿"立法模式的根源在于功利主义紧急避险，并对其进行批判。

一 攻击性紧急避险不符合公平责任之前提

通说认为，"适当补偿"的请求权基础在于"公平责任"，该说构建于《侵权责任法》第二十四条（《民法典》第一千一百八十六条）的公平责任之上，认为不可能要求紧急避险人对受害人的损失全部给予补偿，应当综合各种因素，尤其是受害人的损害与避险人的经济状况、避险人保存的权益等，根据公平考虑决定补偿数额，完全免责和完全负责都不尽妥当。③

但是，这样的解释路径并不妥当。一方面，避险人对损害的产生存在过错，因而并不符合公平责任之前提。通说认为，适用公平责任的基本前提是：加害人侵害了他人；行为具违法性；加害人不存在过错。④ 因此，若行为人存在过错，便不能适用公平责任，而应

---

① 参见周友军《民法典中的违法阻却事由立法研究》，《四川大学学报》（哲学社会科学版）2018 年第 5 期。
② 参见樊芃《分洪与赔偿》，《法律科学》2000 年第 1 期。
③ 参见王利明《侵权责任法研究》（上卷），中国人民大学出版社 2016 年第 2 版，第 459 页；程啸《侵权责任法》，法律出版社 2015 年第 2 版，第 326—327 页。
④ 参见张金海《公平责任考辩》，《中外法学》2011 年第 4 期；杨立新《侵权法论》（下），人民法院出版社 2013 年第 5 版，第 898 页。

当适用过错责任。通说同时指出：过错责任中的归责包括主观归责与客观归责。主观归责即依据行为人有无过错，确定其是否应当就所造成之损害负赔偿义务（责任）。只有在损害是因行为人之故意或过失所致时，才应负赔偿责任。① 可见其中的过错是指行为人的故意或者过失，若行为人故意或者过失造成了损害，便具有主观上的过错。② 所以，对他人的损害是否存在主观上的故意或者过失，便成为公平责任与过错责任的分界线。这一点从公平责任的起源也可以得到证实。19 世纪以来，受理性哲学对过错理论的影响，许多国家认为未成年人不具备意思能力，不能被确定为过错，对其造成的损害不负责任，但这样一来，在未成年人和精神病人致害的案件中，被害人便难以得到救济，公平责任由此应运而生。因此，公平责任前提中的"加害人不存在过错"其实是指"由于责任能力的原因加害人的过错不成立"③，故在大多数国家中，公平责任主要适用于未成年人、精神病人致人损害，而监护人又无过错的情形。《德国民法典》更是直接放弃了公平责任原则性的规定，仅在第 829 条未成年人致人损害的案件中规定了公平责任。由此可见，公平责任完全是为了应对非因故意或过失给他人造成损害的行为而产生的。但是在紧急避险中，避险人绝非无意识地给被避险人造成损害，而是为了防止对自己或他人将要造成的损害，对他人财产实施故意的侵害行为。④ 意大利学者也明确指出：补偿义务由——行为人知道并且故意坚决实施行为——的事实决定。⑤ 所以，避险人对于损害的产生其实是持故意之心态，因而存在"过错"。认为其缺乏过错的观点，其实

---

① 参见程啸《侵权责任法》，法律出版社 2015 年第 2 版，第 87 页。
② 参见杨立新《侵权法论》（上），人民法院出版社 2013 年第 5 版，第 262 页。
③ 参见张金海《公平责任考辨》，《中外法学》2011 年第 4 期。
④ 瑞士《债务法》第 52 条第 2 款明确指出了这一点，Vgl. Rey/Wildhaber, Ausservertragliches Haftpflichtrecht, 5. Aufl., Zürich: Schulthess, 2018, Rn 936。
⑤ ［德］克里斯蒂安·冯·巴尔、［英］埃里克·克莱夫主编：《欧洲私法的原则、定义与示范规则：欧洲示范民法典草案（全译本）》（第 5 卷、第 6 卷、第 7 卷），王文胜等译，法律出版社 2014 年版，第 673 页。

混淆了"过错"与"责任"这一对概念,正确的理解是,避险人对于损害的产生具有过错,但因紧急避险属合法行为,故不需要承担侵权责任,而是仅需要提供补偿。另一方面,公平责任作为一种责任承担方式,解决的必须是法律规定需要承担责任情形下的责任分担问题,而承担侵权责任的前提之一便是行为人实施了违法行为[①],但是紧急避险是民法上的合法行为,不具有违法性,并不需要承担责任,既然如此,其又怎能够适用公平责任?[②] 这一点从立法者在相关条款制定过程中对于避险人责任承担的变动中也可以得到证实。如《侵权责任法(草案)》二次审议稿曾规定,"如果危险是由自然原因引起的,紧急避险人不承担赔偿责任或者承担部分赔偿责任"。但是在其第三次审议稿中,立法者却将其后半段修改为"不承担责任或者给予适当补偿",并最终予以维持。又如《民法通则》第一百二十九条第一款规定:"……紧急避险人不承担民事责任或者承担适当的民事责任。"而在 2020 年修订的《民法典》中,立法者将其修改为"……不承担民事责任,可以给予适当补偿"。据此,在两部法典中,避险人均无须承担民事责任,而仅需要给予被避险人适当补偿,如此反复的修改绝非偶然,立法机关的目的就在于区分"补偿"与"责任"[③]。可见两种弥补损失的方式具有截然不同的法律性质,不能混为一谈。因此,公平分担损失规则的适用范围,应当限制在当事人双方均无过错,并且不属于过错责任原则、过错推定原则和无过错责任原则调整的那一部分侵权损害赔偿法律关系中。[④] 在条文明确规定避险人仅需"适当补偿",而无须承担"责任"的情况下,将"公平责任"作为其请求权基础的观点,其实直接违背了

---

① 参见杨立新《侵权责任法》,法律出版社 2018 年第 3 版,第 66 页。
② 相同观点,参见张新宝《侵权责任法原理》,中国人民大学出版社 2005 年,第 43—44 页。
③ 参见王轶《作为债之独立类型的法定补偿义务》,《法学研究》2014 年第 2 期。
④ 参见杨立新《侵权法论》(下),人民法院出版社 2013 年第 5 版,第 898 页。

法条的规定。

此外,对紧急避险适用公平责任也难以达到其所追求的社会效果。通说认为这种做法既能有效地保护当事人的合法利益,又能及时地解决侵权损害赔偿纠纷,防止事态扩大和矛盾激化,促进安定团结,进而达到立法者设立公平责任所欲达到的社会效果。但是,典型公平责任的适用情形与紧急避险存在巨大差异,在紧急避险中适用公平原则,恐怕只会适得其反。从主观方面分析,在公平责任的情形中,行为人对于损害的产生并不存在过错,因而容易被谅解,而避险人则是故意给被避险人造成损害,显然让人更加难以认可;从客观方面分析,在公平责任的情形中,其实是一种"双输"的局面:受损方并未得到全额赔偿,而行为人也要因自己无过失的行为承担部分责任;而在紧急避险中,避险人是将原本自身遭受之危难转嫁至他人身上,是一种"损人利己"之行为。在获得了利益的情况下,避险人还不用给无辜遭受损害的被避险人全额赔偿,反而要让其自行承担部分损失。更有甚者,在对无辜的被避险人进行补偿之时,还会因为当事人之间财产的多寡而有所不同,这明显与"权益的平等保护"——公平责任原则的要求——相抵触。以本书所列举之案件为例,原告在毫无过错的情况下,仍需自行承担几十万元甚至上百万元之损失,这样的责任分担,如何能够保护被避险人的合法利益,又如何能够让被避险人心悦诚服?甚至有实务部门的工作人员在评述本书第一个判例时也觉得并不妥当,进而指出:从民法公平原则的角度出发,对原告而言,其受到的无辜损失却无法得到全额赔偿,这是有失公平的。[①] 可见这样的裁判结果并不尽如人意,紧急避险在我国司法实务中远高于一般民事诉讼的上诉率也证实了这一点。综上,紧急避险不符合公平责任的适用前提,也无法达到公平责任所追求的社会效果,不宜将公平责任作为其请求权基础。

---

① 参见刘作翔《紧急避险:解决权利冲突的制度设计及刑民案例》,《河北法学》2014年第1期。

二 "共同海损"不适用于攻击性紧急避险

除了公平责任说,还有学者依据海商法中规定的共同海损规则,将"适当补偿"解释为"依照比例分摊",理由在于:我国《海商法》第一百九十三条规定:共同海损,是指在同一海上航程中,船舶、货物和其他财产遭遇共同危险,为了共同安全,有意地、合理地采取措施所直接造成的特殊牺牲、支付的特殊费用。第一百九十九条规定:共同海损应当由受益方按照各自的分摊价值的比例分摊。因此,虽然共同海损制度与紧急避险制度在保护法益的范围上以及对危险性质的限定上有所不同,但二者在目的、主客观条件、措施的属性要求以及造成损害的实质等方面具有相似性,且共同海损的保护法益范围与危险性质的限定均小于紧急避险,故可以将之视为紧急避险制度的一种特殊形式。① 德国学者 Konzen 教授更是明确指出,共同海损中的受益方都需要按照比例来承担责任,而共同海损就是海上的紧急避险②,因此在普通紧急避险中,也应当适用比例分摊规则。例如,A 面临 600 元损失的危险,不得已采取避险行为造成 B 产生 300 元的损失,在避险结束后,A 和 B 之间的财富对比关系不应当有比例上的变化,故 A 应当给 B 补偿 200 元,自己保有 400 元,从法律调整后的财产来看,A 以 200 元的代价避免了 300 元的损失。③

但是,这样的观点值得商榷,因为共同海损并不符合紧急避险的构成要件。首先,共同海损的定义是"遭遇共同危险,为了共同

---

① 参见陈刚、张溪娟《紧急避险视野下的共同海损制度研究》,《大连海事大学学报》(社会科学版) 2020 年第 6 期。

② Vgl. Konzen, Aufopferung im Zivilrecht, Berlin: Duncker & Humblot, 1969, S. 118.

③ 参见傅强《紧急避险的民事责任》,《浙江学刊》2010 年第 4 期;刘弘川《紧急避险的民事责任承担探析——兼议〈侵权责任法〉第 31 条》,《江西行政学院学报》2012 年第 3 期。

安全",其中的共同危险指的是危险来源于同一个危险源,但是在紧急避险中,避险人与被避险人所遭受的危险源并不一致,避险人遭受的危险是源于自然事件,而被避险人遭受的危险则是来源于避险人,二者所遭受的并非"共同危险";而且,与共同海损不同,避险人的行为也并非"为了共同安全",因为被避险人的财物并非处于危险之中。共同海损必须是为了保护共同航行中遭遇危险的财产而发生,这是构成共同海损必须具备的重要条件之一,如果仅对共同航程中的一方有危险,所产生的损失就不构成共同海损。① 不言而喻,在航行过程中,货物与船只被视为一体,若船只被大海吞没,则船上的货物也将荡然无存,因此挽救船只的行为就是挽救货物的行为,也就是"为了共同安全"。因为在遭遇海难时,货物与船只其实处于一种非对称危险共同体之中,即两个法益中的一个能够避免遭受损害,但不论发生什么,另一个法益都会遭受损害。② 若在遭遇海难时不实施共同海损行为损毁部分货物,最终的结果只能是船体与所有货物一起丧生大海,而在实施了共同海损行为的情况下,不但可以保住部分货物,更可以保障船员及船只的安全,故在此情况下,货物一定会遭受损毁,而船只及船员的性命仍有保全的可能,因此海损行为是"为了双方共同的安全"。但是在紧急避险中,被避险人的财物与避险人并非浑然一体,其财产并未处于危险之中,避险人的行为只是为了自己的安全,而不是为了财产之安危。因此,紧急避险不满足共同海损中"共同危险"与"共同安全"之要求。

其次,即便认为共同海损能够归属于紧急避险,其也应当属于防御性紧急避险,而非攻击性紧急避险。日本有学者指出:因台风无法修理的船只发生浸水现象,虽然从进水量来看还要好几天才会沉船,但船只来不及开到岸边,也无法期待救援大队来到,在此情

---

① 参见高秋颖《海商法中共同海损法律制度研究》,《世界海运》2014 年第 11 期。

② Vgl. U. Neumann, Nomos Kommentar Strafgesetzbuch, 5. Aufl., Baden-Baden: Nomos, 2017, § 34, Rn. 76.

况下，船长下令丢弃部分货物以避免沉船危难的情况属于紧急避险。① 诚然，这种情况既是共同海损行为，也是典型的紧急避险，但是其属于防御性紧急避险，而非本书所关心的攻击性紧急避险。不言而喻，丢弃货物是为了减轻船只的重量，使船只吃水深度减少，从而使得船只的排水速度大于进水速度，保证船只不被海水淹没，而过多的货物必然会导致船只的吃水深度增加，进而增加船只的进水速度，在船只的进水速度大于排水速度之时，便有沉没之虞。由此可见，船只的风险是海水与货物所增加的吃水深度共同带来的，货物是船只的危险源之一，故将货物丢弃的行为可以视为对危险源的一种"反击"，而如前所述，对危险源进行反击的行为，正是防御性紧急避险的表现形式，因此，即便认为共同海损是紧急避险的一种，其也属于防御性紧急避险，而非本书所论述的攻击性紧急避险中。

最后，《海商法》规定的是费用等"由受益方"分担，但是在紧急避险中的被避险人并非受益方。如前所述，对于共同海损中的双方而言，原本的后果是处于海难中的所有货物与船只一起丧生大海，实施共同海损后只有部分货物遭受损毁，船只也得以保全，是一种"双赢"之结果，因此二者都是受益方，当然应当分担费用。而在紧急避险中，避险人损毁的是无辜第三人的财物，而该财物原本并未处于危险之中，没有损毁之虞，受益的只有避险人而已，被避险人在此是一个纯粹的受害者，绝非所谓的"受益方"。在该学者所举之案例中，A 原本会遭受 600 元的损失，通过将危险转嫁给 B 避免了损失，当然是受益方，但 B 原本完全是置身事外，无缘无故遭受了 300 元的损失，是一个纯粹的受害者，又凭什么让其来承担这部分损失！综上，紧急避险不符合共同海损的成立要件，共同海损的赔偿原则也不适用于紧急避险。

---

① 参见［日］曾根威彦、松原芳博编集《重点课题 刑法总论》，东京：成文堂 2008 年版，第 102 页。

三 "适当补偿"与我国其他相关条文相悖

其实,将"公平责任"及"共同海损"作为"适当补偿"的请求权基础存在问题的根源在于,这样的补偿模式本身便值得商榷,而学界又囿于法条之规定,只能对其进行较为强硬的解释,将既有之解释方案往上"生搬硬套",当然难以令人满意,本书认为,对被避险人进行"适当补偿"的规定存在如下问题。

一方面,该规定与无因管理制度不符。《民法典》第一百二十一条规定:没有法定的或者约定的义务,为避免他人利益受损失而进行管理的人,有权请求受益人偿还由此支出的必要费用。《民通意见》第一百三十二条指出,"必要费用"包括"在管理和服务活动中直接支出的费用"以及"在该活动中受到的实际损失",即管理人在管理活动中所遭受的损害。[1] 但是,这样的规定也可能产生一定的隐忧,尤其是在无因管理人为了救助他人而受伤的情况下,因为身体法益难以用金钱衡量,若要求在任何情况下受益人均偿付所有的费用,则偿还请求数额可能大于受益人的获益,对于受益人而言并不公平。因为每个理性的民事主体都应当对自己的行为负责,承担自己的行为带来的风险,故管理人未经许可自行介入他人事务,应该自负部分事务管理的风险。何况,管理行为符合本人的利益或意思,与本人的过错并不具有评价上的等价性[2],以维护他人利益为由将遭受损害的风险全部转嫁给本人,对被管理人并不公平。在管理人遭受的意外损害远远高于本人收益的情况下,要求本人就管理人的损害做出全部赔偿,本人无异于蒙受了无妄之灾。对此问题,德国学界一般采取"不大于说",即无因管理的返还费用应该与不当得利原理相一致,不应当高于受益人所获

---

[1] 参见王利明《债法总则研究》,中国人民大学出版社2015年版,第552页。
[2] 参见缪宇《论被救助者对见义勇为者所受损害的赔偿义务》,《法学家》2016年第2期。

得的利益。① 我国也有学者指出，应当采取保留得利限制作为大多数情况下的偿还上限之做法，管理人的偿还请求在此范围内的，无须裁减；对于管理人的偿还请求超过得利的部分或者得利无法以金钱计算的，可以借鉴衡平裁减的思路。②

因此，在无因管理中，若受益人所获得的利益大于无因管理人的"必要费用"，受益人必须全额赔偿，无因管理人不能因为自己的好意行为而遭受损失。按此逻辑，紧急避险与无因管理在客观上都使得他人获益，且紧急避险被保护的法益更是大于遭受损害的法益，故被避险人理应获得全额赔偿。退一步而言，即便如该学者所认为的，无因管理不应当获得全额赔偿，其理由也不适用于紧急避险之中，因为无因管理人是基于自由意志的选择去帮助他人，有"自陷风险"之嫌，被避险人则是完全没有选择余地地被卷入风险之中，他是为不幸事件所累的人，整个事件对其来说是一个纯粹的不幸事件③，因此其当然应当享有所有损害的偿还请求权。由此可见，无因管理中的管理者与紧急避险中的被避险人在客观方面的情形完全相同，都是因为他人的事物而使得自身利益遭受损害，但前者在必要限度内却可以请求偿还所付出的一切费用，而后者却只能够获得"适当补偿"，这样差别对待，实在让人难以理解。

另一方面，该规定与我国征收征用规则不符。在我国其他法律条款中，亦不乏在紧急状态下使用他人之物后应当予以补偿之条款。例如我国《宪法》第十三条规定：国家为了公共利益的需要，可以依照法律规定对公民的私有财产实行征收或者征用并给予补偿。《中华人民共和国突发事件应对法》（下文简称《突发事件法》）第十二

---

① Vgl. Brinz, Lehrbuch der Pandekten, Band 2, 2 Abt, 2. Aufl., Erlangen: Deichert, 1882, S. 645.

② 参见李中原《论无因管理的偿还请求权——基于解释论的视角》，《法学》2017年第12期。

③ Vgl. Christian v. Bar, Gemeineuropäisches Deliktsrecht, Band 2, München: C. H. Beck, 1999, S. 532.

条也规定：有关人民政府及其部门为应对突发事件，可以征用单位和个人的财产。被征用的财产在使用完毕或者突发事件应急处置工作结束后，应当及时返还。财产被征用或者征用后毁损、灭失的，应当给予补偿。《民法典》第二百四十三条第二、第三款分别规定：征收集体所有的土地，应当依法足额支付土地补偿费、安置补助费、地上附着物和青苗的补偿费等费用，安排被征地农民的社会保障费用，保障被征地农民的生活，维护被征地农民的合法权益。征收单位、个人的房屋及其他不动产，应当依法给予拆迁补偿，维护被征收人的合法权益；征收个人住宅的，还应当保障被征收人的居住条件。

需要明确的是，虽然上述法律中并未明确规定对于公私财产征收后的补偿是"适当"补偿还是"足额"补偿，但从《民法典》的规定中，我们不难推断出两部法律中所指的均是"足额"补偿。其一，从法条用语分析，立法者有意区分了"补偿"与"适当补偿"，如《民法典》中对紧急避险规定的是"适当补偿"，而其余法律中规定的则是"补偿"，《民法典》第二百四十三条第二款更是规定了"足额支付土地补偿费"；其二，从条文的叙述中也可以推导出应当"足额补偿"之结论。《民法典》第二百四十三条第二款规定除了支付征收费用补偿以外，还要保障被征地农民的生活，第三款也规定了应当保障被征收人的居住条件，显然，立法者的用意在于将被征收人的生活水平维持在现有的基础之上。《关于完善征地补偿安置制度的指导意见》第一条第二款明确指出：土地补偿费和安置补助费的统一年产值倍数，应按照保证被征地农民原有生活水平不降低的原则，在法律规定范围内确定；……不能使被征地农民保持原有生活水平，不足以支付因征地而导致无地农民社会保障费用的，经省级人民政府批准应当提高倍数；……尚不足以使被征地农民保持原有生活水平的，由当地人民政府统筹安排，从国有土地有偿使用收益中划出一定比例给予补贴。显而易见，若只是"适当补偿"，被征收人尚需自行承担费用，其必然难以维持原有的生活水平，因此，此条款虽未明言，但根据其内容可以推测，至少应当实施足额补偿。有学者对此指出：政府必须保证补偿数额至少不低于被征收者所付出的代价，没有理由要求被征收者单方面承担开发的代价，否则便违背了《宪法》第三十三条所规定的"公民在法律面前一律平等"的基本原则。① 由于宪法是上位法，故有关部门在紧急情况下为了公共利益而征收私人财物之时，也理应对其进行全额补偿，但如此一来，为公益的紧急避险与为私利的紧急避险在责任承担上则存在分歧，而这样的分歧至少会带来三个疑问：首先，依据《宪法》《突发事件法》及《民法典》，国家为了公共利益而紧急征收的，需要对所征收财物进行全额补偿，在紧急状态下也理应如此，那么为何公民为了个人利益，在紧急状态下征用他人财物，就不需要全额补偿？其次，我国《民法典》并未规定国家部门不能成为避险人，倘若国家部门为了国家利益实施紧急避险征用民众财物之时，即成立紧急避险与征收征用之竞合，此时究竟是依照第一百八十二条紧急避险条款予以适当补偿，还是依据第二百四十三条征收规定给予其全额补偿？例如前述第二个判例中，分洪行为既是一种紧急避险行为，又是一种征用行为，在此情况下，究竟应当适用何者？② 但无论适用何种条款，终究难以回答"为何在紧急情况下仅给予适当补偿，而普通情况下要给予足额补偿"之质疑。最后，由于国家利益、公共利益也可以成为紧急避险所保护的对象，若一公民为了公共利益而对他人实施紧急避险，被避险人也只能够得到适当补偿，如此做法，无异于让私人财产的所有人为了国家或公共的利益牺牲自己财产，其正当化依据何在？③ 综上，紧急避险只需"适当补偿"之规定，与我国无因管理制度及征收征用的规定不符，会引起条文在司

---

① 参见张千帆《"公正补偿"与征收权的宪法限制》，《法学研究》2005年第2期。
② 参见樊芑《分洪与赔偿》，《法律科学》2000年第1期。
③ 参见［美］丹·B. 多布斯《侵权法》（上），马静等译，中国政法大学出版社2014年版，第224页。

法适用中的混乱，因而有失公允。

四 "适当补偿"的社会基础——功利主义与实用主义之批判

本书认为，"紧急避险"仅需"适当补偿"之规定，是建立在功利主义紧急避险的基础之上。前已论述，刑法通说认为，紧急避险的正当化依据在于功利主义，受其影响，民法学界也大多持此观点。诸多学者均认为：紧急避险是以牺牲一个较小的利益保护一个较大的利益，从利益衡量的角度来看是合理的和"经济的"①。紧急避险能够免责的法理基础在于，紧急避险中避免的危险所造成的损害程度大于紧急避险行为所造成的损害。② 甚至连立法者都直接承认：我国《刑法》也明确规定了紧急避险的内容……我国民法理论和实务也都借鉴上述内容，对紧急避险的构成要件形成了较为成熟的做法。③ 这样的思想便能够解释，为何在紧急避险中，被害人仅能够得到"适当补偿"。因为一旦避险人进行全额补偿，便意味着仅有一方承担全部损失，致使原有的价值平衡被打破，而打破平衡必将给其中一方带来痛苦，且这种痛苦要大于双方分担损失之痛苦——后者便不符合消极功利主义（negative utilitarianism）"最大限度地减少痛苦"④ 之要求。正是出于这种考量，公平责任说才要求将"保全的财产和所造成的损害在价值上做比较"，共同海损说才将"适当补偿"解释为"依比例分摊"——因为他们所追求的损失分担才能够达成社会福利最大化的功利主义目标。⑤ 据此，其并不关心究竟何

---

① 参见张新宝《〈中华人民共和国民法典·总则〉释义》，中国人民大学出版社2020年版，第390页。
② 参见杨立新主编《中国民法典释义与案例评注：总则编》，中国法制出版社2020年版，第483页。
③ 最高人民法院民法典贯彻实施工作领导小组主编：《中华人民共和国民法典总则编理解与适用》（下），人民法院出版社2020年版，第916页。
④ See Geoffrey Scarre, *Utilitarianism*, London: Routledge, 1996, p. 17.
⑤ 参见余小伟《"公平责任"是否"公平"——以二十世纪新侵权法理论为视角》，《政治与法律》2017年第12期。

人遭受损害，而只关心整体价值是否避免了减少，以及减少后如何使得各方价值重新恢复到利益减少前的平衡状态，以使得各方所遭受的损害大致相等，避免一方因遭受过度损害而过多地减损幸福和快乐。

仅有上述功利主义的存在，尚不足以对"适当补偿"的形成给出充分的解释。因为，即便立法者认为"适当补偿"符合功利主义，但如后所述，如果其仔细考量适当补偿在日后可能造成的种种不利影响，也不至于唯结果马首是瞻。然而，中国传统文化恰恰又是以实用理性为其基本精神的。所谓实用理性，是指在看待或者评判某一事物时，专注于可以通过经验感知的实际效用，而并不去思辨性地探求超越现实生活的抽象理念和价值。① 诚然，这样的实用理性让我们形成了"经世致用""知行合一""脚踏实地"等积极务实的生活态度，有利于国家的稳定与安宁，从而使我们能够在如此漫长的历史和如此广大的疆域中井然有序地发展，成为"四大文明古国"中唯一能够延续至今的国家。但是，实用理性也是一把双刃剑，这种重结果轻过程、重具体轻抽象的思维方式也带来了不容小觑的消极影响。诸多学者也在不同方面对其做出了批判，如在科学方面，实用理性的盛行便拥有急功近利、目光短浅的局限，它使得我国民众不去研究没有直接用途的学理问题，也不屑于去关注那些与生产、生活无直接关联的自然现象，不去关注那些看不见、摸不着而又更具根本性的问题，从而束缚了科学的发展。② 在史学方面，实用理性使得人们缺少对"自由、平等、博爱"这一历史终极目标的认识及思考，即便是"改良派"也并不认为其改良的目的是让我国朝这个方向前进，而仅仅是认为历史的循环刚好到了这个关节点上，识时务者应当抓住这个千载难逢的"机遇"而与时俱进，否则就会被历

---

① 参见李泽厚《中国思想史论》，安徽文艺出版社 1999 年版，第 1148 页。
② 参见陈炎《儒家与道家对中国古代科学的制约——兼答"李约瑟难题"》，《清华大学学报》（哲学社会科学版）2009 年第 1 期。

史所淘汰。① 而在法律中，这种"实用理性"主要体现为司法者更加注重"解决纠纷"。例如在绝大多数正当防卫的案件中，只要侵害人出现重伤或者死亡结果，司法评判的天平便会向这一端倾斜，司法机关会为了息事宁人，罔顾死伤者实施不法侵害在先、行为人是为制止侵害而被迫反击等真正对防卫行为的性质起决定作用的事实，做出不公正的判罚。② 而在民法中，这样的弊端便体现在它导致人们只关注纠纷造成的最终后果，只考虑怎样的案件处理方式能够"解决侵权损害赔偿纠纷，防止事态扩大和矛盾激化，促进安定团结"，甚至不惜以无视纠纷发生过程中的是非曲直、不惜以牺牲当事人的正当权利为代价。除了紧急避险的条款，最能够体现这一特色的便是我国《道路交通安全法》第七十六条的规定：机动车发生交通事故造成人身伤亡、财产损失的，由保险公司在机动车第三者责任强制保险责任限额范围内予以赔偿；不足的部分，按照下列规定承担赔偿责任：……机动车一方没有过错的，承担不超过百分之十的赔偿责任。据此，即便机动车一方没有任何过错，其也需要承担少量赔偿。显然，这样的赔偿责任并没有任何法理上的依据，原因仅在于"破财免灾"的功利主义维稳思想。但是，这种将司法裁判的功能定位了纠纷解决的做法，在使其与调解等其他纠纷解决机制之间的区别模糊化的同时，也丧失了其最为重要的"通过调整期望在时间上、具体内容上和社会上的普遍化使规范性期待稳定化之功能"（die Funktion der Stabilisierung normativer Erwartungen durch Regulierung ihrer zeitlichen, sachlichen und sozialen Generalisierung）。③ 从表面看来，这种"和稀泥"的做法解决了诸多现实纠纷，维护了社会的稳定，但若细细分

---

① 参见邓晓芒《论历史的本质》，《社会科学论坛》2012年第5期。
② 参见陈璇《正当防卫、维稳优先与结果导向——以"于欢故意伤害案"为契机展开的法理思考》，《法律科学》2018年第3期。
③ Niklas Luhmann, Das Recht der Gesellschaft, Frankfurt/Main: Suhrkamp, 1995, S. 131.

析便会发现，此类判决都只着眼于眼前的个案，却并没有通过对行为的合法性评价来宣布针对未来的有效规则，如此一来，人们在互动过程中往往就会采取认知性期待的态度，一旦遭遇失败便去适应现实①，而这必将极大影响人们对于法律规范的态度，导致其无法对规范持内在视角的理解，使得规范得不到应有的贯彻。如此一来，人们在互动过程中往往就会采取认知性期待的态度，由此引发各类投机现象，最终影响人与人之间的良性互动与社会整体的信任机制。可以说，将司法裁判的功能定位于纠纷解决，恰恰造成了悖论性的后果：本意是要解决纠纷，实际上却刺激乃至纵容更多纠纷的发生。尤其是，在当前维稳优先的政策导向下，司法裁判的纠纷解决功能更是被发挥到极致，同时，它也为未来引发数量庞大的纠纷埋下了伏笔。②

综上，将功利主义作为紧急避险的正当化依据，会存在许多难以自圆其说之处，而在民法中，此点尤为突出地体现在提供补偿的对象之中，依功利主义紧急避险之逻辑，既然其追求的是社会整体利益的提升，将个人利益视为社会整体利益的组成部分，则在个人遭受损害之时，理应由社会整体对其做出补偿，而不应当仅由避险人做出补偿；另外，远超平均水准的上诉率也证明，立法者调纷止息的初衷并未达成，更为关键的是，由于被避险人难以得到全额补偿，出于实用理性之考量，日后在他人需要避险之时，他们必然选择退避三舍，最终导致紧急避险沦为一纸空文。因此，"适当补偿"的解决路径及其理论根基均存在难以自圆其说之处，故有必要在"社会连带理论"的基础上，对紧急避险的民事责任进行全新解读。

---

① Vgl. Niklas Luhmann, Rechtssoziologie, 3. Aufl., Opladen: Westdeutscher Verl., 1987, S. 42.
② 参见劳东燕《正当防卫的异化与刑法系统的功能》，《法学家》2018 年第 5 期。

第三节 被避险人视角下攻击性
紧急避险的民事责任

前已论述，紧急避险是被我国法律体系所认可的，基于被避险人的个人意愿而产生的违法阻却事由，故作为其法律后果，当然也应当从被避险人的角度出发，考虑其被侵害合法权益后所欲获得的"补偿"。在本章中，笔者拟先行分析补偿的请求权基础，而后详尽分析理性人在无知之幕后，必然会要求得到全额补偿之原因。

一 被避险人"补偿"请求权之基础——无因管理之债

在我国传统学说中，对于紧急避险中"补偿"的法律性质存在公平责任、不当得利①、无因管理②三种观点，随着德国学说的引入，有众多学者指出，紧急避险中受益人的责任是一种牺牲责任（Aufopferungshaftung），相应地，其请求权基础是基于一种对参与利益加以平衡的"牺牲请求权"（Aufopferungsanspruch）。③ 不属于公平责任的原因在上文已经阐明，此处不再赘述。而难以适用不当得利的原因在于，依不当得利之观点，受益人本将因自然原因而遭受损失，紧急避险行为使得该损失得以避免并转嫁到受害人一方，所以这种消极利益的获得没有法律上的依据。但是，这种解释路径仅限于避险人与受益人为同一人之情形，在避险人为了他人利益（如生命）而损害第三人法益之时，因其不满足不当得利的受益人须"从中获益"之要求，而受益人又并非条文规定的补偿主

---

① 参见张新宝《侵权责任法原理》，中国人民大学出版社 2005 年，第 122 页。
② 参见颜良举《民法中攻击性紧急避险问题研究》，《清华法律评论》（第三卷第一辑），清华大学出版社 2009 年版，第 144 页。
③ 参见张金海《公平责任考辨》，《中外法学》2011 年第 4 期；张谷《论〈侵权责任法〉上的非真正侵权责任》，《暨南学报》（哲学社会科学版）2010 年第 3 期。

体（《民法典》第一百八十二条第二款规定，紧急避险的补偿主体为避险人），则会出现无人给被避险人予以补偿之情形。此外，若认为紧急避险的请求权基础为不当得利，会得出因紧急避险而得以获救之人的生命是不当得利之奇异观点，有悖于民众的法感情。①

本书认为，在我国法律体系的语境中，无须存在"牺牲请求权"之概念，直接将其解释为无因管理即可。首先，从前提条件考量，我国并不存在法律意义上的社会连带义务，故被避险人并无管理他人财物之义务。如前所述，在德国法律体系中存有"社会连带义务"，故被避险人拥有法律上的协助义务，难以成立无因管理，德国学者只能另辟蹊径，认为紧急避险中的受益人需要承担"牺牲责任"，从而使得被避险人能够以"牺牲请求权"作为其求偿之根据。如（Deutsch）教授指出：受益人的责任其实是一种牺牲责任。其基本思想是，在高位阶法益与低位阶法益发生不可调和的冲突时，后者应当让位于前者。但其一时的退避并不意味着该法益的所有人永久地承担损害。为保护受害人，基于法益衡量而产生的侵害权必然伴随着特定的补偿，如此才能在结果上实现法益的同等地位。② 拉伦兹（Larenz）教授也指出：紧急避险无须承担责任的原因在于，紧急避险行为并不具有违法性，即第三人为了更上位的法益，于"征用"时"忍痛割爱"，"牺牲"了自己的下位法益。③ 与德国不同，虽然我国法律体系中拥有众多能够体现出社会连带义务之条款，却均未规定不履行该义务的法律后果，例如《民法典》第一百八十四条虽然规定了救助人不承担

---

① 参见［日］松宫孝明《刑法总论讲义》，东京：成文堂2018年第5版补订版，第157页。

② Vgl. Deutsch, Hans-Jürgen Ahrens, Deliktsrecht: Unerlaubte Handlungen, Schadensersatz, Schmerzensgeld, 6. Aufl. , München: Vahlen, 2014, S. 201.

③ Vgl. Larenz/Canaris, Lehrbuch des Schuldrechts, Band Ⅱ/2 Besonderer Teil, 13 Aufl. , München: C. H. Beck, 1994, S. 655.

民事责任，却并未规定不履行救助行为的法律后果；《刑事诉讼法》第六十二条虽然规定了作证义务，但也并未规定不履行作证义务的法律后果。虽然上述条款能够体现社会连带义务之思想，但并非是具有强制力的法律义务，而更像是一种被列入法典的道德义务，只是体现立法者对其的认可或鼓励，并没有在民法典中确立社会连带义务。① 因此，我国并不存在法律意义上的社会连带义务，被避险人为救助他人而遭受损害之情形当然符合无因管理中"没有法律义务"这一成立条件，我们只需要从其他方面考量其是否符合无因管理的构成要件。

其次，从主观上看，紧急避险也符合无因管理中"为他人管理事务"之要求。有学者可能认为，依照本书观点，被避险人是为了自己未来的利益才允许避险人侵害自身法益，因而不符合无因管理的主观要件。其实，这是对管理人的过分苛求。我国通说认为，无因管理允许管理人在有为他人谋利益的意思同时，为自己的利益实施管理或服务行为。② 据此，即便被避险人是为了自己的长治久安而容忍他人实施避险行为，也能够满足无因管理的主观要件。类似地，德国通说"事实行为说"认为，无因管理是为确保他人之利益的事实行为而生的法定要件，其债之关系只是基于"为他人而事实上实施管理"而生③，并不要求管理人只能拥有为他人管理事务之主观心态，其最近的有力学说更是指出：无因管理作为事实行为并无"真正主观的构成要件特征"（echtes subjectives Tatbestandsmerkmal）存在，故不必去探求行为人主观上的管理意思或者自然意思，其行为是否为他人而为，只能从行为的目的方向来探求……应当将管理人的管理意思理解为一种需要评价的纯粹规范的构成要

---

① 参见刘艳红《人性民法与物性刑法的融合发展》，《中国社会科学》2020 年第 4 期。

② 参见王利明主编《民法》，中国人民大学出版社 2010 年第 5 版，第 499 页。

③ Vgl. Fikentscher, Heinemann, Schuldrecht: Allgemeiner und Besonderer Teil, 11. Aufl, Berlin Boston: De Gruyter, 2017, Rn. 1259.

件要素，依据其行为的社会意义来加以确认。① 据此，只要客观上实施对他人事务的管理，即便不具有任何主观的因素，也构成无因管理。② 退一步而言，即便认为无因管理需要"为他人管理事务"之主观要素，紧急避险也完全能够满足其要求，因为就"认识要素"（kognitives Element）即认识到其所管理的是他人事务而言，被避险人完全能够认识到，是他人正在损害自身法益；就"目的要素"（finale Element）即意欲将其管理事务之成果归属于本人而言③，被避险人既然实施了容忍行为，当然也包含了让被避险人避免遭受法益损害之意图，因此，紧急避险完全符合无因管理的主观要素。

最后，从客观上分析，也能够认为被避险人实施了规范意义上"管理他人事务"之行为。诚然，在紧急避险中，被避险人并未积极主动地救助他人，但是这并不意味着其行为不属于"管理他人事务"④，因为这与如何理解法律上的"行为"概念有关。刑法中不作为犯的理论认为，在命令规范要求实施一定行为的情况下，不实施相应的行为同样违反法律。所有的不作为均是违反了命令规范的行为。⑤ 是以，即便行为人身体处于完全静止状态，并未实施自然意义上的行为，但只要没有实施法规范所要求之行为，也能够被评价为法律意义上的"行为"，换言之，自然意义上的行为并不等于法律意义上的行为，一个行为是否属于法律行为，并不是

---

① Vgl. Andreas Bergmann, in Staudinger BGB, 15. Aufl, Berlin: Sellier-de Gruyter, 2015, Vorbem zu §§ 677ff, Rn. 31 ff.

② Vgl. Manfred Wandt, Gesetzliche Schuldverhältnisse, 8. Aufl., München: Vahlen, 2017, §4, Rn. 12; Schäfer, in Münchener Kommentar BGB, 7. Aufl., München: C. H. Beck, 2017, §677, Rn. 2.

③ 主观要素的二分法，参见 Wollschläger, Die Geschäftsführung ohne Auftrag: Theorie und Rechtsprechung, Duncker & Humblot, 1976, S. 73f。

④ 王泽鉴教授便认为，单纯的不作为不属于"管理事务"，但却并未给出任何理由。参见王泽鉴《债法原理》（第一册），中国政法大学2001年版，第333页。

⑤ Vgl. Armin Kaufmann, Die Dogmatik der Unterlassungsdelikte, Göttingen: Schwartz 1959, S. 3f.

取决于其身体的动静，而是取决于法律是否要求行为人为或者不为一定的行为。具体至紧急避险中，即使被避险人没有实施任何积极救助行为，只要其没有对避险人的自救行为加以阻止或者躲避，就可以认为其是在"忍耐损害"或者与避险人"共同避免或者抵御外来的危险"，这种履行忍耐义务的行为当然可以被评价为"管理他人事务"的行为。

综上，在我国法律体系中尚未明确规定"社会连带义务"，被避险人因他人避险行为而遭受损害也就符合无因管理中"没有法律上的义务"这一成立条件，故我们无须另行引入"牺牲责任"与"牺牲请求权"这对概念，直接类推适用与紧急避险在价值基础和制度构成上存在着一致性的无因管理即可。①

二　补偿的数额："全额补偿"

根据罗尔斯的设定，无知之幕背后的人都是理性且自私的，故其在履行社会连带义务，容忍他人对自身法益侵犯以后，必然会要求避险人对自身损失予以补偿。故问题在于，究竟何种程度的补偿最能够符合理性人做出的选择。有学者可能会质疑，本书既然认为无知之幕背后无法得出作为积极权利的"社会连带义务"存在与否之结论，此处又认为理性人在无知之幕后会依据"社会连带义务"做出"全额补偿"之要求，似有自相矛盾之嫌。笔者的回答是，此处理性人做出的决定，其实与是否属于积极权利或是否存在社会连带义务并没有必然联系，而是涉及其履行义务后能够在何种程度上享有权利之问题，这属于基本的公平原则之范畴，因此是能够在无知之幕背后直接得出的，此处不过是以"全额补偿"为例，说明理

---

① 参见肖俊《意大利法中的私人救助研究》，《华东政法大学学报》2014年第4期。我国也有学者认为，在民法属性上，见义勇为呈现出多样性，与无因管理、正当防卫、紧急避险有紧密联系。见义勇为者与受益人之间的法律关系，应适用无因管理之债的规定。（曾大鹏：《见义勇为立法与学说之反思——以〈民法通则〉第109条为中心》，《法学论坛》2007年第2期。）

性人在背后做出的是"权利与义务一致"这一决定。从被避险人的视角出发，其对于补偿数额的设置存在两种可能，其一是如我国《民法典》规定的，仅需要"适当补偿"，即被避险人在遭受损害后仅能够得到适当补偿，但相应地，在其日后给他人造成损害之时，也仅需要承担适当补偿。例如 A 因紧急避险给 B 造成了 20000 元财产的损害，但只需要补偿 15000 元，B 自行承担 5000 元，这样的后果是 B 在日后遭遇危难，给他人造成 20000 元财产损失之时，也仅需要补偿 15000 元，由他人自行承担 5000 元。其二是如《德国民法典》第 904 条规定的"全额补偿"，即被避险人在遭受损害后能够得到全额补偿，但相应地，在其日后给他人造成损害之时，也需要全额赔付所造成的损害。例如 A 因紧急避险给 B 造成了 20000 元财产的损害，并对此进行了全额赔付，但 B 在日后遭遇危难给他人造成 20000 元财产损失之时，也需要全额补偿 20000 元。

有学者可能认为，从长久看来，被避险人能够获得的补偿数额似乎并无实际意义，因为即便被避险人在紧急避险中并未获得全额补偿，在其日后遭受损害之时，也无须全部承担，故其实处于一种"收支平衡"的状态。就此而言，两种立法模式似乎都会得到无知之幕后的理性人的赞同。两种立法模式并无区别，被避险人可能在其中做任意选择。但本书认为，"适当补偿"除了具备上文所提到的理论与实务中的弊端，也难以得到理性人的赞同，全额补偿才是理性的被避险人会做出的唯一选择。因为理性人必然会考虑到，在成为被避险人之时，遭受的危难是已然的、现实的，若自己同意他人只需要补偿大部分损失，自身必然需要承担剩余部分的损失，虽然这样的处理模式，会让自己未来陷入危难之际，也只需要承担大部分损失，但自身陷入危难只是未来可能发生的一种情况，且发生的概率极低，故自己损毁他人财物后需要他人自行承担损失的可能性（即"回本"的可能性）也极低，在这种几乎难以得到回报的情况下，同意他人只须"适当补偿"的做法其实使得财产陷入了等同于损失的危险。前已论述，紧急避险便是一种社会保险，理性人承诺成为被避险人所会付出的代价如身体法益、财产法益等便是保费，其所期望的日后避免的重大法益损害便是保险利益，显而易见，只有在可能获利的情况下，其才会参与这种社会保险。理性人会认识到，在成为被避险人之时，自身轻微法益虽会遭受损害，但在日后遭受危难之际，也可以通过此种方式避免重大法益之损害，虽然此概率极为低微，但一经发生便是自己难以承受的，因此加入这种保险至少可能是对自身有利的，故理性人会心甘情愿地以自身轻微法益作为保费。而对于损害的求偿权则不然，虽然现在放弃全额求偿之权利，将来在自己给他人造成损害之际，也可以避免全额补偿，但前者的保险利益的价值远超其付出的保费，因而理性人可能从中获利；而后者的保费与保险利益均为纯粹的经济利益，二者并无区别，且获取保险利益的可能性更是微乎其微，若以此作为保费投保，无异于以现存的经济利益去换取未来的、可能的、等额的经济利益，这样的做法显然不符合理性人自利的本质。若将之类比于买彩票，前者便如同花 2 元钱购买最高奖金达万元之彩票，虽然概率微乎其微，但一旦中奖，便可以大幅改善自身生活条件（在紧急避险中为避免自身生活条件大幅降低），人们当然会进行尝试；而后者便如同花费 2 元购买最高奖金也仅为 2 元之彩票，且几乎不可能中奖，相信任何一个理性人都不会购买这种彩票。

综上，无知之幕后的理性人绝不会同意以现有的经济利益去换取未来同等价值但概率渺茫的经济利益，而是必然会选择在遭受损失时立即获得全额补偿，故应当以无因管理作为"适当补偿"的请求权基础，并将其类推解释为"全额补偿"。

三　补偿的请求对象与顺序：从责任人到受益人再到避险人

除补偿的数额值得商榷外，本书认为，《民法典》关于请求权的对象也值得商榷。《民法典》第一百八十二条第一款规定：因紧急避险造成损害的，由引起险情发生的人承担民事责任。这样的规定看似能够使得被避险人从责任人处获得全额补偿，但事与愿违，在我国司法实践中，被避险人欲获得全额补偿往往存在诸多困境。例如我国有判例指出：

> 2005年12月16日下午，某小区205房因租房人用火不慎突然发生火灾。消防队员奋勇救出该楼被困居民后，即用水将大火浇灭。由于该楼楼板是用水泥预制板铺成的，灭火用水顺着楼板的缝隙往下流，造成105房主刘某损失近8万元。刘某要求205房主於某赔偿损失，於某辩解称房子已经出租给张某，刘某应该向租房人索赔。但刘某与张某素不相识，迫于无奈之下只得于2005年12月27日向法院起诉，要求於某赔偿损失8万元，并将张某夫妻以及张某的父亲追加为被告。2006年8月，法院经审理认为，引险人张某夫妇和张某的父亲应当承担全部责任，但此时张某一家人却已下落不明，考量到原告损失较大，根据公平原则，受益人於某应承担相应的补偿责任（受益人有追偿权）。法院判决：张某夫妇和张某的父亲承担刘某的损失65910元，於某承担20%的补偿责任。刘某欲哭无泪。[①]

在本案中，由于险情是由张某一家人用火不慎造成的，按照条文之规定，应当由其承担民事责任，但其却在险情发生后逃之夭夭，而我国条文并未规定受益者也需要承担连带责任，故其也仅需要基于公平原则而承担少量的补偿责任，但这样的后果是，在难以找到行为人的情况下，只能由被避险人自行承担损害结果。类似地，在该条第二款自然原因引起的紧急避险中，即便将"适当补偿"类推解释为"全额补偿"，同样的结果也极有可能出现。如A为了保护B的重大法益，损害了C价值3000元的财物，但A家中一贫如洗，由于我国相关条文规定的均是"由紧急避险人给予适当补偿"，故C也难以得到全额的补偿。但是，适用该条规定的结果是，应由避险人自行承担损害后果，或者由避险人给予受害人适当补偿，受益人则无须分担损失。

---

① 参见（2006）虎民一初字第0119号。

这种结果显然对避险人有失公允。① 还有学者指出：虽然避险行为人没有得到受益人任何形式的授权，但是，是上帝选择了他——英勇无畏的行为人，假他之手，助受益人一臂之力，完成对第三人的和平物"私的征用"，最终，避险人需要单独面对无辜第三人，支付"征用补偿费"，受益人反而置身事外，这显然缺乏合理性！②

值得注意的是，虽然我国《民法典》及《侵权责任法》并未规定受益人需要承担补偿，但《民通意见》第一百五十六条却做出了不同的规定，条文指出：因紧急避险造成他人损失的，如果险情是由自然原因引起，行为人采取的措施又无不当，则行为人不承担民事责任。受害人要求补偿的，可以责令受益人适当补偿。有学者据此认为，《侵权责任法》第三十一条"紧急避险人不承担责任或者给予适当补偿"的规定，改为"由受益人给予适当补偿"更为妥当③，从而成为无第三人侵权行为介入时的受益人补偿条款，与《侵权责任法》第二十三条④相呼应。在当前情形下，可以通过适用《民通意见》的有关规定予以矫正：在避险行为给他人造成损害的情形，紧急避险人不承担责任，转而适用《民通意见》第一百四十二条⑤或者第一百五十七条⑥的规定，由作为当事人之一的受益人给予受害人一定

---

① 张新宝、宋志红：《论〈侵权责任法〉中的补偿》，《暨南学报》（哲学社会科学版）2010 年第 3 期。

② 参见张谷《论〈侵权责任法〉上的非真正侵权责任》，《暨南学报》（哲学社会科学版）2010 年第 3 期。

③ 由于该规定与《民法典》中"紧急避险人不承担民事责任，可以给予适当补偿"如出一辙，因而对《侵权责任法》的批判亦适用于《民法典》。

④ 《侵权责任法》第二十三条规定：因防止、制止他人民事权益被侵害而使自己受到损害的，由侵权人承担责任。侵权人逃逸或者无力承担责任，被侵权人请求补偿的，受益人应当给予适当补偿。

⑤ 《民通意见》第一百四十二条规定：为维护国家、集体或者他人合法权益而使自己受到损害，在侵害人无力赔偿或者没有侵害人的情况下，如果受害人提出请求的，人民法院可以根据受益人受益的多少及其经济状况，责令受益人给予适当补偿。

⑥ 《民通意见》第一百五十七条规定：当事人对造成损害均无过错，但一方是在为对方的利益或者共同的利益进行活动的过程中受到损害的，可以责令对方或者受益人给予一定的经济补偿。

的经济补偿。① 类似地，诚然，因为紧急避险要求受益人被保全的利益大于被避险人的损害，在一般情况下，被避险人都能够得到全额补偿，这样的解释路径较避险人对被避险人加以补偿更能够保全被避险人的利益②，却仍然存在难以救济之可能。详言之，即使法律规定了引起险情发生的人的责任，但试想如果其一旦逃逸或赔偿能力不足，则受害人的权益将无法得到保障，而只能自己承担不利后果。那么受害人将面临经济上的损失以及精神上的伤害，显然对其是极为不公的。例如 A 引发险情，B 为了救助 C 的财物而损害了 D 的财物，但行为人 A 与受益人 B 均不知所踪，则 D 只能够自行承担损失；又如在山洪暴发时，A 为了保护 B 的财物而损害了 C 的财物，但事后难以联系上 B，则 C 也无法得到相应补偿。同时，这样规定的不利后果还在于加大了受害人的举证责任及难度，从而使受害人更难以维护自身权益。在紧急避险中，受害人需要证明自身遭受损失的事实、避险行为与自身遭受损害事实之间的因果关系，还需要证明引起险情发生的人存在过错或者证明受益人因为避险行为而受益，其中一旦存在举证不能，则受害人就需要自行承担损害后果，其本身作为弱者的地位不但没有得到强化，反而陷入更加不利的境地。由此可见，即便将受益人列为补偿的对象，也难以解决被避险人救济难的问题。

本书认为，既然紧急避险的正当化依据在于被避险人基于社会连带义务做出的"被害人承诺"，我们仍然应当从他的角度来分析其究竟会选择如何获得补偿。从被避险人的角度来看，他虽然基于"比例原则"自愿地做出了相关法益的退让，但这种让步只有在同时赋予其经济上的补偿请求权时才是被允许的，因为作为退让法益载

---

① 参见张新宝、宋志红《论〈侵权责任法〉中的补偿》，《暨南学报》（哲学社会科学版）2010 年第 3 期；王利明主编《中国民法典释评·总则编》，中国人民大学出版社 2020 年版，第 466 页。

② 参见王竹《侵权责任法疑难问题专题研究》，中国人民大学出版社 2018 年第 2 版，第 328 页。当然这样的论述并非绝对，如在为了保护他人身体法益而实施紧急避险的情况下，被避险人有可能得不到全额补偿。

体的第三人此时并不需要对冲突负任何责任。① 因此，无论危险是行为人造成的也好，自然原因产生的也罢，被避险人对于损害的发生都是处于完全被动接受的状态，故我们在让自己的法益恢复原状的过程中，理应在不承担任何额外的、多余的步骤或者风险，而且，被避险人并不会关心其究竟从何处获得补偿，其关心的只是自己受损的财物能否被全额补偿，因此，妥当的做法是结合《民法典》与《民通意见》之规定，让被避险人能够同时向避险人与受益人请求补偿。一如德国学者 Deutsch 教授指出：虽然《德国民法典》第 904 条第 2 句并未规定，当侵害人和被挽救的利益的所有人不是同一人时应当由谁来赔偿损失，② 但由于二者都对损害负有责任［一是基于牺牲行为（侵害人），二是基于牺牲结果（被救人）］，因此公正的处理结果是，他们都承担相应责任。在内部关系中自然应当由被救人承担损失，因为救人者是为了他而进行的无因管理，因而可以向他主张返还管理费用（《德国民法典》第 257 条）。无论如何最终都不能由低阶法益的所有人承担损失。如果被救人身无分文，那么就得由救人者进行补偿。③ 在域外的司法实践中，甚至出现过为了方便救济，先由避险人垫付款项，而后再向行为人追偿的判例。④

若按照上述观点，则在被避险人的求偿过程中，可以任意选择求偿对象，因此，可能会出现避险人先行赔付的现象。这样的观点当然

---

① Vgl. Larenz/Canaris, Lehrbuch des Schuldrechts, Band II/2 Besonderer Teil, 13 Aufl., München: C. H. Beck, 1994, S. 669.

② 《德国民法典》第 904 条第 2 句规定：物的所有权人可以要求对其所造成的损害进行赔偿。

③ Vgl. Erwin Deutsch, Hans-Jürgen Ahrens, Deliktsrecht: Unerlaubte Handlungen, Schadensersatz, Schmerzens-geld, 6. Aufl., München: Vahlen, 2014, S. 201f; Wieling, Sachenrecht, 5. überarbeitete Aufl., Berlin: Springer, 2007, . 91.

④ 如意大利法院曾经指出：在司机为了避开突然出现的行人而导致交通事故，致使乘客受伤的情况下，乘客拥有《民法典》第 2045 条所规定的紧急避险补偿权，而司机在履行了补偿乘客以后，可以通过《民法典》第 2031 条的无因管理从行人处获得这笔补偿费用的追偿。Vgl. Anm. 122, in Christian v. Bar, Gemeineuropäisches Deliktsrecht, Band 2, München: C. H. Beck, 1999, S. 527.

符合《民法典》的规定，而且避险人在补偿后，也可以再向受益人或险情制造者追偿，似乎并无不妥，但部分学者却并不赞同此种观点。如有学者指出：从便利受害人救济的角度考虑，《民法总则》的规定也并非没有道理，受害人要求避险人承担责任，则不必调查谁是受益人。但是，在为了他人利益而紧急避险的情况下，应当由受益人直接承担责任，而不是避险人先行赔付。因为避险人承担了责任之后，还要依据无因管理制度，向受益人追偿，增加了交易成本。另外，避险人为了他人利益而实施避险行为，这本属于社会鼓励的互助行为，法律上却要求其承担类似"先行赔付"的责任，会产生不良的社会导向。① 类似地，部分德国学者认为，在紧急避险中，应当由受益人直接承担责任。② 原因在于：虽然避险人可以在本人行为无过错时向危险源的造成者要求补偿费用的追偿，但他仍然处于极为不利的地位，因为他们（而非受害人）必须承担根本无此类责任人（如危险由自然状态产生）、责任人无支付赔偿费的能力或无法查明责任人的风险。③ 这样的情况同样会出现在避险人向受益人追偿的过程中，即避险人也可能承担受益人无支付赔偿费的能力（如为了保护受益人的身体法益损坏他人财物）或难以找到受益人因而无法索赔的风险。据此，若让避险人承担补偿，他们可能需要自行承担给被避险人造成的损失，而这在上述学者的眼中均为不公平的体现。

　　本书不赞成这种观点。首先，从法规范的角度分析，"先行赔付"的观点并无不妥。因为在紧急避险中，避险人与被避险人的地位并非相同，而是有高低之别。正是避险人将"原本"与紧急状况毫无关系的被避险人卷了进去，被避险人是为不幸事件所累的人，整个事件对其来说是一个纯粹的不幸事件，但对避险人来说，他是

---

　　① 参见周友军《民法典中的违法阻却事由立法研究》，《四川大学学报》（哲学社会科学版）2018年第5期。
　　② Vgl. CHristoph Althammer, in Staudinger BGB, 15. Aufl., Berlin: Sellier-de Gruyter, 2015, §904, Rn. 34f.
　　③ Vgl. BGHZ 6. Band, S. 102, 105.

有意识地决定牺牲无辜第三人的法益救助自己或者他人，是基于自主"选择"而与事件有了"近因关系"。① 详言之，避险行为人的介入及其对牺牲对象的选择，意味着其以有意识的行为增加了第三人清算的风险，同时意味着其以自愿的行为承担了和受益人相关的系列风险。虽然避险人可能确实是在为了受益人的利益而"征用"了他人财物，但是具体案件中受益人可能不确定，或者紧急状态下他不可能按照代理所要求的"显名"原则行事，尤其是通过他的避险行为，受益人直接享受到利益保全的好处，那么，避险人对于受益人能否支付与受益相伴生的补偿负担，便不能不负有担保责任。尤其是在避险人已经"征用"第三人的和平物而受益人还没有给付补偿费的情况下，这时谁是相对人，对第三人而言，可谓休戚相关，而非无关紧要；何况受益人常常并不明确，其资力如何，更无从考究；第三人只是"被"面对避险人，而无从选择。因此，为保护第三人利益，法律上唯有根据"风险归责"（Risikozurechnung）原则，让避险人对于第三人可能的清算风险负有担保责任。② 因此，在避险人先行赔付后，其确实需要承担难以追偿之风险，但这样的风险对于被避险人来说也同样存在，既然是避险人有意识地创设出了被避险人难以得到补偿的风险，在法规范上，其就有消灭所创设风险之义务，故其理应成为被避险人的追偿对象。

其次，从被避险人的视角出发，也不难得出限制其请求对象之结论。如前所述，紧急避险的正当化依据在于被避险人放弃自身部分利益，在其利益难以得到补偿的情况下，殊难想象其会做出允许第三人为了他人利益侵害自身法益之承诺。倘若如学者所言，被避险人只能向受益人请求补偿，则其只能够"舍近求远"，放弃对近在眼前的避险人的求偿权，而去寻找藏在幕后深处的受益者，这样必

---

① Vgl. Christian v. Bar, Gemeineuropäisches Deliktsrecht, Band 2, München: C. H. Beck, 1999, S. 530ff.

② 参见张谷《论〈侵权责任法〉上的非真正侵权责任》，《暨南学报》（哲学社会科学版）2010年第3期。

然给其赔付过程带来重重阻隔，使得被避险人遭受损失的利益难以得到补偿，如此一来，被避险人必然不愿意自己的利益白白遭受损害，在面对他人的紧急避险之时，也就不会再仗义相助，而是会选择袖手旁观或溜之大吉，最终造成"紧急避险"的条款难以得到适用，想必这是立法者不愿意看见的。一如德国学者鲍尔（Baur）所指出的：从被避险人的角度出发，这样的疑问就不难理解。正是因为他对避险人承担了容忍义务，故其理应向避险人——因为在调查确认谁是受益人时往往存在困难——请求赔偿，而且在被避险人眼中，避险人其实是法规范上的受益者，正是因为他，自己的所有权才失效了。因此，干涉权（Rinwirkungsrecht）与赔偿损害的义务在所有情况下都必须集中于一个人身上。①

至于学者认为"先行赔付"的责任，会产生不良的社会导向的问题，其实仅仅考虑到了救助人承担责任时对社会的不良导向，却忽略了被避险人承担损害结果时对于社会的消极影响。诚然，助人为乐、见义勇为是中华民族的传统美德，如何通过法律弘扬这一美德是民法典编纂中的一项重要使命，而且如前所述，立法者在《民法典》中规定了紧急救助条款，且在一定程度上豁免了救助人给被救助人造成损害时的责任，降低善意施救者所要承担的风险以鼓励善行②，就此而言，本书的观点似乎与立法者弘扬美德的立法趋势背道而驰。但是，弘扬美德、鼓励善行必须建立在并未侵犯他人合法权益的基础之上，而在这一点上，紧急避险与紧急救助并不完全相同。因为后者的正当化依据在于被救助者推定的同意③，这种救助行

---

① Vgl. Baur/Stürner, Sachenrecht, 18. Aufl., München: C. H. Beck, 2009, §25, Rn 8.

② 参见黄薇主编《中华人民共和国民法典释义》（上），法律出版社2020年版，第364页；王利明主编《中华人民共和国民法总则详解》（下），中国法制出版社2017年版，第851页。

③ 参见魏超《论推定同意的正当化依据及范围——以"无知之幕"为切入点》，《清华法学》2019年第2期。

为对于被救助人而言,可谓"有百利而无一害",他是纯粹的受益者,故紧急救助行为并不会侵犯他人的权益;而紧急避险则不然,其损害的是被避险人的合法权益,如果限定补偿对象,则无异于使得被避险人在恢复权益时,还需要承担额外的负担,这样的做法其实是以侵害被避险人的合法权益的风险为代价去弘扬社会道德,其中已经蕴含着为了社会利益可以牺牲个人法益的功利主义思想,而这一直是本书所批判的。相比弘扬美德,本书更加看重"不得损害他人合法权益"这一基本道德,因为根据生活经验可知,许多人终其一生都不会遇到重大危难,故即便没有紧急避险,这个社会还是可以运作得很好,每个人自己独立规划生活,自己独立承担风险,并且按照可能遭遇的风险来规划生活。① 诚然,这样的解释可能会形成一个对不幸的遇险者冷漠的世界,但是本书认为,这种对不幸者的冷漠才是对绝大多数被避险人的温暖。因为正是此种规定,让他们能够对法规范的公正产生信赖,让他们能够相信,自己的财产在遭受损害后,能够较为容易地得到补偿,而不是需要自己费尽周折,去调查受益人、行为人的身份及经济能力,以至于耗时耗力,还要承担财产损害的风险。相比于虚无缥缈的"美德"或者"善行",笔者认为,对于法规范的认可显然更为重要。当然需要承认的是,上述学者指出的"先行赔付"可能会产生不公的论述也确实不容小觑,因此本书认为,应当确立这样的一条原则:因为无论是否认可避险人应当"先行赔付",所有的学者均赞同,在自然原因引发的紧急避险中,应当由受益人承担最终的补偿,而在人为引发的紧急避险中,应当由险情的引发者承担最终的侵权责任,为行文便捷,本书统一将此类最终的承担者称为"一级责任人",并进而认为,在同等条件下,被避险人应当先向更高等级的责任人请求补偿或赔偿,唯有在一级责任人不明或难以提供补偿等增加了被避险人求偿难度的情况下,方可以向二级责任人(人为引起的紧急避险中的受益人

---

① 参见周漾沂《论攻击性紧急避险之定位》,《台大法学论丛》2012 年第 1 期。

或自然原因引发的紧急避险中的避险人）求偿，在向次级责任人追偿也会增加求偿难度的情况下，才能够直接向三级责任人——人为引起的紧急避险中的避险人请求补偿，后一级的责任人先行提供补偿后，可以向上一级或最终责任人追偿，如避险人对被避险人先行赔付后，可以向受益人或险情的引发者追偿，此三级责任人承担不真正连带责任。当然，在实务中，可能出现不同等级责任人重合之情况，在此情况下，应当将其视为最高一级的责任人。如 A 制造的险情威胁到了 B 的利益，其为了避免给 B 造成更大损失，损害了无辜第三人 C 的利益。在本案中，一级责任人为险情的制造者 A，二级责任人为受益人 B，三级责任人为避险人 A，但因为一级责任人与三级责任人重合，仍然应当视为一级责任人。根据此种原则，我们可以对紧急避险中的责任承担顺序问题做一个简要的分析。在自然原因引起的紧急避险中，责任承担能够分为两种情况：①在同等条件下（如二者均在场且均有补偿能力）应当直接向一级责任人即受益人请求补偿；②若在难以直接向受益人求偿或直接求偿会额外增加其负担的情况下（如受益人一时难以找到或没有补偿能力的），可以直接向避险人请求补偿，避险人先行提供补偿后，因其对受益人有无因管理之债的请求权①，故可以向受益人追偿，二者承担不真正连带责任。人为引起的紧急避险亦可以依照此原则分析，此处不再赘述。如此做法，一方面，相比上述仅赋予被避险人一个求偿对象的做法，本书的观点将所有利害关系人均列为求偿对象，并让其承担不真正连带责任，增加了求偿对象的负担能力，保证被避险人所遭受的损失能够在最大限度内得到补偿，同时减轻了被避险人的负担，故能够在最大限度内保障被避险人的基本权益。当然，上述规定所调整的不过是补偿的顺序问题，并未涉及补偿数额问题，故所有责任人应当承担的补偿数额总量仍然不变。若在此情况下，合三

---

① 参见刘召成主编《民法典总则编释论：条文缕析、法条关联与案例评议》，中国法制出版社 2020 年版，第 566 页。

人之力仍然无法给予被避险人全额补偿（如 A 引发了危难，B 为了保护 C 损毁了 D 价值巨大的财物，但 ABC 三人均为乞丐，一贫如洗），则说明其确实无法负担补偿数额，此时已经无法通过法律加以解决，只能够让被避险人"自认倒霉"。另一方面，如此做法也在一定程度上减轻了避险人的责任，在许多情况下，其不会成为"先行赔付"之对象，退一步而言，即便其实施了赔付行为，也能够向上级责任人追偿。由于此观点已完全超越文本范围，故最为妥当之做法是对条文做出小幅度修改，在《民法典》中，出于法条简洁之原因，仅宜笼统规定：危险由自然原因引起的，紧急避险人不承担民事责任，被避险人可以向相关人请求补偿。而在《侵权责任法》中，则可以详尽规定相应规则，即如果危险是由自然原因引起的，紧急避险人不承担责任，被避险人可以向避险人或受益人请求补偿，受益人有同等条件下优先补偿的义务，避险人补偿后，有权向受益人追偿。唯有如此，才能够在尽可能保障被避险人权益的基础上，弘扬助人为乐之风。

四 "全额补偿"与"先行赔付"之优势

虽然本书的观点是建立于自利的理性人在无知之幕背后会同意的"社会连带义务"之上，但与以往的观点相比，本书的观点更加符合民众的情感与法律的目的。判断法律规范与社会价值关系的亲和力，其中一个最重要的标准就是当适用某一法律规范时，是否有助于良好的道德观念的建立。"我们有充分的理由把社会道德看作一种对客观价值等级的承认，而这些价值正是用来指导特定社会中人与人之间的行为的。"[1] 但是，道德体系并非通过民众内心的努力就可以建立，而是必须经由社会公众的选择，并通过各种方式加以确立才能够产生。法律规范便是其中最为重要的一环，因为法律是由

---

[1] Edgar Bodenheimer, *Jurisprudence*: *The Philosophy and Method of the Law*, Cambridge, Mass.: Harvard Univ. Pr., 1974, p. 294.

国家制定并依靠国家力量强制实施的，是唯一具有国家强制力的体系，故其对于道德观念所产生的影响是其他因素所无法比拟的。因此在解释法律规范时，我们应当更加谨慎，防止因法律适用不当而造成的人们道德水平的降低。① 显然，如何处理被避险人的补偿问题，将会通过某种"心理暗示"的作用，对社会道德建设产生重大的影响。如果只是照本宣科，给予被避险人适当赔偿之做法，必然造成诸多的不符合公平正义的判决，而这样的判决将会使民众得到两个结论：其一，他人帮助了我，使我的利益得到了保全，但我却只要补偿其部分损失；其二，我基于社会连带思想帮助了他人，自己遭受了损失，但他人却可以不对我的损失进行全额补偿，我反而需要自行承担部分损失。决策观点认为：在实施一个行为时，人们会考虑到潜在的所得和损失，如果一个人在帮助他人之时能够获利，他就会表现出亲社会行为；反之，若一个人帮助他人之时不能够获利，反而要付出相当的代价，其便不会实施亲社会行为。② 在上述两个结论中，前一个结论容易造成受益人对被避险人不全额补偿却仍然心安理得——反正法律就是这么规定的；而后一种结论会使得很多原本有心帮助之人因担心损失利益而冷眼旁观——何必吃力不讨好，流血又流泪！类似于"适当补偿"之规定，限定求偿对象之观点，其实也蕴含着被避险人需要自行承担损害之风险，因为纵然其最后能够通过诉讼手段获得全额补偿，也需要费尽周折去调查幕后受益人的身份、财力等，以至于劳神伤财，耗时耗力，而且这些人力物力对被避险人而言，其实也是一种需要其自行承担的无形的财产损耗，如果人为地增添这些损耗，无疑是将被避险人"逼上梁山"，让其在他人需要紧急避险之时袖手旁观以免"城门失火，殃及池鱼"。而上述两种情况最可能造成的后果便是，人们越来越不关心

---

① 参见彭诚信《论民法典中的道德思维与法律思维》，《东方法学》2020年第4期。
② See S. E. Taylor, L. A. Peplau, D. O. Sears, *Social Psychology*, 12th Edition, 2005, p. 383.

他人，在他人需要帮助之时视而不见甚至逃之夭夭。长此以往，整个社会的道德水平将会越来越低，"助人为乐"这种高尚的道德观念就会随之消灭，见到紧急状况之时人人退避三舍，唯恐避之不及以致自身法益受损，最终导致避险人难以实施避险行为，以至于自身法益遭受更大的损害，紧急避险条款也终将沦为一纸空文。

反之，若依照本书之观点，将条文中的"适当补偿"类推解释为"全额补偿"，使得被避险人所遭受的损失能够得到全额补偿，同时赋予被避险人可以向避险人或受益人中的任意一人求偿之权利，更加能够让他们对法规范的公正产生信赖，让他们能够相信，自己的财产在遭受损害后，能够较为容易地得到补偿，从而使得其没有后顾之忧地让他人实施避险行为而不会加以阻止，有助于树立良好的社会道德观念，培养健康的社会道德体系，从而通过法律规范的合理适用来增强其与社会价值之间关系的亲和力。诚然，被避险人在求偿过程中可能仍然需要付出一定的人力与物力成本，但相较现有学说限定对象与求偿顺序之规定，笔者的观点显然更加有利于保障被避险人的利益，因而也更容易为无知之幕后的理性人所接受。虽然本书的观点需要对条文进行类推解释，但可喜的是，在我国司法实践中，已经有判例勇敢地做出了尝试，判例指出：

> 某村村民颜某家地发生火灾，为了防止火势进一步扩散，造成更大损失，政府工作人员指挥现场救援人员推倒孔某的泥草房，给其造成损失。经查明，涉案房屋购房款为 15000 元。法院依照《民法总则》第 182 条之规定，判决人民政府于本判决发生法律效力之日起十日内向原告孔某支付房屋损失补偿款 15000 元。[①]

综上，在我国法律体系中，完全能够将无因管理作为紧急避险

---

① 参见（2017）吉 0211 民初 2804 号判决。

的请求权基础，同时应当将"适当补偿"类推解释为"全额补偿"，并取消被避险人求偿对象之限定，唯有如此，才符合"无知之幕"背后的理性人所会做出的"权利与义务相一致"之原理，让其真正履行社会连带义务，让避险人实施避险行为，有助于树立民众间相互帮助的良好的道德观念，进而符合立法者设立紧急避险制度的初衷。

本章小结

德国学者约翰·埃策尔（Jochen Etzel）指出：在所有的刑法问题中，紧急避险的问题或许最能够彰显一个特定时代中社会道德与刑法的价值观。[①] 对此笔者深以为然，前已论述，紧急避险的正当化依据涉及法律体系"社会本位"或"个人本位"的基本价值取向，避险人的民事责任更会对民众的道德建设产生重大影响。但无论法律采取何种价值取向，只要紧急避险是法规范所允许的行为，是避险人的一项权利，那么有一点就应当是肯定的，即其对于被避险人享有多少权利，也应当对被避险人承担多少义务。日本有学者认为：紧急避险可以被理解为以对被害人的补偿为前提来承认违法性阻却的制度[②]，故唯有在被害人得到了补偿的情况下，紧急避险才能够阻却违法。荷兰法更是曾经规定："虽然紧急避险行为本身不是法不容许的行为，但如果不补偿由此所带来的损害则可能构成侵权。"[③] 如

---

① Jochen Etzel, Notstand und Pflichtenkollision im amerikanischen Strafrecht, Freiburg im Breisgau：Max-Planck-Inst. für Ausländisches und Internat. Strafrecht, 1993, S. 3.

② 参见［日］松宫孝明《刑法总论讲义》，东京：成文堂2018年第5版补订版，第157页。

③ Vgl. Anm. 137, in Christian v. Bar, Gemeineuropäisches Deliktsrecht, Band 2, München：C. H. Beck, 1999, S. 530.

果认定紧急避险属于"合法"因此不应当受到法律的惩罚也无须事后的补偿,实际上抹杀了法律惩罚的另一种目的,即对于其他权利人合法权益的保护。从受害者的角度来看,法律的惩罚不仅仅针对过错方,也是对受害人权利的重新肯定和补偿。① 因此,为了所谓的社会稳定而牺牲了被避险人的合法利益,是以某种道德上错误的方式即通过牺牲他人的利益致富,是一种"不公正的致富"(unjust enrichment)!② 这种所谓的"公平",其实剥夺了被避险人"求偿"的权利,让其被迫承担"牺牲"的义务,直接有违"权利与义务相一致"的法制基本原则。

其实,如此立法的根源在于我国《民法典》虽然"在重视和贯彻人文关怀理念方面取得了新的进展",但是根深蒂固的责任本位立法思想仍然存在,因而对权利的救济重视不足。从谋篇布局上看,《民法典》遵循民事主体、民事权利、民事行为、民事责任的科学编纂结构,以人的保护为核心,对普遍适用于民法典分则各编的一般原则、概念、规则和制度进行了系统规定,把对人的权利的保护提升至前所未有的高度,从而凸显了"以人的保护为核心,以权利为本位"之思想③,但细细品味却不难看出,在第五章"民事权利"的具体条文中,其只是以"受保护""享有"等含糊笼统的词句加以规定,并未明确民众在遭受损害的情况下究竟享有何种权利,其权利应当怎样受到保护。更为重要的是,《民法典》又在第一编第八章专门设立了"民事责任"一章,并将紧急避险至于其中。这样的立法体例,其隐含的观念指向不是以保护被避险人的合法权益为首要任务,而是更加重视避险人的责任,着眼于对侵犯民事权利者的阻止甚至责罚,而非对权利人的利益恢复或救济。这种设计使得受害人只能通过追究侵权人、违约者的法定责任来寻求救济,而缺乏

---

① 何鹏:《紧急避险的经典案例和法律难题》,《法学家》2015 年第 4 期。
② H. L. A. Hart, *The Concept of Law*, New York [u. a.]: Oxford Univ. Pr., 1961, p. 160.
③ 参见梁慧星《民法总则的时代意义》,《人民日报》2017 年 4 月 13 日第 7 版。

一个直接以"权利"为出发点的完备的救济体系。①

紧急避险中"紧急避险人不承担责任或者给予适当补偿"的规定便是这种立法思想的产物，因为这意味着被避险人只能因他人损害了自己的利益而向直接损害者求偿，而不得因为自身权益遭受了侵害向相关人（如受益人）求偿。② 然而，民法所提倡的是以人为本的权利本位思想，而非对侵权人施加惩罚的责任本位思想。既有的立法思想，不但会造成受害人维权困难，更会造成对部分合法民事行为的救济不足，本书所关注的紧急避险及新设立的紧急救助条款即为其例。而以"社会连带义务"作为紧急避险的正当化依据，以无因管理作为其求偿权基础，便是以"个人本位"的"权利"为出发点，构建一个以权利本位为指导思想的民事求偿机制，不但可以在民众间形成相互照顾、助人为乐的良好风气，促进道德发展，而且能够体现出法规范倡导自治原则、保护基本权利、重视人性尊严的价值取向，最终促进以责任本位为主导的民法思想之转型。

---

① 参见龙卫球《民法总论》，中国法制出版社2002年第2版，第147页。

② 正因为如此，我国有学者指出，应当将"紧急避险人不承担责任或者给予适当补偿"的规定改为"由受益人给予适当补偿"。参见张新宝、宋志红《论〈侵权责任法〉中的补偿》，《暨南学报》（哲学社会科学版）2010年第3期。

第 六 章

千古难题：对生命攻击性紧急避险的法律性质

在上文中，笔者已经依次探讨了紧急避险的正当化依据、紧急避险的成立范围、"适当性"的理解等理论与实践中的难题，但在紧急避险中，最为学界所津津乐道的，仍然是"对生命的紧急避险"，这也是所有研究紧急避险的学者难以回避的问题。在诸多对生命紧急避险的问题中，下列三个问题最受学界关注：

案例6-1：恐怖分子案：恐怖分子将9名人质与1名科学家A分别绑在一条铁轨的两条岔路口上，并发动火车向岔路口驶去，火车必然驶入一条轨道，并轧死绑在该条轨道上的人。

案例6-2：纳粹安乐死案：纳粹政权要求医生交出医疗机构里1名犹太病人做人体试验，否则就将杀害所有的10个犹太病人，医生迫于无奈只得随机抽取了1名犹太病人交给纳粹政权，从而保全了医疗机构其他9名犹太病人的生命。[①]

[①] 改编自 BGH NJW 1953, 513. 原判例为：纳粹要求医生交出医院中部分犹太病人，并以"安乐死"的名义将之杀害，否则就让纳粹接管医院。医生考虑到一旦让其接管医院，便极可能将所有犹太病人全部杀害，为了保全剩余犹太病人的生命，只得从中选出部分并交出。

案例6－3：劫持飞机案：恐怖分子劫持了载有几十名无辜乘客和机组人员的飞机撞向有数千名工作人员的高楼，一旦高楼倒塌，不但飞机上的所有人都会丧身，高楼也将倒塌，造成难以预料的伤亡结果。

在上述3个案件中，行为人均为了挽救其他多数人的生命，出于无奈对无辜第三人实施了杀害行为，从而也引发了旷日持久的关于"对生命的紧急避险"在犯罪论体系中定位的论战。在"二战"以后，世界日趋和平，此讨论虽然仅具有理论上的意义，却也被频繁提及，足见其意义之重大，但令笔者万分惊讶的是，这种"生命抉择"的惨剧，竟然真的会在现代社会再度上演。

2020年，世界各地均出现了不同程度的突发公共卫生事件，特别是欧洲的部分国家，由于前期的忽视，如今已经成为事件的重灾区，这也导致其医疗系统遭受极大冲击。在事件发生初期，部分国家患者较多，其救治设备又极为有限，根本难以应对，在医疗设备供不应求的情况下，医院只能够选择优先收治重症病人，此举也使得许多轻症病人因未得到及时治疗而转为重症，最终病死在医院，这种"为生命排序"的选择性治疗行为，能否阻却违法？而在事件愈演愈烈后，由于病患实在太多，部分国家政府部门竟然做出更为恐怖的决定，即拔掉65岁以上老年人的呼吸机，并将之用于年轻人的身上，以求救助更多生命。虽然该决定是由政府所做出的，但我们仍然能够探讨的是，此种"一命换一命"的"对生命的紧急避险"做法是否具有法理上的依据。需要说明的是，根据避险对象的不同，能够将紧急避险区分为攻击性紧急避险与防御性紧急避险两种，由于二者的正当化依据①并不相同，且在后者中，故意杀害自然

---

① Vgl. Pawlik, Der rechtfertigende Defensivnotstand im System der Notrechte, GA 2003, S. 16f.

人也能够被合法化①,故本书并不打算探究所有"生命对生命"的紧急避险情形,而仅对其中的攻击性紧急避险之情形加以讨论。②

第一节 生命不可衡量原理之否定

近期学界对于"对生命紧急避险"的讨论多在于德国《航空安全法》的合宪性问题。为了应对日益增多的恐怖主义威胁,德国于2005年1月颁布了《航空安全法》(*Luftsicherheitsgesetz*),以便遏制劫机、破坏航空器以及恐怖袭击等危害航空安全的犯罪行为。该法第14条第3款规定,若有飞机被用作攻击地面人员,危及地面人员的生命,则在别无选择的情况下,联邦国防军可以将其击落。这就意味着,如果在德国发生类似美国"9·11"恐怖袭击的案件,联邦国防军可以将被劫持的客机击落以保护地面人员的生命,即便该行为会导致机上无辜乘客和机组人员死亡。但在2006年2月,德国联邦宪法法院却判决《航空安全法》第14条第3款之规定因违宪而无效,判决的主要理由便在于,该条款与对生命的基本权利和人类尊严的保障相抵触。因为人的生命是人的尊严的物理基础,而后者则是宪法的根本性建构原则与最高价值,限制生命权的法律必须在与生命权紧密关联的人的尊严观点之下加以检验。击落被劫持的客机虽然可以挽救众多地面人员的生命,但却也同时会导致机上人员的死亡。击落客机导致劫机的恐怖分子死亡属于正当防卫自不待言,但是击落客机所造成的对机上无辜乘客和机组人员的伤害却构成了对他们人性尊严和生命权的侵犯,因为这是将无辜乘客和机组人员

---

① Vgl. Roxin & Greco, Strafrecht Allgemeiner Teil Bd. 1, 5. Aufl., München: C. H. Beck, 2020, § 16, Rn 72ff.

② 例如著名的"卡尼德斯木板案"便因不属于攻击性紧急避险,而不在本书的讨论范围之内。参见王钢《法外空间及其范围——侧重刑法的考察》,《中外法学》2015年第6期。

作为拯救地面人员生命的工具加以利用，否定了前者的主体资格。①

尽管部分学者认为，"在难以保全所有法益时，理性的法律不能禁止至少使一方法益得到拯救"②或者"在面对牺牲少数人生命换取多数人生命的抉择时，一般人都会认同这种做法"。③显然，这种观点是基于纯粹功利主义之立场，在今天几乎没有学者赞同。如今学界的主流观点认为，紧急避险可以损害的权益并不包括第三人的生命权，对生命的紧急避险不能阻却违法④，理由在于：生命是人格的基本要素，任何个体的生命都具有最高价值，其本质是不可能用任何尺度进行比较或衡量的，故法秩序不允许将人的生命作为实现任何目的之手段。⑤据此，对生命的紧急避险为了拯救更多的生命而牺牲少数人的性命，违背了"生命不可衡量"之原理，同时将被牺牲方作为挽救他人的工具，侵害了被牺牲方的人性尊严，因而难以得到民众的认同。

但是笔者认为，这两个理由均值得商榷。首先，生命法益并不一定具有绝对的最高价值，也并非不可衡量。一方面，虽然直到20世纪初期，通过数量对比论述对生命的紧急避险具有合法性的见解在德国刑法文献中都极为常见⑥，但德国学界却并未给出生命法益具有最高价值的实质理由。在笔者能够查阅的资料中，也没有发现有学者对此原则做出了详尽的解释，而只是空洞地指出"源自基督教伦理（christlichen Sittenlehre）的主流文化观念"排斥适用"两害相

---

① Vgl. BVerfGE 115, 118 ff.
② Vgl. Hellmuth von Weber, Das Notstandsproblem und seine Lösung in den deutschen Strafgesetzentwürfen von 1919 und 1925, Leipzig, Weicher, 1925, S. 30.
③ 参见马乐《纯粹功利刑论之提倡》，《东方法学》2014年第3期。
④ 参见高铭暄、马克昌主编《刑法学》，北京大学出版社、高等教育出版社2019年第9版，第135页。
⑤ 参见张明楷《刑法学》（上），法律出版社2021年第6版，第293页；周光权《刑法总论》，中国人民大学出版社2021年第4版，第227页。
⑥ Vgl. Oetker, Notwehr und Notstand, in Festgabe für Reinhard von Frank zum 70. Geburtstag, Band 1, 1930, Tübingen: Mohr, S. 373.

权取其轻"的基本原则，拒绝依照社会整体结果权衡杀害行为的不法程度。① 但是，在基督教并非一家独大、道德判断标准已趋向多元、价值多元化被普遍接受的现代社会中，法律，尤其是会对公民自由和权利造成巨大限制的刑法，理应与伦理道德相区分，故我们不能仅以某一行为与伦理或主流文化不符为由，直接推导出该行为违法的结论，此种诉诸某一宗教特有传统的论证显然难以令人信服，德国学者 Meißner 教授对此更是直言不讳地指出：生命至高无上的观点，是不可能加以论证的。② 而且在我国，基督教几乎没有受众，此种理由便更加难以让人信服。有学者可能会认为，根据社会主义的道德，不能牺牲他人的生命保护自己的生命。如果允许牺牲他人的生命作为避险的手段，就会使无辜的人受到侵害。然而，如果以违反社会主义道德为由认为对生命的紧急避险当属违法，则所有的避险行为都会沦为违法行为。原因在于，社会主义道德要求我们不得自私自利，更不能损人利己，我国的社会主义荣辱观中便明确指出：以损人利己为耻。即便是为了保护自己身体乃至生命法益去侵害他人轻微法益的行为，其实也是一种损人利己之行为，为伦理道德所不容。因此，如果将违反道德即违法之观点加以贯彻，则所有为了保护本人利益而实施的避险行为均属违法；但那些为保护利益而实施的避险行为则能够阻却违法，此种因保护对象不同而导致行为性质截然不同的做法明显与我国《刑法》第二十一条第一款的规定不符。

此外，尊严死、安乐死的合法化，也说明生命并非具有不可衡量的最高价值。德国判例及学说均认为，虽然积极的间接安乐死③加速了患者的死亡，故而仍然是对患者生命的侵犯，但是，由于患者

---

① Vgl. BGH NJW 1953, 513 (514).
② Vgl. Meißner, Die Interessenabwägungsformel in der Vorschrift über den rechtfertigenden Notstand (§34 StGB), Berlin: Duncker & Humblot, 1990, S. 196f.
③ 即为了减轻患者的痛苦采用虽然符合医疗行业规范但却可能具有缩短生命之副作用的药物为之进行医疗镇痛。此时行为人的目的和动机在于缓解患者的痛楚，只是以间接故意的心态容忍了加速患者死亡的后果。Vgl. BGHSt 46, 279 (285).

所承受的难以忍受的痛苦足以摧毁其尊严，应当认为这种治疗行为依据紧急避险而合法化。① 因为"相比让病人在极度的，尤其是所谓毁灭性的痛楚之下再短暂地存活而言，根据其明示的或者推定的意志让其有尊严且免于痛苦地死亡是具有更高价值的法益"。② 类似地，《中华人民共和国执业医师法》第二十六条第二款也规定：医师进行实验性临床医疗，应当经医院批准并征得患者本人或者其家属同意。我国有学者据此指出：在一般的医疗中，患者在具有接受治疗权利的同时，也具有拒绝治疗的权利。拒绝一定治疗，即便是在他人看来不合理的决定，但只要是具有判断能力的人，基于自己的意思而做出的决定，都是允许的。这种场合，可以劝说患者接受治疗，但绝对不允许对其强制医疗。意识清晰的晚期患者，在谢绝不必要的延长生命医疗的场合也是一样，在此必须绝对优先考虑患者的自主决定权，当患者按照自己决定而中断治疗的场合，即便医生停止对其抢救，导致死亡结果的场合，也属于合法行为。③ 2019 年 5 月 21 日，第十三届全国人大常委会第十次会议分组审议《民法典人格权编（草案）》时，列席会议的全国人大代表便建议将"安乐死"写入《民法典人格权编》。④ 虽然此项建议最终并未成行，但由此也可以看出，在我国的法律体系中，患者的自我决定权已越来越受到重视，甚至有学者认为：自我决定权是最高的权利，具有绝对价值，因为它是人的自由的核心。⑤ 虽然这样的论述在目前并未得到全部学者的认可，但已经有越来越多的学者认为，自我决定权比生命权更

---

① Vgl. Schneider, Münchener Kommentar Strafgesetzbuch, 3. Aufl., München: C. H. Beck, 2019, Vor § 211, Rn. 113.

② Vgl. BGHSt 42, 301 (306); Kutzer, Strafrechtliche Grenzen der Sterbehilfe, NStZ 1994, S. 114f.

③ 参见黎宏《刑法学总论》，法律出版社 2016 年第 2 版，第 152 页。

④ 参见刘艳红《刑法理论因应时代发展需处理好五种关系》，《东方法学》2020 年第 2 期。

⑤ 冯军：《病患的知情同意与违法——兼与梁根林教授商榷》，《法学》2015 年第 8 期。

为重要。事实上，从目前关于安乐死是否应当合法化的争论来看，大多数学者均承认病患享有死亡的权利，其之所以反对安乐死，更多的是担心此项政策合法化以后，在病患陷入重度昏迷或者变为植物人，已经无相应行为能力时，可能出现的"被安乐死"现象。① 但是这已经不是"自我决定权与生命权孰轻孰重"的问题，而是"如何在司法实践中确保病患实现自我决定权"的问题。既然如此，生命是绝对最高价值的观点也就不攻自破了。

退一步而言，即便在理论上我们能够得出"生命至高无上"或"生命不可衡量"之观点，其在司法实践中也并未得到贯彻。至为明显的是，若生命不可衡量，则无论数目多少，我们均应对其一视同仁，如 Neumann 教授便认为：人的生命的要保护性在人类的法秩序中并不能取决于其他人，每个人对生命都有自己的主观价值，故不应当对生命加以衡量。② 但是，这样的论述在世界各国的司法实践中却并未得到认可。至为明显的是，我国诸多司法解释，均以死亡数量作为情节严重与情节特别严重的分界线。例如，2010 年 4 月最高人民法院刑三庭印发的《在审理故意杀人、伤害及黑社会性质组织犯罪案件中切实贯彻宽严相济刑事政策》便明确指出：在实际中一般认为故意杀人、故意伤害致一人死亡的为严重后果，致二人以上死亡的为犯罪后果特别严重。又如，2000 年 11 月 10 日最高人民法院《关于审理交通肇事刑事案件具体应用法律若干问题的解释》第二条规定：交通肇事具有下列情形之一的，处三年以下有期徒刑或者拘役：（一）死亡一人或者重伤三人以上，负事故全部或者主要责任的；（二）死亡三人以上，负事故同等责任的。第四条则规定：交通肇事具有下列情形之一的，属于"有其他特别恶劣情节"，处三年以上七年以下有期徒刑：（一）死亡二人以上或者重伤五人以上，负

---

① 参见付子堂、王业平《法律家长主义与安乐死合法化的范围界限》，《法学杂志》2021 年第 3 期。
② Vgl. Neumann, in Nomos Kommentar Strafgesetzbuch, 5. Aufl., Baden-Baden: Nomos, 2017, §34, Rn. 74.

事故全部或者主要责任的;(二)死亡六人以上,负事故同等责任的。由此可见,生命不可衡量并未得到我国司法实践的认可。日本学者西田典之教授也指出:从现在的判例的量刑"行情"来看,凡杀害 3 人以上的,原则上处死刑。① 其言下之意便是,杀害 2 人及以下的,原则上不会被判处死刑,可见杀害更多的人将会被判处更为严厉的刑罚。日本最高裁判所在撤销高等裁判所做出的 19 岁少年用窃取来的手枪杀害 4 人以劫取财物的判决中也明确指出:在综合考察了犯罪的性质、动机、样态,杀害手段方法的执拗性、残忍性,结果的重大性,尤其是被害人的人数,遗属的被害感情,社会影响,犯人的年龄、前科、犯罪后的表现等各种情节后,认为其罪责确属重大,无论是从罪刑均衡的立场还是从一般预防的角度来看,都不得不处以极刑时,应该说也允许选择死刑。②《德国刑法典》第 212 条规定:非谋杀而故意杀人的,处 5 年以上自由刑。情节特别严重的,处终身自由刑。有学者据此认为:"仅以造成死亡为目的(为了将之与《德国刑法典》第 211 条谋杀罪区分),故意造成多人死亡结果的"③ 以及"行为人在紧密相连的时间与空间杀害多人或者通过一行为杀害多人的"④,也能够属于《刑法》第 212 条故意杀人罪中的"情节特别严重",故应当被判处更重的刑罚。更有甚者,绝大多数德国学者均认为,在义务冲突中,义务人必须拯救人数更多的一方,否则便会遭受刑罚。⑤ 由此可见,在世界各国教义学理论与司法

---

① [日]西田典之:《日本刑法总论》,王昭武、刘明祥译,法律出版社 2013 年第 2 版,第 193 页。

② 参见最判昭和 58·7·8 刑集 37 卷 6 号,第 609 页。

③ Vgl. Rissing-van Saan/Zimmermann, in Leiziger Kommentar StGB, 12. Aufl., Berlin [u. a.]: de Gruyter, 2019, §212, Rn. 85.

④ Vgl. Schneider, Münchener Kommentar Strafgesetzbuch, 3. Aufl., München: C. H. Beck, 2019, §212, Rn. 93.

⑤ Vgl. Wilenmann, Die Unabwägbarkeit des Lebens beim rechtfertigenden Notstand, ZStW 127 (2015), S. 903; Manuel Ladiges, Die notstandsbedingte Tötung von Unbeteiligten im Fall des §14 Abs. 3 LuftSiG-ein Plädoyer für die Rechtfertigungslösung, ZIS 2008, S. 139.

实践中，都认为更多的生命是更大的法益，杀害或者不拯救更多生命的行为具有更为严重的违法性，即便是绝大多数学者甚至判例都众口一词"生命不可衡量""无数人并非优于一人"的德国，在司法实践及非紧急避险的情况下也是如此，既然如此，为何在其他情况下可以认为生命数量会影响不法程度，而在紧急避险的场合又坚持生命价值不可权衡的原则？我国有学者对此指出，反对从数量上对生命进行比较，始终是以维护个人尊严不受侵犯这一宪法原则为落脚点的。之所以禁止对生命数量进行累计，归根结底是为了防止像对待物一样对生命进行交换和利用，是为了避免使少数人的生命沦为延长多数人生命的工具。然而，在认定罪行严重程度时，对杀死较多被害人的行为人处以更为严厉的刑罚，这并没有将少数人的生命当作多数人实现某种目标的手段，不存在侵犯公民人格尊严的危险。① 但是，既然我们需要论证的是"生命不可衡量"或"生命至高无上"，当然应当从生命价值本身加以论述，即论证为何生命本身具有最高的价值，如"生命只有一次""人死不能复生""是公民基本权利与国家宪制的存在前提"等，而不应当将其作为保卫人性尊严的手段。事实上，将生命作为保护人性尊严手段的做法，本身便已经说明其价值并不若人性尊严般崇高。既然如此，又怎能说其是"至高无上"的。综上，生命并不具有最高价值，也并非不可衡量，以这两点为由认为不得实施对生命的紧急避险之观点难以成立。

其次，客体公式难以成为判断是否侵犯人性尊严之依据。究竟在何种情况下，侵犯了他人的人性尊严，可以说是宪法学界从未解决的巨大难题。虽然理论与实务界一直认为，在判断此问题上，应当运用从康德哲学的反向论证而来的客体公式，即当具体的个人被贬低为客体、纯粹的工具或者可替代的数字，以至于其主体资格或

---

① 参见陈璇《紧急权：体系构建与基本原理》，北京大学出版社2021年版，第195页。

者法律主体地位陷入疑问的对待，其人性尊严便遭到了侵犯。① 但实际上，该公式并不能够准确地判断某一行为是否侵犯了人性尊严。至为明显的是，在现实生活中，既存在没有工具化却明显侵害人性尊严之情况，如第三帝国时期对犹太人的迫害和杀戮无疑损害了他们的尊严，却没有存在工具化，因为受害者没有被作为"单纯的手段"用来实现进一步的目的，而仅仅因为他们是犹太人本身就惨遭杀害，他们的死亡并非手段，只是纳粹迫害犹太人的目的；也存在工具化却并未侵害人性尊严之情况，如一个医生出于唯一的目的（如想出名）给病人动手术，则病人对他来说只是实现此目的的手段。这里尽管存在着病人的工具化，但相信没有人会认为该行为侵犯了病人的人性尊严。Hilgendorf 教授在详尽列举了客体公式中"工具化"（Instrumentalisieren）的各种含义后指出，工具化既不能囊括通常理解中构成人的尊严侵犯的情形，也不能够清晰地区分侵犯人性尊严与未侵犯人性尊严之情形。② 我国也有学者认为，客体公式至少存在三个问题：首先，该公式内容过于模糊；其次，在很多情况下，人不可避免地要被视为他人或者国家权力的工具；最后，客体公式的确定性还需要依赖其他标准加以确定，例如对人的尊严的恣意蔑视，需要参考文化历史诸多因素对蔑视设定标准。③ 事实上，就连德国联邦宪法法院也只能无奈地承认：就基本法第一条第一项之人性尊严不可侵犯的原则而言……显然不能被一般性的说明，而是必须总是在具体的个案之中被考虑……人不仅在人与人间的关系中及社会的发展下有成为客体之可能，在国家没有顾及其利益时，亦可能会成为国家权力之客体。然而我们并不能据此便得出其人性尊

---

① BVerfGE 27, 1（6）; 30, 1（25f.）; Duerig, Der Grundrechtssatz der Menschenwürde, in AöR 81（1956）, S. 127.

② Vgl. Eric Hilgendorf, Instrumentalisierungsverbot und Ensembletheorie der Menschenwürde, in FS-Puppe, Berlin: Duncker & Humblot, 2011, S. 1654ff.

③ 参见李忠夏《人性尊严的宪法保护——德国的路径》，《学习与探索》2011 年第 4 期。

严已经遭受了侵害。① 因此，尽管康德的客体公式听起来具有意义，并对那些厌倦了进一步思考，只想要一个公式的人来说，是非常合适的。但是若进一步思考，我们就会发现，它是一种极为模糊且不确定的，且采取了拐弯抹角的表述方式，在任何情况下，它的运用都需要更加清晰、确定与经过修正，因此，它虽然包含了一般性的内容，但它并不充分，缺少意义（wenigsagend）而且问题重重。②

事实上，从上述论述中不难看出，通说之所以认为"生命/人性尊严不可衡量"或"生命/人性尊严至高无上"，背后的原因还是为了论证在此种情况下难以满足利益衡量之要求，故难以成立阻却违法的紧急避险，但是这种将法益相互比较之观点，仍然是扎根于功利主义紧急避险。然而如前所述，功利主义紧急避险存在诸多不妥，因此我们应当另辟蹊径，从其他角度对此问题进行重新解答。

第二节 "双重效应理论"之否定

联邦宪法法院没有任何余地的判决也招致了不少学者的反对，德国宪法学者 Hufen 教授便质疑道：难道只因为有人质，为了不侵犯他们的人性尊严，真的能够允许飞机或者油罐车驶向坐满了观众的体育场或者学校？③ 我国也有学者指出：这样的不作为，也会使恐怖分子更加猖獗，国民遭受的恐怖袭击更为严重，最终让全民深陷危机而不顾。④ 为了避免出现恐怖分子劫持飞机后"在宪法的庇护

---

① BVerfGE 30, 1（25）；109. 279（311）；115. 118（153）.
② Vgl. Schopenhauer, Die Welt als Wille und Vorstellung, Bd. 1, Frankfurt am Main: Suhrkamp, 1982, S. 477.
③ Vgl. Friedhelm Hufen, Staatsrecht Ⅱ: Grundrechte, 7. Aufl., München: C. H. Beck, 2018, §10, Rn. 62.
④ 参见贾银生、高维俭《论对生命紧急避险的伦理基础》，《南昌大学学报》（人文社会科学版）2018 年第 1 期。

下"（unter dem Dach der Verfassung）①撞向无辜群众，部分学者试图以否定侵犯人性尊严之做法肯定击落飞机之行为。如我国有学者认为：击落飞机的行为不意味着将飞机上的乘客作为工具利用，或许可以认为维护了他们不被恐怖分子利用的尊严。②

　　本书不赞成此种观点。不难看出，论者的逻辑在于，国家维护了他们不被恐怖分子利用的尊严，所以国家没有侵犯他们的人性尊严。但是，国家维护了乘客的尊严只能够推导出恐怖分子没有继续侵犯乘客的尊严，并不能够推导出国家没有侵犯乘客的尊严，二者并非一个层面的问题，因为此时侵害乘客尊严的主体并不相同，前者是恐怖分子，而后者是国家，故国家在保护乘客不被恐怖分子利用的同时，也可能侵犯乘客人性尊严。例如营救射杀时，警察不慎将人质与劫匪一齐击毙的行为，固然维护了人质不被劫匪利用的尊严，却也同时损害了人质的人性尊严。因此，国家保护乘客尊严不受侵犯与国家侵害乘客尊严并非"非此即彼"的互斥关系，而是可能同时存在，如果我们要论证此种情形中国家并未侵犯人性尊严，应当直接证明"国家没有做什么"，而不应避重就轻，证明"国家做了什么"，故在此情况下，论者应当论证的是，为何国家没有将其当作工具使用，而不应当仅仅论证国家维系了他们的尊严。是以，以国家保护了人性尊严为由论证国家并未侵犯人性尊严的观点，存在论证上的瑕疵。

　　与我国学者有异，部分德国学者认为，射杀乘客的结果是击杀恐怖分子的附带性结果（Nebenfolgen），故并未侵犯其人性尊严。如德国学者 Merkel 教授认为，击落客机而造成机上乘客死亡的结果，并不意味着他们成为特定目的之手段，因为乘客的死亡不过是击落

---

① Matthias Herdegen, in Theodor Maunz/Günter Dürig (Hrsg.), Kommentar zum Grundgesetz, 89. Aufl., München: C. H. Beck, 2020, Art. 1 Abs. 1 Rn. 96.
② 参见张明楷《刑法学》（上），法律出版社 2021 年第 6 版，第 295 页。

飞机时认识但不希望发生、且并不以之为目的的附带性结果，乘客只是与飞机、恐怖分子一起沦为杀人行为的对象而已，不应当将其评价为达到目的之手段。根据客体公式，由于国家此时并未将乘客作为手段，故也并未侵犯其人性尊严，因而能够通过防御性紧急避险将之合法化。① 与之类似，英美刑法中也有学者运用所谓的"双重效应理论"（the doctrine of double effect）来解决对生命紧急避险之难题。此项原则由托马斯·阿奎那（Thomas Aquinas）于13世纪在《神学大全》中提出，最初被用于解决正当防卫中合法杀人之难题。② Aquinas指出：同一行为通常兼有善恶两种效果，而在某种特定情况下，一个善的行为，虽然兼具恶的后果，也是可以允许的，哪怕这恶的结果，在通常情况下是必须避免的。他此处所指之条件，据后世学者归纳，按罗马天主教的道德哲学之观点共有四个：

（1）从客观上看，该行为本身，在道德上至少是善的，或至少是中性的。

（2）从主观上看，行为人不能希望恶果的发生，但可以允许其发生。如果能够避免恶果而同样达成善的效果，他应当这样做。

（3）从善果与行为本身的关系上看，其直接程度，必须等同或高于善果与恶果直接的关系。换言之，善的结果必须是由此行为直接造成的，而不是通过恶果间接造成的。否则，行为人就是以恶果为工具来达成善果，这是永远不能被允许的。

---

① Vgl. Merkel, §14 Abs. 3 Luftsicherheitsgesetz: Wann und warum darf der Staat töten?, JZ 2007, S. 379 f; Horst Dreier, in Horst Dreier (Hrsg.), Grundgesetz Kommentar, Bd. I, 3. Aufl., München: C. H. Beck, 2013, Art. 1 Abs. 1 Rn. 135. 虽然Merkel教授在文中没有直言，但是其在Nebenfolgen前使用了nicht gewollte（unbeabsichigte）进行修饰，在下文der Hauptfolge前使用了beabsichtigten Zwecks进行修饰，故笔者认为，既然在Merkel教授看来，主要结果是故意、有目的地造成，则与之相对，附带性结果应当是非故意、无目的地造成的。

② See Thomas Aquinas, Summa Theologiae, II-II, Q. 64, art. 7.

(4) 从结果上看，善果之可取，必须足以弥补恶果之恶。①

此原则现已被许多英美法系之学者接受，用以解决各类生命冲突之难题。如英国学者威廉·威尔逊（William Wilson）便认为：在"Mary 的心脏停止了跳动，只能依靠 Jodie 的心脏供血，但 Jodie 的心脏仅能够承担为一人供血之负担，故只能做手术将二者分离，并将心脏给其中一人，而从当时的身体健康程度判断，Jodie 的存活概率更大，应当将心脏给她，但这样的后果是，Mary 必将遭受死亡结果"的"连体双胞胎案"（the conjoined twins）② 中分体手术的道德适当性在于，Mary 的死亡是治疗行为的附带后果，而不是通过其死亡达到治疗目的，因此患病婴儿并没有被用作促成健康婴儿利益的手段。③ 美国部分学者据此认为，根据"双效原则"，意图实施诸如把一个人置于死地这样的恶行，本身就是错误的，即便行为人是把它作为实现更大善好的一种手段，因此，"器官移植案"中的杀人是不被允许的，因为医生的意图是要把单个人的死亡作为保全另外五个人的一种手段。相比之下，"恐怖分子案"中那个人的死亡，只是改变电车方向行为的一种可预知的不良后果。而根据"双效原则"，如果可预知的伤害仅仅是由其他无害且必要手段的运用造成的，那么，这种伤害可以在重要性方面次于行为所产生的更大的好处。④ 详言之，二者虽在第 2、第 4 个条件上均满足双效原则之要求，即在主观上，行为人并不"希望"造成任何人死亡之结果，仅仅是为了拯救其他人而不得已地允许了这一副作用的发生。而根据案情预设，

---

① See Tom L. Beauchamp, James F. Childress, Principles of Biomedical Ethics, New York, N. Y. [u. a.]: Oxford Univ. Press, 2001, 129. Warren S. Quinn, Actions, Intentions, and Consequences: The Doctrine of Double Effect, Philosophy & Public Affairs, Vol. 18, No 4, 1989, p. 334.

② [2000] 4All ER 961。

③ See William Wilson, Central Issues in Criminal Theory, Oxford: Hart Pub., 2002, p. 320.

④ See F. M. Kamm, The Trolley Problem Mysteries, New York: Oxford University Press, 2015, pp. 13 – 14.

我们也可认为，如果行为人能够找出避免任何一人死亡的方法，他也一定会去做，故符合第二个条件；而在结果上，因为拯救的人数多于杀害的人数，故也满足条件四的要求。但是，二者在第1、第3个条件上却仍然有所不同。一方面，在"恐怖分子案"中，如果我们将行为与其结果剥离，改变电车路径的行为在道德上是中性的，所以符合第一个条件；而在"器官移植案"中，杀死一个无辜者的行为，本身并不是善的，因此其并不满足第一个条件。另一方面，在"恐怖分子案"中，司机在驶向一条道路时，并不是先杀死了另一条道路上的人，然后利用他的身体去制止电车，他的行为直接、立刻的效果是拯救了五人的生命。只是后来（虽然仅仅是几秒钟后），电车（而不是扳动道岔的行为）造成了另一条道路上被害人的死亡，因而符合第三个条件。而在"器官移植案"中则不然，因为依条件三之要求，善果与行为本身的关系，其直接程度至少要等同于，或者高于善果与恶果的关系。因此，即便说医生的"行为"仅仅是摘除病患的器官，那么事实上的恶果（即病患的死亡）是直接由这一行为造成的。而其善果，即拯救五人的生命，发生于这一行为的几分钟后。因此，医生实际上是用一个恶的手段（摘取一个病患的器官，并立即造成其死亡）来达成一个善的目的，而这便违反了"双效原则"中"禁止以恶果为工具来达成善果"之禁忌，是绝对不能被允许的，其并不满足条件三之要求。[①] 若按照"双效理论"之逻辑推演，在"劫持飞机案"中，由于发射导弹之行为将直接造成乘客的死亡，故并不满足双效原则之要求，因而成立犯罪；而在"纳粹安乐死案"中，由于指定病人的行为并不会直接造成病人死亡，故医生并不会成立犯罪。

但是本书认为，无论是"主/随附结果理论"也好，"双效理

[①] See Thomas Cathcart, *The trolley problem, or, Would You Throw the Fat Guy Off the Bridge? A Philosophical Conundrum*, New York: Workman Publishing, 2013, The bishop's brief.

论"也罢，其前提均值得质疑，因而根据此理论得出的结论也值得商榷。首先，这两种理论，其实都直接忽略了造成随附结果所应承担的责任，我们仍然可以追问的是，应当对射击行为所造成的随附结果承担何种法律后果。纵然如论者所言，该射杀行为并未侵犯人性尊严，但其也确确实实地侵害了乘客的性命，这种故意杀人之行为难道仅因为是随附后果便能够不予处置？德国通说认为，依主观心态，能够将故意分为三种形态，即蓄意（Absicht）、直接故意（direkten Vorsatz）与间接故意。其中蓄意是指行为人直接追求结果发生，在本案中，国家对击落飞机的行为即持蓄意心态。而直接故意则是指行为人并不是为了实现此种目的而实施犯罪，但其出现或者存在是行为人认识到且故意实施的，至于此时行为人对结果的发生究竟持何种心态，则在所不论。① 例如，在"行为人知道自己相依为命的奶奶就住在楼上，他也十分不愿意奶奶死去，但为了骗取保险金仍然放火烧毁了房屋"的案件中，德国通说便明确指出，虽然行为人杀害奶奶的行为并不是其终极目标，也不是必要的中间步骤，因此并不成立蓄意谋杀，但其依然存在杀害奶奶的直接故意，因为他奶奶的死是他行为必然造成的随附后果。② 我国刑法学界虽然并未如德国般将故意进行区分，但通说也明确指出：如果认识到危害结果必然发生，实质上就是希望危害结果发生，故明知行为必然发生损害结果而决意为之，应属于直接故意。③ 由此可见，无论行为人对于结果持何种心态，甚至是不愿发生之态度，只要其在明知会发

---

① Vgl. Vogel/Bülte, in Leipziger Kommentar, Band 1, 13. Aufl., Berlin [u.a.]: de Gruyter, 2020, §15, Rn. 91.

② Vgl. Bernd Heinrich, Strafrecht Allgemeiner Teil, 6. Aufl., Stuttgart: W. Kohlhammer GmbH, 2019. Rn. 279ff; Krey/Esser, Deutsches Strafrecht Allgemeiner Teil, 6. Aufl., Stuttgart: Verlag W. Kohlhammer, 2016, Rn. 384. Krey 教授在其教科书中甚至明确写明，本案中奶奶的死亡就是 A 行为所造成的随附结果。

③ 参见高铭暄、马克昌主编《刑法学》，北京大学出版社、高等教育出版社2019年第9版，第105页；周光权《刑法总论》，中国人民大学出版社2021年第4版，第159页。

生损害结果的情况下实施了行为,并最终造成了法益损害,就应当认为其具有直接故意并承担相应的罪责。具体至本案中,既然行为人明知击落飞机会造成无辜乘客的死亡,其仍然实施了射击行为,就应当认为其对乘客死亡是持直接故意之心态——就连 Merkel 教授自己都承认,在此种情形中,将飞机击落的行为具有直接故意(dolus directus 2. Grades)[1],故在没有任何出罪事由的情况下,理应承担刑事责任。

其次,"双效理论"认为,行为本身在道德上应当至少是善的,或至少是中性的。但是,一方面,一个行为的属性并非仅从该行为本身便能够断定,而是应当结合当时的情形加以判断,故意杀人与正当防卫杀人在道德判断上的区别即为其例。因此,我们不能够孤立地看待问题,而是应当结合其当时所可能造成的后果进行综合判断。就此而言,虽然在"恐怖分子案"与"纳粹安乐死案"中,司机的转向行为与医生的指明病人之行为,在当时的情况下,其实就是一种杀人或杀人的帮助行为,因为在道德上并非中性,均难以阻却违法,故按照双效理论之逻辑,都应当成立犯罪,但这显然与论者的观点不相吻合。另一方面,根据双效理论,道德上不正确的行为即不满足其前提要件,因而难以阻却违法,但这其实是让行为的法律后果完全取决于道德判断,已然蕴含着将道德与法律混为一谈之风险。

再次,从论者的论述来看,其所谓"直接程度,必须等同或高于善果与恶果直接的关系"是取决于时间上的先后顺序,例如其指出:在"恐怖分子案"中,司机的行为直接、立刻的效果是拯救了五人的生命,只是后来(虽然仅仅是几秒钟后),电车造成了另一条道路上被害人的死亡,故善果与行为关系的直接程度高于善果与恶果直接的关系;而在"器官移植案"中则不然,因为善的结果,即拯救五人的生命,发生于

---

[1] Vgl. Merkel, §14 Abs. 3 Luftsicherheitsgesetz: Wann und warum darf der Staat töten? JZ 2007, S. 379f. 部分德国判决或文献参照美国刑法分类方式,将 Absicht 写作 dolus directus 1. Grades;将 direkten Vorsatz 写作 dolus directus 2. Grades。Vgl. BGH JZ 2002, S. 413; Roxin & Greco, Strafrecht Allgemeiner Teil Bd. 1, 5. Aufl., München: C. H. Beck, 2020, §12, Rn. 2.

医生摘取病患器官，从而直接造成其死亡后果这一行为的几分钟后。因此，善果与行为关系的直接程度低于善果与恶果直接的关系。但是，这种依据时间来判断关联程度，以及是否符合"双效原则"，进而直接决定是否成立犯罪的做法并不妥当。如果我们将案例稍作改编，医生在取走病人2个器官后，为其提供了供氧系统，延续其生命直至2个移植手术均完成，而后关闭了延续生命的机器。如此一来，善的结果就发生在造成病患死亡结果前，按照论者之逻辑，则此种情况下其"行为与善果的直接程度便高于与恶果的关系"，但这样的结论显然让人难以接受。客观上完全相同的行为，仅仅因为时间差异便会得出完全不同的结果，甚至可以说，此时行为的结果并不取决于行为人，而可能取决于被害人的体质或求生欲——若其能够撑到手术结束，行为人便无罪；没有撑到手术结束，行为人便成立犯罪，但这显然是让案件的结论取决于案情无关的案外因素，有悖教义学的基本原理。

最后，"双效理论"的问题还在于：作为正当化依据的"善果"究竟"善"在何处？或者说，我们凭什么认为某一结果是"善"的？答案显然是因为，在此情况下，挽救了更多或者更具有存活可能的性命，所以是一种"善果"。但这正是前述备受批判的纯粹功利主义的思考模式，因为它完全忽略了被剥夺生命之人的权利。对此问题，英国学者 William Wilson 直言不讳地指出：从 Mary（前述"连体双胞胎案"中被牺牲的婴儿）自身的观点来看，不存在任何使该手术值得去做的理由。[①] Pawlik 教授也在文章中指出：那些根据臆想的（vermeintlich）好的理由赋予自己处置他人生命权限的人，否定了那些参与者自己去决定，什么是他们所认为的提前死亡的好的理由的权利。[②] 综上，"双效理论"其实是一种添加了"限制条件"的功利主义，其在侵犯他人合法权益上与功利主义并无差异，

[①] See William Wilson, *Central Issues in Criminal Theory*, Oxford: Hart Pub., 2002, p. 309.

[②] Vgl. Michael Pawlik, §14 Abs. 3 des Luftsicherheitsgesetzes-ein Tabubruch?, JZ 2004, S. 1049.

且蕴含着将道德与法律混为一谈之风险，因而并不妥当。

第三节 法外空间说及其否定

除将对生命的紧急避险认定为合法与违法的观点外，还有学者提出了一种"法外空间"学说，即在部分极端情况下，法秩序会有意地置身事外，对此情形不予规制，相应地，该领域中的举动也就并无违法与合法之分。① 这种学说直至现在也具有相当的影响力，除对生命的紧急避险外，还被广泛运用于其他领域，如加拉斯（Gallas）教授便认为，只有将自杀解释为法外空间行为，才能够使得救援人员在违背自杀者的意志之下，对自杀者所为的营救行为不被阻拦②；又如耶鲁金克（Jerouschek）教授认为，在为了他人的安全而对危险的制造者施加酷刑，即所谓的营救酷刑（Rettungsfolter）的场合中，施加酷刑的行为便处于"法外空间"之中③，因文章重心所限，法外空间在死亡协助（Sterbehilfe）④、义务冲突⑤等棘手难题中的适用不再一一列举。但本书认为，法外空间理论并不适用于紧急

---

① Vgl. Larenz, Methodenlehre der Rechtswissenschaft. Berlin [u. a.]: Springer, 4. Aufl., 1979. S. 360. 关于此概念在德国的各项变种概念，参见 Stübinger, "Not macht erfinderisch" -Zur Unterscheidungsvielfalt in der Notstands-dogmatik, ZStW 123（2011），S. 432ff。

② Vgl. Gallas, Strafbares Unterlassen im Fall einers Selbsttötung, JZ 1960, 654 f; Hillgruber, Die Bedeutung der staatlichen Schutzpflicht für das menschliche Leben bezüglich einer gesetzlichen Regelung zur Suizidbeihilfe, ZfL 2006, S. 75.

③ Vgl. Jerouschek: Gefahrenabwendungsfolter-Rechtsstaatliches Tabu oder polizeirechtlich legitimierter Zwangseinsatz? JuS 2005, 301f.

④ Vgl. Dellingshausen, Sterbehilfe und Grenzen der Lebenserhaltungspflicht des Arztes, Düsseldorf: Mannhold, 1981, S. 299f; Lindner, Grundrechtsfragen aktiver Sterbehilfe, JZ 2006, S. 382f.

⑤ Vgl. Scheid, Grund-und Grenzfragen der Pflichtenkollision beim strafrechtlichen Unterlassungsdelikt: (unter besonderer Berücksichtigung der Abwägung Leben gegen Leben), Aachen: Shaker, 2000, S125ff.

避险之中，由于此学说在学界有较大影响力，且有不少学者予以支持，故在本部分，笔者将较为详细介绍法外空间说的起源及其变种学说，而后介绍其在学界的争论，最后论证法外空间并不适用于对生命的紧急避险，而且并不存在于我国法律体系之中。

一 法外空间的缘起——豁免理论①

费希特（Johann Gottlieb Fichte）在其《自然法权基础》一书中指出：在紧急法中存在一种情况，即两个自由存在者不是因为其中一方侵犯了另一方，而是因为纯粹的自然原因，陷入一种境地，一方只有让另一方死去才能保住自己的生命，不牺牲某一方，双方都会死去，那么就应当产生紧急法。虽然绝不存在牺牲他人生命以保存我自己的实定法权，但是，"以我的生命为代价，保存他人的生命，也不是违法的，在这种情况下，是不与他人的实定法权抵牾的，因为这里不再存在一般法权的问题，对这两个人来说，自然界已经收回了他们生存的权利，将其交由他们的身体的强壮程度以及任意（der physischen Stärke und der Willkür）来决定"。然而，这两个人仍然必须被看作处在法权规律的支配下，而且在涉及对方时，他们实际上又处在这个规律的支配下，所以，人们就可以把紧急权"认为是完全豁免于任何法律立法之外"的权利（das Recht, sich als gänzlich exemt von aller Rechtsgesetzgebung zu betrachten）。②

做出这样判断的原因在于，费希特法学理论的核心问题是促使不同的自由意志本身相互共存。显然，回答这一问题的前提是，自

---

① 需要指出的是，费希特并未将自己的理论称为"豁免理论"（Die Exemptionstheorie Fichte's），这是后世学者将其理论归纳后给出的称谓。Vgl. Janka, Der strafrechtliche Notstand, Erlangen: Andreas Deichert, 1878, S. 89; Michael Köhler, Recht und Gerechtigkeit: Grundzüge einer Rechtsphilosophie der verwirklichten Freiheit, Tübingen: Mohr Siebeck, 2017, S. 157.

② Vgl. Fichte, Grundlage des Naturrechts nach Principien der Wissenschaftslehre, Zweiter Teil, Iena Leipzig: Gabler, 1797, S. 85ff.

由意志之间具有共存的可能性（Möglichkeit des Beisammenbestehens）。当在紧急状况中，不同的自由意志之间相互冲突，根本不可能共同存在时，关于规定这种可能性的问题——法权的问题——就会荡然无存。因此费希特认为，这种不受法权规律规定的随意性处在更高的道德立法的支配之下。"在道德规律中，包含着关于我们所说的情况的规定。道德规律说，你什么也不要做，而是把事情交给上帝。如果这是上帝的意志，上帝就会救你；如果这不是上帝的意志，你也必须把你交给上帝。但是，这不属于我们在这里单纯探讨法权的范围。"① 从其论述中可以看出，他认为紧急避险完全豁免于所有的法律立法之外，而应当交由任意来决定，且此种任意并非由制定法而是由更高的道德法则来规制，因此在费希特豁免理论之下的紧急避险并非一种真正的法权，而属于道德法则的范畴，由于此时不能由法律加以评价，因此在此种情况下的紧急避险行为既非合法，也非不法。受其影响，德国学者格罗尔曼（Grolman）认为，当双方的共存（Coexistenz des Verletzers physisch）难以实现，且避险行为人只能通过损害他人生命以挽救自己生命，那么双方之间就不再存在应当保护的法律关系。② 德国学者格奥斯（Gros）也承继了费希特的法律思想并指出：法律是以自由意志的同时存在为前提的，当自然将两个人置于只有通过毁灭另一方才能够存活的境地之时，根据自然法则，他们的共存就是不可能的了，此时法律运用的所有条件都不存在，故并不存在法律之间的冲突，而是自然与自然的对抗，在紧急状态中的人们，只能通过自然而不能通过法律解决问题。③

---

① Vgl. Fichte, Grundlage des Naturrechts nach Principien der Wissenschaftslehre, Zweiter Teil, Iena Leipzig: Gabler, 1797, S. 86f.

② Vgl. Grolman, Grundsätze der Criminalrechtswissenschaft, 4. Aufl., Gießen: Heyer, 1825, §§23.

③ Vgl. Gros, Lehrbuch der philosophischen Rechtswissenschaft oder des Naturrechts, 6. Aufl., Stuttgart [u. a.]: Cotta, 1841, §40.

但是，由于费希特将"不同的自由意志本身相互共存"作为其法学理论的核心，则按其理论，在不同自由意志难以共存的情况下，均应当交由道德法则加以判断，因此他的"豁免理论"并不应当被限于生命冲突之场合，而是应当适用于所有只能够通过侵害其他法益来保全自身生命之情形。① 但是这样的观点除了具有下文所指出的"法外空间"说的通病，还显然过分缩限了紧急避险的范围，使得避险人只能在生命受到威胁之时才能够实施紧急避险，在受到其他重大危险，如截肢、重伤、瘫痪之时，无论损害了他人多轻微的法益，都将被评价为违法行为，两相比较，前者将导致行为人为了自身生命侵害他人生命也难以成立犯罪，超出了紧急避险应有之限度，不利于保护被避险人的法益；而后者却会导致行为人为了自身极为重大法益侵害他人极为轻微的法益也成立犯罪，不利于保障避险人的法益，因而在紧急避险的成立范围上难以让人满意。而且，由于同时期消极自由观的巨大影响力以及康德对于紧急避险将主客观相混淆的批判②，费希特的这种"豁免理论"并未得到学界的过多重视。

二 法外空间的发展壮大——考夫曼教授的"第三途径"

"二战"以后，随着德国法学的日益发展，学界对于法律存在的范围也提出了各种观点，其中一种观点认为，无论从何种角度来看，都或多或少存在（法律所无法包括的意义上的法律漏洞）

---

① Vgl. Janka, Der strafrechtliche Notstand, Erlangen: Andreas Deichert, 1878, S. 89 f.

② 康德认为，这样一种为了自我保存而发生的暴力侵犯行为，并非无可指责的（unsträflich），只是不可罚（unstrafbar）而已。但这种主观上的不可罚性（Straflosigkeit）却被法学家们与客观（合法）相混淆。Kant, Die Metaphysik der Sitten, Tugendlehre, in Weischedel（Hrsg.）, Schriften zur Ethik und Religions-philosophie, 2. Teil, Band 7, 1968, S. 343. 虽然费希特在此处并未将紧急避险视为客观上的合法行为，但其认为紧急避险客观上不属于法律的管辖范畴，也存在将主客观相混淆的嫌疑，因而康德的批判也同样适用于费希特。

(Rechtslücken in dem Sinne eines rechtsfreien Raumes)。① 这种观点在当时的学界产生了极大影响,并被卡尔·恩吉施(Karl Engisch)教授及阿图·考夫曼(Arthur Kaufmann)教授先后引入了刑法教义学②中,虽然这种概念遭受了大量学者的批判③,但是仍然得到了一些学者的支持④,在这些学者中,以考夫曼教授的研究最为深入,本书也以此为例对法外空间说加以介绍。

学界一般认为,考夫曼的法外空间说是继承了宾丁在19世纪末提出的"放任行为说"⑤,宾丁指出,在法益相冲突的紧急避险中,除了少数例外情况,避险行为人不应当拥有侵犯他人法益的权利。但是,考虑到行为人在紧急状况中的主观心理状况,避险行为难以避免;而且此时无论是否要求行为人仍然遵守禁止规范,都会与法秩序自身利益相冲突。所以法秩序此时应当主动放弃对行为人遵守法律规定、不得侵犯他人权益的要求。这就导致紧急避险既不为法律允许,又不为法律所禁止:它正处于违法与合法之间,既不合法又不违法,只是一种放任行为。⑥ 考夫曼教授继承了这种"放任行为说"之思想,并对其进行了更为深入的研究,他将与刑法相关的所有人类行为分为三个领域,第一个领域是日常生活中的单纯人类

---

① Vgl. Sauer, Juristische Methodenlehre, Stuttgart:Enke, 1940, S. 281. 需要注意的是,Sauer曾经在1920年的著作中否认存在法外空间,他认为:"违法"与"不违法(合法)"之间根本就是一种形式逻辑的矛盾对立关系,二者间非此即彼,不存在居中的第三种可能。所谓既不违法又不合法的法外空间并不存在。Vgl. Sauer, Grundlagen des Strafrechts, Berlin;Leipzig:Vereinigung wissenschaftlicher Verleger, 1921, S. 236.

② Vgl. Engisch, Der rechtsfreie Raum, ZgS 108(1952), S. 385ff; Kaufmann, Zur rechtsphilosophischen Situation der Gegenwart, JZ 1963, S. 142.

③ Vgl. Jäger, Die Abwägbarkeit menschlichen Lebens im Spannungsfeld von Strafrechtsdogmatik und Rechtsphilosophie, ZStW 115(2003), 782f.

④ Vgl. Lindner, Grundrechtsfragen aktiver Sterbehilfe, JZ 2006, S. 382.

⑤ Vgl. Zimmermann, Rettungstötungen, Baden-Baden:Nomos, 2009, S. 327f.

⑥ Vgl. Binding, Handbuch des Strafrechts, Erster Band, Leipzig:Duncker & Humblot, 1885, S. 765f; Binding, Die Normen und ihre Übertretung, Bd. 4, Leipzig:Felix Meiner, 1919, S. 347.

行为，比如睡觉、饮食、散步、听音乐、望弥撒等，这个领域的行为，正确地理解应该是"不受构成要件拘束"或"不受法规范拘束"的行为，亦即法规范对于这个领域的行为不仅不予评价，甚至是不予规范的。第二个领域则是与法规范密切相关，却不受"法效果拘束"的行为，譬如虽然该当构成要件，却具有负面违法事由、负面罪责事由或其他负面事由的情形；换言之，该行为在犯罪体系结构中已经受到了法规范的评价，但最后却将刑罚的法律效果排除在外。第三个领域的行为，由于其案例的特殊性，该行为在本质上无法找到可被接受的适当评价标准，因而被认为是"既非合法、也非违法"的。考夫曼称第三个领域为法的自由领域，即所谓的"法外空间"。① 详言之，对于部分生活事件（Lebenssachverhalte）或者非常情况，法秩序由于缺少一种理性的、合理的评判标准，故只好撤回规范的要求、放弃规范的评价，转而让行为人根据自身良知去决定此时应当如何行事，从而使相关行为既不受到禁止，也未获得容许。② 因此行为人之行为并非阻却违法事由或阻却罪责事由，仅仅是因为立法者的不禁止罢了，再更精确地说，是因为立法者的"不禁止—不容许"③。这种观点被其广泛运用于生命对生命的紧急避险④、堕胎⑤、自杀等被考夫曼教授称为"法律与道德间存在棘手分

---

① Vgl. Kaufmann, Rechtsfreier Raum und eigenverantwortliche Entscheidung, in Festschrift für Maurach, 1972, Karlsruhe: C. F. Müller, S. 336.
② Vgl. Kaufmann, Rechtsfreier Raum und eigenverantwortliche Entscheidung, in Festschrift für Maurach, 1972, Karlsruhe: C. F. Müller, S. 336; Kaufmann, Strafrecht zwischen Gestern und Morgen, Köln [u. a.]: Heymanns, 1983, S. 150.
③ Vgl. Kaufmann, Rechtsphilosophie, 2. Aufl., München: C. H. Beck, 1997, S. 231f.
④ Vgl. Kaufmann, Rechtsphilosophie, 2. Aufl., München: C. H. Beck, 1997, S. 226f.
⑤ Vgl. Kaufmann, Bemerkungen zur Reform des §218 StGB aus rechtsphilosophischer Sicht, in Baumann (Hrsg.), Das Abtreibungsverbot des §218 StGB, 2. Aufl., Neuwied; Berlin: Luchterhand, 1972, S. 46ff. 考夫曼教授认为堕胎是法外空间的观点，源于其对于胎儿是独立的、值得保护的生命之宗教观点，参见 Kaufmann, Vorschläge zur Neugestaltung des §218 StGB, Arzt und Christ, 1971, S. 151ff。

歧"① 的领域。

考夫曼教授的学说也得到了不少学者的赞同，如菲利普（Philipps）教授指出，法外空间是一个不被禁止的规范领域，然而并不可由此推导出允许，或者同样的属于非不允许（Nicht-Unerlaubten）的领域，但同时他也是一个不被允许的领域。② 弗里策（Fritze）教授则认为："要么合法要么违法"的选言判断（Disjunktion），仅适用于法秩序对其预设了价值的行为模式——更确切地说，它只能够适用于理性的行为模式，但是，在缺少理性决定的法外空间，我们应当让处于其中的个人根据其良知去决定如何行动。③ 日本学者金泽文雄也认为，Karneades 的船板案例是典型的法秩序与道德的矛盾，也就是说作为违法性有无之评价标准的法秩序，在这种情况下，无法强制行为人牺牲生命以成全他人，因为这种要求是一种高级伦理，法秩序不能要求国民这种（高级的）行为类型，从而，法秩序对该种行为不作评价，而留予行为者自行判断，应该是较为适当的做法，同时亦可免去法与道德的矛盾。④ 类似地，我国宪法学者韩大元教授便指出：对于自杀行为，应该本着高于法律的规范评价的态度，因为只有这样才符合人的生命权作为人的基本权利之最高价值的精神。因此，人的自杀既不是法律权利，也不是法律上的自由，在理论上是否应该给其一定的评价，甚至将其权利化，这是需要进一步探讨的。⑤ 在该理论流传至其他国家及地区后，也产生了些许"变种"学说，但从其内容上来看，其实与法外空间并无区别。例如我国台湾地区"刑法"受德国影响颇深，故也有部分学者指出：紧急避险

---

① Kaufmann, Rechtsphilosophie, 2. Aufl., München: C. H. Beck, 1997, S. 233.

② Philipps, Sinn und Struktur der Normlogik, ARSP 52（1966），S. 205.

③ Vgl. Fritze, Die Tötung Unschuldiger: Ein Dogma auf dem Prufstand, Berlin [u. a.]: de Gruyter, 2004, S. 193.

④ 参见［日］金沢文雄《法的に空虚な領域の理論—ヒルシュ・山中批判に答えて》，载原秀男等编《法の理論3》，东京：成文堂1983年版，第9页。

⑤ 参见韩大元《生命权的宪法逻辑》，译林出版社2011年版，第89—90页。

为放任行为，施行紧急避险者固然不为法所苛责，然因避害行为的受难者亦无甘受损害之义务，故两造为彼此利益有所争执，法既无认可亦无不认可，即任其自由发展。① 我国台湾地区司法实务中也有判决指出：紧急避险为法律放任之行为。② 日本学者平野龙一教授也认为：自杀是法律上的放任行为，而非违法行为。③ 这种放任行为便是法外空间说的继承与发展。

三 既有法外空间批判之反驳

对于法外空间的看法，德国大部分学者都采取否定的态度，虽然部分批判并不妥当，但为了充分了解法外空间的思想，笔者认为仍然有必要加以列举并一一反驳，这些值得怀疑的批判主要有以下四点：①在法政策上，德国人并不习惯未受规范的事物，所谓"既不禁止、亦不容许"过于模糊而令人无法接受，希望任何事情都能清楚规定④。②在法理论上，法实证思想的基本观念认为，并无所谓法不关心的事物，若具体事件无法律效果，那是法秩序不容许其产生法律效果。对此，德国学者拉德布鲁赫明确指出："法秩序的本质决定了其包罗万象的性质。法律不可能只对一部分事务加以规制，因为其在选取一部分人际关系加以规制的同时，就已经对其他部分——正是通过排除法律影响的方式——表明了态度。因此，'法外空间'只有基于法秩序自身的意志才能游离于法律之外，而且其也并非严格意义上的法律缺失的空间，法律并非对之不予规制，而是通过否定法律后果的方式消极地对相应事务进行了规制。法律意欲在所谓的法外空间中无所作为——而不是意欲自己无能为力，因为

---

① 参见陈仟万、林宜君《刑法总则概要》，台北：文笙书局 2013 年第 8 版，第 122 页；谢瑞智《刑法概论Ⅰ：刑法总则》，台北：商务印书馆 2011 年版，第 182 页。
② 参见我国台湾地区"最高法院" 2006 年台上字第 6641 号判决。
③ 参见［日］平野龙一《刑法概说》，东京：东京大学出版会 1977 年版，第 158 页。
④ Vgl. Kaufmann, Strafrecht und sittliche Normen, JuS 1978, S. 366.

后一种说法是自相矛盾的。"① ③在法解释上，因为法外空间说缺乏清晰的界限，因此无法适用在法教义学上。部分学者指出：如果认为法律的沉默就意味着法外空间，便会造成法外空间概念模糊不清，容易导致对个案判断的混乱。由于法律经常并不明确规定某种行为的违法性，在具体场合中，法秩序究竟是对相应行为漠不关心还是认定其违法，往往便难以区分。事实上，即便是提倡此概念的 Engisch 教授也认为：对于法外空间的认定在很大程度上取决于人们对法律的认识，"实证主义者会得出与自然法学者不同的结论"。② 由于学者对于法律及法外空间的范围理解各不相同，若学者们根据自己的理解各自划定法外空间的范围，则蕴含着将个人法律与道德观念宣称为法律原则之危险③，因此它并不能够为法外空间提供一条可靠的界限，而这必将大大折损法律的安定性（zu einer erheblichen Unsicherheit führen）④。④在法逻辑上，由于排中律之故，若非违法即属合法，其中并无第三种可能性存在。如德国刑法学者 Horn 便认为：合法在法教义学的意义上就意味着不违法，在违法与合法之间并不存在第三种可能性。⑤ Maurach 教授也指出，一种既不合法，又不违法的行为并不存在。⑥

但是本书认为，上述批判均难以成立。首先，严格意义上，法政策上的理由根本不能算一种批判，因为其仅涉及民族性的问题，

---

① Radbruch, Rechtsphilosophie: Studienausgabe, 2. Aufl., Heidelberg: C. F. Müller, 2003, S. 181.

② Vgl. Engisch, Der rechtsfreie Raum, ZgS 108, S. 403.

③ Vgl. Archangelskij, Das Problem des Lebensnotstandes am Beispiel des Abschusses eines von Terroristen entführten Flugzeuges, Berlin: Berliner Wissenschafts, 2005, S. 25.

④ Vgl. Ladiges, Die Bekämpfung nicht-staatlicher Angreifer im Luftraum, 2. Aufl., Berlin: Duncker & Humblot, 2013, S. 487.

⑤ Vgl. Horn, Untersuchungen zur Struktur der Rechtswidrigkeit, Berlin: Duncker & Humblot, 1962, S. 24.

⑥ Vgl. Maurach, Deutsches Strafrecht Allgemeiner Teil, 2. erw. u. verb. Aufl., Karlsruhe: C. F. Müller, 1958, S. 233.

根本没有从法律概念本身的角度进行解答，可以说二者根本不在一个层面进行对话。考夫曼教授对此指出：德国人这种一切依法的个性，是一种缺乏自我伦理决断的顺从性（Untertanengeist），故理应在紧急事件的纠葛状况下，摒弃一切法的评价，而转向自由且宽容的法秩序。① 而且，这种批评仅限于德国范围内，未免失于狭隘。

其次，法解释上的批评则有倒果为因之嫌。因为现在的重点就是在于如何为法外空间说提供明确的内涵与外延，直接批评其内涵不明而无法适用在法教义学上，仅是将结论当作理由，并无实质上的论证，而且，大部分法律概念或法学理论本身也存在一定争议，若因为其存在争议便弃之不用，未免"因噎废食"，使得法律沦为具文。

再次，法理论上的批评并不具有说服力。是否存在法外空间，其实涉及法律规范的范围，若采取传统自然法学派"一切存在物都有它们的法。上帝有他的法；物质世界有它的法；高于人类的'智灵们'有他们的法；兽类有它们的法；人类有他们的法"② 之观点，就会采纳一种"无所不包"（allumfassend）的法律概念，将所有私人的举止行为（如吃饭、睡觉、散步、读书等）都纳入法的适用领域，并使之受到法规范的形塑，当然就会否认法外空间之存在；而如果采取议会民主的思考模式，认为个人自由为天赋人权，并不依靠国家权力加以保护才得以产生，就会认为这些权利都是与生俱来的，并非因国家授权而产生，进而承认一种构成要件前的法外空间。③ 显然，否认法外空间者是通过一种学说去否定另外一种学说，但此两种对立学说已纠缠百年，早已各自发展出一套完备的理论，

---

① Vgl. Kaufmann, Strafrecht zwischen Gestern und Morgen, Köln［u. a.］: Heymanns, 1983, S. 182.

② ［法］孟德斯鸠：《论法的精神》（上册），张雁深译，商务印书馆1961年版，第1页。

③ Vgl. Roxin & Greco, Strafrecht Allgemeiner Teil Bd. 1, 5. Aufl., München: C. H. Beck, 2020, §14, Rn. 27f.

可谓是难分高下,其根本的对立点则在于认为法律的来源不同,以其中一种学说去否定另一种学说,也并不是在同一套话语体系中对话,与其说是回答了问题,毋宁说是回避了问题。

最后,被认为最有力的批判之一的法逻辑上的批评,其实是基于对法外空间的误解而产生的。该批判认为,"违法"与"合法"是相互对立择一的概念,不允许有第三种可能性存在。但是一方面,如果认为法律并非无所不包,那么这样的批判已经不满足排中律的前提。排中律认为:在同一思维过程中,对两个相互排斥的思想不能同时予以否定。就词项而言,当用两个具有矛盾关系的词项指称同一对象时,其中必有一种情况是成立的。由此可见,排中律的运用必须满足同一思维过程的要求,故从逻辑层面而言,这种说法仅仅在某一概念的内部（innerhalb）——当立法者对于某件事已经做出了规定——范围才能成立,在这个决定里面（内部）只有违法与合法两种可能的答案,并不存在第三种可能;若是涉及外部（außerhalb）——立法者对于某件事完全不想做决定——领域,此时就已经脱离立法者所欲规制的范围,就不会理所当然的只有择一互斥的选项,因而存有第三种可能。例如我们说:有的犯罪是故意犯罪与有的犯罪不是故意犯罪,便满足排中律的要求,因为是故意犯罪与不是故意犯罪同属于犯罪的范畴,故满足同一思维过程之要求。据此,就法律制度而言,排中律仅仅适用于被违法性与合法性包围的空间内部,却并不适用于其外部。① 我们说一个行为要么是合法的,要么是违法的,其实是有一个默认的前提,即该行为必须是在法律范围内的行为,换言之,这句话的完整模式应该是"一个法律范围内的行为要么是合法的,要么是违法的"。考夫曼教授对此解释道:只有当法秩序规定了一个行为的时候,该行为才是要么合法,

---

① Vgl. Roxin & Greco, Strafrecht Allgemeiner Teil Bd. 1, 5. Aufl., München: C. H. Beck, 2020, §14, Rn. 27. 当然如后所述,这样的批判并不适用于 Kaufmann 教授的"法外空间",但却适用于认为存在法律没有规定的空间的学说,因此仍然有必要加以介绍并反驳。

要么违法的，被允许或者被禁止的，但这并不意味着每一种行为都必须被法律所规制。例如，一辆火车只有当它行驶的时候，我们才可以说它行驶的是快还是不快，但它也可以停下来。① 许多行为并不处于法律范围内，因而并不满足排中律"同一思维过程"的前提条件，排中律在此情况下无法运用。而从法规范制度的设计上，也未尝不可将法律评价的领域与法律未加评价的领域以明文区分开来，因此，从逻辑上而言，既然法外空间处于法律概念的外部，我们当然无法认为其是符合法律规定或违背法律规定，因此法逻辑上的批评亦非妥当。② 另一方面，考夫曼教授指出，即便承认法律是无所不包的，排中律的批判对法外空间也并不成立，因为其对于此概念的理解存在严重偏差，法外空间并非意指"法律没有规定"，而是指"法律没有评价"③。法外空间所涉及的，是与法律相关的且由法律所规范之行为，如果必须做出评价，则自然应当依"合法""违法"来做出评价，但事实上这里并不存在一种"要么……要么"的排斥性选言判断（ausschließenden Disjunktion），因此人们并非必须对其做出评价。而且此类行为既不能适当地评价为合法的，也不能评价为违法的④……因此法规范放弃了对它的价值评判，它只能被认为是既不合法，也不违法。⑤ 综上，唯有采纳"无所不包"的法律概念，同时将"法外空间"理解为法律没有规定的范围，排中律对于法外空间的批判才是成立的，但是学界并没有学者采纳此种

---

① Vgl. Kaufmann, Rechtsfreier Raum und eigenverantwortliche Entscheidung, in Festschrift für Maurach, Karlsruhe: C. F. Müller, 1972, S. 334.

② Vgl. Roxin & Greco, Strafrecht Allgemeiner Teil Bd. 1, 5. Aufl., München: C. H. Beck, 2020, §14, Rn. 27.

③ 由于本书涉及的"法外空间"与紧急避险有关，而紧急避险在学者眼中属于"法律没有评价的空间"，因此本书在"法律没有评价"的意义上理解法外空间。

④ Vgl. Kaufmann, Rechtsphilosophie, 2. Aufl., München: C. H. Beck, 1997, S. 227ff.

⑤ Vgl. Kaufmann, Rechtsfreier Raum und eigenverantwortliche Entscheidung, in Festschrift für Maurach, Karlsruhe: C. F. Müller, 1972, S. 334.

观点，故排中律对于"法外空间"说的批判可谓无的放矢，并不成立。

四　我国法律体系中不存在法外空间

综合上述的分析看来，既有的对于法外空间的批判均值得商榷，但是其中的部分批判却也给我们的批判提供了思路，如 Roxin 教授所言，一种构成要件前的法外空间应当得到承认，那么接下来的问题是：考夫曼教授所指的法外空间，究竟存在于哪一个犯罪阶层当中？法律对于该种犯罪阶层中的行为是否必须做出评判？

（一）法律必然对符合该当性之行为做出评判

尽管我国部分学者对于紧急避险的体系性位置尚有争议，但所有学者都认为，成立紧急避险的必要条件之一是侵害了无辜第三人的法益，因而其必然属于符合构成要件之行为。尤其是在对生命的紧急避险中，行为人有意识地侵害了被害人的生命法益，故其必然符合故意杀人罪的构成要件。奥托（Otto）教授认为，出于救助生命之目的，杀害其他没有存活机会成员之行为，能够阻却违法。因为在其他法益必然难以保全的情况下，行为人等于并未侵害其他法益。[①] 然而，这种解释难言妥当。相比普通的故意杀人案件而言，对生命的紧急避险当然存在特殊性，但这并不影响对构成要件符合性的认定：因为从客观方面分析，尽管在部分紧急避险的情形中，行为人不实施避险行为，被害人也会在短时间内死亡，但这也不能否定行为人客观上缩短了被害人生命的事实，而即便侵害的是必然会被损害的法益，在其仍然存续的情况下将其毁灭的行为，本质上也属于使法益的存在时间缩短，故避险人依然违反了不得侵害法益这一行为规范。其实，所有的侵害法益行为，其本质均是缩短法益存

---

① Vgl. Otto, Pflichtenkollision und Rechtswidrigkeitsurteil, Marburg: Elwert, 3. Aufl., 1978, S. 83; Otto, Grundkurs Strafrecht, 7. Aufl., Berlin [u. a.]: de Gruyter, 2004, §8, Rn. 192.

续的时间，因此共同危险情况下缩短法益存在时间的行为与其他情况下缩短法益存在时间的行为仅具有量的区别，而没有质的差异，若我们认为在共同危险的情况下缩短法益存续的行为是合法行为，在共同危险之外的场合将之认定为违法行为，则存在逻辑上的悖论。① 对此，罗克辛（Roxin）教授正确地指出：根据被侵犯的法益还能够保持多久来进行区分，是没有意义的，因为任何法益都值得保护，该法益还能存在多久，在刑法上并没有任何区别。② 德国联邦法院也认为：基于患者的请托将其杀害的行为人将构成受嘱托杀人罪，即便行为人仅缩短了其一个小时的生命，也同样成立犯罪。③ 从主观上分析，无论行为人动机如何，即便其并不愿意看见被害人死亡结果的出现，但只要其认识到自己行为会缩短被害人生命并且容忍这种危害结果的发生，就能够肯定其具有杀人的故意。④ 因此，对生命的紧急避险必然不会位于构成要件前的法外空间之中。但即便如此，考夫曼教授仍然可以辩解：紧急避险是属于第三领域的行为，处于该领域的行为并非法律没有加以规定，而是在本质上无法找到可被接受的适当评价标准，法律只能对其放弃评价，该领域的行为也只能被认为是"既非合法、也非违法"，据此，即便紧急避险满足了构成要件该当性，法律仍然可以不对其做出任何评价。故接下来的问题在于，法律能否对符合构成要件的行为不做评价。

答案显然是否定的。从刑法教义学的规范评价来看，刑法中的构成要件并非价值中性的存在，刑法只将值得科处刑罚的举止类型化为构成要件行为，立法者在规定构成要件时，也必然会对符合构

---

① 当然如后文所述，本书认为，在"非对称危险共同体"中，由于得到理性人的承诺，此种行为可以因"利益冲突"而被合法化。

② Vgl. Roxin & Greco, Strafrecht Allgemeiner Teil Bd. 1, 5. Aufl., München: C. H. Beck, 2020, §16, Rn. 39.

③ Vgl. BGH NJW 1987, 1092.

④ Vgl. Fischer, Strafgesetzbuch mit Nebengesetzen. 65. Aufl., München: C. H. Beck, 2018, §15, Rn. 7.

成要件的行为进行实质性的评价。事实上,通过在刑法中设置相应的构成要件,法秩序其实就已经明确体现出了原则上对相关行为加以禁止的价值判断。① 于此,我们必须特别强调构成要件该当性的意义。构成要件并非价值中立的存在,而是违法性的标志,是违法性最重要的认识理由,二者间的关系便如同烟与火一般紧密。② 正如罗克辛教授所言,所有的刑法规范都命令公民实施一定行为或者禁止公民实施一定行为;这些规定同时也对违反规范的行为进行了评价:它们至少在原则上是需要谴责的。当立法者在刑法中规定了盗窃、敲诈勒索等行为时,他们并不是这么想的:"我在一个段落中描写了一个法律值得注意的行为,但我不想发表我的看法,我不肯定我所描述的行为是好的还是不好的;我的描写只是说明,这些行为不是无足轻重的,它要么是合法的,要么是违法的。"事实上,立法者想的是:"我描写的这些行为是社会无法忍受的,我要对这些行为进行谴责;所以我要通过构成要件描述这些行为并通过刑法惩罚它们。"③ 因此,当一个行为已经被法律宣示为符合构成要件时,该行为在一定程度上就已经被认定具有法益侵害的存在,即已经被推定为不法行为。而对于一个已经该当构成要件的行为,就算最后能够阻却违法或者阻却责任,我们也不能说立法者在此时撤回了法规范或者放弃对该行为进行评价,因为无论如何,对于行为构成要件该当性的肯定,便已经评价了该行为是一个具有法益侵害性的行为,至于之后是因为具有违法阻却事由而推翻不法推定,或是因为具有责任阻却事由而排除责任,都只是为构成要件该当行为所设计的解脱规则(Freigaberegelung),绝对不是创设一个既不禁止亦不允许的

---

① Vgl. Mitsch, "Nantucket Sleighride" Der Tod des Matrosen Owen Coffin, FS-Weber, Bielefeld: Gieseking, 2004, S. 57 f.

② Vgl. M. E. Mayer, Der allgemeine Teil des deutschen Strafrechts, Heidelberg: Winter, 1915, S. 10.

③ Roxin, Offene Tatbestände und Rechtspflichtmerkmale, Berlin [u. a.]: de Gruyter, 1970, S. 170.

法外空间。① 是以，对于已经符合构成要件的行为而言，只要法秩序将一个事物通过其已经树立的普遍规范纳入其保护范围，它就不可能再撤回自己先前设置的规范并放弃对相应行为进行评价，且原则上就应当对其做出否定评价，最多只能在特殊情况下（即具有违法阻却事由的场合）否定由构成要件表征的消极价值判断，例外地肯定符合构成要件的行为合法，但需要注意的是，这并不意味着其撤回了法律评价并因此产生了法外空间，而是说此处属于一种法益损害的例外，要想在个别的特殊情形中取消这种评价，就只能借助能够对禁止性规范产生对抗效力的容许性规范。② 因此，一个符合构成要件该当的行为要么排除违法性，要么排除罪责，要么成立犯罪，不应该额外承认法外空间的存在。③

具体至紧急避险中，既然该行为已经符合故意杀人罪的构成要件，就不能认为刑法不对其予以规制。事实上，在确认紧急避险符合构成要件以后，我们便可以立足于形式逻辑运用排中律来论证法外空间的不合理性。如前所述，排中律的运用必须要满足同一思维过程的要求，前文中笔者之所以对排中律的批判进行反驳，是因为该批判是建立在与如今自由民主的法律原则相悖的无所不包的法律概念之上，但是紧急避险属符合构成要件之行为，其已经是法律欲对之加以规范的、在法律规范范围内的行为，刑法不可能对其置之不理，因此满足排中律"同一思维过程"的前提条件，所以，对于已经跨入构成要件门槛的紧急避险，要么合法，要么违法，绝不可能属于法外空间，所谓的法外空间，实

---

① Vgl. Roxin. Rechtfertigung-und Entschuldigungsgründe in Abgrenzung von sonstigen Strafausschließungs-gründe. JuS 1988, S. 425ff.

② Vgl. Hirsch. Strafrecht und rechtsfreier Raum, FS-Bockelmann, München: C. H. Beck, 1979, S. 99; Lenckner. Der rechtfertigende Notstand. Tübingen: Mohr, 1965. S. 19.

③ Vgl. Roxin. Rechtfertigung-und Entschuldigungsgründe in Abgrenzung von sonstigen Strafausschließungs-gründe. JuS 1988, S. 430；[日] 山中敬一：《"法的に自由な領域の理論"に関する批判の考察》，《关西大学法学论集》1982 年第 32 卷第 3・4・5 号，第 31 页。

际上经常仅被用来掩盖禁止在生命之间进行衡量这一规范的违反，从而免除其违法性。① 而且，当我们为了某一类行为而特地设立一个概念的时候，我们更应当反思的是，此概念是否真的有必要存在。尤其是此概念已经与既有的犯罪论体系严重不符的情况下。

（二）"法外空间"难以解决对生命紧急避险之难题

由于紧急避险必然符合构成要件，因此想要将其认定为法外空间，只能在违法性阶层上对其不做评价，例如 Engisch 教授认为，法律在面对此类紧急状况时，最好撤回评价。紧急状况下做出的决定发生在没有法律调整的空间，在这里，法律将失去任何价值空间。② 我国有学者虽然并未明确写明"法外空间"的字样，但在其字里行间，也表达出法律在此时难以评价的含义，论者指出："连体婴儿案"和"劫持飞机案"表明，在符合犯罪的该当性、且没有正当化事由的情况下，行为仍不构成违法性，因为违法性的实质是反对行为的理由超过支持行为的理由。如果无法确定支持行为的理由是否优于反对行为的理由，尽管行为无法被证明是正当的，但也不能认定为是违法的。③ 希尔根多夫教授也认为：法律不去调整这种极端的紧急状态情形会更好。法律不能也没有必要解决所有需要进行悲惨抉择的情形。卡涅阿德斯是正确的，确实存在一些涉及悲惨选择的情形，这些情形没有完美的道德或法律的解决方案。在此情况下，我们不如放弃规则的调整，去相信个人的道德勇气。从法律的角度考虑悲惨的极端案件是聪明的；尝试去拒绝法律的调整

---

① Vgl. Hilgendorf, Tragische Fälle: Extremsituationen und strafrechtlicher Notstand, in Blaschke u. a. (Hrsg.), Sicherheit statt Freiheit Staatliche Handlungsspielräume in extremen Gefährdungslagen, Berlin: Duncker & Humblot, 2005, S. 126.

② Vgl. Karl Engisch, Beiträge zur Rechtstheorie, Frankfurt am Main: Klostermann, 1984, S. 44f.

③ 杨春然：《论违法性与正当化事由缺失之间的规范缝隙及跨越——以英国连体婴儿案为例》，《中国刑事法杂志》2011年第3期。

则是明智的。① 然而，如前所述，希尔根多夫教授批判了法外空间之观点，按此逻辑，其应当认可法律对此情形作出规定，而在此处，他却又认为应当拒绝法律之调整，这无疑是变相地承认一种"法外空间"，由此可见，希氏的理论之中存在自相矛盾之处。但是，无论希尔根多夫教授是否认可法外空间，都并不会影响本书的结论，因为本书认为，法外空间理论并不妥当。首先，承认法外空间有违法律应有的行为规范（Bestimmungsnorm）之功能。通说认为，法律既是行为规范，又是裁判规范，所谓行为规范是指在一个可能被评价为违法的行为被实施前，"引导人们做出内容正确的意愿"②，它以行为人为拘束对象，尤其是在干涉他人法益的情况下，法规范必须对其合法与否予以明确的评判，从而为公民在相应场合下的抉择提供指引。③

如前所述，在尊重公民基本权利的法治国中，国家应当给予公民充分的空间供其自由发展，不应也无须事无巨细地对人们的一举一动都详加过问，作为其统治手段的法律不应也无须将其触角延伸至社会生活的每一角落。对于那些不与他人利益发生关联的纯粹私人活动，或者那些只需借助其他社会规范就能予以良好规制的举动，法秩序没有必要加以干涉。④ 但是，在遇到有关重大利益的事宜，且其他规范均无能为力时，法律理应介入其中，对其进行调整与规范。⑤ 显然，对生命的紧急避险所涉及的绝非无关紧

---

① Vgl. Hilgendorf, Tragische Fälle: Extremsituationen und strafrechtlicher Notstand, in Blaschke u. a. (Hrsg.), Sicherheit statt Freiheit? Staatliche Handlungsspielräume in extremen Gefährdungslagen, 2005, S. 132.

② Alexander zu Dohna, Die Rechtswidrigkeit als allgemeingültiges Merkmal im Tatbestande strafbarer Handlungen, Halle a. S.: Waisenhaus, 1905, S. 150

③ Vgl. Rüthers/Fischer/Birk, Rechtstheorie mit juristischer Methodenlehre, 10. Aufl., München: C. H. Beck, 2018, Rn. 121.

④ 参见陈璇《生命冲突、紧急避险与责任阻却》，《法学研究》2016 年第 5 期。

⑤ Vgl. Rehbinder, Rechtssoziologie, 8. Aufl., München: C. H. Beck, 2014, Rn. 100.

要的琐事，而是人的生命这一最高位阶法益遭受侵害的重大事件。如果法律在此类案件中撤回了行为指引，无异于告诉他人可以率性而为，也等同于放弃了对身处险境中的遇险人生命法益之保护，但是，国家一方面声称对生命实行比任何其他法益都更为严格的保护，另一方面却在生命遭受威胁时选择保持中立，不置可否，这样的做法显然有自相矛盾之嫌。诚然，法律绝非万能，现实生活中的许多事情都难以用法律对其进行规制或评价，但是如前所述，紧急避险已经满足了刑法的构成要件，刑法理应对其做出明确评判，为身处紧迫状况的公民提供行为指导。因此，法规范在此时绝不应当弃守城池，越是紧急、极端的情况，法规范越应当发挥其作用，明确群己之间权利的界限，如此才更能证明其存在的价值，指引民众行为，规范民众生活，尤其是在这种事关生命的情形当中，为了让民众能够和平共处，法律必须做出决断，以告诉公民什么是合法的，什么可以做，什么不能做。① 如果在民众最需要的时候，法律却偏偏三缄其口，无疑意味着立法者向紧急避险的难题投降，不但会让民众无所适从，更有损法律的权威，使得民众对其完全丧失信心！这样的法律，无论它有多少规定，有多么强大的武力去维护它的决定，都将是软弱无力的！②

进一步而言，若承认法外空间之存在，更可能直接动摇现代国家存在之根基。现代政治哲学认为，国家是由民众为了更好地保护自己，让渡出自身部分权利而共同建立的，因此，能够更好地保护自己是国家存在的根本目的，而法规范便是实现这个目的的最后一道屏障。在制定法规范时，我们当然存在两种选择，其一是设立完备的法律规范，使之基本上全然包裹住这个社会，对于社会上的一举一动都有指引交流的作用，能够时时刻刻为我们提供周全的保护；其二是使

---

① Vgl. Walter Gropp, Strafrecht Allgemeiner Teil. 5. Aufl., Berlin: Springer, 2020, §5, Rn. 46.
② Vgl. Janka, Der strafrechtliche Notstand, Erlangen: Andreas Deichert, 1878, S. 90.

得法规范无法时时刻刻适用于整个社会，而只是在部分情况下为我们提供保护，在部分难以做出评价的情况下，它会撤回对我们的保护，或者对我们置之不理，使得我们在某一瞬间重返自然状态，任由自然的暴力代替法律规范决定我们的命运。如后所述，"法外空间说"也能够得出自圆其说的结论，但是该结论的后果却是霍布斯"万人对万人"的自然状态，而这种战争状态却正是人们制定社会契约所欲避免的。因此，若人们承认这种"法外空间"，则被害人虽然仍属于法秩序内的一员，却无法得到法秩序的保护，民众通过社会契约进入公民社会，诉诸具有决定性的法律来解决纠纷以避免完全依靠武力解决问题的愿景也必然成为空谈。总之，将随时可能出现的紧急状态视为法外空间，必然导致法规范的行为规范功能大幅萎缩，人们将不能仰赖随时可能突然失效的法规范安排自己的人生，而必须时刻准备重回暴力至上的自然状态来确保自身利益，这样必然使得民众日常生活的萎靡。德国联邦最高法院对此正确地指出，即便只是出于维护社会公共秩序的需要，法秩序也应当力求避免法外空间的出现。①

其次，法外空间说之观点难以在实务中得到贯彻。持法外空间说的论者认为，如果对生命的紧急避险属于违法行为，就无从判断相互冲突的双方究竟是谁在进行正当防卫。"刑法教义学合法和违法的评价在此将无计可施。"② 但是，这样的论述并不妥当。如前所述，本书认为紧急避险的正当化依据在于理性人基于社会连带义务而做出的允许他人侵害自身轻微法益之承诺，而生命法益超出其承诺范围，对生命的紧急避险为违法行为。因此，"木板案"其实可以分为四种不同的情形：①在两个人同时面临险境的情况下，首先采取行动攻击对方的行为人自然就属于不法侵害人，此时对方对其的反击只要未超过必要限度就构成正当防卫；②在极端情况下，如双

---

① Vgl. BGHSt 8, 254（256）; BGH NStZ-RR 1999, 185 f.
② Vgl. Kaufmann, Rechtsphilosophie, 2. Aufl., München: C. H. Beck, 1997, S. 228；周光权：《教唆、帮助自杀行为的定性——"法外空间说"的展开》，《中外法学》2014年第5期。

方均已经抓到木板或双方均尚未抓到木板，同时向对方发起攻击，也只需认定由于双方均欠缺防卫意识，因而对另一方构成不法侵害即可①；③在一方已经抓到了木板，另一方尚未抓到木板的情形中，由于先抓取了木板的人（甲）已经暂时摆脱了生命危险，则意图夺取或共享木板之人（乙）的行为其实是对甲的生命创设了现实、紧迫的危险，属于对甲的生命法益的不法侵害，甲当然可以对其实施正当防卫，即便其防卫行为造成了乙的死亡，也能够依据我国《刑法》第二十条第三款的规定阻却违法②；④承上述，假如乙在与甲先抓到木板的情况下后发制人，成功地争夺到了木板，并将甲拖拽至水中致其死亡，则因为乙的行为属于损害无辜第三人法益的攻击性紧急避险，在造成死亡结果的情况下，仅可能因不具有期待可能性而成立阻却责任的紧急避险。③ 因此，肯定对生命的紧急避险属于违法行为，并不会给认定正当防卫带来特别的难题。

与之相对，法外空间说反而会在能否对避险行为实施正当防卫的问题上遇到无法解决的难题。按照法外空间说之逻辑，因为法外空间是指法秩序对这些行为不予评价，因此在法外空间范围内，行为人对被害人的侵犯以及被害人的反击都属于法所放任的行为。④ 但是，如此一来会导致难以接受的现实后果。倘若法律对相互冲突的双方行为均不置可否，只是中立地等待冲突的结束，就无异于使双方当事人陷入"自然状态"，以暴力来解决一切问题。如前所述，这

---

① 王钢：《法外空间及其范围——侧重刑法的考察》，《中外法学》2015年第6期。

② 参见张开骏《刑法中生命处分与利益冲突》，上海大学出版社2020年版，第244页。

③ 此类情形在我国的真实案例及评析参见陈璇《紧急权：体系构建与基本原理》，北京大学出版社2021年版，第178、217页。

④ Vgl. Kaufmann, Strafrecht zwischen Gestern und Morgen, Köln [u. a.]: Heymanns, 1983, S. 162; Kaufmann, Rechtsfreier Raum und eigenverantwortliche Entscheidung, in Festschrift für Maurach, Karlsruhe: C. F. Müller, 1972, S. 342; H. Mayer, Strafrecht Allgemeiner Teil, Stuttgart [u. a.]: Kohlhammer, 1953, S. 195.

种观点使得法律在民众最需要的时刻对他们弃之不理，任由他们重返弱肉强食的自然状态，会导致民众对法律彻底丧失信心，有违现代法治精神。除此之外，如果认定冲突双方的举止都属于放任行为，则任意第三人便可以随意进入其中为一方当事人提供帮助，而法秩序对第三人的行为也必须同样保持中立。则只要利益冲突仍在持续，加入的第三人可以越来越多，法外空间的范围也可以随之无限扩大。举例而言，若认为争抢木板的 A、B 两人属于法外空间行为而不受法律的评价：若 C 为 A 而攻击 B 或者 D 为了保护 B 而攻击 A 之行为亦属法外空间行为而不受到法律的评价，这便意味着，所有为了保护 A 或者 B 及其他人的保护者（如为了保护 C 的 E 与为了保护 D 的 F），可以展开一场不必承担任何法律后果的大混战！而这场混战的最终胜利者，往往取决于丛林法则——弱肉强食，而非取决于现代社会理性的评价。这种混乱的默许，必然与法律维护秩序的目的严重相悖。[①] 虽然 Kaufmann 教授在其书中专门提到了这个批评，认为该批判是批评者基于对法外空间的严重误解（放弃法律规范）而做出的，并颇为生气地写道"在此不想指出所想到的人的姓名"。[②] 但事实上，Roxin 教授并未误解 Kaufmann 教授的观点，他在该节的第一段就明确指出：在这里（法外空间），立法者放弃了一种评价，并将个人行为交由他人自己的良知去决断。[③] 因此，Roxin 教授的批判并没有"指鹿为马"，而是正适用于 Kaufmann 教授的"法外空间"理论。

为了避免这种放任行为之弊端，部分持法外空间说的学者认为，在对生命的紧急避险中，被害人不必容忍行为人对自己生命法益的

---

① Vgl. Roxin & Greco, Strafrecht Allgemeiner Teil Bd. 1, 5. Aufl., München: C. H. Beck, 2020, §14, Rn. 30.

② Vgl. Kaufmann, Rechtsphilosophie, München: C. H. Beck, 2. Aufl., 1997, S. 226f.

③ Vgl. Roxin & Greco, Strafrecht Allgemeiner Teil Bd. 1, 5. Aufl., München: C. H. Beck, 2020, §14, Rn. 26.

侵犯，其或其他第三人可以对行为人进行正当防卫。① 但是由于二者此时境遇完全相同，故必须对二者做同样评价，因此遇难双方都能够对对方实施正当防卫，此时便会出现"正当防卫对正当防卫"之景象，但这显然与各国刑法明文规定的"正当防卫只能针对不法侵害实施"相悖。况且，认为可以对"对生命的紧急避险"实施正当防卫的观点，其实就是将该行为认定为违法行为，这与法外空间说"不做出评价"的论述自相矛盾。与此相对，Priester 教授指出：允许对法外空间中的行为实施正当防卫的结论让人难以接受，因为允许以暴力去对抗一个缺少违法性的行为，这显然是自相矛盾的。当一个行为并非违法之时，我应当可以没有危险地去实施它，一个以阻止它为目的的行为就应当是违法的。② 我国也有学者认为，法律制度的核心问题是纠纷的解决，尽管在现代法律中，纠纷解决的主要途径是法律，但问题是，总有一些紧急的领域是法律所鞭长莫及的。因此，在这些法律供给不足的领域中，基于人类自然本性的原始力量博弈就显现出来。"木板案"中的双方都陷于危急和孤立无助的情况，任何一方都表现出强烈的求生欲望，此乃人性之本能。不能够奢求一个基于本性而维持自身生命的人，通过自然的、原始的力量优势获救的人，还要承担法律的风险。因此，单纯地基于原始力量博弈即便造成了他人死亡的，也不能认定为"造成不应有的损害"，其行为应当成立紧急避险。③ 根据这种观点，不得对法外空间中的行为进行正当防卫。但这实际上是对"对生命的紧急避险"做出了合法评价，使得所谓的法外空间与合法行为在法律后果上完全相同，

---

① Vgl. Binding, Handbuch des Strafrechts, Bd. 1, Berlin: Duncker & Humblot, 1885, S. 766; Nagler, in Leipziger Kommentar StGB, 6. Aufl., Berlin [u. a.]: de Gruyter, 1944, S. 439f. 但宾丁（Binding）却认为，对于不禁止的行为能够实施正当防卫，却不得实施紧急救助，这显然有自相矛盾之嫌。

② Vgl. Priester, Rechtsfreier Raum und straflose Schwangerschaftsabbruch, FS-Kaufmann, Heidelberg: C. F. Müller, 1993, S. 511; 陈朴生：《刑法总论》，新北：正中书局印行 1969 年版，第 92 页。

③ 参见石聚航《刑法目的解释研究》，法律出版社 2022 年版，第 122 页。

法外空间与允许的行为只具有形式上的区别。① 那么人为地将合法行为与放任行为区分开来究竟又有什么实际意义呢？或许持法外空间说的学者是基于这样一种考虑：说某种举止合法，不仅含有法律予以承认的侧面，还有明显地包含宣扬、提倡和鼓励人们去从事该行为的这一层意思。② 但是，这样的观点值得商榷。法律不过是最小限度的道德，一个行为合法只代表法律不对其予以规制，并不代表法律对其加以认可，至为明显的是，现实生活中存在诸多不文明现象，法律并没有事无巨细地将其纳入处罚范围，因此它们也属于合法行为，但相信没有人会认为法律是在鼓励人们去实施这些不文明现象。一如韩忠谟教授所言：阻却违法事由并非在伦理上无瑕可指，在认定时，只需无悖于共同生活秩序，纵道德上尚有可议，仍不妨阻却违法。③

　　除上述问题外，无论是否允许对法外空间中的行为实施正当防卫，其实都变相地将其评价为合法或违法行为，即便是该说的引领者也曾经在多个场合中提到：不禁止的行为必须评价为合法行为，否则在正当防卫、危难救助、共犯、未遂等问题上将出现难以解决之情况。④ 但是，法外空间的前提便是对其中的行为不予评价，这样通过赋予或剥夺正当防卫权等方式变相地评价其中行为的做法，在实质上对避险行为做出了相当于合法或者违法的评价，完全违背法外空间说"法律不予以评价"的宗旨，以法外空间之名，行合法/违法行为之实，使其"名存实亡"。无关乎有学者一针见血地指出：所谓的"法外空间"只不过是"表面文章"

---

① Vgl. Rönnau, in Leipziger Kommentar, StGB, 13. Aufl., Berlin [u.a.]: de Gruyter, 2019, Vor §§32, Rn. 34.

② 参见周光权《教唆、帮助自杀行为的定性——"法外空间说"的展开》，《中外法学》2014年第5期。

③ 韩忠谟：《刑法原理》，中国政法大学出版社2002年版，第100页。

④ Vgl, Kaufmann, Rechtsphilosophie, 2. Aufl., München: C. H. Beck, 1997, S. 231; Kaufmann, Strafloser Schwangerschaftsabbruch: rechtswidrig, rechtsmäßig oder was? JZ 1992, S. 985.

（Etikettenschwindel）而已。① 除此以外，这种变相评价的做法，还将得出不可思议之结论。以"木板案"为例，二位遭受船难者同时发现一块木板，并同时为了抢夺木板而攻击对方，若采取违法性说，则二者的行为均属于违法行为，对方能够对其实施正当防卫；若采取合法性说，则二者的行为均属合法的正当防卫，但正当防卫又只能对违法行为进行——无论采取何种学说，都将产生一个奇异的景象：每个人的行为既是侵害他人性命的违法的攻击行为，又是保卫自身性命的合法的防卫行为，攻击与防卫混同在一起，以至于同一行为既是合法，又是违法。② 这样的结论显然会造成逻辑上的紊乱，也让人难以接受。

总之，若将遇险者的反击行为解读为正当防卫或违法行为，就等同于承认法外空间行为的不法评价或合法属性，从而有违法外空间"法律不加以评价"之前提；若将其反击行为解读为法外空间行为，虽然可以遵循法外空间的前提，却会制造一个极度混乱的情况，有违法律维护秩序之目的，而无论采取何种观点，法外空间都会丧失其应有的行为规范功能，使得民众对法律的信仰荡然无存，甚至直接威胁到法治国的基础。正因为如此，德国学者耶格（Jäger）一针见血地指出：这些理论（法外空间及豁免理论）实际上并不会创造出一个法外空间，而只是将问题转移或掩盖。③ 除德国以外，法外空间及其变种学说还在其他大陆法系国家产生了一定影响，由于其中大部分学者的论述与考夫曼教授大同小异，故上述批判对其也同样适用，此处不再赘述。

---

① Vgl. Lenckner, Der rechtfertigende Notstand, Tübingen：Mohr, 1965, S. 28.
② Vgl. Engelhard, Strafrecht；die Lehre vom Verbrechen an Hand von Rechtsfällen, 2. Aufl., Heidelberg：Adolf Rausch, 1948, S. 22ff；Kaufmann, Rechtsfreier Raum und eigenverantwortliche Entscheidung, in Festschrift für Maurach, Karlsruhe：C. F. Müller, 1972, S. 328.
③ Vgl. Jäger, Die Abwägbarkeit menschlichen Lebens im Spannungsfeld von Strafrechtsdogmatik und Rechtsphilosophie, ZStW 115 (2003), 782f.

我国有学者将紧急避险分为保护国家、公共以及自己并不承担保护义务的他人利益的紧急避险和保护本人以及自己对其承担保护义务的他人利益的紧急避险，并且认为，前者是一种权利行为，有益于社会，应该受到提倡和鼓励；而后者是一种放任行为，虽然总体上不具有社会危害性，但对被损害一方具有危害性是不言而喻的。详言之，行为人为保护自己的利益或与自己关系密切的人的利益而牺牲无辜他人的利益，这种主观心理在道义上应当受到谴责；但这种行为是在面临迫在眉睫的危险的情况下迫不得已实施的，因而又情有可原。如果法律将其作为合法行为、权利行为，无异于鼓励公民为保护自己权利而牺牲他人权利，无异于提倡损人利己的道德观念；但如果法律对其一概加以禁止，则实在是不顾私有制条件下人们正常的社会心理的一种做法，而且就被损害的一方而言，这样做也不利于培养公民形成勇于自我牺牲、保护他人权利的高尚的道德情操。该种避险行为客观上虽然损害了他人的利益，但毕竟也保护了一定的利益；主观上行为人的心理虽然不宜表扬，但和构成犯罪主观方面的罪过毕竟有所区别。因而，这种行为既不是合法行为，也不是犯罪行为，而是一种放任行为。此外，该学者还以"卡涅阿德斯木板案"为例指出：当两个相等的合法权益同时处于某种危险的威胁之下，势难两全，二者只能保其一时，一方为保护自己而损害另一方的，可以认定为紧急避险。因为"在当时的情况下，除了道德特别高尚、极富献身精神的人，一般人均会做出争抢木头的行为，如果对这种行为以犯罪处理，既违背人的常情，又不可能实现刑罚一般预防与特殊预防的目的，乃是以极高的道德标准作为决定是否适用刑罚的尺度的错误做法"。[①]

但是本书认为，论者将部分避险情形认定为放任行为之做法，除具有上述法外空间的弊端外，还存在下列值得商榷之处。首先，

[①] 本段论述，参见王政勋《正当行为论》，法律出版社2000年版，第234—235、268—269页。

根据保护对象区分阻却违法的紧急避险与放任行为的紧急避险的做法缺乏依据。我国《刑法》第二十一条规定的紧急避险对象为"国家、公共利益、本人或者他人的人身、财产和其他权利",可见在立法者眼中,无论是公益抑或私利,均是同一性质的紧急避险,论者依据避险对象与行为人的关系将其分为两类,并给予不同评价的行为,显然缺乏法律上的依据,甚至可以说有违条文的规定。其次,从该学者的论述中不难看出,其认为保护自己或与自己关系密切之人利益的紧急避险属法外空间的原因是,这种主观心理在道义上应当受到谴责,但是,此处其实有偷换概念之嫌。因为在前文中,论者认为放任行为所保护的对象是"本人以及自己对其承担保护义务的他人利益",显然,关系密切之人不等于具有保护义务之人,从论者文中的表述分析,其显然是更倾向于将"主观心理应受谴责"的行为认定为放任行为,但是,关系密切之人的概念显然过于模糊,难以为紧急避险划定一个准确的范围,以如此模糊之概念指导司法,必然有损法律之安定性。再次,论者在论述合法的紧急避险中指出:从客观方面看,避险行为虽然造成了损失,但却保护了更大的利益,从总体上讲是有利于社会整体利益的。而在论述放任行为的紧急避险中却认为该行为"虽然损害了他人的利益,但毕竟也保护了一定的利益",对同一客观结果,却采取完全不同的表达方式,一个强调其保护了更大的利益,另一个却强调其损害了他人的利益,显然有双重标准之嫌疑。而且这样的做法使得客观上均保护了更大法益之行为,仅因为主观上的差异而被赋予了完全不同的法律评价,这无疑是一种"论心定罪"的做法,应当予以摒弃。最后,论者一方面认为保护本人利益的紧急避险属于放任行为,另一方面又认为当相等的合法权益同时面临威胁,只能保其一时,给另一方造成损害的行为成立紧急避险,但此二者并非非此即彼的互斥关系,而是存在一定的重合可能。如行为人为了自身性命而侵害他人性命之时,按照论者之观点,便既属于为了自身利益而侵害他人权益的放任行为,又属于只能保全其一的合法的紧急避险,可见论者的观点存在自相矛盾之嫌。

日本有学者主张，避险行为在保护利益优于侵害利益时属于合法行为，而在保护利益与侵害利益相等时则适用放任行为说。①《日本刑法典》第 37 条规定：为了避免对自己或者他人生命、身体、自由以及财产上的现实危险，不得已而实施的场合，在其所造成的损害没有超过意图避免的损害的程度的场合，不处罚。但是，超过该种程度的行为，根据情节，可以减轻或者免除处罚。其通说据此认为，紧急避险在保护利益大于侵害利益时，能够阻却违法；在保护利益小于侵害利益时，违法但能够减轻责任②，却唯独没有对保护利益等于侵害利益的情况作出规定，因此该学者将此情况视为放任行为（既不违法，也不合法）并未与条文及通说相悖。但是，这样的观点却存在自相矛盾之处。如前所述，放任行为说的基本精神，就是对某一行为完全不予评价，故因客观存在的避险情状而不对行为本身加以置评，才符合放任行为说的逻辑，若认为要先将行为所侵害的法益与保护的法益也纳入考量，在认定其价值相同后，再不予评价，其实已经是通过法规范对行为加以评价之后，再说该行为是法规范所不予置评的，此种做法在逻辑上存在根本矛盾，自然是本书所不能认同的。

（三）宪法概括性规定否认法外空间

如前所述，现代法治国理论认为，公民的自由并非由国家法律恩赐，而是与生俱来的。我国有刑法学者据此认为，国家应当给予公民充分的空间供其自由发展，国家不应也无须事无巨细地对人们的一举一动都详加过问，法律不应也无须将其触角延伸至社会生活的每一角落。对于那些不与他人利益发生关联的纯粹私

---

① 参见［日］井上宜裕《紧急行为论》，东京：成文堂 2007 年版，第 39—42 页；［日］宫本英脩《刑法大纲》，东京：弘文堂 1935 年版，第 101 页。

② 参见［日］松宫孝明《刑法总论讲义》，东京：成文堂 2018 年第 5 版补订版，第 155—156 页。

人活动，或者对于那些只需借助其他社会规范就能予以良好规制的举动，法秩序没有加以干涉的兴趣和必要。在这种情况下，法律选择不予置评，恰恰既是尊重公民生活自由，也是节约国家管制成本。① 民法界也有学者指出，婚姻家庭领域的很多身份行为都是处于事实与规范之间、处于规范的自治与管制之间，应该将婚姻家庭领域的身份行为特别是身份协议推定为情谊行为，从而否定民事法律行为规则适用的可能。从比较法上看，"法律认为亲密关系人之间订立的合同承诺大多属于家事自治的，处于具有强制执行力的法律合同范围之外"。据此，身份协议行为属于民法不予调整的纯粹的情谊行为，是纯粹的情谊行为在身份法领域的特殊体现，处于民法规范之外的其他社会规范所调整的"法外空间"，恋爱合同、香火协议、青春补偿费约定、婚约、空床费、忠诚协议等应交由家庭自治和道德习俗来调整的均在其列。② 类似地，我国台湾地区"民法"学者黄茂荣指出：法律规范我们的现实生活，但并不是一切生活现象都受法律的规制。由于法律的功能在于维持人际的关系，所以非人际的关系就不是它的规范对象。所谓的非人际关系，往往是指一个人的好恶、生活习惯、信仰、感情、思想和意见等，只要它不被外化行动影响别人的法益，那么就没有必要运用法律来管理它们，事实上法律也不可能管理这些现象。另外，有些生活事实虽然已涉及人际关系，但是这些事项被认为不适宜用法律，而适宜用其他的生活规范来约束。例如，人与人之间如何打招呼、谈天、约会，友谊关系如何处理等。以上所述的法律管不着，或者不需要用法律管，或者不适宜用法律来规范的事项构成一个所谓的"法外空间"。③ 而在我国司法实践中，也有实务部门工作者以"悼念权并

---

① 陈璇：《生命冲突、紧急避险与责任阻却》，《法学研究》2016年第5期。
② 参见王雷《情谊行为、法外空间与民法对现实生活的介入》，《法律科学》2014年第6期。
③ 参见黄茂荣《法学方法与现代民法》，台北：台湾大学法学丛书编辑委员会编辑2002年版，第435—436页。

非人民法院受理民事诉讼的范围"① 之裁判为由指出：并不是一切生活事实都受法律规范，那些法律管不着，或偶尔需要用法律，或不适宜用法律来规范的项目就构成一个所谓"法外空间"。法外空间属于法律不应当介入，而应交由其他社会规范进行调整的领域。法律之外的范围归入"法外空间"，这正体现了法律调整范围的有限性。② 可见在上述学者眼中，由于"徒法不足以自行"，那些法律没有直接规定，或者不宜用法律加以调整的社会关系便属于"法外空间"。

但是本书认为，这样的观点与我国法律体系不相吻合。我国《宪法》第三十三条第四款提纲挈领地对我国公民依照宪法所享有的权利做出了总体规定，即任何公民享有宪法和法律规定的权利，同时必须履行宪法和法律规定的义务。在随后的条款中，《宪法》分别规定了公民享有选举权与被选举权，言论、出版、集会、结社、游行、示威自由权，宗教信仰自由权，人身自由权等权利，这些权利完全能够涵盖国民生活的全部领域，尤其是其中的"人身自由"，更是包罗万象，涵括了包括闲逛、上班、赴宴、探亲访友等私人领域的全部日常行为。③ 由此可见，宪法虽然没有事无巨细地对我国公民生活中的任何事项做出规定，但其已经笼统地规定了公民在日常生活中的权利，因此公民在日常生活中的任何琐事，其实都是在行使自己的权利，而行使权利必然是合法行为，故在此意义上而言，我国法律体系中并不存在法外空间。

诚然，对于部分行为，法律并没有明确做出"强行规范"或"授权规范"，但这并不意味着法秩序对这些事务不闻不问或者自认为无法对之加以管辖。而应当认为，法律是通过消极的、默认的方

---

① 参见（2015）槐民初字第 1283 号；（2016）鲁 01 民终 800 号。
② 参见曹磊《习惯在"法外空间"的规范效用》，《法律适用》2017 年第 20 期。
③ 参见汪进元《人身自由的构成与限制》，《华东政法大学学报》2011 年第 2 期。

式对其做出了"许可规范"。① 对此问题，拉德布鲁赫曾在其经典的教科书中反复指出：缺少法律规定的法律真空并不存在，而应当认为法律在消极的意义上通过否定法律后果对其做出了规定。② "法律不可能只对一部分事务加以规制，其在选取一部分人际关系加以规制的同时，就已经对其他部分——通过排除法律影响的方式——表明了态度。法律并非对之不予规制，而是通过否定法律后果的方式消极地对相应事务进行了规制。"③ 索姆罗（Somló）教授也认为，法律没有规定与法律允许在法效果上是完全相同的，"因法律上没有规定的行为而起诉他人定然会被拒绝，便如同起诉他人实施了法律允许的行为一样"，所以"法律的沉默并不意味着法外空间，相反，这意味着通过沉默的方式进行规制的空间"。④ 因此，只要法律没有对一个行为做出否定评价，它就属于合法行为，所谓"法无禁止即允许""法无禁止即自由"便是这种思想的体现。即便是认可法外空间的 Priester 教授也认为，法外空间中的行为其实是合法的，法外空间之概念其实并不准确，其真实含义是不违法的自由空间（Unrechtsfreier Raum），它是指那些立法者通过不将其认定为违法，使得这些行为被同意、批准之情形。⑤

据此我们可以发现，上述学者所指的各类"法外空间"之行为，其实都已经包含在宪法的各项规定之中，法律并非对它们不予置评，而是通过概括性规定对其表示尊重，如学者所言的个人的好恶、生活习惯、信仰、感情、意见等"非人际关系"，其实便属于我国

---

① 上述三种规范概念，参见 Hans Kelsen, Allgemeine Theorie der Normen, Wien: Manzsche Verlags-und Universitätsbuchhandlung, 1979, S. 77。

② Vgl. Radbruch, Rechtsphilosophie, 8. Aufl., Stuttgart: K. F. Koehler, S. 1973, S. 294.

③ Radbruch, Rechtsphilosophie Studienausgabe, Dreier/Paulson (Hrsg.), 2. Aufl., Heidelberg: C. F. Müller, 2003, S. 181.

④ Somló, Juristische Grundlehre, 2. Aufl., Leipzig: Meiner, 1927, S. 402.

⑤ Vgl. Priester, Rechtsfreier Raum und straflose Schwangerschaftsabbruch, FS-Kaufmann, Heidelberg: C. F. Müller, 1993, S. 511.

《宪法》第三十五条所规定的"言论自由"、第三十六条规定的"宗教信仰自由"、第三十七条规定的"人身自由"或第四十一条规定的"批评建议的权利",其均为法律明文规定且保障的合法行为,所谓的"人与人之间如何打招呼、谈天、约会"等"人际关系",如果并未侵犯他人合法权益或违反相关规定,也属于宪法所保障的"人身自由"或"言论自由",而不是"法律管不着"或者"不需要用法律管"的事项。至于学者所谓的"不适宜用法律来规范的事项",其实也在我国法律的控制范围之内,例如,"家庭合同"在制定与履行过程中,必然会受到我国法律体系的制约。若双方签订的合同完全符合法律规定与意思自治原则,则该行为属于《民法典》关于民事法律行为之规定,订立的合同当然真实有效;若双方签订合同的行为并不属于有效的民事法律行为①,则该合同也将因为违反了《民法典》第一百五十三条②的规定而无效。即便如论者所言,在没有足够充分且正当理由的情况下,应该将婚姻家庭领域的身份行为特别是身份协议推定为情谊行为,从而否定民事法律行为规则适用的可能,但这也仅仅是排除了情谊行为在民法上适用的可能性,当事人在婚姻家庭领域做出的身份行为在宪法上仍然属于言论/人身自由权,因此,我们只能说身份情谊行为处于民法规范之外的"法外空间",而不能说其处于我国整体法秩序的"法外空间"。至于司法实务中出现的各种"新兴权利"如"悼念权"等,尽管法律尚未明确规定,但由于我国《民法典》第10条规定:"处理民事纠纷,应当依照法律规定;法律没有规定的,可以适用习惯,但是不得违背公序良俗。"故只要风俗习惯能够认可并支持此权利,我们也能够

---

① 《民法典》第一百四十三条规定:具备下列条件的民事法律行为有效:(一)行为人具有相应的民事行为能力;(二)意思表示真实;(三)不违反法律、行政法规的强制性规定,不违背公序良俗。

② 《民法典》第一百五十三条规定:违反法律、行政法规的强制性规定的民事法律行为无效,但是该强制性规定不导致民事法律行为无效的除外。违背公序良俗的民事法律行为无效。

根据《民法典》的规定将其认定为习惯性权利，因此其也不属于"法外空间"。① 综上所述，在我国宪法对公民权利做出了概括性规定的情况下，公民一切未被其他法律禁止的行为都属于为法律所允许的合法行为，应当视为法律对其已经做出了评价，因此并不存在所谓的"法外空间"。

第四节　本书观点：非对称危险共同体方能够阻却违法

由于本书将紧急避险的正当化依据建立于"自利"的理性人同意，故在原则上，他们不可能同意牺牲自己的性命去挽救他人的生命。然而，这样的原则并非没有例外，在注定丧生的情况下，本书认为，理性人仍然会同意放弃自己的性命，以挽救仍然可能保全的他人性命。原因在于，理性人愿意紧急避险的最终目的，是保护自身法益不受侵害，在此极限条件下，其存在两种选择：①禁止国家击落飞机，这样的后果是，乘客与大楼内的民众一齐丧命；②允许国家击落飞机，这样的后果是飞机上的无辜乘客丧身，但大楼内的民众却仍然可以存活。理性人当然会发现，无论何种选择，飞机上的乘客都必然遭受死亡的结果，但大楼内的民众却仍然具有存活的可能性。根据无知之幕的信息屏蔽，理性人无法知晓其未来到底是飞机上的无辜乘客抑或是大楼内的民众，但是其会认识到，若自己日后身为乘客之时，做出何种抉择并无任何区别，但若日后自己是大楼中的一员，唯有允许击落飞机才能够保住自己的性命，因此，出于最大限度保全自身法益的初衷，其必然会同意允许国家击落飞机。② 马努·拉蒂格斯

---

① 参见周辉斌《论法外空间的司法认定》，《现代法学》2020年第4期。
② 由无知之幕推导出同样的结论，参见 Anna Coninx, Das Solidaritätsprinzip im Lebensnotstand, 2012, S. 118ff. Schünemann, Kritische Anmerkungen zum tragischen Dilemma im Strafrecht, GA, 2020, S. 10。

（Manuel Ladiges）博士据此认为：在乘客从一开始就知道，他们已经没有了存活机会的情况下，他们原则上会同意杀害行为的合法性。尽管如此，这些被杀害的乘客仍然有可能在这种情形中获利，因为从理论上来说，他们也会是在地面上被威胁的人。① 是以，当飞机必然会坠落，绝大多数的被劫持者都会理解射击行为。② 在明晰了上述前提后，我们便可以对三个案例进行分析。虽然在这三个案例中，都能够以牺牲少数人的性命来拯救多数人的性命，但若仔细分析，其仍然有些许不同。

一 "对称危险共同体"中放弃生命承诺之否定

在案例6-1中，由于火车只能驶入一条铁轨，故被绑在另一条轨道上的人能够得以保全，根据德国学界之分类，A与9名人质是处于一种对称危险共同体中，即两个法益同时受到危险，每个法益都能够以牺牲另一法益为代价避免遭受损害，但并非所有的法益都能够同时避免损害。因此在本案中，任何一方都仍然具有生还之可能，出于理性人自利之本性，双方均会想在危急时刻保全自己的性命，故不可能做出甘愿牺牲之承诺。此时无论为了保全哪一方的性命，去牺牲另一方的性命，都有违无知之幕后理性人所做出的抉择，难以成立紧急避险。

案例6-2的情形在德国学界也存在诸多争议。Harro Otto教授认为：在案例6-2中，医生是在一群濒临死亡的犹太人中，尽可能多地保全他们的性命，因为他们原本便处于死亡的风险之中，故即便交出了其中一人，医生也并没有奠定或者提高那个被杀害的犹太人的生命危险，反而保护了其余9人的性命，因而并没有实施违法

---

① Vgl. Ladiges, Die Bekämpfung nicht-staatlicher Angreifer im Luftraum, 2. Aufl., Berlin: Duncker & Humblot, 2013, S. 468.

② Vgl. Hochbuth, Militärische Bundesintervention bei inländischem Terrorakt, NZWehrR 2002, S. 166 m. Fn 44.

行为。① 然而，刑法上判断行为人是否成立故意杀人罪，并不是以其拯救了多少人的性命为依据，而是以其行为是否损害了他人生命为标准。只要行为人在避险过程中侵害了他人的生命法益，即便其拯救了无数人的性命，也应当成立犯罪，否则所有数量不对等的对生命的紧急避险问题便均失去了讨论的意义。在本案中，正是医生的指定，使得那个被选中的犹太人最终丧命，其行为显然侵害了特定犹太人的生命，因此，Otto 教授认为医生额外拯救了 9 条性命便能够阻却违法之观点，并不能得到本书的赞同。当然如前所述，在特定情况下，若能够得到理性人的承诺，则或可以阻却违法，故问题在于，在此种情况下，理性的犹太人会否做出放弃生命的承诺。诚然，如果不交出一个犹太病人，则所有的犹太病人都会遭受被杀害的厄运，因此，必定有一个犹太病人会丧失性命，Otto 教授也正是据此认为，出于救助生命之目的，杀害没有存活机会成员之行为，能够阻却违法。② 就此而言，本案似乎与案例 6-3 并无区别，均属于"非对称危险共同体"。但是，这样的判断并不正确。因为非对称危险共同体的实质是一种"单方营救机会的危险共同体"（der Gefahrengemeinschaft mit einseitigen Rettungschancen），即只有一方有机会得救，且哪一方有存活可能、哪一方必然遭受死亡，从一开始便已经确定。③ 而在案例 6-2 中，虽然必定有一个犹太病人丧命，但丧命的对象却并非固定的。详言之，在案例 6-3 中，遭受死亡的对象必然是飞机上的所有乘客，这一点是已经确定且无法改变的，他们中的每一个人都是"必死无疑"的，任何一人都没有存活的希望；而在案例 6-2 中，如共有从 A-J 十名犹太人，如果不交出一名犹

---

① Vgl. Otto, Grundkurs Strafrecht Allgemeine Strafrechtslehre, 7. Aufl., Berlin [u. a.]: de Gruyter, 2004, §8, Rn. 195.

② Vgl. Otto, Grundkurs Strafrecht Allgemeine Strafrechtslehre, 7. Aufl., Berlin [u. a.]: de Gruyter, 2004, §8, Rn. 192.

③ Vgl. Anna Coninx, Das Solidaritätsprinzip im Lebensnotstand, Bren: Stämpfli, 2012, S. 118.

太人，所有的犹太人都将被处死，但是并没有一个固定的、必死无疑的死亡对象，因为医生交出的病人并非早已选好或确定的，而是从 10 人中随机挑选的，既可能是 A，也有可能是 B，还有可能是 C，故在此案例中，并不存在必然会遭受法益损害的固定对象，两个案例中遭受损害的对象有所区别，后者并不属于"非对称危险共同体"。此外，此种情形也不同于"对称危险共同体"，因为后者要求每个法益都能够通过牺牲另一法益得以保全，即必然存在能够得以保全的法益，而在本案中，如果不随机抽取一人，则 10 名犹太病人都将被残忍杀害，故此时并不如案例 6-1 一般，存在 9 人活或 1 人活的至少 1 人保全性命之景象，而是可能出现所有人均被纳粹杀害的情形，是以本案中的情形与案例 6-1 中对称危险共同体或案例 6-3 中非对称危险共同体均有细微差异。因此在案例 6-2 中，虽然有 1 人必然会被杀害，但该人是随机选择的，故此时 10 人中的每一个人，都有存活的可能性，其并不属于 Otto 教授所言的"失去生命救助机会"的情况，故在此情况下，理性人基于自利的本性，绝不会同意献出自己的生命去拯救他人，此时将其杀害以挽救其他 9 人性命之行为仍然违背了其个人意愿，因而仍属违法。德国学者 Manuel Ladiges 对此指出：在案例 6-2 中，如果将例子修改为不告知病人他们的死亡能够换取其他人的存活（即要么杀害 1 个病人，要么杀害所有的病人，而非现在杀害 1 个病人后，便可以释放其他病人），则出于理性与法益保护的原因，每一个危险共同体中的成员都会同意被杀害，即便他不能够将这种同意表达出来……"劫持飞机案"中的乘客与"医生案"中的病人不同，因为他们并不可能提高存活机会。[①] 因此，唯有在认为自己必死无疑的情况下，危险共同体中的成员才会做出甘愿放弃生命之承诺。

---

① Vgl. Ladiges, Die Bekämpfung nicht-staatlicher Angreifer im Luftraum, 2. Aufl., Berlin [u. a.]: de Gruyter, 2013, S. 468.

与本书结论不同，部分学者认为，即便仍有生还可能，理性人也可能做出"舍己为人"之决断，如德国学者 Fritze 便认为，在每个人因同意该原则（即能够实施对生命的紧急避险）而获取的收益大于因同意该原则对其自身造成的危险时，无知之幕后的理性人为了个人利益最大化，会同意承受该风险。① 按此逻辑，则在前述案例 6-1 与案例 6-2 中，由于"无知之幕"的阻隔，原初状态中的理性人无从知晓自己到底是被牺牲的无辜者还是属于获救的 9 人中的一员，但是，理性人会考虑到，自己属于无辜牺牲者的可能性低于属于获救者的概率。此时认同对生命的紧急避险使理性人有较大的可能性获利，正是基于这种"概率差"的考量，理性人会普遍认可对生命的紧急避险。本书并不赞成这种观点。其一，依据罗尔斯的设定，无知之幕排除了有关可能性的知识，各方没有决定他们社会的可能性质及他们在其中地位的任何基础，这样他们就没有概率计算的基础……他们不仅不能推测环境的可能性，也不怎么了解这些可能的环境究竟是什么，更不能列举它们和预见每种可能选择的结果。② 在此种对于社会环境一无所知的情况下，理性人只能够设想，自己在成为被选中的不幸者时，如何才能够最大限度地保全自身法益，而无法设想自己有多大概率成为不幸者。因此，Fritze 一方面在"无知之幕"的语境下（unter dem Schleier des Nichtwissens）进行分析③，另一方面却又偏离了罗尔斯对于无知之幕的假设，存在理论上的瑕疵。其二，根据"最大最小值"原则，理性人并不会盲目地追求可能获得的最大收益，而是会设想在各种情况中自己将会承受的最坏结果，并在各种最坏结果中挑选一个"最好的"结果，以最大

---

① Vgl. Fritze, Die Tötung Unschuldiger: Ein Dogma auf dem Prüfstand, Berlin [u. a.]: de Gruyter, 2004, S. 38f.

② 参见［美］约翰·罗尔斯《正义论》（修订版），何怀宏等译，中国社会科学出版社 2009 年版，第 120 页。

③ Vgl. Fritze, Die Tötung Unschuldiger: Ein Dogma auf dem Prüfstand, Berlin [u. a.]: de Gruyter, 2004, S. 38.

限度地维护自己最基本的利益。① 换言之，在事关身家性命的情况下，理性人并不会如经济投资般，盲目追逐最大的期望值，而是会谨慎地思考各种对自己最为不利的结局，并在各种可能出现的最为不利的解决中，挑选出一个对自己最有利的结局，尽可能地保全自身利益，避免"满盘皆输"的悲惨结局。而如前所述，生命法益是最为宝贵且无法复原的法益，故生命遭受损失是最为不利的结局，因此，在仍然有希望保全性命的情况下，危险共同体中的成员不可能做出牺牲自身性命之承诺，而是会力求尽可能地保全自身性命。② 最为重要的是，若将 Fritze 的观点延伸，则在所有生命冲突的案件中，人数较少的一方都会同意他人将自己杀害，但问题在于，当双方人数相等时，又当如何抉择。对此问题，Fritze 却避而不谈。由此可见，他的理论不能够解决所有生命抉择的难题。综上，在理性人还具有存活可能性的情况下，出于自利之本性，其绝不会为了救助他人而承诺放弃自己的生命，在此情况下为了保全一方而将另一方杀害的行为均违背其个人意愿，难以成立紧急避险。

二 "非对称危险共同体"中紧急避险之否定

最后再来分析最具争议的案例 6-3。部分学者认为，在此情形中，乘客因其自身重量增加了飞机的危险性，属于危险的一部分，故对其的防卫应当属于防御性紧急避险。③ 但这样的观点显然值得商榷，一方面，在此种情形中，机舱内是否有乘客、究竟有多少乘客，对于飞机撞击楼房的速度、强度和方式等都几乎没有影响，乘客登上飞机的行为并没有创设出任何危险，他们也与恐怖袭击没有任何因果联系，不用对危险负责，将他们一并击落的行为并不属于防御

---

① 参见 [美] 约翰·罗尔斯《正义论》（修订版），何怀宏等译，中国社会科学出版社 2009 年版，第 118—119 页。
② 参见王钢《对生命的紧急避险新论》，《政治与法律》2016 年第 10 期。
③ Vgl. Rogall, Ist der Abschuss gekaperter Flugzeuge widerrechtlich? ZStW 120, S. 3f.

性紧急避险。① 另一方面，为了监视、排除乘客可能实施的反抗，劫机者还不得不额外分出相当的人力和精力，故乘客的存在有时反而会成为发动袭击的累赘，对劫机者的行为起到消极阻碍的作用。因此，乘客无论如何都不应被视作危险来源的组成部分，他们在恐怖袭击中所处的地位与地面建筑物内的人员完全相同。② 相应地，击落客机导致乘客死亡的结果，无法以防御性紧急避险之名得以正当化。③

德国部分学者认为，案例6-3应该适用超法规的阻却责任的紧急避险，以排除行为人的刑事责任④，理由在于，国家毕竟是公民合法权益的守卫者和保证人，故在本可挽救部分人生命的情况下，任由客机和建筑物内所有人员的生命都消逝在爆炸的烈焰中，这必将使相关国家工作人员的内心产生难以忍受的道德压力。这一压力对其自由地形成合法行为的动机无疑会构成巨大的障碍。⑤ 但是，通过此种超法规的责任阻却事由来解决悲惨困境问题的尝试——尤其是在该行为是由国家机关行使时——是不能让人信服的。一方面，国家宣称将生命视为最高的法益，禁止以任何形式损害无辜者的生命；另一方面，其却又宣布任何人甚至国家官员都可以不受制裁地实行这种杀害行为。如此便会出现一种"你不应该杀人，但即便你杀了人，你也不必害怕担心刑罚"的奇异景象，此种结论不但与目前的

---

① 孙立红：《生命选择案件中的康德悖论及其解决思路》，《中外法学》2019年第2期。

② Vgl. Roxin, Der Abschuss gekaperter Flugzeuge zur Rettung von Menschenleben, ZIS 2011, S. 559; Stübinger. "Not macht erfinderisch"-Zur Unterscheidungsvielfalt in der Notstands-dogmatik, ZStW 123（2011），S. 432ff.

③ 参见陈璇《紧急权：体系构建与基本原理》，北京大学出版社2021年版，第218—219页。

④ Vgl. Rönnau, in Leipziger Kommentar StGB, 13. Aufl., Berlin [u.a.]: de Gruyter, 2019, vor §§ 32 ff, Rn 362; Schlehofer, in Münchener Kommentar Strafgesetzbuch, 3. Aufl., München: C. H. Beck, 2017, vor § 32, Rn 298 ff.

⑤ 参见陈璇《紧急权：体系构建与基本原理》，北京大学出版社2021年版，第219页。

法秩序自相矛盾，更与"允许杀人"的规定没有任何区别。①

根据前述危险共同体的分类，在本案中，若国家此时任由被劫持的飞机撞向建筑物，则不但飞机上的无辜乘客和机组人员会死亡，建筑物内及其周围的民众也会死伤惨重，然而，若国家使用武力击落被劫持的飞机，虽然机上的无辜乘客和机组人员会遭受死亡的厄运，但大楼内及其周围民众的性命却可以得到保全，因此，当恐怖分子操纵被劫持的客机撞向建筑物时，机上的无辜乘客和机组人员实际上已经注定会牺牲，而与之相对，建筑物内及其周围的民众，却仍然具有保全性命的可能性，故此时飞机上的乘客与大楼内及其周围的民众是处于一种非对称危险共同体之中，即两个法益中的一个能够避免遭受损害，但不论发生什么，另一个法益都会遭受损害。② 正是在这种非对称危险共同体中，诸多德国学者均主张应当认定对生命的紧急避险可以合法化。这里并不是出于任何功利主义的考量，而是在这种场合国家必须挽救仍然可能被挽救的法益。此时牺牲已经无法被挽救的法益保全其他法益才是理性的、正确的行为。③ 我国也有学者指出：在此类情形中，由于一方无论如何都会死亡，根本没有生存的机会，故牺牲一方总比双方的性命同时不保要强，所以无论从哪一方面讲，都难以认为杀人行为造成了超过必要限度的损害，可以将之认为是紧急避险。④

Hilgendorf教授不赞成本书提出的"理性人在无知之幕后会同意被击落"之观点，他认为此种观点是建立在一种虚拟的假设之上，因为在现实生活中，乘客并不会同意被击落，而是更希望在最后时

---

① Vgl. Bernd Schünemann, Kritische Anmerkungen zum tragischen Dilemma im Strafrecht, GA, 2020, S. 8.

② 对称危险与非对称危险更为详尽的介绍，Vgl. Neumann, in Nomos Kmomentar StGB, 5. Aufl., Baden-Baden: Nomos, 2017, § 34, Rn. 76.

③ Vgl. Erb, in Münchener Kommentar Strafgesetzbuch, 3. Aufl., München: C. H. Beck, 2017, § 34, Rn. 126.

④ 参见黎宏《紧急避险法律性质研究》，《清华法学》2007年第1期。

刻获救。① 但是一方面，希望获救不等于不会做出牺牲承诺。本书将乘客会做出承诺的情形限定在其必将遭受死亡结果的情况中，倘若劫持飞机的是为了索取财物或具有其他不法要求的犯罪分子，或者虽为恐怖分子，但飞机刚刚起飞，还未实施撞击行为，则此时乘客仍然具有存活可能性，其当然不会做出放弃生命的承诺，国家也不得实施射击行为，但在乘客已经完全丧失了获救可能性、生命无论如何都难以保全的情况下——如飞机被视死如归的恐怖分子劫持，且已经以不可逆转的趋势撞向大楼或地面——无论乘客有多不情愿，其仍然会做出放弃生命之承诺，因为唯有如此，其才能够在返回现实世界后，最大限度地保护自身法益。另一方面，在现实生活中，确曾发生过乘客为了夺回飞机控制权而冒着生命危险与劫机者英勇搏斗的事件。如"9·11"事件中，其实共有三架被劫持的客机，除撞击大楼的两架外，联合航空93号班机亦遭歹徒劫持，并预定撞击华盛顿哥伦比亚特区，在飞机被劫后，班机上的乘客和空服员们透过电话向他们的亲人联络，决定采取行动击退劫机者并夺回飞机。令人遗憾的是，乘客们的反击行动虽然让被劫持的飞机偏离了航向，没有抵达原先的目标，却迫使劫机者们孤注一掷，将飞机朝地坠毁于接近宾夕法尼亚州索美塞特县尚克斯维尔镇附近的一处无人田地，机上45人全部遇难。又如2012年6月29日，天津航空GS7554航班在起飞十分钟后，遭遇6名暴徒携带凶器与爆炸物冲击驾驶舱。在其即将点燃爆炸物的危急时刻，机上乘客与机组人员挺身而出，与之进行殊死搏斗，最终制服了暴恐分子，成功避免了惨剧的发生。显然，相比依照计划撞击大楼，与劫机分子进行搏斗具有更大的危险性，因为后者更可能激怒恐怖分子，并使其孤注一掷，致使机毁人亡，但他们仍然选择与劫机者抗争，由此可见，其宁愿与劫机者一起拼个你死我活，也不愿意沦为

---

① Vgl. Hilgendorf, Tragische Fälle: Extremsituationen und strafrechtlicher Notstand, in: Blaschke u. a. (Hrsg.), Sicherheit statt Freiheit Staatliche Handlungsspielräume in extremen Gefährdungslagen, Berlin: Duncker & Humblot, 2005, S. 125.

"人肉炸弹",对准其他无辜的民众。一如 Michael Rosen 教授所言:我们只需要回忆一下这些乘客的英雄主义,就可以知道乘客很可能会理性地同意,在被劫持之时被导弹击落。任何一群无辜的人,陷入如此恶劣的境地,他们想要的难道不是一样?故在此情况下,虽然乘客与机组人员究竟是否会同意被击落在事实上难以证明,但是如果他们有机会表达自己的意愿,他们可能会更愿意选择被击落,然后和他们的绑架者一起立刻死亡,而不是作为导弹的一部分,瞄准和他们一样的好公民。①

部分学者不赞成上述观点,并提出了两种怀疑:其一,一旦允许人们对生命质量(Lebensquanten)进行比较,那么就没有令人信服的理由将其限制在当事人的剩余寿命和他相应的生命价值接近零的情况中。因为杀害一个必然死亡的人,也是对其生命的一种缩短,若人们允许这种杀害,就不能够有说服力地说明,为什么不能将之运用于危险共同体外,如杀死即将死亡的人,以便通过移植其器官来保全另一人的生命。若我们允许杀害濒临死亡之人,则在"A 因心力衰竭命不久矣,但其他器官完好无损,而旁边有一个肝脏受损的病人 B"的情况下,我们可以杀害 A 以拯救 B 的性命;再按照此逻辑进一步延伸,既然为了较长的生命能够牺牲较短的生命,则不仅能够杀害病人以拯救他人,甚至可以杀害所有年老体弱之人去救助年轻力壮之人。其二,所谓被避险人必然会丧失性命的观点,仅仅是对事实的预测,但这种用数学的方法加以确定的绝对会死亡的情况仅是头脑中的构想,在现实生活中,我们并不能够确保其一定会发生,纵然数秒之后客机就将与大楼相撞,但就在这转瞬即逝的时刻乘客还可能最终制服恐怖分子。② 就连在教义学理论上认可此时

---

① See Michael Rosen, *Dignity-Its History and Meaning*, Cumberland: Harvard University Press, 2012, pp. 118 – 119.

② Vgl. Roxin & Greco, Strafrecht Allgemeiner Teil Bd. 1, 5. Aufl., München: C. H. Beck, 2020, §16, Rn. 39f; Pawlik, §14 Abs. 3 des Luftsicherheitsgesetzes-ein Tabubruch? JZ 2004, S. 1050;陈璇:《紧急权:体系构建与基本原理》,北京大学出版社 2021 年版,第 210—212 页。三位教授均同时提出了这两点怀疑。

能够以"非对称危险共同体"阻却违法的 Neumann 教授也认为,此种观点在实践中难以得到贯彻,因为"一个无法挽救的事实在通常情况下是难以确定的"①。

本书认为,上述两种质疑都值得商榷。首先需要指明的是,本书完全赞成上述学者提出的"生命质量不可比较"之观点,因为生命并不会因为其剩余时间的短暂而失去意义,故无论剩余时间几何,都不会影响刑法对其的保护。② 但需要注意的是,一方面,如前所述,本书将合法的对生命的紧急避险局限于"非对称危险共同体中",即两个性命中,已经有一个确定的、必然死亡的对象,这个对象并不是由他人随机选择(如前述案例 6-3),而是已经确定无疑的,即完全丧失生还可能性,而在 Roxin 教授所举的案例中,A 却并非必死无疑,我们完全可以质疑,为何不能够将 B 身上健康的心脏,移植给 A,而一定要将 A 健康的肝脏移植给 B。即便 A 年事已高,除了肝脏外其他器官均已衰竭,已经时日无多,我们仍然可以质疑的是,为何不能将 B 身上的其他健康器官移植给 A;为何两个人中必死无疑的就一定是 A,这其中的原因何在。有学者当然可以辩解,因为 B 其他器官并未受损,其仍可以存活较长时间,而 A 已经命不久矣。但是,紧急避险要求所保护的法益面临"急迫"的危险,如果 B 无须接受器官移植,仍可以存活较长时间,则其已经不符合紧急避险所要求的"紧迫性"要件,更不可能成立紧急避险。一如 Peter Suber 教授在对"洞穴案"(*The Case of the Speluncean*)③ 的讨论中所指出的:如果行为人在杀人当天并未面临急迫的危险,则其

---

① Vgl. Neumann, in Nomos Kommentar Strafgesetzbuch, 5. Aufl., Baden-Baden: Nomos, 2017, §34, Rn. 77e.

② Vgl. Wolter, Menschwürde, Kernbereichen privater Lebensgestaltung und Recht auf Leben, Festschrift für Wilfried Küper zum 70. Geburtstag, Heidelberg: C. F. Müller, 2007, S. 715.

③ 主要案情为:被堵在山洞中的探险者在食物匮乏的情况下,经过抽签,吃掉了其中一个不同意抽签决定生死的成员。具体案情参见 Lon Fuller, The Case of the Speluncean Explorers, *Harvard Law Review*, 1949, Vol 62, pp. 616-618.

为了求生而立刻杀人的行为就并不合理，因而难以成立紧急避险。①而如果 B 器官受损严重，若不接受器官移植将立即死亡，此时当然满足紧急避险的前提条件，其与 A 的境遇其实完全相同，我们更没有理由断言 A 是必将死亡的那个。这样的推论，在一个对多个的案件中也同样适用。例如，A 因心力衰竭命不久矣，但其他器官完好无损，而旁边有肝脏、脾脏、肾脏受损的病人 B、C、D 等。我们并没有理由认为，A 是这些人中必然遭受死亡结果的那个，而是完全可以在其余的人中，挑选出一人，将他的健康器官移植给 A 及其他病人。概言之，三位教授的质疑与本书所列举的"非对称危险共同体"并无关联，只能够适用于"危险共同体"或其他并不属于"危险共同体"的情形中，但这两种情形中濒临死亡之人并非没有丝毫生还可能，而是仍然具有存活的希望，出于理性人自利之本性，其不可能做出放弃自己生命的承诺，为救助他人强行将其杀害的行为仍属违法，而这与本书的观点完全吻合。

另一方面，若依照前述论者之逻辑，则所有以行为时为视角判断不法侵害存在与否，并以之为成立条件的违法阻却事由都将难以阻却违法。论者的逻辑是，因为飞机还没有撞击大楼，而即便在撞击的前一秒，我们都不知道究竟是否会发生实害，如劫机者可能突然"良心发现"而转换航道，或者飞机突发故障而坠落，故乘客也无从知晓自己是否会丧命，因而不会做出放弃生命之承诺，相应地，地面人员也就不得实施射击行为。按此逻辑，则在所有的紧急避险中，避险人在面临危难之际，因为不知道是否会发生实害，故也不得对其实施紧急避险。但是这样的后果是，由于现实生活瞬息万变，在实害发生前，从理论上永远无法知道下一秒究竟会出现什么结果，因此我们也永远无法对已经产生紧迫性、但并未造成实害的危难实施紧急避险，只能静待事实发生。例如，在为了阻止火势的蔓延而

---

① See Peter Suber, *The Case of the Speluncean Explorers: Nine New Opinions*, London: Routledge, 1998, p. 36.

不得不毁坏部分住宅的时候，就必须考虑在火势未蔓延到住宅的最后一刻，也依然存在着降雨的可能。但如此一来，所有没有遭受实害的避险行为都难以获得其合法性。这样的结论同样也会出现在正当防卫中，按论者的逻辑，由于我们不知道行为人是否真的会"痛下杀手"——用 Roxin 教授的话来说"中断这个行为，又的确是可能的"——因此，我们不得对其实施正当防卫，而这样的结果是，我们在刀砍进身体的前一瞬间，由于不能确定行为人必然会实施伤害行为，都不得对其正当防卫，只能忍受身体遭受伤害的后果。但是，正当防卫条款的设立目的就是防止损害发生，通说也无争议地认为，正当防卫中不法侵害的正在进行并不需要已经造成实害，而是仅需要对法益产生直接的危险。① 如论者般理解"危害"的概念，必然不利于保护法益。从事实的角度分析，论者对于结果发生盖然性的论述，用在紧急避险中或许是适当的，但是在正当防卫中却并不妥当，原因在于，在紧急避险中，危险往往来自自然灾害、动物、他人无责的举动或者并不是那么紧迫的危险②，故紧急避险条文中的"危险"，并不是已然发生的，而往往是在事情发生前的一种潜在的认知，故此类对于未来危险发生必然性的判断必然伴随着较高的错误风险。与之不同，正当防卫中的"攻击"则是受不法侵害人控制且已经现实出现了的，行为人近在咫尺且伤害行为具有极高的发生可能性，因此判断错误的风险较紧急避险中的危险明显降低。③ 而在"飞机案"中，由于飞机是由恐怖分子实际控制，故其撞向大楼的行为其实是对大楼内民众的不法攻击，因此，在是否存在"紧迫性"的判断上，我们仍然应当根据飞机的实际操控者——恐怖分子加以

---

① Vgl. von Heinstschel-Heinegg, StGB kommentar, 3. Aufl., München: C. H. Beck, 2018, §32, Rn. 21.

② 如学界经常列举两名劫匪预谋抢劫深山中的酒店，老板知晓后将二人迷翻并囚禁。

③ Vgl. Dominik Ludwig, "Gegenwärtiger Angriff", "drohende" und "gegenwärtige Gefahr" im Notwehr-und Notstandsrecht, Frankfurt am Main [u. a.]: Lang, 1991, S. 84ff.

判断，认为此时"危难难以确保发生"的观点，其实忽略了击落飞机的行为，也是对恐怖分子的正当防卫。故只要从行为时判断，若不实施防卫行为，便会造成法益损害，就应当肯定此时的不法侵害具有"紧迫性"。此外，从规范的角度思考，上述论者尽可能地考虑到现实的多种可能性是一种基于事实的思考方式，但这种思考方式其实是将所有可能发生的情况无差别地作为同等程度的条件加以对待，却并未区分它们之间在实现可能性上的差别以及它们与危险发生之间的不同程度的联系。然而，避险行为发生时机的考虑，并不是纯粹的事实判断，而是一种规范上的判定。只要发现避险的行为符合了避险性规范中紧迫性的要求，在这一时间段中的任何一个时刻，都应该被认为是紧迫的，尽管从事实上看，某一个时刻也许比下一个时刻的紧迫性要少一些。① 退一步而言，即便在事实上，我们也可以判断出"飞机案"中最后的时间节点，因为我们完全能够根据物理学知识，结合飞机的重量、飞行时速等综合判断出其在距离大楼何种范围内必将"以不可逆转的趋势撞向大楼"，因而并不会出现论者所言的"制服恐怖分子，挽狂澜于既倒"之情形。综上，论者的观点不但有违通说从行为时（或事前）判断"紧迫性"的认定标准，也会使得紧急避险/正当防卫的条文被完全虚置，更会让民众的合法权益难以得到保全，因而并不妥当。

在反驳了有罪论后，我们便能够继续探讨此种情况的出罪依据。如前所述，本书认为，在非对称危险共同体中，必然遭受法益损害的理性人会做出放弃自身法益之承诺，部分德国学者基于此理论指出，击落飞机的行为能够成立阻却违法的紧急避险。如 Wolfgang Mitsch 教授认为，在得同意被杀死的情况下，被害人的法益价值大幅下降，被保护的法益能够明显优越于被侵犯的法益，故可以通过利益衡量原理，认定此种情形成立《德国刑法典》第 34 条阻却违法

---

① 参见孙立红《生命选择案件中的康德悖论及其解决思路》，《中外法学》2019年第 2 期。

的紧急避险。① 类似地，Sinn 博士也认为，在"飞机案"中，虽然国家杀害了许多无辜者，但这个代价仍然是值得肯定的，故应当将此类情形视为《刑法》第 34 条阻却违法紧急避险的特殊规定。② 但是，仅仅因为被牺牲者承诺放弃自身的生命法益，便直接认定击落飞机之行为能够阻却违法仍显不足，因为如前所述，紧急避险阻却违法的原因在于，被避险人容忍避险人对自身法益的侵害，来换取自身未来重大法益的安全，属于一种对自身法益的利用，因而并不存在法益侵害，避险行为也因此能够阻却违法。但由于生命法益的重要性，各国法律都对其进行严格保护，即便是得承诺的杀人行为，也符合故意杀人罪的构成要件，能够成立故意杀人罪的关联犯罪。③ 如我国通说认为：得承诺杀人的，应成立故意杀人罪，只是可以考虑从轻处罚。④ 在我国司法实践中，也有法院在判决中指出：

> 被告人因与被害人张某恋爱、欲结婚而遭张某父母反对，即和张某相约自杀，崔某用刀片割划被害人张某腕部，后又用玻璃片划割张某的颈部，致被害人张某死亡，其行为已构成故意杀人罪。对于崔某的辩护人所提本案系被告人崔某与被害人张某相约殉情自杀，属故意杀人罪中情节较轻之情形的辩护意见，经查属实，予以采纳。遂认定被告人成立故意杀人罪，判

---

① Vgl. Wolfgang Mitsch, Die Probleme der Kollisionsfälle beim autonomen Fahren, KriPoZ, 2018, S. 72; Wolgang Mitsch, "Nantucket Sleighride": Der Tod des Matrosen Owen Coffin, in Festschrift für Weber, Bielefeld: Gieseking, 2004, S. 62.

② Vgl. Sinn, Tötung Unschuldiger auf Grund §14 Ⅲ Luftsicherheitsgesetz: rechtmäßig? NStZ 2004, 592f.

③ 德国联邦法院明确指出：基于患者的请托将其杀害的行为人将构成《刑法》第 216 条受嘱托杀人罪。Vgl. BGH NStZ 2003, 537 f, 理论上的分析参见 Hufen, In dubio pro dignitate-Selbstbestimmung und Grundrechtsschutz am Ende des Lebens, NJW 2001, S. 855.

④ 参见高铭暄、马克昌主编《刑法学》，北京大学出版社、高等教育出版社 2019 年第 9 版，第 455 页；张明楷《刑法学》（下），法律出版社 2021 年第 6 版，第 1109 页。

处有期徒刑九年。①

因此无论在德国还是我国，得承诺的杀人行为并不能够阻却违法，而如前所述，紧急避险的正当化依据在于被避险人在无知之幕后放弃了自身的法益，丧失了该部分法益在法律上的要保护性，而生命法益作为最为珍贵的法益，法律上给予了特殊的保护，除非自己主动放弃（自杀），否则任何人都不得予以剥夺，故即便得到机组成员及乘客的承诺，也只能够使得他们生命的要保护性降低而非完全丧失，在此情况下，击落飞机之行为仍然难以成立阻却违法的紧急避险。

三 本书观点：阻却违法义务冲突之证成

本书认为，在此类案件中，由于国家机关的介入，已经不仅仅是公民对公民私人间法权的冲突关系，更上升至国家对飞机上无辜乘客的注意义务与对大楼内民众的保护义务之间的关系，由此笔者想到了另一种违法阻却事由——义务冲突。我国《宪法》第三十三条规定：国家尊重和保障人权。国家在保障人权的同时，同样要尊重人权，通说也据此认为，国家对于民众同时背负保护义务与注意义务。一方面，根据社会契约论，民众订立社会契约，建立国家的目的是更好地"卫护和保障每个结合者的人身和财富"②，但即便建立国家后，民众仍然有可能遭受其他公民或其他国家的不法侵害③，因此，现代法治国家负担有"通过保障内部与外部安宁而对公民加

---

① 虽然本案中法院认定二人为相约自杀，并未在裁判词中明确指出属于"受嘱托杀人"，但从其论述中不难看出，张某并非自杀，而是崔某在得其承诺后将之杀害，因而属于"受嘱托杀人"，其辩护律师的辩护词中也是如此认为。参见（2015）张刑初字第9号。

② ［法］卢梭：《社会契约论》，何兆武译，商务印书馆2005年，第19页。

③ Vgl. Josef Isensee, Das Grundrecht als Abwehrrecht und als staatliche Schutzpflicht, in ders. /Kirchhof, Handbuch des Staatsrechts der Bundesrepublik Deutschland, Heidelberg: C. F. Müller, Bd. V, 1992, § 111, Rn. 83 ff.

以保护"之义务①，这也与我国宪法条文中的"保障""保护"或"不受侵犯"等字眼相对应，形成了所谓的"保护义务"②；但另一方面，由于国家的强大实力，其极易不受控制而任意侵犯公民的合法权利，如果不对其权力加以控制，则会"适得其反"，用民众让渡出来的权力去侵害他们自身，因此国家在需要承担保护义务的同时，也负有注意义务，以求减轻国家对民众的不法侵害，这主要体现在，未经法律规定，国家不得实施任何侵犯其他民众人权之行为。③ 例如我国《宪法》第三十七条规定：任何公民，非经人民检察院批准或者决定或者人民法院决定，并由公安机关执行，不受逮捕。禁止非法拘禁和以其他方法非法剥夺或者限制公民的人身自由，禁止非法搜查公民的身体。同时第三十九条、第四十条分别规定，未经许可或在非特殊情况下，不得侵犯公民住宅权、通信自由与通信秘密。这些规定也与第三十三条中的"尊重"相对应，共同形成了国家不得任意侵犯人权的"注意义务"。④ 我国有学者认为：《宪法》第三十三条虽然为义务的履行提供了解释空间，但从列举主义的立法原则而言，人权条款似乎表述为一种具体权利，以之为基础的义务是否扩展到其他基本权利便不无疑问。⑤ 按此逻辑，既然我国宪法条文并未明确提出"国家尊重与保障生命"，则国家的保护与注意义务便无法扩展到生命权利。但是国家既然连名誉权、自由权、住宅权等都予以尊重，并规定未经许可不得侵犯，根据举轻以明重原则，对于这些基本权利的载体及人格权最为重要的部分——生命权自然更加尊重，因此，根据我国宪法的规定，完全能够解读出国家对于民

---

① Vgl. Calliess, Die grundrechtliche Schutzpflicht im mehrpoligen Verfassungsrechtsverhältniss, JZ 2006, S. 321.
② 参见陈征《基本权利的国家义务保护功能》，《法学研究》2008 年第 1 期。
③ Vgl. Voulgaris, Transnationalesne bis in idemzwischen staatlicher Schutz-und Achtungspflicht, Berlin: Duncker & Humblot, 2016, S. 73.
④ 参见张翔《论基本权利的防御权功能》，《法学家》2005 年第 2 期。
⑤ 参见王进文《基本权国家保护义务的疏释与展开——理论溯源、规范实践与本土化建构》，《中国法律评论》2019 年第 4 期。

众的生命同时负有保护义务与注意义务。①

但是，国家对公民的两种义务却时常可能发生冲突，如"飞机案"中唯一可能保护大楼内民众的措施，却又会侵犯乘客的生命权，由此，对普通民众的保护义务与乘客的注意义务便发生了冲突②，故接下来的问题在于，保护义务与注意义务何者更为重要。要回答此问题，首先需要明确的前提是，不同地位的义务能否相互冲突。部分德国学者认为，正当化的义务冲突仅限于"同等地位的义务"相互冲突之情形③，如果一个义务明显优于另一义务，则只需要通过紧急避险便能够证明其合理性，而无须求诸不成文的义务冲突。④ 按此逻辑，若认为保护义务远优于注意义务，则"劫持飞机案"便能够通过紧急避险加以正当化。但本书认为，这样的论述值得商榷。首先，如前所述，即便被避险人对生命法益做出了承诺，法律却也并未完全放弃对其生命的保护，故此种情况下避险人仍然侵害了其生命法益，因而难以成立紧急避险。其次，连论者自己也承认，唯有

---

① 参见张翔《基本权利的规范构建》，法律出版社 2017 年增订版，第 235—236 页；韩大元：《生命权的宪法逻辑》，译林出版社 2011 年版，第 14 页。

② Vgl. Hörnle, Töten, um viele Leben zu retten, FS-Herzberg, Tübingen: Mohr Siebeck, 2008, S. 562; Isensee, Leben gegen Leben: Das grundrechtliche Dilemma des Terrorangriffs mit gekapertem Passagierflugzeug, Festschrift für Günther Jakobs: zum 70. Geburtstag, Köln, Berlin, München: Heymann, 2007, S. 226f; Nicolas Rücker, Die Allokation von Lebenschancen, Baden-Baden: Nomos, 2014, S. 100. 虽然 Nicolas Rücker 博士在文中认为此时是乘客的防卫权（Abwehrrecht）与国家对地面群众的保护义务相冲突，但是如一些学者所指出的，注意义务与防卫权本就是一体两面之关系，而注意义务比防卫权的优势，仅在于其更加强调了国家任务，二者在本质上并无差别。(Vgl. Voulgaris, Transnationalesne bis in idemzwischen staatlicher Schutz-und Achtungspflicht, Berlin: Duncker & Humblot, 2016, S. 73.) 因此笔者认为，此处的防卫权完全可以被理解为注意义务。同样观点，参见 Manuel Ladiges, Die Bekämpfung nicht-staatlicher Angreifer im Luftraum, 2. Aufl., Berlin: Duncker & Humblot, 2013, S. 376。

③ Vgl. Küper, Probleme der "defizitären" rechtfertigenden Pflichtenkollision, JuS 2016, S. 1070ff.

④ Vgl. Kindhäuser, Strafrecht Allgemeiner Teil, 9. Aufl., Baden-Baden: Nomos, 2020, §18, Rn. 5.

一义务明显优于另一义务，方能够成立紧急避险。但若一义务并非明显优于另一义务，又应当如何处理？难道在履行了同等地位的义务时，能够成立阻却违法的义务冲突，在履行了略微优位的义务时，反而只能够成立阻却责任的紧急避险？这样的观点显然存在自相矛盾之处。最后，在现实生活中，经常会出现"不同等地位的义务"相互冲突之案件。如A带儿子B和共同生活了一段时间（紧密生活共同体）的小孩C一起去登山，突然遭遇雪崩，A只能够救助其中一个。A此时既具有对儿子B的特别的保护义务，又具有对小孩C的救助义务，前者当然明显优于后者。① 但这种情况下显然难以适用紧急避险，因为无论是在德国还是在我国，紧急避险条文都要求所保护的法益大于损害的法益，故认为"优位义务应先于劣位义务"能够成立紧急避险的观点，其实都暗含着"优位义务所保护的法益大于劣位义务所保护的法益"这一前提，但事实上却并非如此。如在上文所举的案例中，A救助其中任意一人生命的代价都是其中另一人的生命，无论是否认可生命可以衡量，都难以得出一人的生命大于另一人的生命这一结论，故此种情况并不满足紧急避险中法益衡量之要求，由此可见，在生命冲突的情况下，即便行为人履行了优位义务，也难以成立紧急避险。因此，应当承认"不同等地位的义务冲突"。在明确此前提后，我们能够对这两种义务之关系进行分析，虽然德国部分学者认为二者为平级的同等关系②或者保护义务优

---

① Vgl. Stratenwerth/Kuhlen, Strafrecht Allgemeiner Teil. Die Straftat, 6. Aufl., München: Vahlen, 2011, §9, Rn. 124. Stratenwerth教授在书中将特别的保护义务（父亲对儿子）与一般的救助义务（《德国刑法典》第323条C）做对比，但本书认为，这样的论述并不妥当，因为此处A对C应当是紧密生活共同体的救助义务，而非普通民众间的社会团结义务，当然这并不会影响本书的结论，因为无论如何紧密生活共同体，其义务等级也难以达到父亲对儿子般特别的保护义务之程度。

② Vgl. Christoph Clausen, Das Verhältnis von Achtungs-und Schutzpflichten in Ausnahmesituationen, Berlin: Duncker & Humblot, 2018, S. 174f; Calliess, Die grundrechtliche Schutzpflicht im mehrpoligen Verfassungs-rechtsverhältniss, JZ 2006, S. 327.

于注意义务①,但大部分学者仍然坚持认为,注意义务优先于保护义务②,尽管上述观点在论证上均存在各种难题。③ 还有学者认为,虽然注意义务与保护义务的位阶相同,但此时的保护义务是一种作为义务,而注意义务是一种不作为义务,在同等位阶作为义务与不作为义务发生冲突的情况下,后者具有优先性。④ 然而,这样的争论对于本书的结论并不会有影响。因为如前所述,在"劫持飞机案"中,乘客做出了自愿牺牲之承诺,即其在这种情况下,允许国家侵害自己的生命权,故此时国家对其注意义务大幅度下降,在这样的特殊情况下,保护义务便能够优先于注意义务,相应地,在并非同等位阶的情况下,不作为义务并不能优先于作为义务。

有学者可能会质疑,在为救千人而杀一人的案例中,国家对一千人的保护义务,难道仍不敌对一人的注意义务。笔者认为,只要此人没有承诺放弃自己的生命,答案就是肯定的。我国有学者指出:权利位阶反映了权利效力间的高低、强弱或者价值上的轻重关系,在权利位阶中居于强势地位的权利便是优先权。优先权构成对劣势权利的限制。⑤ 由此,劣势权利须服从优先权的效力、尊重优先权的价值。优先权先于劣势权利而获得保护,低位阶权利必须容忍高位

---

① Vgl. Bertram, Rückkehr der Folter? RuP 2006, S. 226. 正因为如此,Bertram 教授认为,能够允许营救酷刑。Vgl. Bertram, Folter, Daschner, Menschenwürde: eine endlose Diskussion, RuP 2005, S. 247f。

② Vgl. Weilert, Grundlagen und Grenzen des Folterverbotes in verschiedenen Rechtskreisen, Berlin: Springer, 2009, S. 171f; Bernstorff, Pflichtkollision und Menschenwürdegarantie. Zum Vorrang staatlicher Achtungspflichten im Normbereich von Art. 1 GG, Der Staat 2008, Berlin: Duncker & Humblot, S. 21ff.

③ 如认为注意义务优于保护义务,则无法解释为何警察为了营救人质而射杀绑匪能够阻却违法;若认为保护义务优于注意义务,又难以解释为何对绑架了人质的绑匪施加酷刑,以逼其招出人质藏匿场所的营救酷刑是违法行为。

④ Vgl. Streng, Gerechtfertigte Aufopferung Unbeteiligter? Anmerkungen zum Defensivnotstand bei terroristischen Angriffen, Festschrift für Heinz Stöckel zum 70. Geburtstag, Berlin: Duncker & Humblot, 2010, S. 154.

⑤ 参见李友根《权利冲突的解决模式初论》,载浙江大学公法与比较法研究所编《公法研究》,商务印书馆2004年版,第295页。

阶权利对其的损害与"侵犯"。依权利位阶获得的权利优位是绝对的、确定的。① 由于权利与义务为对应关系，这样的论述也可以延伸至义务中来，即优位义务是绝对的、确定的，不同位阶的义务存在"质"的差异，其并不会因为"量"的累计而改变。如在前述"不同等地位义务冲突"的案例中，即便另一方是100个小孩，父亲对儿子特别的保护义务仍然优先于其对紧密生活共同体的救助义务。如前所述，注意义务与防卫权本就为一体两面之关系，是以若采取注意义务优先说，再多的保护义务，也无法压倒注意义务的优先性。

能够预料的是，绝大多数德国学者不会赞成本书的观点，因为他们——包括德国宪法法院均认为，击落客机的行为侵犯了飞机上无辜乘客的人性尊严，而人性尊严是绝不容许被侵犯的。故在此情况下，保护义务并不优于注意义务，击落飞机之行为仍属违法。但本书认为，德国学者的观点并不适用于我国法律体系。如前所述，我国法律体系中人格尊严的定义与德国的人性尊严并不相同，故此种情况是否侵犯了我国法律体系内所保护的"人格尊严"还有待研究。退一步而言，即便认为此时侵犯了乘客及机组成员的人性尊严，其价值也难以与生命权对抗。根据被害人承诺原理，被害人处分自身有权处分的法益之行为，其实是对自身法益的一种利用②，Stratenwerth教授对此指出：违法的本质在于忽视了他人自治的人格，这种忽略造成了他人法益或者利益的损害。若此种法益或者利益的损害完全为个人所有，则在相关者通过自治人格将其忽略时，也能够阻却违法。③ 因此，行为人应被害人要求，处分其自身法益之行为，其实是代替被害人行使本应由其行使的自我决定权，既没有侵犯其

---

① 张平华：《权利位阶论——关于权利冲突化解机制的初步探讨》，《法律科学》2007年第6期。

② 参见王钢《动机错误下的承诺有效性问题研究》，《中外法学》2020年第1期。

③ Vgl. Günter Stratenwerth, Prinzipien der Rechtfertigung, ZStW 68, S. 44f.

法益，也并未侵犯其人性尊严①。具体至本案中，飞机上的理性人在"无知之幕"后基于自我决定权做出了放弃生命之承诺，虽然此时立法者因生命的特殊性认为此种情况仍然符合故意杀人罪的构成要件，但毕竟得到了被害人承诺，故违法性大大降低；相应地，此种情况下侵犯乘客人性尊严的程度也会因为得到了乘客的允许而较普通故意杀人罪中的侵犯程度大幅度下降——甚至可以认为，此时将乘客射杀的行为是帮助其履行了自我决定权，因而并未侵犯其人性尊严。

综上，"无知之幕"后的理性人在"非对称危险共同体"中会为了未来可能的存活机会而做出放弃自身性命之承诺，使得其自身性命与人性尊严的要保护大幅降低，由于后者在我国并非至高无上的神圣权利，此时国家虽然对于乘客残存的生命权与人性尊严仍然具有注意义务，但已经难以抗衡国家对地面人员完整的保护义务，纵然击落被劫持飞机的行为在德国因侵犯了人性尊严而违宪，但在我国法律体系中，却依然能够因为履行了更高的保护义务而成立阻却违法的义务冲突。②

四 域外突发公共卫生事件情形之分析

在讨论完教学案例后，我们便可以将目光折返至现实，共同探究突发公共卫生事件中的悲惨案件。根据相关报道，本书将医院不救治病人的情形分为三类。

首先，医院因资源匮乏而不收治轻症患者的做法并不成立犯罪。诚然，这样的做法使得许多轻症病人转为重症，部分患者甚至最终因得不到救治而死于家中，但在违法阻却事由中，我们考量的只能够是行为时所保护的法益的价值，而不应当是其日后可能遭受损害

---

① 参见周漾沂《论被害人生命法益处分权之限制——以刑法父权主义批判为中心》，《台北大学法学论丛》第88期。

② Vgl. Stratenwerth/Kuhlen, Strafrecht Allgemeiner Teil. Die Straftat, 6. Aufl., München: Vahlen, 2011, §9, Rn. 122；周光权：《刑法总论》，中国人民大学出版社2021年第4版，第235页。

的价值。故从行为时的视角观察，因为轻症并不会造成严重后果，故医生将有限资源集中于重症患者的行为，是以较低价值的法益为代价保护明显更为优越的重大法益，能够成立阻却违法的紧急避险。①

其次，在所有已入院的重症患者中，挑选其中部分患者使用呼吸机以挽救性命的做法，虽然在诸多学者眼中也属于"为生命定价"②之行为，但因确实没有同时救治多人的可能性，故属于典型的"义务冲突"，能够阻却违法。当然，若某医生故意安排并不急需呼吸机续命的病人使用机器，而对其他急需机器续命的病人置之不理，则将会因为履行了较为轻微的义务而难以成立义务冲突，更可能成立相应犯罪（如故意杀人罪）。③

最后，拔掉病患呼吸机以拯救他人的行为，难以成立阻却违法的紧急避险。在此类情形中，所有的患者都身处险境——病魔——之中，而医院的呼吸机仅能够供部分重症患者使用，即使用呼吸机的患者有较大概率存活，而不使用呼吸机的患者则必死无疑，这正符合前述危险共同体的典型特征——多个法益同时受到危险，因此，所有的重症患者处于危险共同体中当无疑问，接下来需要探讨的问题在于，此种情形究竟属于对称危险共同体抑或非对称危险共同体。如果是前者，则拔掉呼吸机的行为应属违法；如果是后者，根据本书观点，此类行为属于义务冲突，能够阻却违法。虽然在网上难以查询到准确数据，但根据相关技术统计，两个被报道拔掉患者呼吸机的国家，患者的死亡率分别为10%与13.5%，在世界各地重症患

---

① Vgl. Christian Jäger/Johannes Gründel, Zur Notwendigkeit einer Neuorientierung bei der Beurteilung der rechtfertigenden Pflichtenkollision im Angesicht der Corona-Triage, ZIS 2020, S. 154.

② Vgl. Maximilian Amos, Behandelt wird, wer die besten Chancen hat, LTO v. 9. 4. 2020, abrufbar unter https：//www.lto.de/persistent/a_id/41273/，2020-4-27.

③ Vgl. Armin Engländer/Till Zimmermann, "Rettungstötungen" in der Corona-Krise: Die Covid-19-Pandemie und die Zuteilung von Ressourcen inder Notfall-und Intensivmedizin, NJW 2020, S. 1401.

者被治愈的报道也屡见不鲜，这充分说明即便身染重疾，其也并不会必定遭受死亡的结果，只是不同程度患者之间因各自身体状况不同，死亡率各不相同而已。对此种情形，Roxin 教授曾明确指出：在医生将医院里唯一的呼吸机从只有 30% 存活概率的病人身上取下，并用于后入院的有 70% 存活概率的病人身上，从而导致前者死亡的情形中，医生的行为并不能阻却违法。① 退一步而言，即便所有的重症患者都必须要依靠呼吸机才能存活，此种情形依然属于对称危险共同体——因为他们中没有一人是必死无疑的，每个人都能够依靠呼吸机存活下去，每个人都仍然有存活的可能，故在此情况下，无知之幕背后自利的理性人必然会想方设法保全自身性命，绝不会同意国家强行拔掉自己的呼吸机②，国家为救助其他年轻病患而强行关闭 65 岁以上老人呼吸机的做法已然违背了其在无知之幕后可能做出的抉择，应成立不作为的故意杀人罪③，只是因为此种情况下是为了

---

① Vgl. Roxin & Greco, Strafrecht Allgemeiner Teil Bd. 1, 5. Aufl., München: C. H. Beck, 2020, §16, Rn. 33.

② 当然，当医生履行政府规定，拔掉呼吸机时，也存在着注意义务与保护义务的冲突，但如前所述，因为二者的位阶存在争议，故难以给出定论。所以德国学者 Jäger 教授指出：在此种作为义务与不作为义务相冲突的情况下，难以成立阻却违法的义务冲突。Vgl. Christian Jäger/Johannes Gründel, Zur Notwendigkeit einer Neuorientierung bei der Beurteilung der rechtfertigenden Pflichtenkollision im Angesicht der Corona-Triage, ZIS 2020, S. 154.

③ 本书认为关闭呼吸机的行为是不作为，原因在于，如果医护人员只是不对患者加以救治或在救治过程中放弃治疗，显然应当被认定为不作为。按此逻辑，医护人员主动关闭了呼吸机也应当得出相同的结论。虽然这些行为从其外观上看来是积极的举动，似乎应当被认定为作为，但是，真正致使患者死亡的是其不履行救治义务的行为，其不法内涵以及与刑法的相关性都来源于没有继续提供呼吸机而放任病患死亡，故在责难的重点（Schwerpunkt der Vorwerfbarkeit）上应当被评价为不作为，因而属于一种"通过作为实施的不作为"（Unterlassen durch Tun）。Vgl. Claus Roxin, An der Grenze von Begehung und Unterlassung, in: Bockelmann (Hrsg.), Festschrift für Karl Engisch zum 70. Geburtstag, Frankfurt am Main: Klostermann, 1969, S. 395ff. 德国判例中也明确指出，要求护理人员关闭医疗设备的医生成立不真正不作为犯的间接正犯。Vgl. BGHSt 40, 265f. 2010 年 Fulda 案中，联邦最高法院再次重申了此观点，并将之称为"中止治疗"（Behandlungsabbruch），得到大部分学者的赞同。Vgl. BGHSt 55, 191.

救助他人而能够被谅解，最终或能够阻却责任而已。①

本章小结

　　既有的认为"对生命紧急避险属合法"之观点，或多或少均掺杂了功利主义的思想，在根基上便已经背离当今主流法律思想。而建立在"生命不可衡量或生命至高无上"的违法性说，既与现有的教义学理论自相矛盾，也难以得到实务的赞同。"法外空间说"与"三阶层"理论不相吻合，也不符合我国法律体系，更难以解决对生命紧急避险中后续参与人的法律评价问题，因而并不妥当。基于社会连带义务理论，从被避险人的视角出发，只要有一线生还希望，其便绝不可能放弃自己的生命去拯救他人，唯有在"非对称危险共同体"中，因被避险人已经不存在任何生还可能，理性人会同意在此情况下放弃自己的生命，以求自己日后在此情形中处于避险人位置时，自身性命得以保全，这种承诺行为使得国家对被避险人的注意义务低于对其他民众的保护义务，将其杀害以保护其他无辜民众的行为也能够因为在法益冲突中履行了高阶义务而阻却违法。若有学者要追问：在"对称危险共同体"中，为了成千上万人的性命，也不能牺牲一人？笔者的回答依然是：不能！诚然，这样的答案过于残忍，却是坚守法治国原则所必需的牺牲。紧急时虽看似无法律，但恰恰在紧急事件的处理上彰显国家治理水平和治理能力。② 一如德国道德理事会针对此次突发公共卫生事件中部分国家行为所指出的：

---

① Vgl. Hilgendorf, Mit Rechtsfragen nicht die Ärzte belasten, LTO v. 27. 3. 2020, abrufbar unter https：//www. lto. de/persistent/a_ id/41115/; Till Zimmermann, Wer stirbt zuerst? LTO v. 23. 3. 2020, abrufbar unter https：//www. lto. de/persistent/a_ id/40967/, 2020 - 4 - 27.

② 刘艳红：《治理能力现代化语境下疫情防控中的刑法适用研究》，《比较法研究》2020 年第 2 期。

拔掉呼吸机以救助他人的行为，虽然在客观上似乎产生了积极的结果，但这并不意味着我们能够为了拯救第三人而这么做。我们必须强调的是，即便在此种灾难中，国家更应当坚守法治的底线！[①]

[①] Vgl. Deutscher Ethikrat, Solidarität und Verantwortung in der Corona-Krise Ad-hoc-empfehlung, 2020, S. 4.

结　　语

——社会连带义务引入我国之步骤

日本学者内藤谦教授指出：就司法实践中的重要性而言，紧急避险不及正当防卫，但在考虑个人与社会的关系、违法与责任的关系时，可以说紧急避险的问题是好素材。① 对此笔者深以为然，传统的紧急避险以功利主义为正当化依据，其根源在于我国法律体系"社会本位"的基本价值取向，但是根据社会契约理论，"国家不过是为人服务的工具"②，"国家是为了个人而存在，个人必须由于其自身的缘故而不是作为社会整个制度的部分而受到保护"③。故我们不可以为了国家或者社会而罔顾个人意愿，强迫其牺牲自己的利益。正是在这种"个人本位"的思潮之下，本书对现今的通说功利主义紧急避险进行了否定，转而提倡将社会连带义务作为其正当化依据。

诚然，在传统中国社会，人与人之间连带的程度，基本上系依据人跟人之间远近亲疏的关系而定。在亲属、宗族之间，传统观念会认为有一定的互助义务；在不具特定关系的国民之间，传统观念一般仅要求互不侵扰则足矣。因此社会整体对于个人并不负有较周

---

① 参见［日］内藤谦《刑法总论讲义》（中），东京：有斐阁1986年版，第407页。

② ［法］马里旦：《人和国家》，沈宗灵译，中国法制出版社2011年版，第11页。

③ ［德］克劳斯·罗克信：《刑法的任务不是法益保护吗？》，樊文译，载陈兴良主编《刑事法评论》（第19卷），北京大学出版社2007年版，第149页。

密的社会救助义务。因此，我国缺乏团结互助的基因，这也是社会连带义务获得民众支持的深层原因。一如孙中山先生所言：中国人"自由太多，没有团体，没有抵抗力，成一片散沙"。① 但是，应当认识到，这样的思想与当时的历史条件密不可分，无论是封建社会还是中华人民共和国成立前夕，我国都长期处于内忧外患之中，普通民众往往过着衣不蔽体、食不果腹、朝不保夕的生活，易子而食的惨剧也时有发生，在这样物质生活极度匮乏，对自己及家人尚且自顾不暇的大环境下，哪还有余力去顾及陌生人的处境。但我们同样应当认识到，现今的中国早已是今非昔比，根据统计，我国整体的政治、经济、社会发展已经接近甚至达到世界中等收入国家的水平，个别城市更是已经达到中等发达国家程度，民众基本都过上了丰衣足食、安居乐业的生活，不再会为了安全与基本生活条件而发愁，也有余力在条件允许的情况下对他人伸出援助之手，因此以法律手段落实"社会团结义务"、为每一个公民提供基本社会福利的条件已经成熟。有学者在做出与本书上述话语同样的分析后指出：如果国家有义务救助在贫困线上挣扎的残疾人，医院有义务救助无力支付医药费的病人，那么一个路遇不测，被汽车撞倒的孩子，是不是也应该得到社会的救助？当社会公权力无法介入，目击事件的普通人在能力所及的范围内，是否应该绕过公共机构这个代理人，直接履行"团结义务"提供合适的救助，至少也应该吁请专业人士赶往救治？② 本书赞成论者的观点，但认为其论证过程值得商榷。一方面，论者的言语中，似乎认为现今社会并没有救助路遇不测的孩子的义务，但这样的结论显然难以成立，因为社会当然有义务对其实施救助行为；另一方面，社会具有救助义务并不能够直接推导出私人也具有救助义务，因为获得社会救助的权利是民众在加入社会契

---

① 孙中山：《孙中山全集》，中华书局1981年版，第286页。
② 参见骆正言《冷漠即是残忍——论不救助入罪的正当性》，载陈兴良主编《刑事法评论：规范论的犯罪论》，北京大学出版社2015年版，第548页。

约时，以放弃部分权利为对价所换取的，相应地，社会也就具有保护民众合法权利的义务，这是一种"公对私"的义务，但如前所述，从纯粹的理论上，社会契约理论难以直接推导出私人间也应当承担社会连带义务，而只能交由现实观念及法律加以解决。

本书认为，纵使以法律手段落实"社会团结义务"的条件已经成熟，我们也不宜直接设立"见危不救罪"。原因在于，如今我国民众生活水平虽然大幅度提升，然社会保障仍未趋完善，千年传承的思想一时也难以转变，虽然许多学者建议设立见危不救罪，在恶性案件发生后，民众的呼声也日趋强烈，但值得注意的是，学界中对于设立"见危不救罪"也不乏反对之声，而网上的呼声未必能够代表绝大多数民意，因此，在社会观念未完全形成、制度也尚不健全的情况下，贸然设立本罪，恐怕会招致民众更大的反感。因此，社会连带义务概念的引入并非一朝一夕可以完成，而应当按部就班，循序渐进。我国有学者指出，在未来制定《刑法典》之时，为弘扬社会主义核心价值观，有必要增设特定情形下的见危不救罪。① 但问题在于，此处所指的未来，究竟是多久以后。如果我们立即编纂《刑法典》，是否马上就应当设立见危不救罪？如果我们一直不对现行《刑法》进行全面修订，是否就永远不宜增设本罪？显然，二者的答案均应当是否定的，因为是否增设见危不救罪并不取决于我们何时编纂或全面修订刑法，而是取决于增设此项犯罪的时机是否已经成熟，将之规定为犯罪是否已经能够得到民众的认可。虽然这些构想与本书内容并无直接关联，但由于涉及社会连带理论在我国法律规范中的贯彻，故也与紧急避险的正当化依据有些许关联，有必要在此稍加阐述。根据本书的观点，将社会连带理论全面引入我国，并在此基础上设立见危不救罪，至少需要如下几个步骤。

首先，正面鼓励民众履行社会连带义务，加强对帮助他人者的奖励与宣传工作。此时可以通过政府规章、行政条款等对一些优秀

---

① 参见周光权《法典化时代的刑法典修订》，《中国法学》2021年第5期。

榜样进行奖励，鼓励民众积极地实施社会连带义务。例如，公安部于 2017 年颁布了《见义勇为人员奖励和保障条例（草案公开征求意见稿)》（以下简称《征求稿》），《征求稿》中对于见义勇为者的医疗费用承担问题进行了详尽的规定，并规定了一系列的奖励措施。迄今为止，各地制定的见义勇为保护条例已达 70 项之多，部分地方已设立了见义勇为基金，保证奖励经费的充足，以解决救人者自身伤亡引起的医疗和抚恤问题。① 虽然见义勇为行为已经超出了本书所要求的社会连带义务之范围，但《征求稿》的制定充分说明，相比以往各地区自主制订见义勇为的奖励计划，政府已经在国家层面开始重视为了救助他人而使得自身合法权益遭受损害的民众的救济问题，而与见义勇为相同，紧急避险也是无辜第三人因救助他人而遭受了损害，故一旦《见义勇为人员奖励和保障条例》制定，必然间接影响紧急避险中无辜第三人的救济问题，纵然其因为是被动接受而不应给予奖励，也应当足额补全其所遭受的损失，无论如何，不能让在危难来临之时的无辜受害者"流血又流泪"。除官方条例外，我国部分民间组织也已经对积极协助他人者提供奖励。如有报道称：2019 年 6 月 28 日晚，67 岁的李先生冒着骤雨狂风接外孙女回家，俩人的衣服、鞋都湿透了，站在路边打了半个小时的出租车也打不到，孩子冷得直发抖。一位女司机见状，特意送他们祖孙俩回了家。在得知此情况后，新文化报联合阿里巴巴天天正能量奖励该女司机5000 元。② 只要对此类"见义勇为""助人为乐"之人大力弘扬，同时对其因救助行为遭受的损失予以弥补甚至提供一定的奖励，例如确立救助人责任豁免制度，免除救助人因救助不当导致的损害赔偿责任。《民法典》在第一百八十四条规定的见危救助的免责条款即为其例，虽然学界在该条款的具体运用中仍有一定争议，但

---

① 参见《江苏省奖励和保护见义勇为人员条例》《山东省见义勇为保护条例》等。
② 参见谢超《雨中送祖孙俩回家的好心女司机已经找到》，《新文化报》2019 年 7 月 3 日第 A4 版。

立法者的意图却已是显而易见,即让救助人没有后顾之忧地去帮助需要帮助的人,在此种立法模式开启后,相信将来会出现越来越多的帮助他人之行为,待习惯成自然后,便会自然而然地形成一种"社会连带思潮"。但需要注意的是,纵然此时已形成"社会连带思潮",我们也不能贸然设立见危不救罪,因为民法见义勇为免责条款的规定,并不能够为刑法见危不救在法律上提供任何依据。免责条款实质只是为道义行为提供消极防御,而刑法将见危不救入罪的实质却是对非道义行为的积极进攻[①],前者只是对见义勇为者免除责任,鼓励其积极实施,而后者是强迫他人去为处于危难中的陌生人提供帮助,否则就要接受法律的制裁;二者在对民众的要求上处于两个极端。从立法技术上而言,正常的行为规范至少应当经历"民事责任—行政责任—刑事责任"三个阶段方能够进入刑法领域,诸多法定犯莫不如此。若现在直接设立见危不救罪,等于逾越了民事责任与行政责任,让原本无须承担任何法律后果的行为直接成立犯罪,对民众陡然提出如此之高的道德要求,很可能引起社会大众对这样罪名的抵触和反感,在立法技术上并不可取,故其中必须加入其他步骤。

其次,对于部分破坏社会连带关系之人,法秩序也应当对其采取必要的惩罚措施。例如,在符合罪刑法定原则的条件下,将一些颠倒是非之人绳之以法。如今社会,好心人在老人摔倒后去扶起,反而被污指为肇事者的事件屡屡发生,好心人在花费大量时间、经历,甚至闹至法庭方才洗清嫌疑后,得到的往往只是一句"认错了"的推脱之语,诬告者不会得到任何制裁,长此以往,许多原本热心的民众犹如"惊弓之鸟",都会因为害怕被官司缠身而不再帮忙扶起老人,最终受害的则是真正需要帮助的人。我国社会中频繁出现的老人摔倒,周围民众因害怕被污指而无人实施救助,最终老人因没

---

① 参见刘艳红《人性民法与物性刑法的融合发展》,《中国社会科学》2020年第4期。

有得到救助而延误治疗，以致重伤残疾甚至死亡的案件即为其例。因此本书认为，在部分情形中，此类人的行为已经完全符合部分犯罪构成要件，理应成立相关犯罪。如我国《刑法》第三百零七条之一规定了虚假诉讼罪，即以捏造的事实提起民事诉讼，妨害司法秩序或者严重侵害他人合法权益的，处三年以下有期徒刑、拘役或者管制，并处或者单处罚金；情节严重的，处三年以上七年以下有期徒刑，并处罚金。据此，若有证据表明，民事诉讼中的原告明知不是被告将其撞到，但为了获得医疗费用以减轻自身经济压力，诬告是被告将其撞到并告至法院，情节严重的，完全符合虚假诉讼罪构成要件，应当成立本罪，并予以相应处罚。又如《刑法》第二百四十六条规定了诽谤罪，即以暴力或者其他方法公然侮辱他人或者捏造事实诽谤他人，情节严重的，处三年以下有期徒刑、拘役、管制或者剥夺政治权利。若被撞者明知并非是被救助者所撞，仍然大肆宣扬，试图以舆论压力迫使其提供经济补偿，并达到了情节严重后果的，也应当以本罪论处。退一步而言，即便此类诬告者并未达到犯罪的程度，这些被"反咬"的救助者，也应当用法律维护自己的合法权益，追究此类诬告者的民事责任，如要求其赔偿因侵害自身名誉权或人格尊严权等而应赔付的精神损失费，让他们受到应有的制裁。当然，若须推行此举，一个必不可少的前提条件便是完善我国社会保险及社会救助制度。不言而喻，上述诬告者之所以会实施诬告行为，除没有法律后果，让其不用付出任何代价外，一个重要的原因便在于弥补损失，因为目前我国医疗昂贵，经常出现一次治疗拖垮一个家庭之现象，故许多家庭在遭受此无妄之灾后，第一反应往往是尽量减少自己的损害，故如果只从反面，即将此类行为入罪，而不从正面——让他们恢复额外遭受的重大损失——来加以疏通，恐怕难以杜绝此类行为。与之相对，德国社会能够推行社会连带义务，民众在他人遇到危难之际会纷纷伸出援手而不会被诬告的重要的原因在于，其具有较为完善的社会救济制度，遭遇危难的受难者能够通过自身保险或相关法律得到一定程度的补偿，根本无须通过其他手段来弥补损失，其他民众也就可以没有后顾之忧地实施帮助行为。例如其《社会法典》第 12 编第 70—74 条规定了对特殊生活情况的救助，即由于存在紧急情况（如伤病、怀孕、残疾等）而需要额外的、无法由个人收入或者财产所能够承担的费用，便能够得到特殊生活情况的救助，且不必达到变卖生活财产之程度。① 因此在推行社会连带制度的过程中，社会保障制度也应当齐头并进，丰富相应的保险产品，同时可考虑设立一定的社会保障法，让民众意外遭受的损失得到减轻，使其不至于再为了钱财而去诬告他人，同时对于为了些许钱财而诬告他人的遇险者，应当摒弃恻隐之心，坚决将其绳之以法，结合上述的奖励措施，共同形成"行政法金钱鼓励—社会法弥补损失—刑法惩罚犯罪"三法一体的完整法律体系，既能够鼓励民众实施社会连带义务，又能够让遇险者获得经济上的补偿，还能够保障履行了社会连带义务者的合法权益，惩罚破坏连带义务的违法者，从三个方面同时保障社会连带理论的正常运转。

最后，待助人为乐、见危救助已经成为社会主流风气之时，再设立见危不救的惩罚机制，才能够让民众更加容易接受。当然，此过程也需要循序渐进，而不能操之过急，一蹴而就，而是应当采取"由量变到质变"之步骤，首先在现有的法律规定及部分高危行为中，设立不履行社会连带义务的处罚条款。在我国部分法律中，其实已经规定了包含社会连带义务及其法律后果之条款。如我国《消防法》在第五条与第四十四条分别规定了普通民众的报警义务，即"任何单位和个人都有维护消防安全、保护消防设施、预防火灾、报告火警的义务。任何单位和成年人都有参加有组织的灭火工作的义务"以及"任何人发现火灾都应当立即报警"。其第六十四条也规定：违反本法规定，有下列行为之一，尚不构成犯罪的，处十日以上十五日以下拘留，可以并处五百元以下罚款；情节较轻的，处警

---

① Vgl. Eichenhofer Eberhard, Sozialrecht, 10. Aufl., Tübingen: Mohr Siebeck, 2017, Rn. 545.

告或者五百元以下罚款：……（三）在火灾发生后阻拦报警，或者负有报告职责的人员不及时报警的。虽然由于各种原因，在我国的司法实践中，尚未出现处罚普通民众不报警或不救助的案例，但是这并不是法律没有规范，而是司法机关在实务中的适用之问题。又如，虽然我国《道路交通安全法》第七十条规定：在道路上发生交通事故……乘车人、过往车辆驾驶人、过往行人应当予以协助。赋予了普通民众协助义务，但却并未规定相应的法律后果，因而难以起到威慑作用。本书认为，相较其他日常生活行为而言，驾车行为具有一定的危险性，在日常生活中，车祸伤者因未得到及时救助而致残甚至致死的现象也普遍存在，故可以考虑赋予能救助而不救助的普通民众报警或救助义务，并规定相应后果。由于汽车已经完全融入我们的日常生活，每个人都或多或少需要乘车或驾车，故每一个民众都是潜在的获利者，相较于其他"个人专属的危难情形"如突发疾病、意外受伤等，此种与每个民众都密切相连、发生可能性更大的灾难显然更容易得到民众的赞同。在规定了上述行政条款，使民众逐步熟悉、认可社会连带义务，并发现该义务的好处后，便可以考虑将不履行此义务的范围扩大至所有的危难情形中，并规定相应的行政制裁措施。在完成"量变"，即将所有见危不救的行为均作为治安管理处罚的行为后，便可以进一步开展"质变"过程，即将见危不救的行为升格至刑法层次。经过这种范围由窄到宽、程度由轻到重的过渡，见危不救入罪也能够更加为民众所接受，也就更加的顺理成章了。

在正式将社会连带理论纳入刑法体系后，对于紧急避险的积极影响至少有如下两点：一方面，如前所述，见危不救罪所要求的是一种积极的社会连带义务，根据举重以明轻原则，刑法既然连积极的社会连带义务都要求履行，当然更会要求履行消极的社会连带义务，故紧急避险的正当化依据能够直接得到刑法的证成；另一方面，在规定了见危不救罪后，便能够将部分满足见危不救罪构成要件的不履行紧急避险容忍义务之行为人入罪，为民众提供更加周全的保护。

参考文献

一 中文著作（含译著）

陈宏毅、林朝云：《刑法总则新理论与实务》，台北：五南图书出版股份有限公司2015年版。

陈朴生：《刑法总论》，新北：正中书局印行1969年版。

陈仟万、林宜君：《刑法总则概要》，台北：文笙书局2013年第8版，第122页。

陈甦主编：《民法总则评注》（下），法律出版社2017年版。

陈子平：《刑法总论》，台北：元照出版有限公司2017年第4版。

程啸：《侵权责任法》，法律出版社2015年第2版。

邓肄：《罗尔斯政治哲学解读》，中国政法大学出版社2014年版。

冯军、肖中华主编：《刑法总论》，中国人民大学出版社2016年第3版。

高铭暄、马克昌主编：《刑法学》，北京大学出版社、高等教育出版社2022年第10版。

高铭暄、赵秉志编：《中国刑法规范与立法资料精选》，法律出版社2013年版。

高铭暄：《中华人民共和国刑法的孕育诞生和发展完善》，北京大学出版社2012年版。

高兆明：《心灵秩序与生活秩序：黑格尔〈法哲学原理〉释义》，商务印书馆2014年版。

龚群:《罗尔斯政治哲学》,商务印书馆2006年版。

龚群:《追问正义——西方政治伦理思想研究》,北京大学出版社2017年版。

龚群:《自由主义与社群主义的比较研究》,人民出版社2014年版。

郭守权、何泽宏、杨周武:《正当防卫与紧急避险》,群众出版社1987年版。

何怀宏:《正义理论导引——以罗尔斯为中心》,北京师范大学出版社2015年版。

黄茂荣:《法学方法与现代民法》,台北:台湾大学法学丛书编辑委员会编辑2002年版。

黄荣坚:《基础刑法学》(上),台北:元照出版有限公司2012年第4版。

姜明安主编:《行政法与行政诉讼法》,北京大学出版社、高等教育出版社2019年第7版。

黎宏:《刑法学总论》,法律出版社2016年第2版。

黎宏:《刑法总论问题思考》,中国人民大学出版社2016年第2版。

李海东:《刑法原理入门》(犯罪论基础),法律出版社1998年版。

李强:《自由主义》,东方出版社2015年第3版。

李秋零主编:《康德著作全集(第6卷)纯然理性界限内的宗教、道德形而上学》,中国人民大学出版社2007年版。

李泽厚:《中国思想史论》,安徽文艺出版社1999年版。

梁上上:《利益衡量论》,法律出版社2016年第2版

林山田:《刑法通论》(上),北京大学出版社2012年增订10版。

林亚刚:《刑法学教义》,北京大学出版社2011年版。

刘明祥:《紧急避险研究》,中国政法大学出版社1998年版。

刘艳红:《实质犯罪论》,中国人民大学出版社2014年版。

刘艳红:《实质刑法观》,中国人民大学出版社2019年第2版。

龙卫球:《民法总论》,中国法制出版社2002年第2版。

马克昌主编:《犯罪通论》,武汉大学出版社2005年第3版。

诺齐克:《无政府、国家与乌托邦》,何怀宏译,中国社会科学出版社 1991 年版。

钱宁:《社会正义、公民权利和集体主义——论社会福利的政治与道德基础》,社会科学文献出版社 2007 年版。

孙中山:《孙中山全集》,中华书局 1981 年版。

王钢:《自由主义视野下的刑法问题研》,法律出版社 2015 年版。

王皇玉:《刑法总则》,台北:新学林出版股份有限公司 2014 年版。

王利明:《侵权行为法归责原则研究》,中国政法大学出版社 2003 年版。

王利明:《侵权行为法研究》(上册),中国人民大学出版社 2004 年版。

王利明:《侵权责任法研究》(上卷),中国人民大学出版社 2016 年第 2 版。

王利明:《债法总则研究》,中国人民大学出版社 2015 年版。

王利明主编:《民法》,中国人民大学出版社 2010 年第 5 版。

王利明主编:《中华人民共和国民法总则详解》(下),中国法制出版社 2017 年版。

王政勋:《正当行为论》,法律出版社 2000 年版。

奚晓明:《侵权案件指导案例评注》,中国法制出版社 2010 年版。

谢瑞智:《刑法概论Ⅰ:刑法总则》,台北:台湾商务印书馆 2011 年版。

谢雄伟:《紧急避险基本问题研究》,中国人民公安大学出版社 2008 年版。

杨立新:《侵权法论》(上),人民法院出版社 2013 年第 5 版。

杨立新:《侵权法论》(下),人民法院出版社 2013 年第 5 版。

杨立新:《侵权法论》,人民法院出版社 2004 年版。

姚大志:《正义与善——社群主义研究》,人民出版社 2014 年版。

叶慧娟:《见危不助犯罪化的边缘性审视》,中国人民公安大学出版社 2008 年版。

俞可平：《社群主义》，东方出版社 2015 年第 3 版。

张传有：《伦理学引论》，人民出版社 2006 年版。

张丽卿：《刑法总则理论与应用》，五南图书出版股份有限公司 2015 年增订版。

张明楷：《刑法学》（上），法律出版社 2021 年第 6 版。

张明楷：《刑法学》（下），法律出版社 2021 年第 6 版。

张新宝：《〈中华人民共和国民法总则〉释义》，中国人民大学出版社 2017 年版。

张新宝：《侵权责任法原理》，中国人民大学出版社 2005 年。

张新宝：《侵权责任构成要件研究》，法律出版社 2007 年版。

周光权：《刑法总论》，中国人民大学出版社 2021 年第 4 版。

周穗明：《当代西方政治哲学》，江苏人民出版社 2016 年。

周佑勇：《行政法原论》，北京大学出版社 2018 年第 3 版。

［德］黑格尔：《法哲学原理》，范扬、张企泰译，商务印书馆 1961 年版。

［德］康德：《道德形而上学的奠基》（注释本），李秋零译注，中国人民大学出版社 2013 年版。

［德］康德：《法的形而上学原理》，沈叔平译，商务印书馆 1991 年版。

［德］克里斯蒂安·冯·巴尔、［英］埃里克·克莱夫主编：《欧洲私法的原则、定义与示范规则：欧洲示范民法典草案（全译本）》（第 5 卷、第 6 卷、第 7 卷），王文胜等译，法律出版社 2014 年版。

［德］马克思、恩格斯：《马克思恩格斯全集》第 3 卷，中共中央马克思恩格斯列宁斯大林著作编译局编译，人民出版社 1995 年版。

［法］贡斯当：《古代人的自由与现代人的自由》，阎克文等译，上海人民出版社 2017 年版。

［法］卢梭：《论人与人之间不平等的起因和基础》，李平沤译，商务印书馆 2007 年版。

［法］马里旦：《人和国家》，沈宗灵译，中国法制出版社 2011 年版。

［法］孟德斯鸠：《论法的精神》（上册），张雁深译，商务印书馆 1961 年版。

［加］威尔·金里卡：《当代政治哲学》，刘莘译，上海三联书店 2004 年版。

［美］艾伦·德肖维茨：《你的权利从哪里来》，黄煜文译，北京大学出版社 2014 年版。

［美］安德鲁·内森：《中国权利思想的渊源》，黄列译，载夏勇主编《公法（第一卷）》，法律出版社 1999 年版。

［美］丹·B. 多布斯：《侵权法》（上），马静等译，中国政法大学出版社 2014 年版。

［美］罗尔斯：《政治自由主义》，万俊人译，台北：译林出版社 1993 年版。

［美］罗纳德·德沃金：《认真对待权利》，信春鹰、吴玉章译，中国大百科全书出版社 1998 年版。

［美］玛莎·C. 纳斯鲍姆：《正义的前沿》，陈文娟等译，中国人民大学出版社 2016 年版。

［美］约翰·罗尔斯：《正义论》（修订版），何怀宏等译，中国社会科学出版社 2009 年版。

［日］松原芳博：《刑法总论重要问题》，王昭武译，中国政法大学出版社 2014 年版。

［日］西田典之：《日本刑法总论》，王昭武、刘明祥译，法律出版社 2013 年第 2 版。

［日］佐伯仁志：《刑法总论的思之道、乐之道》，于佳佳译，中国政法大学出版社 2017 年版。

［苏］多马欣：《苏维埃刑法中的紧急避险》，张宝成译，法律出版社 1956 年版。

［英］边沁：《道德与立法原理导论》，时殷弘译，商务印书馆 2002 年版。

［英］哈耶克：《自由宪章》，杨玉生等译，中国社会科学出版社

1998年版。

［英］霍布斯：《利维坦》，黎思复、黎廷弼译，商务印书馆1985年版。

［英］洛克：《政府论》（下篇），瞿菊秋、叶启芳译，商务印书馆1997年版。

［英］以赛亚·柏林：《自由论》，胡传胜译，译林出版社2011年版。

［英］约翰·穆勒：《功利主义》，徐大建译，上海世纪出版集团2008年版。

二　中文论文（含译文）

白文君：《也论康德自由概念的三层次》，《兰州学刊》2011年第6期。

蔡桂生：《避险行为对被避险人的法律效果——以紧急避险的正当化根据为中心》，《法学评论》2017年第4期。

曹磊：《习惯在"法外空间"的规范效用》，《法律适用》2017年第20期。

陈璇：《论客观归责中危险的判断方法——"以行为时全体客观事实为基础的一般人预测"之提倡》，《中国法学》2011年第3期。

陈璇：《生命冲突、紧急避险与责任阻却》，《法学研究》2016年第5期。

陈璇：《正当防卫、维稳优先与结果导向——以"于欢故意伤害案"为契机展开的法理思考》，《法律科学》2018年第3期。

陈炎：《儒家与道家对中国古代科学的制约——兼答"李约瑟难题"》，《清华大学学报》（哲学社会科学版）2009年第1期。

邓晓芒：《康德和黑格尔的自由观比较》，《社会科学战线》2005年第3期。

邓晓芒：《康德论道德与法的关系》，《江苏社会科学》2009年第4期。

邓晓芒：《康德自由概念的三个层次》，《复旦学报》2004年第2期。

邓晓芒：《论历史的本质》，《社会科学论坛》2012 年第 5 期。

樊芃：《分洪与赔偿》，《法律科学》2000 年第 1 期。

方军：《紧急避险的体系再定位研究》，《现代法学》2018 年第 2 期。

傅强：《紧急避险的民事责任》，《浙江学刊》2010 年第 4 期。

高秋颖：《海商法中共同海损法律制度研究》，《世界海运》2014 年第 11 期。

葛四友：《论无知之幕和社会契约的作用》，《中国人民大学学报》2012 年第 5 期。

龚群：《当代社群主义对罗尔斯自由主义的批评》，《中国人民大学学报》2010 年第 1 期。

郭昭君、吕敬美：《康德与伯林的两种自由观比较及其当代启示》，《广西大学学报》（哲学社会科学版）2013 年第 4 期。

郝赟：《紧急避险责任阻却一元论之提倡》，《研究生法学》2018 年第 2 期。

何鹏：《紧急避险的经典案例和法律难题》，《法学家》2015 年第 4 期。

黄龙：《民事补偿责任研究》，《厦门大学法律评论》第 7 辑，厦门大学出版社 2007 年版。

贾银生、高维俭：《论对生命紧急避险的伦理基础》，《南昌大学学报》（人文社会科学版）2018 年第 1 期。

劳东燕：《正当防卫的异化与刑法系统的功能》，《法学家》2018 年第 5 期。

黎宏：《紧急避险法律性质研究》，《清华法学》2007 年第 1 期。

黎宏：《一定条件下的见危不救入刑研究》，《中外法学》2018 年第 3 期。

李中原：《论无因管理的偿还请求权——基于解释论的视角》，《法学》2017 年第 12 期。

李忠夏：《人性尊严的宪法保护——德国的路径》，《学习与探索》2011 年第 4 期。

梁文彩：《对"见危不救"犯罪化的合理性质疑》，《甘肃政法学院学报》2013年第2期。

廖申白：《〈正义论〉对古典自由主义的修正》，《中国社会科学》2003年第5期。

林来梵：《人的尊严与人格尊严——兼论中国宪法第38条的解释方案》，《浙江社会科学》2008年第3期。

刘弘川：《紧急避险的民事责任承担探析——兼议〈侵权责任法〉第31条》，《江西行政学院学报》2012年第3期。

刘明祥：《论紧急避险的性质》，《法学研究》1997年第4期。

刘艳红：《"司法无良知"抑或"刑法无底线"？——以"摆摊打气球案"入刑为视角的分析》，《东南大学学报》（哲学社会科学版）2017年第1期。

刘艳红：《调节性刑罚恕免事由：期待可能性理论的功能定位》，《中国法学》2009年第4期。

刘艳红：《刑法的目的与犯罪论的实质化——"中国特色"罪刑法定原则的出罪机制》，《环球法律评论》2008年第1期。

刘艳红：《刑法学变革的逻辑：教义法学与政法法学的较量》，《法商研究》2017年第6期。

刘艳红：《醉驾犯罪血液酒精含量鉴定证据客观性与合法性之判断》，《法学论坛》2014年第5期。

骆正言：《冷漠即是残忍——论不救助入罪的正当性》，载陈兴良主编《刑事法评论：规范论的犯罪论》，北京大学出版社2015年版。

缪宇：《论被救助者对见义勇为者所受损害的赔偿义务》，《法学家》2016年第2期。

聂长建：《"见死不救"入法的道德困境》，《伦理学研究》2013年第2期。

彭文华：《紧急避险限度的适当性标准》，《法学》2013年第3期。

钱叶六：《参与自杀的可罚性研究》，《中国法学》2012年第4期。

桑本谦：《利他主义救助的法律干预》，《中国社会科学》2012年

10 期。

石聚航：《刑法中避险限度的目的解释——基于对建构主义刑法学的反思》，《政治与法律》2015 年第 10 期。

孙立红：《生命选择案件中的康德悖论及其解决思路》，《中外法学》2019 年第 2 期。

谭杰：《论康德的消极自由与积极自由——兼与伯林两种自由概念的比较》，《道德与文明》2011 年第 4 期。

陶勤：《论西方契约论的两个传统：自利与非自利》，《南京师大学报》（社会科学版）2016 年第 2 期。

田宏杰、肖鹏：《紧急权的理论基础与体系建构》，《华南师范大学学报》（社会科学版）2019 年第 2 期。

万晓飞：《自然状态是事实还是假设？——以霍布斯、洛克和卢梭为例》，《北京理工大学学报》（社会科学版）2016 年第 1 期。

汪进元：《人身自由的构成与限制》，《华东政法大学学报》2011 年第 2 期。

王钢：《出于营救目的的酷刑与正当防卫——战后德国最具争议之刑法问题评析》，《清华法学》2010 年第 2 期。

王钢：《对生命的紧急避险新论》，《政治与法律》2016 年第 10 期。

王钢：《法外空间及其范围——侧重刑法的考察》，《中外法学》2015 年第 6 期。

王钢：《紧急避险中无辜第三人的容忍义务及其限度——兼论紧急避险的正当化根据》，《中外法学》2011 年第 3 期。

王钢：《美国刑事立法与司法中的紧急避险——对功利主义模式的反思》，《清华法学》2016 年第 2 期。

王钢：《营救者的损害与自我答责原则》，《法学研究》2010 年第 3 期。

王钢：《自杀的认定及其相关行为的刑法评价》，《法学研究》2012 年第 4 期。

王钢：《自杀行为违法性之否定——与钱叶六博士商榷》，《清华法学》2013 年第 3 期。

王雷:《情谊行为、法外空间与民法对现实生活的介入》,《法律科学》2014 年第 6 期。

王效文:《刑法中阻却违法紧急避险的哲学基础》,《政治与社会哲学评论》2008 年第 3 期。

王轶:《作为债之独立类型的法定补偿义务》,《法学研究》2014 年第 2 期。

魏超:《论推定同意的正当化依据及范围——以"无知之幕"为切入点》,《清华法学》2019 年第 2 期。

魏森:《从"多哈宣言"看药品知识产权保护与公共健康利益间的平衡》,《兰州学刊》2004 年第 2 期。

温祖满、苏得权:《赫布学习、镜像神经元与情绪理解》,《心理研究》2018 年第 2 期。

吴浩:《域外刑法的见危不救罪及其对中国刑事立法的启示》,《大连海事大学学报》(社会科学版)2018 年第 4 期。

肖俊:《意大利法中的私人救助研究》,《华东政法大学学报》2014 年第 4 期。

谢天长:《不作为与紧急避险的若干辨析——从一起息于救人案谈起》,《山西省政法管理干部学院学报》2004 年第 4 期。

谢雄伟:《紧急避险本质的新界定》,《学术界》2007 年第 5 期。

许汉:《论权利的概念》,载应奇、张培伦主编《厚薄之间的政治概念——政治与社会哲学评论文选:卷一》,吉林出版集团有限责任公司 2008 年版。

颜良举:《民法中攻击性紧急避险问题研究》,《清华法律评论》(第三卷第一辑),清华大学出版社 2009 年版。

杨卉:《利己？利他？——作为纯粹利己与纯粹利他交集的己他两利主义》,《理论月刊》2010 年第 8 期。

姚大志:《当代功利主义哲学》,《世界哲学》2012 年第 2 期。

姚大志:《公平与契约主义》,《哲学动态》2017 年第 5 期。

叶良芳：《代购境外仿制药行为的定性分析——兼评"抗癌药代购第一案"的不起诉决定》，《法学》2015 年第 7 期。

易小明：《分配正义的两个基本原则》，《中国社会科学》2015 年第 3 期。

易延友：《公众有权获得任何人的证言》，《法律科学》2015 年第 5 期。

余小伟：《"公平责任"是否"公平"——以二十世纪新侵权法理论为视角》，《政治与法律》2017 年第 12 期。

张谷：《论〈侵权责任法〉上的非真正侵权责任》，《暨南学报》（哲学社会科学版）2010 年第 3 期。

张红：《国家责任的变迁：刑事赔偿与刑事补偿之区分》，《学习与探索》2015 年第 11 期。

张金海：《公平责任考辩》，《中外法学》2011 年第 4 期。

张明楷：《刑法学中危险接受的法理》，《法学研究》2012 年第 5 期。

张明楷：《行为功利主义违法观》，《中国法学》2011 年第 5 期。

张千帆：《"公正补偿"与征收权的宪法限制》，《法学研究》2005 年第 2 期。

张千帆：《宪法不应该规定什么？》，《华东政法学院学报》2005 年第 3 期。

张千帆：《作为元宪法的社会契约》，《比较法研究》2018 年第 4 期。

张伟涛：《从功利到道义：当代中国权利观念道德基础的构建》，《法制与社会发展》2012 年第 1 期。

张翔：《财产权的社会义务》，《中国社会科学》2012 年第 9 期。

张新宝、宋志红：《论〈侵权责任法〉中的补偿》，《暨南学报》（哲学社会科学版）2010 年第 3 期。

周光权：《教唆、帮助自杀行为的定性——"法外空间说"的展开》，《中外法学》2014 年第 5 期。

周漾沂：《论攻击性紧急避险之定位》，《台大法学论丛》2012 年第 1 期。

周友军:《民法典中的违法阻却事由立法研究》,《四川大学学报》(哲学社会科学版) 2018 年第 5 期。

周志刚:《论"消极权利"与"积极权利"——中国宪法权利性质之实证分析》,《法学评论》2015 年第 3 期。

［德］克劳斯·罗克信:《刑法的任务不是法益保护吗?》,樊文译,载陈兴良主编《刑事法评论》(第19卷),北京大学出版社2007年版。

［美］S. 达沃尔:《自利的契约论和非自利的契约论》,陈真译,《世界哲学》2005 年第 4 期。

三 德文著作

Alexander zu Dohna, *Die Rechtswidrigkeit als allgemeingültiges Merkmal im Tatbestande strafbarer Handlungen*, Halle a. S.: Waisenhaus, 1905.

Anna Coninx, *Das Solidaritätsprinzip im Lebensnotstand*, Bren: Stämpfli, 2012.

Archangelskij, *Das Problem des Lebensnotstandes am Beispiel des Abschusses eines von Terroristen entführten Flugzeuges*, Berlin: Berliner Wissenschafts, 2005.

Armin Kaufmann, *Die Dogmatik der Unterlassungsdelikte*, Göttingen: Schwartz, 1959.

Baur/Stürner, *Sachenrecht*, 18. Aufl., München: C. H. Beck, 2009.

Bernd Heinrich, *Strafrecht Allgemeiner Teil*, 6. Aufl., Stuttgart: W. Kohlhammer GmbH, 2019.

Berner, *Lehrbuch des Deutschen Strafrechtes*, 9. Aufl., Leipzig: Tauchnitz, 1877.

Bernhard Rehfeldt, *Die Wurzeln des Rechtes*, Berlin: Duncker & Humblot, 1951.

Bernsmann, *"Entschuldigung" durch Notstand*, Köln; München [u. a.]: Heymann, 1989.

Binding, *Die Normen und ihre Übertretung*, Bd. 4, Leipzig: Felix Meiner, 1919.

Binding, *Handbuch des Strafrechts*, Erster Band, Berlin: Duncker & Humblot, 1885.

Bockelrnann, *Hegels Notstandslehre*, Berlin; Leipzig: de Gruyter, 1935.

Brinz, *Lehrbuch der Pandekten*, Band 2, 2 Abt, 2. Aufl., Erlangen: Deichert, 1882.

Christian v. Bar, *Gemeineuropäisches Deliktsrecht*, Band 2, München: C. H. Beck, 1999.

Christoph Clausen, *Das Verhältnis von Achtungs-und Schutzpflichten in Ausnahmesituationen*, Berlin: Duncker & Humblot, 2018.

Dallinger, *Die Solidarität der modernen Gesellschaft*, Wiesbaden: VS, Verlag für Sozialwiss, 2009.

Dellingshausen, *Sterbehilfe und Grenzen der Lebenserhaltungspflicht des Arztes*, Düsseldorf: Mannhold, 1981.

Dennis Bock, *Strafrecht Besonderer Teil 1*, Nichtermögensdelikte, Berlin [u. a.]: Springer, 2018.

Deutsch, Han-Jürgen Ahrens, *Deliktsrecht: Unerlaubte Handlungen, Schadens-ersatz, Schmerzensgeld*, 6. Aufl., München: Vahlen, 2014.

Eberhard Eichenhofer, *Sozialrecht*, 10. Aufl., Tübingen: Mohr Siebeck, 2017.

Engelhard, *Strafrecht: die Lehre vom Verbrechen an Hand von Rechtsfällen*, 2. Aufl., Heidelberg: Adolf Rausch, 1948.

Feuerbach, *Lehrbuch des gemeinen in Deutschland gültigen peinlichen Rechts*, 14. Aufl., Giessen: Heyer, 1847.

Fichte, *Grundlage des Naturrechts nach Principien der Wissenschaftslehre*, Zweiter Teil, Iena Leipzig: Gabler, 1797.

Fikentscher, Heinemann, *Schuldrecht: Allgemeiner und Besonderer Teil*,

11. Aufl. , Berlin Boston: De Gruyter, 2017.

Frister, *Strafrecht Allgemeiner Teil*, 9. Aufl. , München: C. H. Beck, 2020.

Fritze, *Die Tötung Unschuldiger: Ein Dogma auf dem Prufstand*, Berlin [u. a.]: de Gruyter, 2004.

Georg Hermes, *Das Grundrecht auf Schutz von Leben und Gesundheit*, Heidelberg: C. F. Müller, 1987.

Gerhardt, *Selbstbestimmung: Das Prinzip der Individualität*, 2. Aufl. , Stuttgart: Philipp Reclam jun. GmbH & Co. KG, 2018.

Grolman, *Grundsätze der Criminalrechtswissenschaft*, 4. Aufl. , Gießen: Heyer, 1825.

Gros, *Lehrbuch der philosophischen Rechtswissenschaft oder des Naturrechts*, 6. Aufl. , Stuttgart [u. a.]: Cotta, 1841.

H. Mayer, *Strafrecht Allgemeiner Teil*, Stuttgart [u. a.]: Kohlhammer, 1953.

Haas, *Notwehr und Nothilfe. Zum Prinzip der Abwehr rechtswidriger Angriffe. Geschichtliche Entwicklung und heutige Problematik*, Frankfurt am Main [u. a.]: Lang, 1978.

Hälschner, *Das Preußische Strafrecht*, *Zweiter Teil*, Bonn: Marcus, 1858.

Hans Kelsen, *Allgemeine Theorie der Normen*, Wien: Manzsche Verlags- und Universitätsbuchhandlung, 1979.

Hans Michael Heinig, *Der Sozialstaat im Dienst der Freiheit: Zur Formel vom "sozialen" Staat in Art. 20 Abs. 1 GG*, Tübingen: Mohr Siebeck, 2008.

Hegel, *Grundlinien der Philosophie des Rechts oder Naturrecht und Staatswissenschaft im Grundrisse: mit Hegels eigenhändigen Notizen und den mündlichen Zusätzen*, Frankfurt am Main: Suhrkamp, 1970.

Hegel, *Die Philosophie des Rechts: Die Mitschriften Wannenmann (Heidelberg 1817/18) und Homeyer (Berlin 1818/19)*, Stuttgart: Klett-Cotta, 1983.

Hegel, *Vorlesungen über Rechtsphilosophie（1818 – 1831）*, Dritter Band, Stuttgart: Frommann-Holzboog, 1974.

Hellmuth von Weber, *Das Notstandsproblem und seine Lösung in den deutschen Strafgesetzentwürfen von 1919 und 1925*, Leipzig, Weicher, 1925.

Henkel, *Der Notstand nach gegenwartigem und künftigem Recht*, München: C. H. Beck, 1932.

Hermann Blei, *Strafrecht I Allgemeiner Teil*, 18. Aufl., München: C. H. Beck, 1983.

Horn, *Untersuchungen zur Struktur der Rechtswidrigkeit*, Berlin: Duncker & Humblot, 1962.

Hruschka, *Strafrecht Nach Logisch-analytischer Methode*, 2. Aufl., Berlin: De Gruyter, 1988.

Ingeborg Puppe, *Strafrecht Allgemeiner Teil im Spiegel der Rechtsprechung*, 4. Aufl., Baden-Baden: Nomos2019.

Janka, *Der strafrechtliche Notstand*, Erlangen: Andreas Deichert, 1878.

Jescheck/Weighed, *Lehrbuch des Strafrechts Allgemeiner Teil*, 5. Aufl., Berlin: Duncker & Humblot, 1996.

Jochen Etzel, *Notstand und Pflichtenkollision im amerikanischen Strafrecht*, Freiburg im Breisgau: Max-Planck-Inst. für Ausländisches und Internat. Strafrecht, 1993.

Jorge F. Perdomo-Torres, *Die Duldungspflicht im rechtfertigenden Notstand*, Baden-Baden: Nomos, 2011.

Juliane Heil, *Die Folgen der unterlassenen Hilfeleistung gemäß § 323c StGB*, Frankfurt am Main [u. a.]: Lang, 2001.

Kahlo, *Die Handlungsform der Unterlassung als Kriminaldelikt*, Frankfurt am Main: Klostermann, 2001.

Kant, Die Metaphysik der Sitten, Tugendlehre, in Weischedel (Hrsg.), *Schriften zur Ethik und Religionsphilosophie*, 2. Teil, Band 7, 1968.

Karl Engisch, *Beiträge zur Rechtstheorie*, Frankfurt am Main: Klostermann, 1984.

Karl Larenz, *Allgemeiner Teil des deutschen bürgerlichen Rechts*, 5. neubearb. Aufl. , München: C. H. Beck, 1980.

Kaufmann, *Rechtsphilosophie*, 2. Aufl. , München: C. H. Beck, 1997, 1997.

Kaufmann, *Strafrecht zwischen Gestern und Morgen*, Köln [u. a.]: Heymanns, 1983.

Kirsten Lehnig, *Der verfassungsrechtliche Schutz der Würde des Menschen in Deutschland und in den USA Ein Rechtsvergleich*, Münster Hamburg [u. a.]: LIT, 2003.

Konzen, *Aufopferung im Zivilrecht*, Berlin: Duncker & Humblot, 1969.

Krey/Esser, *Deutsches Strafrecht Allgemeiner Teil*, 6. Aufl. , Stuttgart: Verlag W. Kohlhammer, 2016.

Kühl, *Strafrecht Allgemeiner Teil*, 8. Aufl. , München: Vahlen, 2017.

Kühnbach, *Solidaritätspflichten Unbeteiligter*, Baden-Baden: Nomos, 2007.

Küper, *Immanuel Kant und das Brett des Karneades*, Heidelberg: C. F. Müller, 1999.

Ladiges, *Die Bekämpfung nicht-staatlicher Angreifer im Luftraum*, 2. Aufl. , Berlin: Duncker & Humblot, 2013.

Larenz, *Methodenlehre der Rechtswisscnschaft.* 4. Aufl. , Berlin [u. a.]: Springer, 1979.

Larenz/Canaris, *Lehrbuch des Schuldrechts*, Band II/2 Besonderer Teil, 13. Aufl. , München: C. H. Beck, 1994.

Lenckner, *Der rechtfertigende Notstand*, Tübingen: Mohr, 1965.

Liszt, *Lehrbuch des Deutschen Strafrechts*, 21. u. 22. voellig durchgearb. Aufl. , Berlin [u. a.]: de Gruyter, 1919.

M. E. Mayer, *Der allgemeine Teil des deutschen Strafrechts*, Heidelberg: Winter, 1915.

Manfred Wandt, *Gesetzliche Schuldverhältnisse*, 8. Aufl., München: Vahlen, 2017.

Maurach, *Deutsches Strafrecht Allgemeiner Teil*, 2. erw. u. verb. Aufl., Karlsruhe: C. F. Müller, 1958.

Meißner, *Die Interessenabwägungsformel in der Vorschrift über den rechtfertigenden Notstand (§ 34 StGB)*, Duncker & Humblot, Duncker & Humblot, 1990.

Merkel, *Die Kollision rechtmäßiger Interessen und die Schadensersatzpflicht bei rechtmäßigen Handlungen*, Straßburg: Trübner, 1895.

Mezger, *Strafrecht: ein Lehrbuch*, 3. unveränd. Aufl., Berlin; München, 1949.

Michael Köhler, *Recht und Gerechtigkeit: Grundzüge einer Rechtsphilosophie der verwirklichten Freiheit*, 2017.

Michael Köhler, *Strafrecht Allgemeiner Teil*, Berlin [u. a.]: Springer, 1997.

Michael Soiné, *Ermittlungsverfahren und Polizeipraxis: Einführung in das Strafverfahrensrecht*, Heidelberg; München, 2013.

Momsen, *Die Zumutbarkeit als Begrenzung strafrechtlicher Pflichten*, Baden-Baden: Nomos, 2006.

Morgenstern, *Unterlassene Hilfeleistung*, Frankfurt am Main [u. a.]: Lang, 1997.

Neubecker, *Zwang und Notstand in rechtsvergleichender Darstellung. Band 1: Grundlagen. Der Zwang im öffentlichen Recht*, Leipzig: A. Deichert'sche Verlagsbuchhandlung Nachf., 1910.

Nicolas Rücker, *Die Allokation von Lebenschancen*, Baden-Baden: Nomos, 2014.

Niklas Luhmann, *Das Recht der Gesellschaft*, Frankfurt/Main: Suhrkamp, 1995.

Niklas Luhmann, *Rechtssoziologie*, 3. Aufl., Westdeutscher Verl., 1987.

Otto, *Grundkurs Strafrecht*, 7. Aufl., Berlin [u. a.]: de Gruyter, 2004.

Otto, *Pflichtenkollision und Rechtswidrigkeitsurteil*, 3. Aufl., Marburg: Elwert, 1978.

Pawlik, *Der rechtfertigende Notstand*, Berlin [u. a.]: de Gruyter, 2002.

Peter Gussone, *Das Solidaritäts-prinzip in der Europäischen Union und seine Grenzen*, Berlin: Duncker & Humblot, 2006.

Radbruch, *Rechtsphilosophie: Studienausgabe*, 2. Aufl., Heidelberg: C. F. Müller, 2003.

Radbruch, *Rechtsphilosophie*, 8. Aufl., Stuttgart: K. F. Koehler, 1973.

Rehbinder, *Rechtssoziologie*, 8. Aufl., München: C. H. Beck, 2014.

Renzikowski, *Notstand und Notwehr*, Berlin: Duncker & Humblot, 1994.

Roxin, *Offene Tatbestände und Rechtspflichtmerkmale*, Berlin [u. a.]: de Gruyter, 1970.

Roxin/Greco, *Strafrecht Allgemeiner Teil Bd.1*, 5. Aufl., München: C. H. Beck, 2020.

Rudolf Rengier, *Strafrecht Allgemeiner Teil*, 13. Aufl., München: C. H. Beck, 2021.

Rudolf Rengier, *Strafrecht Besonderer Teil* II, 20. Aufl., München: C. H. Beck, 2019.

Rudolf Stammler, *Darstellung der strafrechtlichen Bedeutung des Nothstandes*, Erlangen: Deichert, 1878.

Rüthers/Fischer/Birk, *Rechtstheorie mit juristischer Methodenlehre*, 10. Aufl., München: C. H. Beck, 2018.

Sauer, *Grundlagen des Strafrechts*, Leipzig: Vereinigung wissenschaftlicher Verleger, 1921.

Sauer, *Juristische Methodenlehre*, Stuttgart: Enke, 1940.

Scheid, *Grund-und Grenzfragen der Pflichtenkollision beim strafrechtlichen Unterlassungsdelikt*, Aachen: Shaker, 2000.

Schlee, *Zumutbarkeit bei Vorsatz-, Fahrlässigkeits-und Unterlassungsdelikten*, Hamburg: Dr. Kovač, 2009.

Schopenhauer, *Die Welt als Wille und Vorstellung*, Bd. 1, Frankfurt am Main: Suhrkamp, 1982.

Siegert, *Notstand und Putativnotstand*, Tübingen: Mohr, 1931.

SOMLó, *Juristische Grundlehre*, 2. Aufl., Leipzig: Meiner, 1927.

Stammler, *Darstellung der strafrechtlichen Bedeutung des Notstandes*, Erlangen: Deichert, 1878.

Stratenwerth/Kuhlen, *Strafrecht Allgemeiner Teil. Die Straftat*, 6. Aufl., München: Vahlen, 2011.

Tuhr, *Der Notstand im Civilrecht*, Heidelberg: Winter, 1888.

Urs Kindhäuser, *Strafrecht Allgemeiner Teil*, 9. Aufl., Baden-Baden: Nomos, 2020.

Urs Kindhäuser, *Strafrecht Besonderer Teil I*, 10. Aufl., Baden-Baden: Nomos 2020.

Voulgaris, *Transnationalesne bis in idemzwischen staatlicher Schutz-und Achtungspflicht*, Berlin: Duncker & Humblot, 2016.

Walter Gropp, *Strafrecht Allgemeiner Teil. 5. Aufl.*, Berlin: Springer, 2020.

Weilert, *Grundlagen und Grenzen des Folterverbotes in verschiedenen Rechtskreisen*, Berlin: Springer, 2009.

Wessels/Beulke/Satzger, *Strafrecht Allgemeiner Teil*, 47. Aufl., Heidelberg: C. F. Müller, 2017.

Wieling, *Sachenrecht*, 5. überarbeitete Aufl., Berlin: Springer, 2007.

Wolf/Neuner, *Allgemeiner Teil des Bürgerlichen Rechts*, 11. Aufl., München: C. H. Beck, 2016.

Wolfgang Frisch, *Tatbestandsmäßiges Verhalten und Zurechnung des Er-

folgs, Heidelberg: Müller, 1988.

Wollschläger, *Die Geschäftsführung ohne Auftrag: Theorie und Rechts-prechung*, Duncker & Humblot, 1976.

Zaczyk, *Das unrecht der versuchten Tat*, Berlin: Duncker & Humblot, 1989.

Zimmermann, *Rettungstötungen*, Baden-Baden: Nomos, 2009.

四 德文论文

Albert Fr. Berner/W. Wessely, Zur Lehre vom Nothstand, Review by: A. Geyer, KritV, 1863.

Armin Kaufmann, Bemerkungen zur Reform des §218 StGB aus rechtsphilosophischer Sicht, in: Baumann (Hrsg.), Das Abtreibungsverbot des §218 StGB, Neuwied; Berlin: Luchterhand, 2. Aufl., 1972.

Bernstorff, Pflichtenkollision und Menschenwürdegarantie. Zum Vorrang staatlicher Achtungspflichten im Normbereich von Art. 1 GG, Der Staat 2008.

Bertram, Folter, Daschner, Menschenwürde: eine endlose Diskussion, RuP 2005.

Bertram, Rückkehr der Folter? RuP 2006.

Bosch, Grundprobleme des entschuldigenden Notstands (35 StGB), Jura 2015.

Brunkhorst, Folter, würde und repressiver Liberalismus, in: Beestermöller/ders. (Hrsg.), Rückkehr der Folter, München: C. H. Beck, 2006.

Calliess, Die grundrechtliche Schutzpflicht im mehrpoliegen Verfassungsrechtsverhältniss, JZ 2006.

Depenheuer, Das Bürgeropfer im Rechtsstaat, in: Festschrift für Josef Isensee, Heidelberg: Müller, 2007.

Eb. Schmidt, Das Reichsgericht und der "übergesetzliche Notstand", ZStW 49.

Engisch, Der rechtsfreie Raum, ZgS 108.

Erb, Das Verhältnis zwischen mutmaßlicher Einwilligung und rechtfertigendem Notstand, FS-Schünemann, Berlin [u. a.]: de Gruyter, 2014.

Eric Hilgendorf, Instrumentalisierungsverbot und Ensembletheorie der Menschenwürde, in: FS-Puppe, 2011.

Frisch, Notstandsregelungen als Ausdruck von Rechtsprinzipien, in: FS-Puppe, Duncker & Humblot, Berlin: Duncker & Humblot, 2011.

Frisch, Strafrecht und Solidarität, GA 2016.

Frister, Die Notwehr im System der Notrechte, GA 1988.

Gallas, Strafbares Unterlassen im Fall einers Selbsttötung, JZ 1960.

Hilgendorf, Tragische Fälle: Extremsituationen und strafrechtlicher Notstand, in: Blaschke u. a. (Hrsg.), Sicherheit statt Freiheit Staatliche Handlungsspielräume in extremen Gefährdungslagen, Berlin: Duncker & Humblot, 2005.

Hillgruber, Die Bedeutung der staatlichen Schutzpflicht für das menschliche Leben bezüglich einer gesetzlichen Regelung zur Suizidbeihilfe, ZfL 2006.

Hirsch, Strafrecht und rechtsfreier Raum, FS-Bockelmann, München: C. H. Beck, 1979.

Hochbuth, Militärische Bundesintervention bei inländischem Terrorakt, NZWehrR, 2002.

Hörnle, Der entschuldigende Notstand (§ 35 StGB), JuS 2009.

Hufen, In dubio pro dignitate-Selbstbestimmung und Grundrechtsschutz am Ende des Lebens, NJW 2001.

Jäger, Die Abwägbarkeit menschlichen Lebens im Spannungsfeld von Strafrechts-dogmatik und Rechtsphilosophie, ZStW 115.

Jakobs, Kommentar: Rechtfertigung und Entschuldigung bei Befreiung aus besonderen Notlagen, in: Eser/Nishihara (Hrsg.), Rechtfertigung und Entschuldigung Ⅳ, Freiburg im Breisgau: Max-Planck-Institut für Ausländisches und Internationales Strafrecht, 1995.

Jerouschek, Gefahrenabwendungsfolter-Rechtsstaatliches Tabu oder polizei-rechtlich legitimierter Zwangseinsatz?, JuS 2005.

Joerden, Ist Rechtethik ohne Metaphysik begründbar? JZ 1982.

Joerden, Solidaritätspflichten und Strafrecht, in: Hirsch/Neumann/Seelmann (Hrsg.), Solidarität im Strafrecht, Baden-Baden: Nomos, 2013.

Josef Isensee, Das Grundrecht als Abwehrrecht und als staatliche Schutzpflicht, in: ders./Kirchhof, Handbuch des Staatsrechts der Bundesrepublik Deutschland, Heidelberg: C. F. Müller, Bd. V, 1992.

Kadelbach, Solidarität als europäisches Rechtsprinzip? In: Kadelbach (Hrsg.), Solidarität als Europäisches Rechtsprinzip, Baden-Baden: Nomos, 2014.

Kaufmann, Strafloser Schwangerschaftsabbruch: rechtswidrig, rechtsmäßig oder was? JZ 1992.

Kaufmann, Strafrecht und sittliche Normen, JuS 1978.

Kaufmann, Rechtsfreier Raum und eigenverantwortliche Entscheidung, in: Festschrift für Maurach, Karlsruhe: C. F. Müller, 1972.

Kaufmann, Vorschläge zur Neugestaltung des §218 StGB, Arzt und Christ, 1971.

Kaufmann, Zur rechtsphilosophischen Situation der Gegenwart, JZ 1963.

Klaus Lüderssen, Die Folter bleibt tabu-kein Paradigmenwechsel ist geboten, in: Festschrift für Hans-Joachim Rudolphi zum 70. Geburtstag, Neuwied: Luchterhand, Wolters Kluwer, 2004.

Kohler, Das Notrecht, Archiv für Rechts-und Wirtschaftsphilosophie, 1915.

Kristian Kühl, Zur Anwendung des Solidaritätsbegriffs auf die unterlassene Hilfeleistung nach § 323c StGB, in: Hirsch/Neumann/Seelmann (Hrsg.): Solidarität im Strafrecht, Baden-Baden: Nomos,

2013.

Küper, "Es kann keine Not geben, welche, was unrecht ist, gesetzmäßig machte"-lmmanuel Kants Kritik des Notrechts, in: Festschrift für E. A. Wolff zum 70. Geburtstag, Berlin; Heidelberg [u. a.]: Springer1998.

Küper, Von Kant zu Hegel. Das Legitimationsproblem des rechtfertigenden Notstandes und die freiheitsphilosophischen, JZ 2005.

Küper, Die sog. "Gefahrtragungspflichten" im Gefüge des rechtfertigenden Notstandes Ein Beitrag zum Verhältnis von Interessenabwägungs- und Angemessen-heitsformel, JZ 1980.

Küper, Grundsatzfragen der "Differenzierung" zwischen Rechtfertigung und Entschuldigung, JuS 1987.

Küper, Probleme der "defizitären" rechtfertigenden Pflichtenkollision, JuS 2016.

Kutzer, Strafrechtliche Grenzen der Sterbehilfe, NStZ 1994.

Lenckner, Der Grundsatz der Güterabwägung als Grundlage der Rechtfertigung, GA 1985.

Lindner, Grundrechtsfragen aktiver Sterbehilfe, JZ 2006.

Marquardsen, Die Lehre vom Nothstande mit Beziehung auf einen merkwürdigen Rechtsfall mitgetheilt, Archiv des Criminalrechts (Neue Folge), 1857.

Merkel, § 14 Abs. 3 Luftsicherheitsgesetz: Wann und warum darf der Staat töten?, JZ 2007.

Merkel, Zaunggäste? Über die Vernachlässigung philosophischer Argumente in der Strafrechtswissenschaft, in: Institut für Kriminalwissenschaften Frankfurt a. M. (Hrsg.), Vom unmöglichen Zustand des Strafrechts, Frankfurt am Main [u. a.]: Lang, 1995.

Michael Pawlik, § 14 Abs. 3 des Luftsicherheitsgesetzes-ein Tabubruch?, JZ 2004.

Mitsch, "Nantucket Sleighride" Der Tod des Matrosen Owen Coffin, FS-Weber, Bielefeld: Gieseking, 2004.

Neumann, Die rechtsethische Begründung des "rechtfertigenden Notstands" auf der Basis von Utilitarismus, Solidaritäts-prinzip und Loyalitätsprinzip, in: Hirsch/Neumann/Seelmann (Hrsg.), Solidarität im Strafrecht, Baden-Baden: Nomos, 2013.

Null, Tatbestand und Rechtswidrigkeit: Die Wertabwägung als Prinzip der Rechtfertigung, ZStW 77.

Oetker, Notwehr und Notstand, in: Vergleichende darstellung des Deutschen und Ausländischen Strafrechts, Allgemeiner Teil, 2. Band., Berlin: Liebmann, 1908.

Oetker, Notwehr und Notstand, in: Festgabe für Reinhard von Frank zum 70. Geburtstag, Band 1, Tübingen: Mohr, 1930.

Pawlik, Der rechtfertigende Defensivnotstand im System der Notrechte, GA 2003.

Pawlik, Unterlassene Hilfeleistung: Zuständigkeitsbegründung und systematische Struktur, GA 1995.

Philipps, Sinn und Struktur der Normlogik, ARSP 52.

Priester, Rechtsfreier Raum und straflose Schwangerschaftsabbruch, FS-Kaufmann, Heidelberg: C. F. Müller, 1993.

Rogall, Ist der Abschuss gekaperter Flugzeuge widerrechtlich?, ZStW 120.

Röttgers, Fraternité und Solidarität in politischer Theorie und Praxis Begriffs-geschichtliche Beobachtungen, in: H. Busche (Hrsg.), Solidarität. Ein Prinzip des Rechts und der Ethik, Königshausen & Neumann, 2011.

Roxin, Rechtfertigung-und Entschuldigungsgründe in Abgrenzung von sonstigen Strafausschließungsgründe, JuS 1988.

Rudolphi, Rechtfertigungsgründe im Strafrecht, GS-Armin Kaufmann,

1989.

Rudolphi, Literaturbericht, ZStW 86 (1974).

Schild, Hegels Lehre vom Notrecht, in: Hösle (hrsg.), Die Rechtsphilosophie des deutschen Idealismus, Hamburg: Meiner, 1989.

Seelmann, Solidaritätspflichten im Strafrecht?, in: Jung/Dietz/Neumann (Hrsg.) Recht und Moral: Beiträge zu einer Standortbestimmung, Baden-Baden: Nomos, 1991.

Stratenwerth, "Größtmögliche Freiheit"? in Festschrift für Werner Maihofer, Frankfurt am Main: Klostermann, 1988.

Stübinger, "Not macht erfinderisch" – Zur Unterscheidungsvielfalt in der Notstandsdogmatik. ZStW 123.

Wildt, Zum Verhältnis von Recht und Moral bei Kant, ARSP 83.

Wolfgang Mitsch, Die Probleme der Kollisionsfälle beim autonomen Fahren, KriPoZ 2018.

Wolgang Mitsch, "Nantucket Sleighride": Der Tod des Matrosen Owen Coffin, in: Festschrift für Weber, 2004.

五 英文文献（著作+论文）

Bailey, Utilitarianism, Institutions, and Justice, New York [u. a.]: Oxford Univ. Press 1997.

Bentham, An Introduction to the Principles of Morals and Legislation, volume 1, London: W. Pickering, 1828.

Damien Schiff, Samaritans: Good, Bad and Ugly: A Comparative Law Analysis, Roger Williams University Law Review: Vol. 11: Iss. 1, Article 2, 2005.

David Luban, Liberalism, Torture, and the Ticking Bomb, in: Karen J. Greenberg (ed.), The Torture Debate in America, Cambridge [u. a.]: Cambridge Univ. Press, 2006.

David Miller, Market, State, And Community: Theoretical Foundations of Market Socialism, Oxford [u. a.]: Clarendon, 1989.

Donald D. Palmer, Does the Center Hold? An Introduction to Western Philosophy, New York: McGraw-Hill Humanities/Social Sciences/Languages, 2001.

Edgar Bodenheimer, Jurisprudence The philosophy and method of the law, Cambridge, Mass.: Harvard Univ. Pr., 1974.

Ernst Cassirer. The Philosophy of the Enlightenment. NJ: Princeton University Press, 1951.

F. M. Kamm, The Trolley Problem Mysteries, New York: Oxford University Press, 2015.

Florey, Chris, Conditions to Drive: The Constitutionality of Minnesota's Implied Consent Statute-State v. Brooks, William Mitchell Law Review: Vol. 41: Iss. 4, Article 7.

Frances Howard-Snyder, Daniel Howard-Snyder, Ryan Wasserman, The Power of Logic, 5th edition, New York: McGraw-Hill, 2012.

Geoffrey Scarre, Utilitarianism, London: Routledge, 1996.

Gerven, P Larouche, J Lever, Cases, Materials anjitd Text on National, Supra-national and International Tort Law, Oxford: Hart Publishing, 2000.

GOODIN, Utilitarzanism as a Public Philosophy, CAMBRIDGE [U. A.]: CAMBRIDGE UNIV. PRESS, 1995.

Griffin, Well-Being: Its Meaning, Measurement, and Moral Importance, Oxford: Oxford University Press, 1986.

H. L. A. Hart, The Concept of Law, New York [u. a.]: Oxford Univ. Pr., 1961.

Hugo Adam Bedau, Making Mortal Choices Three Exercises in Moral Casuistry, New York: Oxford University Press, 1997.

James Wood Bailey, Utilitarianism, Institutions, and Justice, New York [u. a.]: Oxford Univ. Press, 1997.

John Bowring, The Work of Jeremy Bentham: Vol. Ⅱ, 1962.

John Hart Ely, Democracy and Distrust, London: Harvard Univ. Pr., 1980.

John Henry Wigmore, A treatise on the Anglo-American system of evidence in trials at common law: including the statutes and judicial decisions of all jurisdictions of the United States and Canada, Boston: Little, Brown, 1934.

John R. Searle, Speech Acts. An Essay in the Philosophy of Language, Cambridge [u. a.]: Cambridge Univ. Press, 1977.

John Rawls, A Theory of Justice, Cambridge, MA: Harvard University Press, 1971.

John Stuart Mill, Utilitarianism and On Liberty, London: Collins/Fontana, 2003.

Leo Strauss, Natural Right and History, Chicago; London: The University of Chicago Press, 1999.

Leo Strauss, The Political Philosophy of Hobbes Its Basis and Its Genesis, Chicago: Univ. of Chicago Press, 1996.

Lon Fuller, The Case of the Speluncean Explorers, Harvard Law Review 1949, Vol 62.

Losurdo, Hegel and the Freedom of Moderns, Durham: Duke University Press, 2005.

Michael Rosen, Dignity-Its History and Meaning, Cumberland: Harvard University Press, 2012.

Michael Sandel, Liberalism and the Limit of justice, New York: Cambridge University Press, 1992.

Nils Jansen, The State of the Art of European Tort Law, in: Mauro Bussani (eds) European Tort Law: Eastern and Western Perspective, Berne: Stämpfli, 2007.

Partha Dasgupta: Utilitarianism, information and rights, in: Amartya

Sen, Bernard Williams (edited): Utilitarianism and Beyang, Cambridge, 1982.

Peter Singer, Practical Ethics, 3nd. edit, Cambridge [u. a.]: Cambridge University Press, 2011.

Peter Suber, The Case of the Speluncean Explorers: Nine New Opinions, London: Routledge, 1998.

Ronald Dworkin, Law's Empire, Cambridge, Mass.: Belknap Press of Harvard Univ. Press, 1986.

S. E. Taylor, L. A. Peplau, D. O. Sears, Social Psychology, 12th Edition, 2005.

Stephanie D. Preston and Frans B. M. de Waal, Empathy: Its Ultimate and Proximate Bases, Behavioral and Brain Sciences, vol. 25, no. 1 (Feb. 2002).

Thomas Cathcart, The trolley problem, or, would you throw the fat guy off the bridge?: a philosophical Conundrum, New York: Workman Publishing, 2013

Tim Mulgan, Understanding Utilitarianism, Stocksfield: Acumen, 2007.

Tina Wescott Cafaro, Fixing the Fatal Flaws in Oui Implied Consent Laws, Journal of Legislation Vol. 34: Iss. 2, Article 6.

Tom L. Beauchamp, James F. Childress. Principles of Biomedical Ethics, New York, N. Y. [u. a.]: Oxford Univ. Press, 2001.

Warren S. Quinn, Actions, Intentions, and Consequences: The Doctrine of Double Effect, Philosophy & Public Affairs Vol. 18 No 4, 1989.

Will Kymlicka, Contemporary Political Philosophy: An Introduction, Oxford: Oxford University Press, 2002.

William Wilson, Central Issues in Criminal Theory, Oxford: Hart Pub., 2002.

六　日文文献（著作＋论文）

［日］宫本英脩:《刑法大纲》，东京：弘文堂1935年版。

［日］瀧川幸辰:《刑法の諸問題》，东京：有信堂1951年版。

［日］齐藤信宰:《紧急避险》，载［日］西原春夫等编《判例刑法研究2 违法性》，东京：有斐阁1981年版。

［日］山中敬一:《"法的に自由な領域の理論"に関する批判的考察》，《关西大学法学论集》1982年第32卷第3·4·5号。

［日］金沢文雄:《法的に空虚な領域の理論—ヒルシュ·山中批判に答えて》，载原秀男等编：《法の理論3》，东京：成文堂1983年版。

［日］内藤谦:《刑法讲义总论（中）》，东京：有斐阁1986年版。

［日］町野朔:《患者の自己決定権と法》，东京：东京大学出版会1986年版。

［日］大越义久:《刑法解释的展开》，东京：信山社1992年版。

［日］井田良:《紧急避险の本质》，《宫泽浩一先生古稀祝贺论文集（第二卷）刑法理论の现代的展开》，东京：成文堂2000年版。

［日］井田良:《刑法總論の理論構造》，东京：成文堂2005年版。

［日］井上宜裕:《紧急行为论》，东京：成文堂2007年版。

［日］铃木优典:《道路交通法违反と紧急避难》，《交通刑事法の现代的课题——冈野光雄先生古稀记念》，东京：成文堂2007年版。

［日］曾根威彦、松原芳博编集:《重点课题　刑法总论》，东京：成文堂2008年版。

［日］大塚仁:《刑法概说（總論)》，东京：有斐阁2008年第4版。

［日］井田良:《被害者の同意》，《现代刑事法》2008年第14号。

［日］西田典之、山口厚、佐伯仁志编集:《注释刑法》（第1卷），东京：有斐阁2010年版。

［日］大谷实:《刑法講義総論》，东京：成文堂2012年新版第4版。

［日］小林宪太郎:《刑法總論》，东京：新世社2014年版。

[日] 山口厚:《刑法总论》，东京：有斐阁2016年第3版。

[日] 高桥则夫:《刑法总论》，东京：成文堂2016年第3版。

[日] 松宫孝明:《刑法各论讲义》，成文堂2018年第5版补订版。

七　工具书（法典评注、法律词典类）

Dreier（Hrsg.）：Grundgesetz Kommentar，3. Aufl.，2015.

Isensee/Kirchhof（Hrsg.）：Handbuch des Staatsrechts der Bundesrepublik Deutschland，Heidelberg：C. F. Müller，2004.

Kindhäuser/Neumann/Paeffgen（Hrsg.），Nomos Kommentar，StGB，5. Aufl.，2017.

Küper, Notstand（strafrechtlich），in：Erler/Kaufmann/Werkmüller（Hrsg.），Hand-wörterbuch zur Rechtsgeschichte，Band 3，1984.

Leipziger Kommentar StGB，12. Aufl.，2006.

Löwe-Rosenbere StPO，27. Aufl.，2018.

Mangoldt/Klein/Starck（Hrsg）：Grundgesetz Kommentar，7. Aufl.，2018.

Münchener Kommentar BGB，7. Aufl.，2017.

Palandt Bürgerliches Gesetzbuch，77. Aufl.，München：C. H. Beck，2018.

Satzger/Schluckebier/Widmaier（Hrsg.），Strafgesetzbuch Kommentar，3. Aufl.，2016.

Sehönke/Sehröder（Hrsg.），Strafgesetzbuch Kommentar，30. Aufl.，München：C. H. Beck，2019.

Staudinger BGB，15. Aufl.，Berlin：Sellier-de Gruyter，2016.

Systematischer Kommentar zum strafgesetzbuch，Frankfurt am Main：Metzner，9. Aufl.，2016.

Systematischer Kommentar zum Strafprozessordnung，5. Aufl.，2018.

Thomas Fischer，Strafgesetzbuch mit Nebengesetzen，65. Aufl.，München：C. H. Beck，2018.

von Heinstschel-Heinegg, StGB kommentar, 3. Aufl., 2018.

八 判例

（2001）浙法民终字第 194 号。

（2006）虎民一初字第 0119 号。

（2015）槐民初字第 1283 号。

（2015）深福法刑初字第 16 号。

（2015）张刑初字第 9 号。

（2016）鲁 01 民终 800 号。

（2017）吉 0211 民初 2804 号。

（2017）湘 0725 民初 1906 号。

（2017）湘 07 民终 2315 号。

BGH NJW 1953, 513.

BGH NJW 1987, 1092.

BGH NStZ 2003, 537.

BGH NStZ-RR 1999, 185.

BGH. NStZ 1994, 29.

BGHSt 42, 301.

BGHSt 46, 279.

BGHSt 8, 254.

BVerfG, Urteil v. 9. 2. 2010 – 1 BvL 109, 309, 409.

BVerfGE 109, 279.

BVerfGE 11, 50.

BVerfGE 115, 118.

BVerfGE 17, 210.

BVerfGE 27, 1.

BVerfGE 28, 243.

BVerfGE 30, 1.

BVerfGE 39, 1.

BVerGE 125, 175.

OLG Karlsruhe VRS 46（1974），275.

RGSt 61，S. 254.

东京高判昭和 57 年 11 月 29 日刑月 14 卷 11 = 12 号 804 页，判时 1071 号 149 页。

我国台湾地区"最高法院"2006 年台上字第 6641 号判决。

最判昭和 58·7·8 刑集 37 卷 6 号 609 页。

索 引

B

保护义务　41，84，113，198，199，203，310，311，332—338，340，341

被避险人　30，37，46，53，54，61，66，70，76，80，83，85，110，111，114，115，124，126，131，137，138，140—143，154，155，158—160，162，163，172—178，183—185，223—226，229，231—233，235—238，240，244—252，254—266，288，326，331，332，334，341

被害人承诺　21，140，172，197，200，203，207，254，337，338

避险过当　5，9，10，67，151，171，178，180，182，192，193

D

道德义务　15，18，19，36，132，133，135，139，205，247

对称危险共同体　318，320，339—341

F

法外空间　269，285，286，288，290—317

法益衡量　5，9，37—41，58，68，137，138，147，158—160，171，172，180，184，246，335

防御性紧急避险　1—3，226，235，236，268，279，322，323

非对称危险共同体　211，235，298，317，319，320，322，324，327，328，330，338，339，341

G

功利主义　18，32—37，41—52，54—63，65—70，72，76，77，84，132，137—139，154，163，188，217，230，241—244，259，270，277，284，324，341，343

攻击性紧急避险　1—4，11，32，52，70，140，155，170，197，224，226，230，233，235，236，267—269，305

J

积极自由　11，12，14，76，77，79，80，113

见危不救　125，134—136，347，349，350

L

理性人　85—87，95，106—111，113—116，121，123，131，140—142，144，148，151，154，155，172—176，178，184，185，223，224，245，249—251，261，263，264，298，304，317—322，324，328，330，338，340，341

利益衡量　37，39，40，45，47，53，55，56，58，59，61，63，67，68，72，73，82，147，158—160，167，169，216，217，241，277，330

M

民法典　25，28，30，31，39，64，83，124，126，127，225，226，230—232，237，239，240，246，250，251，253，255，256，258，261，265，316，317，346

Q

期待可能性　5，7，10，132，162，192，193，207，212，214，305

强制抽血　157—159，161，162，168，170，175，176

轻微法益　54，55，110，136，137，140，142，150，151，153，170，173—175，177，190，193，216，218，219，251，271，304

全额补偿　124，126，137，224，226—230，240，241，

244，245，249—252，254，255，261—264

R

人性尊严　41，48，49，51，65，69，70，81，85，122，136，137，146，157，158，160，161，163—170，175，266，269，270，275—279，282，337，338

容忍义务　14，16，80，145，190，191，196，203，204，208，210，223，224，258，350

S

社会连带　19，41，59，70，80，83，85，87—89，107，108，110—115，121—127，129，131，132，135—140，148，151，155，157，160，162，172，175，176，181，217，218，223，224，229，244，246，247，249，254，261，262，264，266，304，341，343—350

社会契约论　90，94，95，97，101，128，139，209，332

生命不可衡量　269，270，273—275，341

适当补偿　25，26，28—30，124，126，154，155，224—226，228—230，232，234，236—242，244，250—253，262—264，266

适当性　59，140，155，156，158—160，170—173，175—179，181—183，185，267，280

特殊职业者　67，185—201，203—219，222，223

W

违法阻却事由　3—5，7，9，10，21，24，25，31，37，39，69，169，174，178，196，197，245，299，300，328，332，338

无辜第三人　1—3，8，14，16，23，37，53，65，82，145，151，195，226，236，253，257，260，268，297，305，346

无知之幕　85—89，97—103，106—116，121，123，125，131，139，140，148，154，172，175，184，224，245，249—251，258，261，263，

264, 317, 318, 321, 324, 332, 338, 340

X

消极自由　11—14, 20, 23, 41, 113, 288

Y

义务冲突　215, 274, 285, 332, 334, 335, 337—340

Z

正当防卫　2, 3, 7, 21, 25, 44, 118, 119, 141, 156, 168, 170, 171, 173, 174, 178, 183, 189, 190, 193, 195, 205, 208, 219, 226, 243, 244, 249, 269, 279, 283, 304—309, 329, 330, 343

重大法益　38, 55, 63, 108, 110, 115, 136, 137, 140, 142—146, 149, 151—155, 170, 173, 183—185, 188, 204, 216—218, 223, 251, 252, 288, 331, 339

注意义务　332—338, 340, 341

自然状态　90—97, 101—103, 116, 128, 256, 304—306

自我决定权　9, 11, 13, 41, 53, 54, 63, 70, 108, 138, 141, 147, 163, 164, 200, 207, 272, 273, 337, 338

自由主义　9, 12, 31, 49, 78, 88, 96, 98, 99, 115, 130—132, 135, 136, 139, 141, 144, 214

阻却责任的紧急避险　5, 189, 190, 305, 323, 335

最大最小值　86, 108, 140, 223, 321

致　　谢

在电脑前呆坐许久，才打下这行字，此刻才真正体会到"执手相看泪眼，竟无语凝噎"是何种感受，脑海中曾想过无数遍致谢要如何写，真正下笔时却不知从何说起，只能用这种让人不知所云话来缓解尴尬。

西原春夫教授曾说，人生中越是重大的事情，越是由偶然决定的。读博与我便是如此。考上硕士以后，我一度对未来充满了迷茫：我究竟适合做什么？及至司法考试过后，一位老师在与我吃饭时语重心长地教导我："你这个人，首先不适合当公务员。你是一个喜欢自由，放荡不羁的人，公务员体系太过于压抑，不适合你；你更不能当律师，你的性格刚正不阿，而当今司法环境对于一些没有背景的律师，可谓龙潭虎穴。"最后他一语道破天机：你还是适合当老师，自由自在，无拘无束。正是这番话，让我下定决心考博。

博士四年，最应该感谢的，当然是我的恩师刘艳红教授。硕士毕业后，恩师没有嫌弃我法律硕士的身份，毅然将我招入门下，在四年博士生涯中，我的每一篇论文老师都用心指点，从形式的框架结构，标点符号，到实质的标题取法，文章观点，老师都一一为我指点迷津，全方位地纠正了我在写作中的各种问题，在跟随恩师的这四年里，我在学术科研上真的获益良多。

其实对老师，我有的不仅仅是感激，更多的还是愧疚。应当说，在前三年，我都对老师有深深的误解。因本人性格顽劣，天性放纵，错过了老师给自己提供的学术训练的机会，而且由于硕士阶段未接受规范训练，导致文章一塌糊涂，每次给老师看文章，老师都是将我一顿痛批，当时我一直不知道老师的用心良苦，爱深责切，反而以为老师是因为我曾经婉拒了其安排的任务心生怨恨而采取"制裁措施"。在我向老师表达想要出国的意愿后，老师也全力帮助我出国留学，我也只是以为老师想"眼不见为净"，因而对外宣称自己是被"流放德国"。直至我在德国访学期间，某日学习至深夜，看《倚天屠龙记》灭绝师太教育周芷若："一直以来，我都对你非常严苛，目的就是让你争气求进！"顿时感慨万千，恍然大悟。灭绝师太所言，与老师在 2017 年张明楷教授第一次来讲学后，发给我的微信几乎一模一样。脑中顿时想起当日老师教育完我后，我将一篇尚未完全修改好的文章请老师指正，老师阅后十分高兴，这才终于明白，老师先前并非故意刁难，而是为我一直浪费天赋而惋惜，所谓"怒其不争"，大抵如此。那天晚上辗转反侧，难以入眠，起身翻看老师与我的微信记录，惊觉老师不仅在学术上指导我的论文，更教育我要改过自新，好好做人。在我来到德国后，老师时常在生活中关心照顾我，每次外出吃饭都给我发美食的图片，更在各个节日给我经济支持，让我在异国他乡也能感受到老师的温暖，念及以往对老师的误解和因为不懂事给老师带来的麻烦，真是惭愧万分，无地自容！让我更为感动的是，老师从没有因为这种事情与我计较，仍然一如既往地关心我，帮助我，可以说，老师不管是为学，还是做人，都是我毕生学习的榜样！2019 年 9 月，我从德国归来，帮老师带了少许德文书籍，老师要给我报销，我断然拒绝，并第一次"怒斥"老师：生分！因为我明白，老师在我身上倾注的辛劳和心血，远非金钱可以弥补，即便我带给老师再多的资料，也无法回馈老师为我付出的万分之一。作为"神雕侠侣"中的男主角，周老师与刘老师可谓天作之合。虽然您不是我的导师，但我一直明白您对我的关心和帮助，我的第一篇论文就是在您的帮助下才得以发表，遗憾的是，在我回国后，您已经离开南京，入职中央党校，我始终没有机会当面对您说一声"谢谢"。

感谢王俊师兄。早在硕士期间，我就已经听闻师兄大名，没想到最终我们会相识于东南大学，而且就是隔壁间，或者这真的就是缘分吧。我永远不会忘记，博一时我被老师教育后，你和冀洋师兄一起安慰我，拉着我去打羽毛球、打乒乓球放松，也不会忘记我们在宿舍一起讨论论文，那是我在东南大学最快乐的时光。师兄答辩时，我因为要学习德语而未能见证，实在是毕生憾事。在我远赴德国期间，师兄也经常陪我谈心，并在学习上鼓励我，指导我修改论文，逢年过节更不忘给我发红包，让我去改善伙食。可以说，在我最无助的时候，师兄总会及时地站出来，帮我排忧解难！得师兄如此，夫复何求！

感谢冀洋师兄。师兄与我在南师已经相识，在我入校后也对我颇为照顾。2018 年下半年，我二人先后奔赴马普所访学，师兄是山东人，善做面食，每次做完水饺后都会叫我一起品尝，当我想请师兄吃饭表示感谢时，师兄却往往抬高声调说：我差你一顿饭吗！豪迈大气尽显无疑！如果说我对德国有什么不舍，其一就是马普所天下第一的藏书，其二就是师兄亲手包的"红狗牌"水饺。

李琳师姐是师门中最懂事、最有亲和力的人，也是我毕生学习的榜样。她永远都是笑盈盈的，充满了正能量，虽然仅有一年交集，但我始终明白，无论我有多不如意，师姐都不会放弃她这个愚蠢的师弟。在我被老师教育神经衰弱的时候，是师姐和姐夫葛恒浩一起开导我，安慰我，告诉我：老师教育你都是为了你好，老师是觉得你还有希望才教育你。以此让我能够重新振作。师姐 2016 年年底毕业后，远赴西安交大，我也因为赶赴海外而与她缘悭一面，但 2019 年再见面时，竟未有半点生分，仍然倍感亲切，可能这就是师姐与生俱来的人格魅力和亲和力。

在学校度过的两年，我也与许多同门建立了深厚的友谊，他（她）们是杜小丽师姐、李勇师兄、储陈城师兄、葛恒浩师兄、杜宣师兄、杜方正师兄、凌霄师姐、夏伟师兄、高磊、杨楠师弟、王耀彬师弟、王兵兵师弟、阮晨欣师妹、赵龙师弟、冯文杰师弟、刘浩师弟、谢芳师妹、刘哲石师弟、龚善要师弟、冉博师妹、陈禹衡师弟、张喆锐师弟、童斯楠师弟、林嘉琪师妹、柏雪淳师妹等。

四年求学生涯,除了在学校,尚有一年多时间于德国度过,在此期间,我也结识了不少新的朋友,他们或多或少给过我学习和生活上的帮助,我也对他们铭记于心。首先需要感谢的是中国政法大学的岳礼玲教授与林静副教授。林姐姐是我堂姐的高中舍友,也是我的高中校友,一次偶然的机会得知她就在马普所,我便立即与她取得联系,林姐姐不但不辞辛劳地帮我在 Grundies 博士及 Albrecht 教授间周旋,助我取得了邀请函,更在我两次被拒签后找岳老师为我出谋划策,让我能够顺利来到马普所。我至今不敢想象,如果没有林姐姐和岳老师,我究竟会怎样,是去其他学校访学,还是根本来不了德国,但有一点是肯定的,没有她们的帮忙,我肯定来不了马普所,毫不夸张地说,林姐姐和岳老师改变了我的一生!

感谢马普所陈尔彦师妹。师妹在我留德国期间曾多次邀请我去她家中做客,其间一起谈天说地,与我畅谈她最喜欢的老师二三事,好不痛快!在我即将回国之际,还指导我购买回程机票、邮寄包裹,并亲自送我踏上回乡的列车,可以说,我回国事宜是她一手操办的,最让人感动的是,在我回国后,她自愿担任我在德国的线人,为我代购书籍,让我虽身处国内,却仍如置身弗莱堡一般!

感谢李源粒师姐。师姐乐于助人,性格豪爽,学习刻苦,堪称马普所的"守夜人"。在马普所之时,每每遇到问题,我都会向师姐求教,师姐渊博的学识,缜密的逻辑,更是让我望尘莫及,后经师姐介绍与师叔认识,我们便经常在一起聚餐、讨论,不但大大改善了我在德国的生活条件,更让我在学术上受益无穷!

感谢中国政法大学的王翼泽师叔和浙江理工大学的于志强老师。师叔与于老师生性豪放,为人豁达,乐善好施,师叔与我相识以后,每两周便邀请我去家中或外面聚餐一次,给我艰辛的求学生涯增添了许多乐趣与盼头。师叔回国以后,更将所有食物全部无条件赠予给我,让我一个月暴涨了 10 公斤,如果没有你们,我在德国的生活必将艰苦万分。

感谢周遵友教授。周老师为人和善，每次我向老师请教问题，老师都会倾囊相授，更将搜集多年的资料全部相赠。在 2019 年春节，老师得知我无处可去后，毅然邀请我去他家中做客，并提供了丰盛的午宴，那是我在德国吃的最好吃的一顿饭。我于 2019 年回国后，对自身状态并不满意，想重返马普所研习，周老师不辞劳苦，不但多次为我修改申请，更在新所长面前大力举荐，虽然因种种不可控因素最终未能成行，但周老师的恩情我始终铭记于心！

感谢廖天虎老师。廖老师与我志同道合，且是我博导与硕导的老乡，因而倍感亲切，虽然仅相处半年有余，却建立了深厚的友谊。最后廖老师为我送行，并与我约定回国后也要多加联络，在其回国后，曾多次邀请我去四川游玩，虽然至今暂未成行，但相信之后，我们一定会在四川重逢！

此外还要感谢弗莱堡相识的各位老师和同学，让我在异国他乡也能够感受到国内的温暖，他们是吴宗宪老师、李岚林老师、于佳佳老师、郭研师姐、丁胜明师兄、潘文博师兄、黄静野同学与段蓓小师妹。

感谢答辩委员会主席孙国祥教授，南京师范大学的蔡道通教授，东南大学法学院的欧阳本祺教授、李川教授在论文答辩时提出的诸多宝贵意见，让本书能够更加完善。此外，还要感谢刘建利老师、钱小平老师、梁云宝师兄在预答辩时对本书给出的指导，感谢杨志琼师姐、董国珍老师、张宁老师在我读博期间对我学业的照顾。

感谢王钢老师、徐雨衡老师、丁洁琳老师、王薇老师，作为一个初出茅庐的博士研究生，我完全明白当前学界竞争之激烈，采用博士生的稿件，也势必影响期刊的引用率。但各位老师没有嫌弃我博士研究生的身份，仍然为我提供发表平台，使得我在学术起步阶段，就能够在《清华法学》《比较法研究》《东北大学学报》（社会科学版）等 CSSCI 甚至 CLSCI 上发表论文，这对我的学术生涯无疑具有重要帮助，让我更有信心在学术道路上越走越远。

最后，把祝福送给自己。回味过去的四年，在学习过程中，我曾有过"山重水复疑无路"的困惑，曾因一遍遍翻阅资料没有头绪而抓狂；更曾因一天收到六封退稿邮件而崩溃，但是绞尽脑汁思索后，"柳暗花明又一村"的喜悦让我坚持了下去。不清楚未来的路是平坦还是曲折，至少在青春的尾巴，我过得还算充实。

因本人才疏学浅，本书难免存在诸多纰漏，还请各位同人多多批评指正。

魏　超

2020 年 6 月 1 日于九龙湖